J.B. METZLER

Thomas Hecken / Marcus S. Kleiner / André Menke

Popliteratur

Eine Einführung

Verlag J.B. Metzler

Die Autoren
Thomas Hecken ist Professor für Neuere deutsche Literaturwissenschaft
an der Universität Siegen.
Er verfasste die Kapitel: Einleitung, 1, 2, 5.1, 5.2, 5.3 und 6.

Marcus S. Kleiner ist z. Z. Gastprofessor für Medien- und Kommunikationswissenschaft
an der Alpen-Adria-Universität Klagenfurt (www.medienkulturanalyse.de).
Er verfasste die Kapitel: 3, 4, 5.8 und 5.9.

André Menke, Dr., ist Lektor an der Universität Göteborg.
Er verfasste die Kapitel: 5.4, 5.5, 5.6, 5.7 und 5.10.

Bibliografische Information der Deutschen Nationalbibliothek
Die Deutsche Nationalbibliothek verzeichnet diese Publikation in der Deutschen Nationalbibliografie; detaillierte bibliografische Daten sind im Internet über http://dnb.d-nb.de abrufbar.

ISBN 978-3-476-02535-7
ISBN 978-3-476-05423-4 (eBook)
DOI 10.1007/978-3-476-05423-4

Dieses Werk einschließlich aller seiner Teile ist urheberrechtlich geschützt. Jede Verwertung außerhalb der engen Grenzen des Urheberrechtsgesetzes ist ohne Zustimmung des Verlages unzulässig und strafbar. Das gilt insbesondere für Vervielfältigungen, Übersetzungen, Mikroverfilmungen und die Einspeicherung und Verarbeitung in elektronischen Systemen.

© 2015 Springer-Verlag GmbH Deutschland
Ursprünglich erschienen bei J.B. Metzler'sche Verlagsbuchhandlung
und Carl Ernst Poeschel Verlag GmbH in Stuttgart 2015
www.metzlerverlag.de
info@metzlerverlag.de

Inhaltsverzeichnis

	Einleitung	1
1	**Popliteratur, Literaturgeschichte, Literaturwissenschaft**	**5**
1.1	Beispielsätze	5
1.2	Programmatische Forderungen der 1960er Jahre	6
1.3	Popliteratur-Debatten um 1968	7
1.4	Beat-Literatur	9
1.5	Underground	11
1.6	Wissenschaftliche Rezeption	12
1.7	Popliteratur-Debatten um 2000	13
2	**Popkultur**	**15**
2.1	Popmusik	15
2.1.1	Popmusik – mehr als Musik	15
2.1.2	Schriftsteller und Rockmusik Ende der 1960er Jahre	17
2.1.3	Punk, New Wave, New Pop	18
2.1.4	Schriftsteller und New Pop	19
2.2	Pop-Art	21
2.2.1	US-amerikanische Pop-Art	23
2.2.2	Popliteratur und Pop-Art	24
2.3	Popjournalismus	25
2.3.1	Pop und New Journalism (Tom Wolfe)	25
2.3.2	Deutschsprachiger Popjournalismus	28
3	**Popdiskurs, Poptheorie**	**31**
3.1	Pop und Popkultur – Begriffsbestimmungen	31
3.2	Hochkultur und Popkultur	35
3.3	Popdiskurs	37
3.4	Poptheorie	37
3.5	Poptheorie als deutscher Sonderweg	40
3.6	Pop und Universität	41
4	**Pop-Poetik**	**43**
4.1	Popliteratur als Literatur der Verweise und Zitate	43
4.2	Popliteratur als kleine Literatur	45
4.3	Poetik	49
4.4	Rolf Dieter Brinkmann. »Sin eben nur Wörter, Du verstehst?«	51
4.4.1	Brinkmanns Fiedler-Rezeption	52
4.4.2	Brinkmanns Pop-Begriff	53
4.4.3	Brinkmanns Pop-Poetik	54
4.5	Zusammenfassung	61
5	**Popliteraten**	**65**
5.1	**Rolf Dieter Brinkmann**	65
5.1.1	Brinkmanns programmatische Schriften	65
5.1.2	Popgedichte	68

5.1.3	Einzelanalyse »Gedicht auf einen Lieferwagen u. a.«	69
5.1.4	Späte Lyrik und Prosa	71
5.2	**Popautoren der 1960er, 1970er und 1980er Jahre**	73
5.2.1	1960er Jahre	73
5.2.2	1970er Jahre	77
5.2.3	1980er Jahre	78
5.2.4	Zwischenbilanz und Ausblick	81
5.3	**Rainald Goetz**	86
5.3.1	Frühe Pop-Affirmation	86
5.3.2	Feuilleton-Zerstreuungen	87
5.3.3	Techno	91
5.4	**Thomas Meinecke**	95
5.4.1	Feuilletonistische Popdiskurs-Miniaturen aus den 1980er Jahren	96
5.4.2	»Inhalt lenkt ab«: Prosaverfahren und Autorpoetik	98
5.5	**Joachim Lottmann**	107
5.5.1	*Mai, Juni, Juli:* Der verhinderte Autor im Alltag	109
5.5.2	Lottmanns Auto(r)fiktionen	111
5.5.3	*Deutsche Einheit:* Vom gutgeschriebenen Nichts und schlechten Sätzen	114
5.5.4	Verrechnungsangebote, Serialität und der ›Borderline‹-Blog	117
5.6	**Benjamin von Stuckrad-Barre**	121
5.6.1	Kurzzeitiger ›Star‹ der deutschen Popliteratur	121
5.6.2	Literarisch-journalistisches Frühwerk: *Soloalbum* und *Remix*	123
5.6.3	Autor und Erzähler als »Mitarbeiter der Unterhaltungsindustrie«: *Livealbum*	128
5.6.4	Die Inszenierung der Öffentlichkeit in *Deutsches Theater* und weiteren Texten	130
5.6.5	›Text gewordene Polaroids‹: Halbwertszeit und Bildungspotentiale von Pop	131
5.7	**Christian Kracht**	133
5.7.1	Der Entzug des Autors	133
5.7.2	Literarischer Journalismus: Krachts *Tempo*-Anfänge und Reisereportagen	134
5.7.3	Das Romanwerk: Von *Faserland* bis *Imperium*	136
5.7.4	Praktiken der Irritation: Krachts Kollaborationen mit anderen Künstlern	147
5.8	**Sibylle Berg**	149
5.8.1	Roman	152
5.8.2	Kolumne	156
5.8.3	Ausgang geschlossen!	158
5.9	**Popliteratur am Rande**	159
5.9.1	Social Beat, Slam Poetry, Trash	162
5.9.2	Enno Stahl	169
5.9.3	Jürgen Teipel	174
5.9.4	D. Holland-Moritz	176
5.9.5	Jan Off und Rocko Schamoni	179

5.10	**Weitere Pop-Autor/innen seit den 1990er Jahren**	181
5.10.1	Ende der 90er Jahre	181
5.10.2	Markante Einzelprotagonist/innen und Gruppierungen seit der Jahrtausendwende..	184
6	**Schluss**	193
7	**Anhang**	197
7.1	Literaturverzeichnis	197
7.2	Personenregister	215

Einleitung

›Popliteratur‹ könnte vieles bedeuten: Texte von Popsongs, Bücher, die hoch in den Charts – in den Bestsellerlisten – stehen, zeitgenössische Volksstücke, Drehbücher von TV-Serien, Streetstyle-Blogs und andere als ›cool‹ eingestufte Internetseiten, die von jungen Leuten betrieben werden, Biographien und Autobiographien von Musikern, Artikel über Rockstars oder auch Exposés für Unterhaltungsshows.

Tatsächlich trifft man aber in Diskussionen über solche Gegenstände auf die Bezeichnung ›Popliteratur‹ gar nicht oder nur in Einzelfällen. Durchgesetzt hat sich im deutschen Sprachraum ein anderer **Begriffsgebrauch**. In der Summe werden mit ›Popliteratur‹ Texte von Romanautoren, Lyrikern, Dramatikern der deutschen Gegenwartsliteratur seit den späten 1960er Jahren benannt, die in inhaltlicher oder formaler Hinsicht von der Popmusik, der Pop-Art und/oder bestimmten modernen Ausprägungen der Medienkultur geprägt sind. So verwenden den Begriff zumeist Lehrer, Feuilletonisten, Schriftsteller, Literaturwissenschaftler; in den Sprachschatz von Nicht-Akademikern hat er kaum Eingang gefunden.

Ende der 1960er Jahre und um das Jahr 2000 herum gab es besonders in Deutschland, mit geringerer Intensität auch in Österreich und der Schweiz, eine Vielzahl an Beiträgen, die den Begriff mit einiger Vehemenz auf die Tagesordnung setzten. Die Klärung, was Popliteratur ist und sein soll, ob sie gut, wichtig oder misslich sei, beschäftigte in jenen Jahren viele Vertreter der literarischen Welt und darüber hinaus. Mittlerweile haben sich der Äußerungsdrang und die feuilletonistische Aufregung gelegt. Die beruhigte Lage lässt aber nicht unbedingt auf den Tod der Popliteratur schließen – und schon gar nicht sollte man die relative Ruhe mit dem Ende der Aufmerksamkeit für die Popliteratur verwechseln. Wenn Debatten über die Zuordnung zeitgenössischer literarischer Werke zu einem neuen Oberbegriff unmittelbar nach den Publikationen von Gedichten, Erzählungen, Dramen geführt werden – und nicht erst mit großem historischen Abstand –, dann gehen solche Diskussionen nie über Jahrzehnte mit gleicher Intensität weiter.

Es ist erstaunlich und bemerkenswert genug, dass die Popliteratur zweimal – mit einem Abstand von immerhin einem Vierteljahrhundert – in den Brennpunkt der literarischen Welt geriet: zuerst 1968 und erneut vor der Jahrtausendwende. Dass die Debatten heute nicht mehr mit dem gleichen Engagement geführt werden, zeigt in diesem Fall auch, in welch hohem Maße das Genre ›Popliteratur‹ sich zumindest als literaturgeschichtliche Kategorie durchgesetzt hat.

Der Beweis dafür ist leicht zu erbringen: Er besteht bereits in vorliegendem Buch. In der germanistischen Literaturwissenschaft hat sich die Kategorie ›Popliteratur‹ überraschend schnell und stark etabliert; für all die Zehntausend anderen Neuerscheinungen seit den 1980er Jahren haben sich bislang überhaupt noch keine häufig gebrauchten Gruppen- und Richtungseinteilungen finden lassen, die in die Fachterminologie eingegangen wären. Eine Einführung in die Popliteratur, wie sie dieser Band liefert, ist nur vor dem Hintergrund einer bereits weit gediehenen, breit gestreuten fachwissenschaftlichen Beschäftigung mit dem Thema denkbar.

Das Aufkommen der Popliteratur verdankt sich freilich nicht den Wissenschaften. Literaten, Feuilletonisten, Lektoren haben den Begriff und den Trend um 1968 aufgebracht. Aus ihren Reihen kamen in den folgenden Jahrzehnten auch viele Einschätzungen, Analysen und Konzeptualisierungen von Bedeutung. Sie werden in diesem Band darum ebenso zusammengefasst und untersucht wie die wichtigsten wissenschaftlichen Arbeiten zum Thema.

Es muss sogar noch weiter ausgeholt werden. Wie man sich leicht vorstellen kann, hat sich die Pop-Faszination ursprünglich nicht an Büchern und Theaterstücken entzündet. Ein Verständnis der Popliteratur – sowohl ihrer geschichtlichen Lage als auch der Texte selbst – fällt ohne **Kenntnisse der größeren Pop-Historie** schwer. Neben der Popmusik und ihren Szenen ist es zuerst die Pop-Art, bereits ab Mitte der 1960er Jahre auch der Popjournalismus und die Poptheorie, die jeweils für das Selbstverständnis und die Arbeit der Popliteraten und ihrer Lektoren wichtig sind. Gleiches gilt selbstverständlich auch für den **Rezeptionshorizont** ihrer Veröffentlichungen. Viele Rezensenten und Leser der Popliteratur sind nicht nur durch Goethe- und Kafka-Lektüre gebildet, sondern schreiben und lesen unter dem Eindruck von Andy Warhol, Sex Pistols, Miley Cyrus und Quentin Tarantino.

Darum muss eine Einführung in die Popliteratur auch mehr als nur einen kurzen Blick auf diese Bereiche werfen – und sie muss auch die nationalen Grenzen weit übersteigen, obwohl die Popliteratur ein vorwiegend deutschsprachiges Projekt darstellt. Vergleichbare Richtungsbeschreibungen und Genre-Angaben gibt es selbst in der englischen und amerikanischen Literatur kaum, obwohl dort die allgemeine Poptradition viel stärker ausgebildet ist als in Deutschland, Österreich und der Schweiz.

Mit diesem Wissen im Rücken werden in diesem Band viele wichtige Schriftsteller und Bücher der Popliteratur eingehend oder summarisch porträtiert und untersucht. Die Auswahl der behandelten Autor/innen und Werke soll nicht unbedingt originell sein, sie richtet sich überwiegend danach, was in den Debatten der letzten Jahrzehnte unter dem Titel ›Popliteratur‹ in anerkannten Verlagen, Zeitschriften, universitären Zusammenhängen etc. als bemerkenswert herausgestellt worden ist. Ein Einführungsband ist nun einmal kein kämpferischer Essay oder eine eigenwillige Abhandlung, die radikale Revisionen vornimmt und im Bemühen um nachhaltige Abgrenzung eine bislang ungewohnte Perspektive einnimmt.

Dennoch wollen wir nicht auf eigene Akzente bei der Zusammenstellung und Analyse verzichten. Dieses Buch weist eine Besonderheit auf: Die Werke, um die es hier geht, sind teilweise gerade erst erschienen; die Debatten, die vorgestellt und analysiert werden, sind mitunter noch nicht abgeschlossen. Es besteht unter Feuilletonisten, Lektoren und Literaturwissenschaftlern nicht einmal Einigkeit darüber, ob es (noch) sinnvoll ist, von ›Popliteratur‹ zu sprechen.

Darum wird diese Einführung aus zwei Bewegungen bestehen: einerseits der **Nachzeichnung wichtiger historischer Bestimmungen**, andererseits der **Anwendung eigener Maßstäbe**. In stärkerem Maß als in Bänden zu älteren literarischen Strömungen und Epochenbezeichnungen muss diese Einführung zuerst die unterschiedlichen Versuche berücksichtigen, so etwas wie ›Popliteratur‹ auf den Begriff zu bringen und als literarische und ästhetische Kategorie durchzusetzen oder zu verwerfen. Die Darstellung der Romane, Theaterstücke, Gedichte der Popliteratur reicht nicht aus, weil es noch keinen Konsens über den sinnvollen Zuschnitt der Popliteratur gibt. Deshalb wird zu Beginn des Buchs viel Wert darauf gelegt, die Entstehung der ›Popliteratur‹ aus den Theorien, Genrebestimmungen, Lobreden und Verrissen der Pop-Beiträger historisch zu erläutern. Mit der Pointe allerdings, dass die ›Geburt‹ der Popliteratur damit zwar gesichert ist, nicht aber ihre ›Reife‹ im Sinne einer fraglos gegebenen Existenz.

Erst wenn solche Diskussionen zum Abschluss gekommen sind (sei es aus vernünftigen Gründen oder wegen der Ermüdung ihrer Teilnehmer), besteht jedoch die Möglichkeit, ein oder mehrere literarische Werke herauszugreifen und sie als exemplarisch für die gesamte Richtung zu behandeln. Wegen der Vielfalt und zum Teil auch Gegensätzlichkeit der gängigen Popliteratur-Bestimmungen ist das in unserem Fall noch nicht möglich.

Da dies so ist, wäre es aber im Rahmen einer Einführung auch nicht sinnvoll, jedem Hinweis, jeder Popliteratur-Bestimmung getreulich zu folgen. Das verbietet sich nicht bloß aus Platzgründen. Das zweite Anliegen dieses Bandes besteht darin, aus der Fülle der Ansätze die weiterführenden herauszustellen. Alle wichtigen historischen Zuschreibungen werden darum benannt und vorgestellt, nicht jede wird aber von uns bei der Auswahl und Analyse der literarischen Werke berücksichtigt – warum wir dies tun, werden wir jeweils markieren.

Das Ziel des Buches kann deshalb leicht angegeben werden: Neben der Vorstellung und Untersuchung popliterarischer Werke soll am Ende eine graduell neue Bestimmung der Popliteratur stehen, von deren Sinn und Angemessenheit sich die Leser und Leserinnen im Laufe der Lektüre im Idealfall bereits überzeugen konnten.

1 Popliteratur, Literaturgeschichte, Literaturwissenschaft

1.1 | Beispielsätze

Die ersten beiden Strophen des Gedichts »Billig« aus dem 1968 erschienenen Band *Die Piloten* von Rolf Dieter Brinkmann lauten: »Der Geist von irgendwas / ließ zwei ältere Männer / sich ausgiebig die Hände / schütteln, ehe sie wieder // verschwanden. Für Millionen / ist jetzt das Ketchup bil-/liger. Schon jetzt sprengt jemand / mit Ketchup seinen Rasen« (Brinkmann: Standphotos, 205).

In Elfriede Jelineks Buch *wir sind lockvögel baby!* aus dem Jahr 1970 stehen die Sätze: »ringo hatte bei seinem taumel von einem flüchtigen abenteuer ins nächste einen schalen geschmack im munde. einen nachgeschmack. er sagte oft zu paul der sich im flitterbikini von einem hohen glänzenden star herabschwang you moving from a star verdammt noch einmal lass uns doch endlich ehrlich zueinander sein« (Jelinek: wir sind lockvögel baby!, 142).

Christian Krachts Roman *Faserland*, der 1995 veröffentlicht wurde, beginnt so: »Also, es fängt damit an, daß ich bei Fisch-Gosch in List auf Sylt stehe und ein Jever aus der Flasche trinke« (Kracht: Faserland, 13). Selbstverständlich folgen noch viele weitere Sätze, sogar einer, in dem es wieder um Bier geht: »Er war, so steht es in dem Brief, kurz hinter der pakistanisch-indischen Grenze in ein kleines Wüstendorf gestolpert, hatte sich dort in diesem Dorf, dessen Name mir nicht mehr einfällt, in eine Bar gesetzt, um ein Bier zu trinken oder irgendwelchen Wüstenschnaps, der aus Kakteen gebrannt wird, da es ja in Pakistan keinen Alkohol gibt« (ebd., 68 f.).

In Benjamin von Stuckrad-Barres Roman *Soloalbum* (1998) heißt es unter der Kapitelüberschrift »Supersonic«: »Wir fahren zu einem Monsterrave nach Berlin. Alf, seine Ravergang und ich. Ich interessiere mich nicht detailliert für diese Musik, aber auf solche Veranstaltungen gehe ich immer ganz gerne. Im Zug trinken wir Bier, und im Hotel verwüsten wir beim frühabendlichen Fußballgucken ein Zimmer, es ist nicht meins« (Stuckrad-Barre: Soloalbum, 114).

Von Rainald Goetz gibt es ein Buch mit dem Titel *Rave* (1998). Dort wird nicht nur Bier getrunken. Gegen Ende der »Erzählung«, wie der Band auf dem Umschlag benannt wird, liest man etwa: »Nachts, wenn ich nicht schlafen konnte, ging ich in die Kammer nebenan, um an meiner großen Studie ›Die Liebenden‹, [sic] ein wenig rumzumachen. Studie zum Thema Sex, Freud, Kino« (Goetz: Rave, 235).

Natürlich geben einzelne Sätze aus längeren Gedichten oder gar aus Romanen keinen endgültigen Aufschluss über das ganze Gedicht oder den vollständigen Roman; deshalb werden wir im Laufe dieses Buches auf die jeweiligen Werke zurückkommen. Bei den isolierten Zitaten kann man immerhin mit einiger Sicherheit sagen, ob sie mehr oder minder etwas mit Pop zu tun haben. »Rave« ist ein gutes Stichwort, der Vorname Ringo ebenfalls, wenn man an die Beatles denkt, vielleicht auch Ketchup und Jever, aber auch Sylt, Freud, Bier? Was die Nennung von Personen und Dingen, die man dem Pop-Bereich zurechnet, mit Popliteratur zu tun hat, bleibt bei der Namen-Folge ohnehin offen. Wie steht es mit der Schreibweise, wird typischerweise die literaturwissenschaftliche und feuilletonistische Anschlussfrage lauten. Lässt sich (wie bei Kracht, Stuckrad-Barre, Goetz) von umgangssprachlichen Einfärbungen auf Pop schließen, oder von falschen oder fehlenden Kommata (wie bei Jelinek und Goetz)? Und wenn das so wäre, handelt es sich bei einem dieser inhaltlichen oder sprachlichen Merkmale bereits um ein untrügliches Signal oder einen stichhaltigen Beleg dafür, dass der Roman und das Gedicht, dem sie entnommen sind, der Popliteratur angehören? Benötigt man nicht vielmehr eine hohe Frequenz solcher Signale? Oder bilden bestimmte Konfigurationen, bestimmte Verbindungen von Merkmalen ein eindeutiges Indiz?

1.2 | Programmatische Forderungen der 1960er Jahre

Solche Fragen musste sich nicht nur die Literaturwissenschaft stellen, auch alle anderen Leser und Leserinnen, die sich nicht für einzelne Werke interessieren, sondern ebenfalls oder in erster Linie für Stile, Trends oder Schlagworte. Forderungen, eine Popliteratur zu schaffen, gab es schon, bevor dann einzelne Werke vorlagen, die sie vielleicht erfüllten. Der Schriftsteller H. C. Artmann wünschte sich bereits **1964** mit Blick auf zeitgenössische Comics und in Analogie zur gerade vielbeachteten Richtung der Bildenden Kunst, der Pop-Art, eine »Pop-literatur«. Er glaubt, dass sie »einer der wege« wäre, der »gegenwärtigen literaturmisere zu entlaufen« (Artmann: das suchen nach dem gestrigen tag, 42). Provokant hält er seine tägliche Lektüre fest: »Mickey Spillane gelesen, Goethe verworfen« (ebd., 7). Nach »neuen, gemäßeren ausdrucksformen« sucht Paul-Gerhard Hübsch 1966: »POP-ART und HAPPENING-bewegung« nennt er ebenfalls als »einen wesentlichen baustein«. Von Popliteratur spricht er zwar nicht, im Gegensatz zu Artmann äußert er sich aber genauer zu jener erwünschten Literatur, die er als Pendant zur Pop-Art sieht: »BAFF, ZISCH, BUMM: COMIC-STRIP-lautmalerei, neu-entdeckt aus der mottenkiste der DADAisten; fast alle worte der täglichen umgangssprache werden verarbeitet, umgemodelt«; die »sprache unserer ›technischen welt‹« soll zu »SLOGANS« vereinfacht, karikiert und verändert werden, »gängige worte&redewendungen der TEENAGER-sprache, des SLANG (irre, dufte, penner, typ) werden übernommen: sollen BEWUSST gemacht werden« (Hübsch 1966, 389f.).

Ausführlicher formuliert der amerikanische Literaturwissenschaftler **Leslie Fiedler** seine Hoffnungen auf eine Popliteratur bei einem Freiburger Universitäts-Symposium im Juni 1968. Dem modernen Erzählen erteilt Fiedler eine heftige Absage; die Stunde des Kunstromans eines Thomas Mann oder Proust habe geschlagen. An seine Stelle möchte Fiedler den »Pop-Roman« (Fiedler 1968a, 10) einer »nach-modernen Epoche« setzen, der die Lücke zwischen »der Bildungselite und der Kultur der Masse«, zwischen den »›Belles lettres‹ und der Pop-Kunst« überwindet (ebd., 9). Um die Lücke zwischen hoher und angeblich niedriger Kunst zu schließen und damit »subversiv« gegen die überkommenen »Klassenvorurteile« anzugehen, die in einer »pluralistischen Gesellschaft« fehl am Platze seien, verweist Fiedler auf drei Methoden: Das erste Mittel besteht in der »Parodie, Übersteigerung, grotesken Überformung der Klassiker«, das zweite in der Aufnahme von »Pop-Formen« des Westerns, der Pornografie und der Science Fiction durch zeitgenössische Schriftsteller, das dritte in der damit teilweise verbundenen Hinwendung zu den neuen »mythischen Bilderwelten« der Schlagzeilen, Comics und Fernsehsendungen (Fiedler 1968b, 15f.).

Der deutsche Lyriker, Erzähler und Essayist **Rolf Dieter Brinkmann** übernimmt

Fiedlers Anspruch, man müsse die Literatur »popularisieren«, um »die Kluft zwischen ›hohen Kulturleistungen‹ für eine kleine Elite und ›niederen‹ Unterhaltungsprodukten zu verringern« (Brinkmann: Notizen 1969, 22). In einer Verteidigung Fiedlers im Herbst 1968 betont er, dass die technisierte, mediale Umwelt – »Kinoplakate, Filmbilder, die täglichen Schlagzeilen, Apparate, Autounfälle, Comics, Schlager, vorliegende Romane, Illustriertenberichte« – von der New Yorker Kunst der 1960er Jahre als »›natürliche‹ Umwelt« angenommen worden sei, als eine neue, ›**zweite Natur**‹ des Menschen. Für diese Tendenzen einer gattungsübergreifenden und -vermischenden »Sensibilität« bzw. eines »allgemeinen Stil[s]« gelte die »Bezeichnung ›POP‹« aber »nur vorläufig« (Brinkmann: Angriff auf das Monopol, 71 f.). Unabhängig vom Oberbegriff möchte Brinkmann der deutschen künstlerischen Szene eine entsprechende Wahrnehmungsweise dringend nahelegen. Auf eine Offenheit literarischer Texte gegenüber den allgegenwärtigen Unterhaltungsangeboten und Medienformen setzt auch Brinkmann seine anti-elitären Absichten bzw. greift mit ihnen das vermutete literarische ›Establishment‹ an: Der Untertitel seines Fiedler-Plädoyers lautet: »Ich hasse alte Dichter«.

1.3 | Popliteratur-Debatten um 1968

Nach all diesen manchmal bemüht jugendlichen und immer zukunftsorientierten Ankündigungen und Forderungen entsteht tatsächlich eine ganze Reihe von Werken, die sich auf die geäußerten Wünsche und Programme beziehen lassen. Zum Zeitpunkt des Fiedler-Vortrags liegt von Brinkmann selbst bereits der Roman *Keiner weiß mehr* vor. In den **Rezensionen zu** *Keiner weiß mehr* wird zwar regelmäßig auf einen hohen Anteil an zeitgenössischen Inhalten verwiesen – der »Habitus der Jugend, der Straßenverkehr, die Werbung und die Illustrierten, Chrom und Beat, Kosmetik und Technicolor« (Reich-Ranicki 1968) –, zur Popliteratur schlagen sie ihn dennoch mit einer Ausnahme nicht (ausführlicher zu Brinkmann s. Kap. 5.1).

Die Ausnahme bildet der Kritiker der FAZ, Karl Heinz Bohrer. Er spricht von einem »»Pop-Roman‹«, setzt das Wort aber in Anführungsstriche, weil er zuvor darauf hingewiesen hat, dass es mittlerweile geläufig geworden sei, den »brutalen Sound der Underground-Sprache« als »Beat-Literatur« zu bezeichnen. Von dort führt für Bohrer offenkundig rasch ein Weg zum Poproman. Nach Bohrers weiterer Kennzeichnung gehören zu ihm: »die auf Konsum reduzierte Welt, die durch Filmzeitschriften, Fernsehen und Fotografie nur noch mittelbar, aber total erfahrbaren Ereignisse – sie alle erscheinen als vibrierende Bilder, der natürlichen Perspektive entrissen« (Bohrer 1968 a).

Wenn auch keineswegs mit den Angaben zu Inhalt und Darstellungsweise, so doch mit der ›Pop‹-Rubrizierung steht Bohrer hier allein. Mit der nächsten Veröffentlichung Brinkmanns nur wenige Monate später ändert sich das. Beim Gedichtband *Die Piloten*, ebenfalls 1968 erschienen, stellen sehr viele Rezensenten **Pop-Bezüge** heraus:
- Wilfried Reichart nennt Brinkmann einen »Pop-artisten«, will aber angesichts der Gedichte über das »Pop-Alltägliche[]« dennoch »nicht von Kunst reden« (Reichart 1968).

- Auch Franz Norbert Mennemeier sorgt sich und möchte den »gewisse[n] nichtkünstlerische[n] Infantilismus« nicht mit einem »Hinweis auf Pop-art-Usancen« entschuldigt wissen (Mennemeier 1968).
- *Der Spiegel* erkennt immerhin in der »Pop-Lyrik [...] gelegentlich Gebilde von hoch modischem Reizwert«, die aus der »vulgär-mythischen Waren-, Werbe- und Kinowelt, also bewußt aus zweiter Hand«, stammen (Anonymus 1968).
- »Pop mit Ra-ta-ta-ta« ist die Besprechung Helmut Salzingers überschrieben, mit Blick auf Brinkmanns Gedicht »Ratata für Bonnie & Clyde etc.«. Genauso wie der Hollywood-Film keine Sekunde vorgebe, »Wirklichkeit zu zeigen«, verfahre auch Brinkmann: Das Kino werde zur einzigen Wirklichkeit (Salzinger 1969).
- Für Heinz Neidel bietet der »Beat-Poet« Brinkmann das »Beste aus dem Pop-Arsenal« auf: »Comic-Streifen, Fettwörter wie ›Coke‹ oder ›USA‹«, er umarme und fleddere »unserer Gesellschaft liebste Kinder gleichermassen [sic]: die Medien Film, Schlager und Reklame« (Neidel 1969, 391). Es handle sich um ein Beispiel »für Pop-Art in der Literatur: Auch hier wird Alltägliches aus dem gewohnten, liebgewonnenen Zusammenhang gerissen und in einen fremden (›verfremdet‹ – da ist das beliebte Wort!) gestellt. Neues Sehen beginnt« (ebd., 392).
- Das kann Heinz Piontek überhaupt nicht erkennen. Zwar glaubt auch er, Brinkmann ziehe in den *Piloten* »alle Register der Pop-art«, meint aber gerade deshalb, dass dessen Lyrik »sich nicht bloß im Wortgebrauch, sondern auch im Denkmuster den Formen von Kommerz und Werbung anpaßt« (Piontek 1969, 418 f.).
- Karl Heinz Bohrer wiederum, der wie gerade erwähnt als einziger bereits angesichts von *Keiner weiß mehr* von einem »›Pop-Roman‹« gesprochen hatte, spart erneut nicht mit »Pop«-Bezügen, sieht den Gedichtband jedoch im Unterschied zum Roman sehr kritisch. Brinkmann büße nun, nachdem er sich den zweifelhaften Thesen Fiedlers verschrieben habe, seine »Subjektivität« ein, seine Worte ihre »Widerstandskraft [...] gegenüber dem, was sie bezeichnen.« Auf eine »allzu modische, marktgerechte Weise« werde im *Piloten*-Band »Pop-Kunst mit Worten nachgeschrieben oder nachempfunden« (Bohrer 1968 b).

Nicht derart umfangreiche und kontroverse, aber gleichwohl einschlägige Reaktionen gibt es zu zwei weiteren Veröffentlichungen des Jahres 1968, den Romanen *Innerungen* von Uwe Brandner und *Die Insel* von Peter O. Chotjewitz. Auch in den Rezensionen dieser Erzählwerke fällt der Begriff »Pop-Roman« (etwa Werner 1968), gibt es Verweise auf die literarische Übernahme der »Pop-art-Technik«: »Material (Fiktives, Kolportiertes, Angelesenes, Zitate etc.)« werde durcheinandergeschüttelt, »zusammengehörende Abläufe« in kleine Teile geschnitten und »scheibchenweise« serviert (Horst 1968, 511).

Angesichts dieser Vielzahl an Belegen kann man ohne jeden Zweifel festhalten, dass 1968 den Beginn der deutschen Popliteratur bildet: Teilnehmer der literarischen Welt – Verleger, Lektoren, Schriftsteller, Rezensenten, Redakteure, Professoren, Leser – erkennen nun häufig in Texten ›Popliteratur‹. Deutlich festzustellen ist auch, wie umstritten die Popliteratur gleich zu Beginn ist, vor allem im Feuilleton fallen die Wertungen unterschiedlich aus. Eine gemeinsame Grundlage für solche Wertungen existiert jedoch: Die Popliteratur wird von ihren ersten Rezensenten dadurch charakterisiert, dass sie einen Bezug auf die Popkultur außerhalb der Buchdeckel besitzt. Verschiedene Bereiche rücken hier in den Blickpunkt: die Welt der Waren, die Welt der Medien, die Welt der Werbung, die Welt der Popmusik.

Mit »Waren« wird wahrscheinlich alles aus dem Supermarkt angesprochen, alles

›Kommerzielle‹, ›Weibliche‹ (siehe Reich-Ranickis Hinweis auf Mode und Kosmetika). Mit Hinweis auf die **Medien** werden manchmal Film und Illustrierte hervorgehoben. All dies erachten die Rezensenten häufig als ›unnatürlich‹, als sekundär, als Wirklichkeit eigener Art, die von der ›wirklichen Wirklichkeit‹, der ›Natur‹ offenbar geschieden ist.

Zur zweiten Wirklichkeit der Medien kommt noch die Pop-Art hinzu, die der Popliteratur als Modell dient (ausführlich zur Pop-Art s. Kap. 2.2). Die Pop-Art ist nach Maßgabe der Rezensenten von Werbung, Film etc. noch einmal zu trennen, sie wäre demnach eine ›Wirklichkeit‹ aus ›dritter Hand‹. Wie die Popliteratur-Technik in **Analogie zur Pop-Art** genau beschaffen ist, wird manchmal schon zumindest ansatzweise beantwortet: Die Popliteratur benutzt Begriffe aus Film, Werbung etc., sie zitiert sie, zieht sie aus ihrem ›ersten Zusammenhang‹ heraus, kombiniert sie neu, sei es in kritischer Absicht oder wegen der Übernahme von Mustern der Werbung, des Hollywoodfilms etc. bewusst oder ungewollt affirmativ oder wenigstens mit neutralem Gestus.

1.4 | Beat-Literatur

Übernahme und Bearbeitung von Stoffen und Techniken bestimmter Massenmedien, der Popkultur und der Pop-Art – damit ist die Popliteratur bereits recht übersichtlich eingegrenzt. Komplizierter, jedenfalls ausgreifender gerät die Sache, wenn noch andere Dinge ins Spiel kommen, wie das 1968 geschieht. ›Beat‹ und ›Underground‹ lauten (wie bereits bei den Rezensionen zu Rolf Dieter Brinkmann gesehen: »Underground-Sprache«, »Beat-Poet«) die Begriffe bzw. Schlagworte jener Tage, die manchmal synonym mit ›Pop‹ gebraucht werden.

›Beat‹ ist zum einen bekanntermaßen ein Stilbegriff für eine bestimmte Sorte Popmusik, die vor allem mit britischen Bands wie den Beatles Mitte der 1960er Jahre ungeheure Erfolge in der jungen Generation feiert; 1968 tritt an seine Stelle allerdings bereits machtvoll ›Rock‹. ›Beat‹ ist zum anderen eine kleine literarische Strömung der US-amerikanischen 1950er Jahre. Nachdem sie anfänglich keine Verlage für ihre Werke fanden, erzielen vor allem **Jack Kerouac** und **Allen Ginsberg** in der zweiten Hälfte der 1950er Jahre große Aufmerksamkeitserfolge. Diese mediale Aufmerksamkeit erlangen sie nicht zuletzt, weil sie auf ungewohnte, Teile des Publikums schockierende Weise anstößige Wörter gebrauchten. Bekannt werden sie ebenfalls als Protagonisten einer nonkonformen Gruppe, den Beatniks.

Besonders Jack Kerouac hat in seinen Romanen einiges zu diesem Image beigetragen. Mit den Helden seiner stark autobiografisch geprägten Bücher teilt Kerouac die Abneigung gegen »refrigerators, TV sets, cars, at least new fancy cars, certain hair oils and deodorants«; durch sie werde man in das »system of work, produce, consume, work, produce, consume« eingekerkert (Kerouac: Dharma Bums, 98). *On the Road* lautet der bekannteste Romantitel der Beat-Literatur nicht von ungefähr; gegen Bürokratie, Konformismus und Konsumismus wird das ungebundene, intensive Leben ins Feld geführt: »a wild yea-saying overburst of American joy; it was Western, the west wind, an ode from the plains« (Kerouac: On the Road, 10).

Bei Kerouac erfolgt die Feier der Intensität als freundliche Vision einer »great rucksack revolution« von »Zen Lunatics who go about writing poems that happen to appear in their heads for no reason and also by being kind and also by strange unexpected acts keep giving visions of eternal freedom to everybody and to all living creatures« (Kerouac: Dharma Bums, 97 f.). Bei Ginsberg offenbart sich weniger humanistisch ein mal gleißender, mal verzweifelt düsterer Kosmos aus »dreams«, »drugs«, »waking nightmares, alcohol and cock and endless balls«, »St. John of the Cross telepathy and bop kabbalah«, »great suicidal dramas«, »romance of the streets«, »supernatural ecstasy« (Ginsberg: Howl, 126 f.).

Vertreter der Beat-Bewegung präsentieren das Gegenbild zum Angestellten, Akademiker und Büromenschen nicht nur auf dem Papier, sondern ausdrücklich in der Lebenspraxis. Weiße Hemden sucht man bei ihnen vergeblich, der Hals ist vom ›einengenden‹ Schlips befreit, das Hemd trägt man gerne mehr als ein Knopf offen, Haare und Bärte wuchern ungehemmter, Sandalen oder Mokassins sorgen für Bequemlichkeit, Jeans und Baumwollhosen rücken aus dem Freizeitbereich gegen die offiziellen Stoffe vor, noch inoffizieller sind Second-Hand-Stücke oder selbst angeschmuddelte Kleider; Frauen ziehen vorzugsweise schwarze, enge Hosen und Pullover an; die Wohnungen sind karg und unaufgeräumt, man sitzt auf dem Boden, an der Wand ungerahmte Bilder (vgl. Maynard 1991, 3 f.). Im öffentlichen Bild, wie etwa von den Zeitschriften *Time* oder *Mad* noch extra zugespitzt, kommen Bongos, dichter Zigarettenqualm, Chiantiflaschen und andere Accessoires hinzu.

Der zugleich asketische und legere Stil weist darauf hin, dass man weder in geordneter Arbeit noch luxuriöser Verfeinerung Sinnerfüllung zu finden glaubt. Kreativität ist keine Frage der Disziplin, sondern der plötzlichen Inspiration und Ekstase. Improvisation, die Abneigung dagegen, nach dem (angestrebten) Fluss des Schreibens Korrekturen anzubringen, metrische Ungebundenheit, Formlosigkeit, Ungezwungenheit, Verwendung von Alltagssprache zählen zu den Schreibidealen Kerouacs, eine originelle Verbindung der Literatur des Realismus mit dem automatischen Schreiben der Surrealisten. Es überrascht deshalb nicht, dass die Beat-Literaten sich mit den eigenwilligen Jazz-Improvisationen des Bebop und nicht mit der ersten Popmusik-Richtung, dem Rock 'n' Roll, im Bunde sahen.

Bekannt werden sie auch erst nach dem jähen Erfolg des Rock 'n' Roll unter Teenagern 1955/56. Diane Di Prima zählt Mitte der 1950er Jahre in New York bloß ungefähr fünfzig der da noch nicht **Beatniks**, sondern »New Bohemians« genannten Männer und Frauen, »who raced about in Levis and work shirts, made art, smoked dope, dug the new jazz, and spoke a bastardization of the black argot« (Di Prima: Memoirs of a Beatnik, 126). Fünfzig weitere von ihnen hätten in San Francisco gelebt, schätzt sie, dazu noch hundert andere über den Rest des Landes verstreut: junge Maler, Actors Studio-Schauspieler, Balletttänzer, Eurhythmie-Experten, Jazzfans (ebd., 109).

Doch ob zweihundert oder später zweitausend – ihre rasche Popularität kurze Zeit später verdanken sie zu großem Teil ihrem Bild in den »Massenmedien«, die »anstelle des traditionellen Hinabsickerns von Ideen aus den akademischen und intellektuellen Zentren einen Abkürzungsweg geschaffen haben«; dadurch können »ein paar Lyriker, die schon seit mehreren Jahren in San Francisco ihre Gedichte mit Jazzmusikbegleitung vorlasen, plötzlich zum Symbol der ›Beat-Generation‹« aufsteigen und »nachgemacht werden, fast bevor sie richtig existieren«, wie der in den 1950er Jahren viel gelesene Soziologe David Riesman pointiert festhielt (Riesman 1966, 187).

Hinzufügen muss man aber noch, dass mit den Beatniks weniger intellektuelle, oder gar wissenschaftliche Ideen an die Öffentlichkeit dringen, sondern vielmehr Einstellungen und Lebensstile vorgezeigt werden. Dieser Zusammenhang von Jugendlichkeit, gegen die ›Spießer‹ gerichteter Attitüde, augenfälligem Lebensstil und anti-akademischer Kunstausübung ist es auch, der 1968 attraktiv auf Schriftsteller wie Rolf Dieter Brinkmann wirkt, die der Popliteratur zugerechnet werden (zur deutschen Beat-Rezeption vgl. Kramer 2003).

1.5 | Underground

Einen noch radikaleren, teilweise stark politisierten Zug erlangt der Beat-Nonkonformismus durch Bestrebungen junger Bohemiens, Studenten, Künstler in der zweiten Hälfte der 1960er Jahre, die unter dem Namen ›Underground‹ laufen. Nicht wenige Popmusiker aus dieser Zeit – und viele ihrer Anhänger – erheben den Anspruch, **gegenkulturell, subversiv zu wirken**, die konservativen Elternschichten, Politiker und die kapitalistischen, kommerziellen Unternehmen herauszufordern.

Viele junge Literaten ziehen hier mit. Im Nachwort zu einer Sammlung von Übersetzungen der Gedichte amerikanischer Autoren, *Underground Poems / Untergrund Gedichte*, erläutert 1967 der Freund und Kollege Rolf Dieter Brinkmanns, Ralf-Rainer Rygulla, die »Alternative der ANTI-Kunst«. Wichtig sind für ihn die Veröffentlichung der Texte durch kleine, unkommerzielle Zeitschriften und Verlage, die Verachtung von »Kunstgehalt & Anspruch«, »Umgangssprache« und »Vulgärsprache«; in nun bereits vertrauter avantgardistischer Manier – Dada und Surrealismus steigen in der zweiten Hälfte der 1960er Jahre endgültig zur Museumskunst auf – stehen Methoden zur Auflösung gängiger Sinn- und Erzählmuster ebenfalls hoch im Kurs.

Als antibildungsbürgerliche Instanz kommen bei Rygulla zudem einige Hollywood- und Popfiguren zu Ehren: »Humphrey Bogart, Batman, Lana Turner, Consuela und Cowboys sind camp und pop; der Vietnam Krieg, L. B. J., Wall Street, [sic] und der amerikanische Super-Kommerzialismus und Perfektionismus sind beschissen.« Zur bewunderten amerikanischen »total scene« zählen für Rygulla folgerichtig neben »psychedelic happenings«, »Free Sex«, Andy Warhols »Underground Filmen« und »Beat groups« wie The Fugs auch »pop Musik, pop Mode, pop Gedichte« (Rygulla: Underground, 26 f.).

Gerümpel, Flohmarkt-Ästhetik, aber auch neueste technische, artifizielle Geräte, die Musik von Frank Zappas Mothers of Invention, die »Titten einer 19jährigen«, Jim Morrisons exaltiert-intime Bühnenshow, Texte, die das Nebensächliche zur Hauptsache machen, »taumelige psychodelische Gebilde«, Auflösung der Geschlechteridentität, eine von den Konditionierungen der Sprache, der abstrakten Begriffe gelöste Sensibilität – das alles findet man zwei Jahre später in Rolf Dieter Brinkmanns Nachwort zu einer viel gelesenen weiteren Anthologie US-amerikanischer Autoren, *Acid*, unter jenem Schlagwort eines »totalen Angriffs auf die Kultur« versammelt (Brinkmann: Film in Worten, 381 ff.), das bereits Rygulla zitiert hatte.

Zu diesem Angriff auf die Bildungskultur gehört – teils vorbereitet von den Beatnik-Autoren – die deutliche Darstellung sexueller Akte. ›**Dirty Speech**‹ und Underground passen noch zusammen, bevor sich die Liberalisierungswelle um 1970 auch politisch und juristisch Bahn bricht. Für Rolf Dieter Brinkmann zählen die Gedichte der jungen Amerikaner mit ihrem deutlichen Vokabular (»Titten, nicht Brüste«) zu den anzustrebenden Widerstandshandlungen gegen die »permanente[] Hörighaltung mittels Sexualgeflitter à la Hollywood[]« (Brinkmann: Über Lyrik und Sexualität, 70). Für die Verbreitung von obszöner ›schmutziger Rede‹ muss man zwar nicht unbedingt in den ›Untergrund‹ gehen, aber abseits der großen oder renommierten Verlagshäuser kleine Verlage und Zeitschriften suchen oder eigens gründen.

Bereits Ende der 1960er, vor allem Anfang der 70er Jahre springen dann aber schon die umsatzstarken Medienunternehmen auf den lukrativen Zug auf. Erst recht gilt das bei Musikgruppen wie Grateful Dead, Mothers of Invention, The Doors, Rolling Stones. Sie alle haben überhaupt keine (weder ökonomische noch politische) Schwierigkeiten, Plattenfirmen und Konzertveranstalter zu finden, die sie der großen Öffentlichkeit präsentieren.

Pop und entschieden antikommerzieller, revolutionär gestimmter Underground gehören darum langfristig schwerlich zusammen. Man kann sogar an den ersten Engführungen der beiden mitunter bereits die Keime der Spaltung erkennen. 1968 ist das ›Pop‹-Wort aus Rygullas Neuausgabe seiner Sammlung amerikanischer Autoren, *Fuck You (!). Underground-Gedichte*, schon wieder verschwunden. Ralf-Rainer Rygulla zitiert in seinem Nachwort weiterhin zustimmend Ed Sanders' Aufruf zum »totalen Angriff auf die Kultur«, er propagiert den »anti-Konsum« und eine »antizivilisatorische« Haltung, er feiert »*porn. lit.*« und »Vulgär-Slang«, aber nicht mehr Popmode und -gedichte. Rygullas gleich zu Beginn geäußerte Überzeugung, dass Batman, die Ikone amerikanischer Popkultur Mitte der 60er Jahre, Gotham City verlassen habe und nun »in Vietnam in seinem Super-Super-Tank gegen das Böse« kämpfe, verhindert einen weiteren unbefangenen Gebrauch des Pop-Begriffs im Untergrund-Zusammenhang (Rygulla: Fuck You, 115 ff.): Binnen Jahresfrist ist Pop auf der Seite des Feindes angekommen.

1.6 | Wissenschaftliche Rezeption

Nicht nur in *Acid*, auch in Rolf Dieter Brinkmanns Nachwort zu einer weiteren Anthologie US-amerikanischer Autoren, *Silverscreen*, finden sich 1969 radikal gegenkulturelle Forderungen und Hoffnungen an wichtiger Stelle. Auf die Begriffe ›Pop‹ und ›Popliteratur‹ stößt man in diesen ausführlichen programmatischen Erklärungen allerdings an keiner Stelle, das dürfte kein Zufall sein.

Von den ersten wissenschaftlichen oder essayistisch angelegten **Schriften zu den Büchern von Brinkmann** und anderen wird das aber oftmals ignoriert (etwa Dencker 1971; Hartung 1971; Hermand 1971). Unter ›Popliteratur‹ wird bei ihnen sehr vieles, auch Gegensätzliches gefasst: »Anti-Kunst«, »Gegenwartsnähe«, »Konsumierbarkeit«, »›fäkale Sprengwörter‹« (Dencker 1971, 92).

Solche Merkmale versammeln sie auf einer Popliteratur-Liste, weil sie all dem kritisch gegenüberstehen (eine Ausnahme ist der sachlich gehaltene Überblick von Paul Konrad Kurz 1971, 247 ff.): Die Schockwirkungen und Tabubrüche der ›dirty speech‹ und der Angriffe auf die moderne Hochliteratur stellen nach ihrem Urteil bloß effektvolle Reize und Werbegags dar, die von sinnvollem politischen Engagement oder bedeutungsvoller, avancierter Kunst weit entfernt sind. Darum können sie die vorgeblichen Underground-Texte mitsamt den angeblich konsumnahen Pop-Art-Entsprechungen in einem Atemzug nennen und sogleich erledigen: »Kunstgewerbe« (Hartung 1971, 732), »gängige Konsumprodukte« (Hermand 1971, 38), »am normalen, konsumierbaren Sprachgebrauch orientiert« (Dencker 1971, 93).

Es überrascht darum nicht, dass weitere wissenschaftliche Ausführungen zur Popliteratur in den nächsten Jahren unterbleiben. Wegen der ästhetisch-politischen

Herabwürdigung der Popliteratur – und weil im Feuilleton und in den Verlagen in den 1970er Jahren keine weiteren Anstrengungen unternommen werden, die Popliteratur in die Öffentlichkeit zu bringen – verschwindet das Thema von der Tagesordnung. Aus der Riege der um 1968 häufig als Pop-Autoren apostrophierten Schriftsteller rückt zwar Rolf Dieter Brinkmann in den Kanon auf, weil er aber unterschiedliche Werkphasen und Poetiken vorzuweisen hat, muss eine Beschäftigung mit ihm nicht notwendigerweise die Betrachtung der Popliteratur in den Mittelpunkt stellen. Der 1981 erschienene Band der Zeitschrift *Text + Kritik* zu Brinkmann bietet weder im Ober- noch bei Zwischentiteln einen Verweis auf die Popliteratur; im ersten Beitrag des Bandes wird gleich auf der ersten Seite angesichts der frühen Rezeption von Brinkmann abfällig von einem »›Pop‹«-»Stereotyp« gesprochen (Witte 1981, 7).

Das ändert sich erst **seit Ende der 1990er Jahre**. Seitdem sind in rascher Folge sehr viele literaturwissenschaftliche Aufsätze und Bücher erschienen, sowohl zur Popliteratur insgesamt als auch zu einzelnen Vertretern (Hinweise dazu in Kap. 3–5). Wie schon in den Feuilleton-Debatten der späten 1960er Jahre gibt es in den literaturwissenschaftlichen Auseinandersetzungen sehr unterschiedliche Ansätze, Popliteratur zu bestimmen. Von Subversion bis Affirmation (vgl. etwa Ernst 2001; Ullmaier 2001; Jung 2002b) reicht das Spektrum an Definitionsvorschlägen, Sprachregelungen, Lektürelenkungen und Genreangaben – es reicht von Einordnungen in den Bereich zeitgenössischer Jugend-Literatur (Kaulen 2002, 214 f.) bis hin zu höchst ›erwachsenen‹, elaborierteren Theorien, die Popliteratur mit Verfahren der modernen Literatur identifizieren: Gegenwartsmitschrift durch »Zitieren, Protokollieren, Kopieren, Inventarisieren« (Schumacher 2003, 13), Spiel mit sprachlichen Alltags-Versatzstücken (Baßler 2002), so lauten die beiden unter Literaturwissenschaftlern bislang erfolgreichsten Popliteratur-Bestimmungen.

1.7 | Popliteratur-Debatten um 2000

Der ausgiebigen wissenschaftlichen Beschäftigung mit der Popliteratur ging eine intensive Debatte in der literarischen Welt voraus. Verlage werben Ende der 1990er Jahre gerne mit dem ›Pop‹-Wort, Rezensenten und Autoren diskutieren vehement über Neuveröffentlichungen, die im Fall der Erstlingswerke von Christian Kracht – *Faserland* (1995) – und Benjamin von Stuckrad-Barre – *Soloalbum* (1998) – hohe Auflagenzahlen erzielen.

Noch stärker als 1968/69 ist ›Popliteratur‹ in der zweiten Hälfte der 1990er und zu Beginn der 2000er Jahre im Literaturbetrieb ein wichtiges Schlagwort. Mit ihm wird häufig bloß recht diffus angezeigt, dass etwas neu, jugendlich und aktuellen Popszenen verbunden sei. Schärfere Kontur gewinnen solche Angaben nur auf der Wertungsebene, dort allerdings in eindringlicher Weise. Zum einen soll ›Popliteratur‹ um 2000 positiv oder negativ (das hält sich ungefähr die Waage) für ein Erzählen einstehen, das sich vom avantgardistischen Experiment verabschiedet – sowie von jener psychologisierenden Erkundung, die stets im Innenraum eines sensiblen Subjekts verbleibt. Zum anderen gilt ›Popliteratur‹ positiv oder (überwiegend) negativ als Dokument und Motor einer oberflächlichen Haltung, die sich von der Konsumkritik und dem humanistischen und/oder gesellschaftskritischen Engagement der künstlerischen und universitären Vorgängergeneration entschieden absetzt (vgl. Steier 2009).

Der oftmals polemische oder hochgestimmte Ton der Ausführungen, die manchmal euphorische oder coole Würdigung der Popliteratur darf aber ebenso wie ihre häufige Verdammung nicht zu der Annahme verleiten, diese Punkte würden in der Post-68er-Generation zum ersten Mal diskutiert. Dies gilt nur für den literarischen Bereich und speziell das deutsche Feuilleton, nicht aber für andere Kunstgattungen und journalistisch-künstlerische Öffentlichkeiten. All das sind Fragen, Bestimmungen, Probleme und Wertungen, die außerhalb der literarischen Kreise schon lange verhandelt worden sind, vor und nach 1968, in Deutschland besonders Anfang und Mitte der 1980er Jahre. Um sie richtig einordnen und auf den Begriff bringen zu können, ist es deshalb sinnvoll, zuerst den weiteren Pop-Bereich auszumessen, bevor die literarischen Werke untersucht werden.

Weiterführende Literatur

Die feuilletonistische Einordnung der Popliteratur bilanzieren Schäfer (2003a), Steier (2009) und Krause (2015), die germanistische Sekundärliteratur stellt umfassend Menke (2014) dar.

2 Popkultur

2.1 | Popmusik

Im Unterschied zu den schichten- und generationenübergreifenden Angeboten der Populär- und Massenkultur wird die Popkultur stärker von Teenagern und Twens sowie von metropolitanen Szenen geprägt, die sich selbst als ›angesagt‹, ›hip‹, ›cool‹ oder ›in‹ verstehen. Die meisten Popliteraten gehören selbst solchen Gruppen an, zumindest kennen sie sich mit Phänomenen der Popkultur (Charts- und Independent-Musik, Hollywoodfilme, TV-Serien, Werbung für bekannte Marken der Konsumgüterindustrie, Internetblogs etc.) gut aus.

Vor allem sind sie über die jeweils aktuellen Trends der Popmusik informiert und schätzen einige der Musiker und Stars sehr. Das unterschied diese Schriftsteller in den 1960er Jahren zuverlässig von ihren Kollegen, die andere, traditionellere Vorlieben besaßen. Spätestens seit den 1990er Jahren verliert sich der Unterschied, die heutige Schriftstellergeneration ist fast ausnahmslos mit Popmusik aufgewachsen. Nicht nur die Popautoren unter ihnen zählen zu den **Kennern der Popmusikszene**. Die Differenz kann also nur noch darin bestehen, dass Popliteraten ihre Kenntnisse für ihre Gedichte und Erzählwerke fruchtbar machen.

Aber auf welche Weise? Schließlich beruht die konventionalisierte **Sprache der Musik** auf einer Notation, die Schriftsteller nicht benutzen. Ganz anders sieht es bei den Texten von Liedern aus. Was so naheliegend erscheint, spielt aber für die Popliteratur (bislang) kaum eine Rolle: Popliteraten (in der gängigen Bedeutung des Begriffs) liefern kaum einmal Pop- oder Rocklyrics, eifern in ihren Gedichten selten deren Strukturen nach. Die meisten Popliteraten schreiben ohnehin Prosa, da könnten Songs nur einen kleinen Teil des Werks ausmachen. Wenn also Notenschrift ausscheidet und bestimmte Abfolgen von Strophen und Refrains nicht prägend sind, kann nur bilanziert werden, dass die Musik direkt nicht von großer Bedeutung für die Popliteratur ist.

2.1.1 | Popmusik – mehr als Musik

Wenn man aber Popmusik nicht auf Musik und Songtexte beschränkt, dann erweitert sich der Spielraum enorm. Die journalistische Berichterstattung über Popmusik weist hier den Weg. Um ein frühes Beispiel aus der Zeit des Rock 'n' Roll anzuführen: In einem der ersten Nachrichtenmagazinartikel zu Elvis Presley etwa wird nicht nur über Musik geschrieben (»rhythmic rock 'n' roll«, »a coarsened version of what a ›jump‹ band like Count Basie's does with refinement«), sondern auch über Urteile von Zuschauern zu seinem Aussehen: »Girls describe Presley as a combination of Marlon Brando and James Dean. [...] A local reviewer (adult and male) was less impressed: ›Presley is more of a male burlesque queen than anything else‹«. Denselben Raum nimmt sogar ein Abschnitt über seine Auto-Vorlieben ein: Elvis besitze drei Cadillacs und ein »Messerschmitt tricycle car«; bis vor kurzem sei auch deren Farbgebung klar gewesen: »›I used to be on a pink-and-black kick‹, he says. ›Pink-and-black shirts, even a pink-and-black Cad‹« (Anonymus 1956, 37).

Natürlich hat es auch vorher schon z. B. spezielle Kleidung für Showauftritte von Bands und Sängern gegeben. Den Unterschied macht nun aus, dass die für die Produktion und Rezeption von Popmusik wichtigen nicht-musikalischen Gegenstände und Haltungen den Bühnenrand überschreiten und ins **Alltagsleben** eingehen, nicht nur in das der Musiker, sondern vor allem in das der Anhänger. Mitunter läuft der Weg auch umgekehrt, die Musiker beziehen ihre Anregungen von ihren Fans bzw. Musiker und Fans entstammen derselben Szene.

Besonders interessant ist das, weil sich mit dem Rock 'n' Roll, der auf die Sparten des Country&Western und des überwiegend afroamerikanischen Rhythm 'n' Blues zurückgeht, eine Neuerung in der Zusammensetzung der Zuhörerschaft sog. populärer Musik vollzieht. Im Unterschied zur vorherigen ›popular music‹, vor allem dem Swing, beginnt Pop als die Musik einer Altersgruppe, der **Teenager**.

Den politischen und intellektuellen Betrachtern der neuen Szenerie Mitte und Ende der 50er Jahre stellt sich die Lage zumeist bedrohlich dar. Auf die neue Eigenständigkeit des Teenager-Geschmacks reagieren Erwachsene mit Annahmen über eine potentiell gefährliche Subkultur. Ganz überwiegend sind es Pädagogen, Soziologen und Leitartikler, die sich mit dem Phänomen beschäftigen. Sie erkennen in der Art und Weise, wie die Teenager ihre gestiegenen materiellen Möglichkeiten und ihren Freiraum außerhalb der Familie bzw. zwischen Schule und Beruf nutzen, einen bedeutenden negativen Ausdruck der modernen Welt. Sowohl die Eigenständigkeit der Teenager als auch ihre Abhängigkeit von der neuen Freizeit- und Massenkommunikationsindustrie malen sie in düsteren Farben.

Von Verfechtern der Revolte, die, ob als Oberschüler, Studenten, Künstler oder Journalisten, fast alle Kinder der Mittelschicht sind, wird diese konservative Diagnose ab Mitte der 1960er Jahre geteilt, wenn auch aus anderen Gründen. Sie hegen **politische Hoffnungen** und erkennen in der zeitgenössischen Popmusik mehr als einen zerstreuenden, ablenkenden oder ruhigstellenden Schematismus der großen Konsummaschinerie. Als Auslöser und Träger kompromisslos vorgebrachter Begierden werden in der zweiten Hälfte der 60er Jahre von Vertretern der antiautoritären Bewegung unterschiedliche Gruppen ausgemacht; zu Beginn und immer wieder einmal die Rolling Stones, in Amerika im Sommer 1968 vor allem die Rockgruppe MC5, zudem Gruppierungen der Freaks, Gammler und – wesentlich weniger aggressiv ausgerichtet – der radikalen Teile der **Hippie-Bewegung**.

Bemerkenswert an deren Vorliebe für die Rockmusik ist vor allem, dass sie sich nicht nur auf politische Texte und Slogans bzw. Refrains richtet, wie das noch in der ersten Hälfte der 60er Jahre bei der Folkmusik der Fall ist. Am Beispiel **Bob Dylan**s und der Einschätzungen zu ihm kann man dies sehr gut erläutern. Den Vorwurf der Linken, Dylan habe mit seinem Griff zur elektrischen Gitarre und dem Verzicht auf klare Botschaften sowohl die Folk-Musik als auch seine politische Position als Sänger der Bürgerrechtsbewegung verraten, teilt z. B. 1966 der junge Aktivist Frank Bardacke nicht. In den persönlichen, eigenwilligen und verrätselten Texten Dylans erkennt Bardacke eine andere, neue Art der Politik. Diese Politik zielt nicht zuerst auf die Änderung von Institutionen, ihr politischer Aktivismus besteht nicht in der Propagierung von Botschaften, sondern betreibt die Änderung des (kulturellen) Lebens auf antiautoritäre Art. Sie besteht in einer anderen Weise zu leben, sie muss den Bruch mit den herrschenden Lebensweisen bereits im Hier und Jetzt vollziehen und nicht auf eine ungewisse Zukunft nach einer politisch-ökonomischen Revolution vertagen.

Wichtiger als klare Direktiven und politische Pläne sei die Bewusstseinsveränderung, die es dem Einzelnen ermögliche, sich aus den täglichen Zwängen zu befreien. Dylan »intends to ›blow their minds‹. In a society where the most important restrictions of freedom are the limitations on consciousness, ›blow their minds‹ is the rallying cry of freedom fighters« (Bardacke 1970, 379 f.).

Die Parole des ›**blow your mind**‹ kann im Lauf der zweiten Hälfte der 60er Jahre auch wesentlich aggressivere Züge annehmen, etwa wenn 1967 eine Gruppe von politisierten West-Coast-Fans der Rolling Stones (»they call us dropouts and delinquents and draftdodgers and punks«) in der Musik der Stones eine Anstachelung zum militanten Aufruhr erkennt (zit. n. Gleason 1969, 72) – oder wenn der Mitbegründer der kulturrevolutionären Organisation White Panther in dem »high-energy guerilla rock« der MC5 einen kulturrevolutionären Anschlag ausmacht (Sinclair 1972, 104 f.).

Eine Intensität, die aus dem bürgerlichen Leben herausführt, kann jedoch ebenfalls auf weniger martialische Weise erzeugt werden. Die **psychedelische und experimentelle Rockmusik** von Grateful Dead oder Pink Floyd löst zum Teil vertraute Songstrukturen der Rock 'n' Roll- und Beatmusik auf oder verzerrt deren gewohnte Klänge, hält aber an deren Anspruch fest, eine enorme, durchschlagende Wirkung zu entfalten – mit dem bedeutenden Unterschied, dass die angestrebte Intensität weniger punktuell ekstatisch und isoliert reizvoll, sondern ganzheitlich, alle Wahrnehmungsformen und Lebensbereiche einnehmend sein soll (Anderson 1968). Gegen das Verlangen nach Eingängigkeit und Klarheit in der Popmusik stellen die psychedelischen Hippies im Namen der Bewusstseinserweiterung die Komplexität, das Mäandernde, Nicht-Stillgestellte, Formauflösende und die Vielfalt an Bedeutungen.

Zwei Kriterien, die aus der **modernen Kunst** stammen, erlangen dadurch im Popbereich eine große Bedeutung. Zum einen der Anspruch, ein eigenständiges Werk zu schaffen. Sänger wie Dylan und Bands wie die Rolling Stones sind keine Musiker mehr, die sich, wie bis zu Beginn der 1960er Jahre im Bereich der populären Musik üblich, alles vorschreiben lassen. Viele der angesagten Popgruppen schreiben nun ihre Stücke selbst und haben eigene Vorstellungen davon, wie sie auftreten und wirken wollen. Zum anderen besteht der neuere Anspruch, originell, kreativ, innovativ, provokativ und grenzüberschreitend zu sein. Selbst Gruppen wie die Beatles und die Beach Boys, die ihre Karrieren konventionell begonnen haben, verfechten diesen Anspruch in der zweiten Hälfte der 1960er Jahre vehement und legen ungewöhnliche, konzeptuell durchdachte, experimentelle Songs und Alben vor. Über diesem Trend verliert sich die Faszination von ›Pop‹ schnell. ›Pop‹ steht nun häufig für das Kommerzielle, Glatte, Oberflächliche, bloß Unterhaltsame; der neue Zug innerhalb der Musik der Teenager und Studenten zur Kunst und zur experimentellen Grenzauflösung und Revolte läuft hingegen oft unter dem Titel ›Rock‹.

2.1.2 | Schriftsteller und Rockmusik Ende der 1960er Jahre

Die **deutschen Autoren**, die der Popliteratur zugerechnet werden, teilen die Vorliebe für Rockmusik ganz und gar. Im Anhang des Sammelbands *Supergarde* von Vagelis Tsakiridis geben die Autoren Auskunft auf die Frage »Welche Beat-Pop-Gruppe bevorzugen Sie?« (nach anderen Musik-Vorlieben wird erst gar nicht gefragt). Helmut Salzinger notiert: »Rolling Stones, The Fugs«. Ulf Miehe: »Viele. Beatles, Stones, Velvet Underground, Mothers, Incredible String Band, John Mayall, Chris Farlowe«. Rolf

Dieter Brinkmann: »Velvet Underground, The Doors, Hapshash and the coloured coats, The heavy metal kids und The Rolling Stones« (Tsakiridis 1969, o. S.).

Nicht nur die Musik, sondern auch die Einschätzungen zur Musik, ihre Moden und Ausgestaltungen gelangen aus den USA und England zu den deutschen Schriftstellern, die all das begeistert aufnehmen. Ein Beispiel für einen solchen Import: Chester Anderson definiert im San Franciscoer Hippie-Organ *Oracle* in starker Anlehnung an den Medientheoretiker Marshall McLuhan »**Rock**« als eine Musik, die (auch ohne Hilfe von Lightshows) das ganze Sinnessystem anspreche (»engages the entire sensorium«). Rock steht für ihn Anfang 1967 als wichtigster Bezugspunkt in einer Reihe mit der Pop-Art, der psychedelischen »Revolution« und der Hippie-Community im San Franciscoer Viertel Haight-Ashbury (Anderson 1968, 61, 63). Die erweitert politische, umwälzende Kraft des Rock liegt nach diesem Urteil also keineswegs in den Botschaften der Song-Texte, aber auch nicht in der vitalen Expressivität der Musiker.

In seinem Nachwort zur Anthologie *Acid* übernimmt Rolf Dieter Brinkmann (höchstwahrscheinlich direkt aus Andersons Aufsatz, den er auch für *Acid* übersetzen lässt) diese originelle Bestimmung; »Rock-Musik« schätzt Brinkmann als ein »[d]urch Handhabung hochtechnischer Geräte provoziertes sinnliches Erleben: die Erschließung neuer Gefühlsqualitäten im Menschen« (Brinkmann: Film in Worten, 393). Zusammen mit vielen anderen Phänomenen – etwa der Durchbrechung und Verwirrung der grammatikalischen Ordnung und der Ordnung der Geschlechter – trägt Rock nach dem Urteil Brinkmanns zu der (von ihm als zentral angesehenen und proklamierten) »Erweiterung des menschlichen Bewusstseins« bei (ebd., 381).

2.1.3 | Punk, New Wave, New Pop

Mitte der 1970er Jahre gerät diese Auffassung unter Druck. Die Musik der Hippie- und Alternativbewegung wird von den **Punks** verdächtigt, gar nicht mehr gegenkulturell zu wirken, sondern saturiert und pompös, abgehoben und kraftlos zu sein. Als wichtig für die deutsche Popliteratur sollte sich aber nicht die Feier der ›rohen Energie‹ und der aggressiven, jugendlich-proletarischen Vitalität herausstellen, sondern der Teil von Punk, der bereits 1977 unter dem Titel ›New Wave‹ bekannt ist: »the arty, avant-gardish, studied, and ironic dimension that accompanied the streetwise, working-class, and raucously ›vulgar‹ dimension« (Gendron 2002, 271).

Bei den **New Wave**-Gruppen wie Wire, Devo, Pere Ubu, Public Image Ltd., Magazine, Alternative TV, Gang of Four, XTC etc. wird in den Jahren nach 1977 von ihren Apologeten regelmäßig deren kühle Artifizialität und/oder deren moderner Kunstcharakter positiv hervorgehoben. Distanz zu der um Natürlichkeit und Ursprünglichkeit bemühten Alternativbewegung wird genauso deutlich markiert wie ihre künstlich-künstlerische Abkehr von der vehementen Punk-Direktheit.

In New-Wave- und vor allem in New Yorker No-Wave-Kreisen wird zudem die Monotonie, der Minimalismus von Disco geschätzt; die rhythmische Repetition und die Unpersönlichkeit, Glätte, Künstlichkeit der Discomusik, die im Studio von Produzenten hergestellt und nicht von expressiven Künstler-Komponisten hervorgebracht wird, trägt dazu bei. Naheliegend für New-Wave-Anhänger ist es hier, besonders die »**avant-garde disco**« im Sinne mancher Stücke David Bowies, Brian Enos oder Kraftwerks zu preisen und damit den Doktrinen der Rock-Authentizität eine technoide Alternative entgegenzuhalten; mit der weiteren Möglichkeit für kunstinteressierte Betrachter, in dem maschinell antiexpressiven Trend eine zeitgemäße Variante des avantgardistischen Futurismus auszumachen, die auf das Zeitalter der Datenverarbeitung am Personal Computer vorausweist (York 1983, 167 ff.).

Diese **Einschätzungen zur Musik** zeigen, welche Stimmungen und Vorlieben bei denen vorherrschten, die ästhetische und politische Vorgaben und Hinweise formulieren konnten. In unserem Zusammenhang sind sie besonders wichtig, weil sie die Anschauungen der Popliteraten und ihrer Anhänger in hohem Maße bestimmen werden.

In den kommenden Jahren, vor allem ab 1981, wird die Wendung gegen die Rockmusik nicht nur vollzogen, um avantgardistische Positionen zu beziehen. Sogar Pop wird nun in Kreisen junger Künstler, Intellektueller, Bohemiens, Journalisten, Szenegänger rehabilitiert – Pop im Sinne von Eingängigkeit, Funktionalität, Glätte, Oberflächlichkeit, Künstlichkeit und kommerziellem Spiel.

»Words like ›artistic integrity‹ are meaningless these days … it's got to be colour, dance, excitement«, mit dieser Aussage liefert die englische Gruppe ABC eine ideologisch hoch verdichtete Vorlage, die der englische Journalist Paul Morley gerne aufgreift. »A. B. C. are not ashamed or scared of the word, the suggestion, ›pop‹«, weiß Morley (der kurz darauf selber eine Plattenfirma gründet: ZTT; bekanntester Act des Labels: Frankie Goes To Hollywood) seinen Leser/innen zu berichten, denen er offenkundig in ihrem New-Wave- und Post-Punk-Geschmack noch nicht zutraut, dem traditionellen Kunstanspruch bereits so weit abgesagt zu haben, dass sie sich bedenkenlos der Pop-Oberflächlichkeit hingeben, die er aber wohl als avantgardistisch und abgrenzungswillig genug einstuft, auch diese Volte mitzumachen. Morley selbst jedenfalls hat dabei keine Bedenken, er setzt das Wort nicht länger in Anführungszeichen, sondern stellt es in den Mittelpunkt seines **Lobs des auffälligen, bunten Stils**. Die »pop sensibility« von ABC verkörpert für ihn ganz programmatisch »the subtleties and sensationalism of pop: A. B. C. want to impress with exhilarating style. They know that image – discreet or romantic – is all important. A. B. C. are fans, they intuitively understand the pop images and pop moods that turn us on. The metaphysical attractions« (Morley 1980, 26 ff.).

Die Hervorhebung von Sensation, Stil und Image ist zweifellos eine gut vertraute Pop-Praktik. Dennoch ist Morleys Wort vom »**new pop**« nicht unangemessen. Neu ist es in einem speziellen Sinne – neu ist es innerhalb des Zweigs der Rockmusikpresse und der Post-Punk-Szene, für die Morley schreibt. Die Bedeutung und den Rang dieser Prinzipien offensiv zu propagieren – und das innerhalb eines kulturellen Felds, in dem noch überwiegend Werte des Anti-Kommerziellen, latent Tiefsinnigen, Erhabenen, Hässlichen, Energetisch-Intensiven vertreten werden – darf durchaus neu genannt werden.

2.1.4 | Schriftsteller und New Pop

Von den Entwicklungen innerhalb der Pop- und Rockmusikszene seit 1980 gehen enorm wichtige Impulse für diejenigen aus, die ab Ende der 1990er Jahre wieder Popliteraten genannt werden. Die nicht selten anzutreffende Öffnung einstmals ›progressiv‹ genannter Musiker erstens gegenüber Formen tanzbarer, stark repetitiver, minimalistischer Musik (von HipHop bis Techno) und zweitens gegenüber kommerziellen, eingängigen harmonischen Formen der Pop- und Unterhaltungsmusik bildet einen Antrieb auch für Schriftsteller, die darüber nur zu gerne Auskunft geben.

Rainald Goetz hält 1983 gleich alle »Hits« für das, was »Pop im besten Fall ist«. Hits langweilen einen nie, »je auswendiger man sie kennt, desto noch auswendiger mag man sie kennen lernen«. Sehr gut findet Goetz auch, dass »Hits von einer prächtigen Kurzlebigkeit« sind: »[E]in Hit stürzt den nächsten Hit, was insgesamt das totale Vollgastempo ergibt« (Goetz: Was ist ein Klassiker, 24). Im selben Jahr nutzt Rainald Goetz' Ich-Erzähler des Prosa-Stücks »Subito« den »Moment« in den Vorbereitungen seines Klagenfurter Wettbewerb-Vortrags (den der Autor Goetz tatsächlich im Sommer 1983 hält), um »zum Schluß wenigstens ein paar Sätze in der Sprache des Manifests« zu sagen. Zu diesen Sätzen, die noch einen größeren Allgemeinheitsgrad besitzen als die Hit-Apologie, zählt: »Wir brauchen noch mehr Reize, noch viel mehr Werbung Tempo Autos Modehedonismen Pop und nochmal Pop« (Goetz: Subito, 20 f.).

Thomas Meinecke, der nicht nur Autor, sondern auch Mitglied der Popmusikgruppe Freiwillige Selbstkontrolle ist, erteilt Anfang der 1980er Jahre ebenfalls sein »Ja zur Modernen Welt«: »Heute Disco, morgen Umsturz, übermorgen Landpartie« (Meinecke: Neue Hinweise, 33 u. 36). Fünf Jahre später ist er sich bereits nicht mehr so sicher. Zumindest in den jüngeren Kreisen der Popmusik- und Lifestyle-Journalisten, der studentischen Szenegänger und Avantgarde-Künstler hat sich das Pop-Credo gegen die Ideale und ästhetischen Vorstellungen der Rock-Fans und Alternativbewegten gut durchgesetzt. Für diejenigen wie Meinecke, die mit Pop auch subversive Hoffnungen verknüpften (später wird Meinecke vor allem auf Geschlechter- und andere Stereotype durchkreuzende ›Queerness‹ setzen) ist das ein Grund, an der eigenen Pop-Emphase zu zweifeln – denn mit den Veränderungen im kulturell-künstlerischen Bereich sind offenkundig keine politischen Veränderungen verbunden, die den vage anarchistischen, gegen die herrschenden Lebensformen gerichteten Anschauungen jener Pop-Boheme entgegenkämen. Das Beharren auf modischem, eindeutigem »Stil«, der gegen die alternative Formlosigkeit gerichtet sein sollte, habe letztlich nur zur »Verflüchtigung fast aller kritischen Positionen« geführt, bedauert Meinecke. Aus »subtilster Ironie« bei der Zitation und dem »intelligenten Spiel« mit historischen Stilen sei rasch das »Patentrezept jedes Kulturidioten« geworden, ein unverbindliches »Als-Ob-Gebaren« (Meinecke: Das waren die achtziger Jahre, 118 f.).

Ein Jahrzehnt später wiederholt **Christian Kracht**, der elf Jahre jünger ist als der 1955 geborene Meinecke, aber wie dieser für eine der in der zweiten Hälfte der 1980er Jahre in Deutschland von größeren Verlagshäusern auf den Markt gebrachten Lifestyle- und Zeitgeist-Zeitschriften als Redakteur gearbeitet hat (Meinecke war um 1987 beim *Wiener*, Kracht Anfang der 1990er Jahre bei *Tempo*), die Einschätzungen Meineckes, allerdings mit einigen bezeichnenden Unterschieden. Kracht stellt auch das Jahr 1982 mit Gruppen wie ABC, Aztec Camera und Orange Juice als entscheidendes Datum heraus, er spricht sogar von der Zeit, in der es »zum erstenmal« etwas gegeben habe, das »heute Pop genannt wird« (Meinecke würde das wohl zehn Jahre zuvor, 1972, mit Roxy Music beginnen lassen). Unter »Pop« versteht Kracht hier »die erste richtige Verbindung zwischen Musik und Kapitalismus, keine Sex-Pistols-artige Ablehnung, sondern einfache Bejahung«. Im Gegensatz zu Meinecke spielt bei Kracht also der vorgeblich subversive Zug solcher Affirmation keine Rolle. Vollkommen einig sind sie sich allerdings in der Bewertung von Ironie und Zitat, nur dass Kracht sie besonders 1996 für schwer erträglich hält. »Jeder Depp« könne sich jetzt »ironischen Stil kaufen«, »Kneipenbesucher, Studenten, Bankangestellte und Journalisten« gleichermaßen würden mittlerweile Filme wie Quentin Tarantinos *Pulp Fiction* »toll finden, die [...] im Grunde nur von anderen Filmen handeln«. Darum kann

Kracht aus Überdruss 1996 der stets auf Authentizität beharrenden Gruppe BAP, die das »Spiel der Stile, das Popspiel, das 1982 begonnen hatte«, nie an sich habe herankommen lassen, etwas abgewinnen (Kracht: Der Feind trägt Façonschnitt, 248 ff.).

Die gelegentlichen Abgesänge, Umwertungen, Differenzierungen, Depressionen und Sonderkonjunkturen können aber innerhalb der Kreise popinteressierter Schriftsteller, Akademiker und Feuilletonisten bis heute nichts daran ändern, dass sie zumindest in dieser Hinsicht die Namen ›Pop-Literaten‹ und ›Pop-Theoretiker‹ tatsächlich verdienen. An der zeitgenössischen populären Musik schätzen sie keineswegs bloß Singer/Songwriter von Bob Dylan bis Adam Green und Gruppen mit Avantgarde-Bezug von Velvet Underground bis Throbbing Gristle, sondern ebenfalls viele (vermeintlich) kommerziellere, eingängigere, oberflächlichere, glattere Gruppen und Artisten von den Supremes bis Beyoncé.

Andreas Neumeister etwa notiert 2001 unter dem Titel »Pop als Wille und Vorstellung« mehrfach die Aufforderung: »Punk und Disko gleichzeitig denken«. Ganz in diesem Sinne betont er: »[K]aum auszudenken, man hätte ganze Jahrzehnte ohne Glam Rock, Philly Sound, Acid House und all die anderen Hybriden auskommen müssen« (Neumeister: Pop als Wille und Vorstellung, 22 u. 24). Und Thomas Meinecke ist es auch 2012 wichtig zu wiederholen, dass die »artifizielle ›Realness‹, welche die sexuell andersdenkende Szene der Disco-Welt umzusetzen imstande war«, mehr bewegt habe als die »nach wie vor authentizistischen Restmengen klassischer Rock-Mythen verpflichtete Welt des Indie-Nerds« (Meinecke: Geradeaus Wilhelmsburg, 176).

An solchen Aussagen kann man unschwer ablesen, dass es bei der Pop-Wertschätzung dieser Schriftsteller zumeist um mehr geht als um ein Geschmacksurteil und den Hinweis auf private musikalische Vorlieben. Es geht fast immer auch um ästhetische und/oder politische Annahmen, Hoffnungen, Direktiven, die mit der Musik verknüpft werden und häufig so generell gehalten sind, dass sie über die Musik hinausweisen auf andere künstlerische Gattungen – sogar auf eine Literatur, die sich nicht in der gelegentlichen Nennung von Gruppen-Namen und der Beschreibungen von Tondokumenten und Pop-Konzerten erschöpft.

Wie die Literatur genau Anregungen aus der Popmusik für ihre Texte nutzen kann, ist damit zwar hinsichtlich der medialen Gestalt überhaupt noch nicht klar – schließlich bleiben Töne und Klänge etwas völlig anderes als Worte –, leichter kann aber immerhin das Ziel, etwas zu einer hedonistischen, artifiziellen, nicht-authentischen Kunst beizutragen, auf Romane, Gedichte, Dramen übertragen werden. Es besteht kein Zweifel daran, dass viele bedeutende Popliteraten dieses Ziel verfolgen, auch wenn sie es nicht immer in Manifestform dekretieren und die möglichen Wege zu diesem Ziel auf der literarischen Landkarte nicht in jedem Fall fixiert und für jeden Kartenbenutzer leicht aufzufinden und begehbar sind.

2.2 | Pop-Art

Anders sieht das bei der Übertragung der Pop-Art auf die Literatur aus. Hier gibt es direkte Routen und sehr gut etablierte Wegweiser. Es hat auch nur ein gutes Jahrzehnt gebraucht – von Mitte der 1950er bis Mitte der 1960er Jahre –, um diese Wege jedem Kulturinteressierten einzuprägen.

Anfangs sah es danach allerdings überhaupt nicht aus. Die englische **Indepen-**

dent Group, die in London die Grundlagen für die Pop-Art schafft, erfährt in den 1950er Jahren kaum Resonanz, schon gar nicht über Großbritannien hinaus. Die Gruppe selbst ist klein, sie besteht aus Künstlern (u. a. Eduardo Paolozzi, Richard Hamilton), Theoretikern und Kritikern (Lawrence Alloway, Reyner Banham). Fasziniert ist die Independent Group von US-amerikanischen Illustrierten, deren Fotos und Anzeigen man heraustrennt, als kleine Schätze sammelt und an die Wand hängt. Die Gruppe feiert die positiven Wirkungen der Technik auf die physische wie soziale Mobilität, man akzeptiert nicht allein den Wandel, sondern sogar die modische Kurzlebigkeit, und man hält den Überfluss an Zeichen, die man in der neuen Medien- und Werbungswelt zu verarbeiten hat, nicht für eine verdammenswerte Reizüberflutung und Ablenkung vom Wesentlichen.

Die wichtigste Wertung besteht darin, bestimmte gut eingeführte Wertungsmuster zu ignorieren. Produkte der Massenkultur gelten ihnen nicht automatisch als schlecht. Im Kanon der Universitäten sähen sie gerne Hollywood-Filme und Science-Fiction-Literatur, einen qualitativen Unterschied zwischen Gegenständen der sog. niederen und hohen Kultur wollen sie prinzipiell nicht erkennen. »Pop Art« meint bei ihnen die massenwirksame populäre Kultur, nicht etwa ihre besondere Verarbeitung durch eine Stilrichtung der bildenden Kunst: »Pop Art is: Popular (designed for mass audience) / Transient (short-term solution) / Expendable (easily forgotten) / Low cost / Mass produced / Young (aimed at youth) / Witty / Sexy / Gimmicky / Glamorous / Big business« (Hamilton 1982 a, 28).

Man darf nun nicht glauben, die Independent Group sei ausschließlich ein fröhlicher Club gewesen, der sich freimütig dem Reiz illustrierter Bilder hingibt. Wie es sich für intellektuelle Künstler und Akademiker gehört, entfalten sie zusätzliche Tätigkeiten. Die eigenen Kunstwerke, auch wenn sie Illustrierten- und Werbungsfotos einbeziehen, setzen folgerichtig stets auf Verfremdungen und Umgestaltungen; sie setzen auch auf ungewöhnliche Kombinationen: Mondän präsentiert Richard Hamilton in der Ausstellung *Ideal Home Exhibition* (1958) seine »Gallery for a Collector of Brutalist and Tachiste Art«; neben den titelgebenden Kunstwerken lässt er den Blick durch das simulierte Schaufenster auf ein modernes Auto fallen – und auf Galeriemöbel, die der Chefdesigner von General Motors entworfen hat.

Die Begeisterung für Automobilkonzerne erstreckt sich nicht nur auf General Motors. Von Hamilton gibt es auch ein Bild mit dem Titel »Hommage à Chrysler Corp.«. Zurück geht das Gemälde auf Anzeigen für die Modelle Plymouth und Imperial des amerikanischen Autokonzerns. Mit etwas Fantasie kann man eigentümlich zusammengesetzte Teile der Rückpartie eines Autos ausmachen. Eine angedeutete weibliche Figur wird zudem von zwei Hauptelementen bestimmt, wie man sie ebenfalls in Hochglanz-Illustrierten jener Zeit findet. Hamilton orientiert sich dabei an der Werbung für Büstenhalter und Lippenstifte: Exquisite Form Bra und Voluptua. Die ›weiblichen Formen‹ sind nur schwer vom Bildgrund zu unterscheiden, sie erinnern mehr an eine farblich entkräftete Variante der Bilder William de Koonings als an eine Werbeanzeige. Hamilton selbst bezeichnet solche Adaptionen der Popkultur durch die bildende Kunst als »**Pop-Fine-Art**«: »the expression of popular culture in fine art terms« (Hamilton 1982 b, 43).

2.2.1 | US-amerikanische Pop-Art

Größerer Erfolg bleibt aber auch in Kunstkreisen noch aus. Erst in den USA der beginnenden 1960er Jahre setzt sich das Pop-Art-Programm sowohl innerhalb der bildenden Kunst als auch in den Illustrierten durch. Im Gegensatz zum Begriffsgebrauch der Independent Group bezeichnet »pop art« nun nicht die reizvollen Produkte der zeitgenössischen Massen- bzw. Populärkultur, sondern eine aktuelle Stilrichtung der bildenden Kunst.

Bei einem Symposium des New Yorker Museum of Modern Art definiert Henry Geldzahler Ende 1962 »pop art« als eine Kunstrichtung, die auf die gegenwärtige visuelle Umgebung reagiere; deren Sinnesreize seien hauptsächlich künstlich. »We live in an urban society, ceaselessly exposed to mass media«, merkt Geldzahler an, ohne dies gleich kulturkritisch zu kommentieren. Die Pop-Artisten – Geldzahler nennt Tom Wesselmann, Andy Warhol, James Rosenquist, Roy Lichtenstein – arbeiteten mit dem Bildangebot der modernen Medien: »popular press, especially and most typically Life magazine, the movie close-up, black and white, technicolor and wide screen, the billboard extravaganzas, and finally the introduction, through television, of this blatant appeal to our eye into the home« (Geldzahler 1997, 65 ff.). Vor Augen hat Geldzahler dabei besonders die Übernahmen aus Illustrierten, Hollywoodplakaten, Comics und Supermärkten durch **Andy Warhol**.

Die Nähe der Pop-Art zur Massenkultur macht die neue Kunstrichtung zwangsläufig umstritten. Das gilt nicht nur für jene Objekte, die sich lediglich vom Material her von ihrem Vorbild unterscheiden (etwa Warhols aus Holz gefertigte Nachbildung eines Putzmittelkartons), sondern auch für die gemalten oder mit anderen bildtechnischen Verfahren erzeugten Aneignungen von Vorlagen aus Comicstrips, Zeitschriften, Werbetafeln, Warensortimenten etc., wie man sie häufig in den Bildern Warhols und den Werken Roy Lichtensteins und Robert Rauschenbergs antrifft. Da Intellektuelle und Kunstkritiker diese populären Vorlagen zumeist als schlechte, minderwertige Kunst oder als Unkunst einstufen, wird die Pop-Art folgerichtig von den meisten Verächtern der Massenkultur ebenfalls qualitativ herabgesetzt.

Die Frage, ob die Pop-Art ihre Vorlagen in ausreichendem Maße künstlerisch umwandelt, um sich qualitativ von ihnen abzusetzen, verneinen viele der ersten amerikanischen Rezensenten der neuen Kunstrichtung: Eine **Transformation** finde nicht statt, nur eine »transposition« (Kunitz 1997, 75), etwa vom Supermarkt in die Galerie. Um aber mit den »brute visual facts of popular culture« auf eine Weise zu arbeiten, welche die mittlerweile allgegenwärtige »world of commodities, banalities and vulgarities« übersteige, brauche es eine große imaginative und künstlerische Kraft, ein Vermögen, über das die Pop-Art nicht verfüge (Kramer 1997). Die Werke von Warhol u. a. seien »cool«, seien »slick« und »chic«, deshalb gehörten sie weder einer von unten kommenden, natürlich gewachsenen Volkskunst noch der Avantgarde, sondern als »synthetic art« dem kulturindustriell hergestellten »Kitsch« an (Selz 1997, 86 f.).

Das bleibt aber nicht das letzte Wort in der Sache. Andere Kritiker, die ebenfalls die Populärkultur geringschätzen, retten die Pop-Art, indem sie die Nähe zwischen populärkultureller Vorlage und Pop-Art aus deren satirischer oder anklagender Absicht erklären. Subtiler und weniger spekulativ sind die Rechtfertigungen derjenigen, die auf die Differenz hinweisen, welche bereits durch leichte Bearbeitung oder bloße Transponierung entstehe; die kommerziellen Zeichen würden so verfremdet, verlören ihre gewöhnliche Bedeutung, der Betrachter erlerne dadurch ganz allgemein einen neuen Blick.

Zweifellos sind das die entscheidenden Argumente, um die Pop-Art als hohe Kunst einzustufen, um, anders gesagt, zuerst einen Galeristen finden zu können und dann ein geneigtes Kunstpublikum davon zu überzeugen, aufgrund des neuen Kunstverständnisses selbst weitgehend unveränderte Objekte der Massenkultur innerhalb einer Galerie als Kunst anzuerkennen.

Es ist bezeichnenderweise gerade die Nähe zu abstrakten Malweisen, die zum Lob der Pop-Art in der Kunstwelt entscheidend beiträgt. Die Konkretion der populärkulturellen Gegenstände tritt im Auge nicht weniger Betrachter hinter eine abstrakte Formgebung zurück. Die amerikanischen Kritiker heben häufig den Beitrag der Pop-Art zum durchgehend modernen Versuch hervor, eine um die (realistische) Illusion räumlicher Tiefe bemühte Malerei hinter sich zu lassen. Die ›**Flachheit**‹ **der Pop-Art** wird ungeachtet der Rückkehr zur Figuration früh herausgestellt, auch die Nähe zu einzelnen Vertretern der abstrakten Malerei; Jill Johnston etwa zieht den Vergleich von Tom Wesselmanns Aktbildern zur »clean hard edge of Mondrian in stripes and divisions of areas« (Johnston 1989, 44).

Ab Mitte der 60er Jahre gewinnt diese Auffassung bereits beinahe kanonische Geltung. Deren Stoßrichtung ist nicht schwer zu erraten; sie dient dazu, die Pop-Art im Namen hoher Kunst nachhaltig von der von anderen unterstellten Nähe zur Populärkultur zu befreien. Der einflussreiche Kunsthistoriker und -kritiker **Robert Rosenblum** etwa äußert bloß ein schwaches Verständnis dafür, dass die Sujets der Pop-Art Journalisten besonders interessiere, entscheidend an den Pop-Art-Bildern sei aus Sicht der Kunst aber die auf originelle Weise betriebene Zugehörigkeit der Pop-Künstler zur modern-gegenstandslosen Richtung, sei deren zweckfreie, abstrakte Qualität: »The most inventive Pop artists share with their abstract contemporaries a sensibility to bold magnifications of simple, regularized forms«. Aus den scheußlichsten kommerziellen Bildern würde so Kunst. Rosenblum verweist im Einzelnen neben geometrischen Figuren (»rows of dots, stripes, chevrons, concentric circles«), die Pop-Artisten verwenden, wenn sie sich etwa Comicbildern widmen, besonders auf die Flachheit der Farbgebung: »taut, brushless surfaces that often reject traditional oil techniques in favor of new industrial media of metallic, plastic, enamel quality; to expansive areas of flat, unmodulated color.« In dem Fall macht es für den Anhänger moderner Kunst nicht einmal etwas aus, dass einige dieser Techniken und Farbvaleurs aus dem Bereich der Werbung und der »slick-magazine«-Fotografie stammen, dient doch hier das Unnuancierte, künstlich Oberflächliche der antirealistischen, abstrakt-flachen Illusionslosigkeit, dem in der Kunstkritik seit längerer Zeit zuverlässig das höchste Lob zukommt (Rosenblum 1997, 134, 132).

2.2.2 | Popliteratur und Pop-Art

Für die **Popliteratur** sind die Pop-Art und die Debatten um ihre Methoden und Vorzüge von großer Bedeutung. Viele Pop-Schriftsteller von Rolf Dieter Brinkmann bis Thomas Meinecke sind derart fasziniert von den Bildern und Darstellungsformen der Pop-Art, dass sie immer wieder die Bedeutung vor allem Andy Warhols herausstellen. Und es bleibt auch nicht bei einem Einfluss auf die Gestaltung ihrer Bücher (Ausrisse und Übernahmen von Fotos aus Illustrierten finden sich z.B. in den Büchern Rolf Dieter Brinkmanns und Rainald Goetz').

In dreierlei Hinsicht orientieren sich die Popliteratur und ihre Rezensenten Ende der 1960er Jahre auch und gerade mit Blick auf die sprachliche Form direkt an den Werken und Diskussionen in den USA fünf Jahre zuvor, die ab 1964 auch in europäischen Kunstkreisen große Aufmerksamkeit erfahren haben. Erstens profitieren sie vom Vorbild, das in der Adaption von Comics, Werbung etc. besteht, und von der Legitimität, welche diese Adaption durch die Pop-Art mittlerweile erlangt hat. Gleiches gilt auch für die ›Coolness‹, die diese Adaption mitunter auszeichnet: Sie ermöglicht es zweitens, sich von den Ideen der Künstlerpersönlichkeit und der expressiven Handschrift zu verabschieden und sich anonymeren, kollektiveren, oberflächlicheren Verfahrensweisen und ästhetischen Werten zuzuwenden, ohne gleich eine bilderstürmerische, kulturrevolutionäre Attitüde pflegen zu müssen. Mitte der 1960er Jahre ist die Pop-Art auf den Ausstellungen zeitgenössischer Kunst, z. B. der Biennale in Venedig, bereits gut vertreten, ab Ende der 1960er Jahre zieht die Pop-Art langsam in die Museen ein. Für breitere Kunstkreise bereitet das den Boden dafür, sich den Produkten der Massen- und Popkultur auf eine Weise zuwenden zu können, die nicht satirisch, kritisch oder aufklärerisch-pädagogisch wohlmeinend ausfallen muss. Und drittens kann die Literatur wichtige Methoden der Pop-Art aufgreifen: Zitieren, neu rahmen, dekontextualisieren und bearbeiten lassen sich schließlich nicht nur massenmediale Bilder und massenhaft hergestellte Konsumgegenstände für den täglichen Bedarf.

Die Popliteratur kann diese Methoden auf sprachliche Artefakte übertragen: Ihr ist es möglich, nicht nur auf Genre-Konventionen zurückzugreifen, sondern (wie es die Pop-Art mit Reklamebildern, Illustriertenfotos, Produktdesign vorgemacht hat) direkt auf die Bestände des Pop- und Massenkulturbereichs zuzugreifen: nun, im popliterarischen Fall, auf dessen Wörter und Sätze, auf die Slogans der Werbung, die Floskeln der Film- und TV-Sprache, auf Comic-Sprechblasen, Hit-Listen, Markennamen.

2.3 | Popjournalismus

Einige der Popliteraten wie Benjamin von Stuckrad-Barre und Thomas Meinecke haben für Feuilletons und Musikzeitschriften Artikel und Rezensionen über Pop- und Rockgruppen geschrieben. Bandnamen fallen in den Werken von Rolf Dieter Brinkmann bis Rainald Goetz. Das ist aber nicht entscheidend, wenn die Bedeutung des Popjournalismus für die Popliteratur angesprochen werden soll. Im Mittelpunkt steht vielmehr eine ungewöhnliche Konzeption, die bei Artikeln über Lifestyle- und Zeitgeist-Phänomene im Unklaren lässt, ob es sich um Fakten oder Fiktionen handelt – eine Konzeption also, die sich dem journalistischen Objektivitätspostulat verweigert bzw. bestreitet, dass solch eine Unterscheidung zwischen Fingierung und Wirklichkeitswiedergabe möglich sei.

2.3.1 | Pop und New Journalism (Tom Wolfe)

Gleich beim ersten und bis heute bekanntesten Popjournalisten, dem US-Amerikaner **Tom Wolfe**, lässt sich das sehr gut beobachten. Wie schon bei der Popmusik und der Pop-Art muss man auch beim Popjournalismus ausführlich die US-amerikanische und zum Teil britische Szenerie betrachten, um ein Verständnis für die deutschen Adaptionen zu gewinnen. In Wolfes Artikeln aus den USA und aus dem London der 1960er Jahren geht es u. a. um Phil Spector und Mick Jagger, um Surfer und Mods. Wolfes zentrale These lautet, dass seit dem Zweiten Weltkrieg, verstärkt um 1960, eine bedeutende Änderung im sozialen Gefüge zu verzeichnen sei. Der allgemein gestiegene Wohlstand erlaube es nun auch den Arbeitern und Angestellten, sich in ihrer **Freizeit** eigene Welten zu erschaffen. Die Teenager porträtiert Wolfe gerne als Avantgarde der neuen Möglichkeiten, die sich darin zeigen, dass z. B. die Kleidungsvorschriften der Arbeitssphäre und der traditionellen Klassen- oder Schichtenordnung ihre materielle und symbolische Vorherrschaft verlieren.

Im Vorwort zu dem höchst erfolgreichen Buch *The Kandy-Kolored Tangerine-Flake Streamline Baby* (1965), das seine in den Jahren 1963 und 1964 in den USA Aufsehen erregenden Reportagen versammelt und mit großem Zuspruch 1968 ins Deutsche übersetzt wird, erklärt Wolfe seinen eigenen Erfolg damit, dass er als erster die journalistische Distanz und akademische Herablassung gegenüber solchen Phänomenen abgelegt habe (Wolfe 1965). Mit sichtlichem Vergnügen schildert Wolfe die Wendung gegen den alten puritanischen Stil, verzeichnet er einen Popstil, der für ihn mit dem modern-asketischen oder bildungsbürgerlichen Geschmacks- und Kastenprinzip bricht.

Die Frage bleibt dann, ob diese Überlegungen und Wertungen auch in Kunstkritik und soziologische Traktate Eingang finden oder ob sie charakteristisch für einen bestimmten, aus akademischer und traditionell feuilletonistischer Sicht wenig respektablen Zweig des Journalismus bleiben. Wolfe selbst gibt sich skeptisch; den Titel des »pop journalist«, der ihm von Nachrichtenmagazinen zugesprochen wird, schätzt er nicht, obwohl er von der Themenwahl und einigen auffälligen literarischen Mitteln her die Bezeichnung durchaus herausgefordert hat. Ihm behagt die Einordnung aber nicht, weil er darin eine Abwertung erkennt. Da »pop« stark mit »trivial« gleichgesetzt werde, zeige der Begriff ›Popjournalist‹ an, dass man ihn für einen wenig ernsthaften Autor halte (1990: 24). Wolfe verwendet darum in Interviews der 60er Jahre und als Herausgeber einer kanonischen Anthologie 1974 den Begriff »**New Journalism**«, nicht ›Pop Journalism‹. Als wichtigste Charakteristika und Techniken des New Journalism nennt Wolfe das szenische Erzählen, die ausführliche Schilderung der Gegenstände, mit denen sich Menschen umgeben und durch die ihre Statusaspirationen zum Vorschein kommen, sowie die personale Erzählperspektive (1980, 46 ff.).

Wichtig ist für ihn der Gebrauch der direkten Rede, wobei er offen lässt, ob es sich in seinen Reportagen und Reportage-Essays um die unveränderte Transkription von Aufzeichnungen oder um eine Bearbeitung oder gar ein Nachempfinden der Rede wirklicher Personen handelt: »[R]ealistic dialogue involves the reader more completely than any other single device. It also establishes and defines character more quickly and effectively than any other single device.« Auch empfiehlt er, beim Gebrauch der personalen Erzählweise nicht nur wie der herkömmliche Reporter den »first-person point of view – ›I was there‹« zu gebrauchen, sondern aus der Sicht einer oder mehrerer anderer Personen zu schreiben, »presenting every scene to the reader through the eyes of a particular character, giving the reader the feeling of being inside the character's mind and experiencing the emotional reality of the scene as he experiences it« (ebd.).

Gerade der letzte Punkt hat ihm häufig harte **Kritik** eingebracht, weil er mit der Methode, wie ein Autor fiktionaler Geschichten aus der Sicht der Figuren und sogar mit Hilfe der erlebten Rede und des inneren Monologs zu berichten, gegen das journalistische Prinzip verstößt, nur empirisch feststellbare Tatsachen zu reportieren. Wolfe selbst ordnet sich zwar strikt als realistischen, keineswegs als imaginativen Schriftsteller ein und legt darum ausgesprochen großen Wert darauf, die Gedankenwiedergabe seiner Helden durch vorherige, ausgiebige Interviews faktisch abgesichert zu haben.

Dazu passt indirekt ebenfalls gut, dass Wolfe stets eine ausgesprochene Abneigung gegen die dem Reporter eingeräumte Möglichkeit bekundet, das Geschehen und die porträtierten Personen aus seinem eigenen Blickwinkel, mit der Färbung der eigenen **Subjektivität** wiederzugeben (ebd.). Auf diesen Aspekt legen vielmehr die jungen Journalisten der Rock- und Gegenkultur ihr besonderes Augenmerk; für sie besteht der New Journalism vor allem in solch einer jeweils subjektiven Perspektive, im bewussten Gegensatz zu der bloß vorgeblichen, sich unangreifbar gebenden Nüchternheit des (pseudo-)objektiven Berichts. Wolfe erscheint diesen jungen Verfechtern des New Journalism wegen seiner Absage an das subjektive Prinzip lediglich als ein konservativer Vertreter des neuen Journalismus der 60er Jahre (Goldstein 1989, XVff.).

Allerdings besitzen seine Artikel gerade deshalb einen hohen Wiedererkennungswert, weil sie sich vom üblichen Tonfall bzw. der üblichen Wortwahl und dem üblichen Satzbau und Schreibrhythmus oft deutlich unterscheiden. Wolfe selber spricht von der jahrhundertealten Tradition des »understatement«, der Pflege einer »calm, cultivated and, in fact, genteel voice«. Mit Hilfe von »interjections, shouts, nonsense words«, dem »lavish use of dots, dashes, exclamation points« und der Rollenprosa geht Wolfe bewusst auffällig dagegen an (Wolfe 1980, 31 ff.).

Tatsächlich geht Wolfe nie als Stimme in dem Treiben von »interjections«, »dashes« und fremder »first-person point of view« unter. Immer wieder nimmt er sich Zeit und Abstand, um zurückzutreten und seine eigenen Reflexionen über das manchmal aus der Nahsicht oder aus der vorgeblichen Innensicht der Beteiligten Beschriebene zu formulieren. Diese Überlegungen unterscheiden sich in ihrem Abstraktionsgrad und in ihrer Wortwahl deutlich von dem, was die beschriebenen Akteure selbst sagen (würden). In den nachdenklicheren Partien bemüht sich Wolfe, die geschilderten Ereignisse nicht nur als ›in‹-Phänomene zu charakterisieren, sondern sie als Beispiele für viel tiefergehende und längerfristige Wandlungsprozesse anzuführen.

Trotzdem muss sich Tom Wolfe als bekanntestes Beispiel des New bzw. Pop Journalism von den älteren Kritikern der Massenkultur immer wieder vorhalten lassen, dass er bei allem Erfolg wichtige journalistische Grundsätze und Sorgfaltspflichten verletze. Für Dwight Macdonald etwa betreibt Wolfe deshalb lediglich »parajournalism«, eine höchst zweifelhafte **Mischung aus Fakten und Fiktionen**, die weniger zur Information als zur Unterhaltung beitrage und sich an ein Publikum richte, das zwar im Zuge der seit den 50er Jahren abgebauten universitären Zugangsschranken in großer Zahl über akademische Abschlüsse, dennoch aber über keine Kultur verfüge (Macdonald 1982).

2.3.2 | Deutschsprachiger Popjournalismus

Am Fall Wolfe kann man alle wesentlichen Punkte für das deutschsprachige Feld von Popjournalismus und -literatur bestens ablesen. Erstens zeichnet die einschlägigen Autoren oftmals aus, dass sie in ihren Berichten und Reportagen (nicht nur in Glossen und Rezensionen) mit ihren eigenen Meinungen, Empfindungen, Verhaltensweisen greifbar sind. Was in den 1960er Jahren – gerade in Deutschland – noch ungewöhnlich ist, prägt aber zunehmend Nachrichtenmagazingeschichten und Reportagen in Illustrierten und Tageszeitungen, so dass dieser Zug im Popjournalismus der 1990er Jahre, als er in Deutschland stark aufkommt, nichts Besonderes mehr ist. Man kann deshalb den Subjektivismus nicht als Spezifikum des Popjournalismus betrachten, sondern Autoren, die sich in Popzusammenhängen bewegen – von Diedrich Diederichsen über Maxim Biller bis hin zu Max Goldt –, nur eine gewisse Vorreiterschaft zuerkennen (vgl. Schütz 1997).

Ein weiteres Charakteristikum des Popjournalismus, das dieser keineswegs für sich gepachtet hat, sind Themen aus dem **Lifestyle**-Bereich. Im Unterschied zu vielen Artikeln in Mode- und Wellness-Zeitschriften sowie in Blogs werden diese Themen im Popjournalismus stets so angegangen, dass sie nicht für sich stehen. Wichtig ist vielmehr deren (unterstellte) Bedeutung für übergreifende gesellschaftliche Tendenzen. Änderungen in der politischen, sozialen und ökonomischen Sphäre werden allerdings immer nur dann ins Auge gefasst, wenn sie sich bei Änderungen in der Privatsphäre und im Konsumgüterbereich zeigen (lassen) – aus dem Lifestyle- wird so auch ein Zeitgeist-Artikel.

Typisch für **Zeitgeist**-Bestimmungen ist es, den Geist der jeweiligen Zeit nicht direkt in ökonomischen oder technologischen oder politisch-hegemonialen Konditionen zu suchen und ihn überwiegend von ihnen abzuleiten. Es handelt sich aber auch nicht um eine idealistische Herangehensweise. An die Stelle von Ideen, Lebensgefühlen, Geist, Philosophie, Kunst und/oder nationalen Wesensbestimmungen, die den älteren Grundzug der Zeitgeist-Bestimmungen bildeten, rückt ab den 1960er Jahren in manchen Wochenendbeilagen und Magazinen verstärkt die Betrachtung von Lebensstilen und Konsumpräferenzen als Methode, den Zeitgeist aufzuspüren.

Das Problem, dass solche Lebensstile und Konsumentscheidungen nicht mehr ganz und gar von den tradierten und konservierten Bestimmungen der jeweiligen Klasse, der jeweiligen Konfession, des jeweiligen Geschlechts oder Berufsstandes vorgezeichnet sind, nutzen die Zeitgeistartikel als Chance zu vielfältigen Beschreibungen und überspringen es zugleich, indem sie die gestiegene Vielfalt von Lebensstilen bei ihrer Zeitgeistdiagnose zumeist ignorieren (ohne solche Verengung des Blicks wäre eine groß ansetzende Diagnose kaum mehr möglich). Als Indikator des Zeitgeistes nehmen sie sich im Regelfall nur bestimmte aufstrebende Gruppen vor, die bereits eine recht hohe Sichtbarkeit im Bereich der neuen, metropolitanen (Sub-)Kultur und Mode erzielen und deren Favoriten zumeist über den Status des Geheimtipps hinausgelangt sind; zusätzlich porträtieren sie Stars, die schon einem breiten Publikum bekannt sind, auf eine von der Berichterstattung der großen Tageszeitungen und Boulevardzeitschriften abweichende Weise.

In Kolumnen und Reportagen werden regelmäßig Trends benannt und verfochten, die mehr sein sollen als Beschreibungen des Gebarens und Aussehens von Popgrößen; sie sollen auch mehr sein als die Darstellung zeitgenössischer Marketingideen oder Geschmacksimperative einer stetig auf Abgrenzung bedachten Schicht aus Kreativen und um Auffälligkeit bemühten jungen Leuten. Der Anspruch besteht bei solchen Porträts und Berichten darin, den Geist der Zeit abzubilden. Diese Art von Beiträgen bildet schon lange einen Standard journalistisch-feuilletonistischen Vorgehens. Ungewöhnlich am Popjournalismus ist allerdings, dass er ausschließlich Trends und Phänomene für seine Zeitgeistdiagnosen aufgreift, die der Popsphäre zugerechnet werden.

Sehr originell (und zugleich höchst umstritten) ist jedoch ein weiterer Punkt: die Missachtung jenes journalistischen **Objektivitätspostulats**, das nicht bloß Ausgewogenheit und Perspektivlosigkeit bzw. Neutralität verlangt, sondern in der schlichten, aber sehr bedeutsamen Anforderung besteht, die historische Wirklichkeit wiederzugeben und nicht Vermutungen, Wahrscheinliches oder Imaginäres aufzubieten. Was bis heute das journalistische Ethos zumindest in offiziellen Verlautbarungen prägt, trifft auf den Widerstand nicht weniger Popautoren, wenigstens in ihren theoretischen Schriften.

Rolf Dieter Brinkmann hält in einem Essay 1969 fest: »[W]ir leben in der Oberfläche von Bildern, ergeben diese Oberfläche, auf der Rückseite ist nichts, sie ist leer« (Brinkmann: Die Lyrik Frank O'Haras, 215). Er meint damit das »durchaus ernsthafte Klischee Hollywood«, »Illustriertenberichte und Photoserien«; er erkennt darin »das einzige Photo, das wirklich ist, ein Großformat, Hochglanz, ohne Rand« (ebd., 210). Eine Wirklichkeit außerhalb der medialen ist für Brinkmann also nicht mehr fassbar. Nach dieser Logik bleibt aber immerhin noch die Schilderung der medialen Realität. Allerdings sind Journalisten Teil dieser Wirklichkeit und bringen sie – akzeptiert man Brinkmanns Argument – genau in dem Moment, in dem sie (vermeintlich) über sie schreiben, selbst hervor. Für sie ergibt das Wort von der ›Wirklichkeitswiedergabe‹ demnach keinen Sinn mehr. Autoren, die die Auffassung des radikalen Konstruktivismus vertreten, lehnen dieses Prinzip ohnehin ab, weil nach ihrer Überzeugung Menschen im Bann ihres neuronalen Apparats Realität nicht wahrnehmen und abbilden, sondern etwas Eigenes in ihren Wahrnehmungs- und Kommunikationsakten hervorbringen.

Eine Konsequenz daraus hat Brinkmann aber selber nicht gezogen. Seine Texte erschienen unter Gattungsbezeichnungen wie ›Roman‹ oder ›Gedicht‹, in Genres, denen ohnehin nicht abverlangt wird, dass sie Tatsachenaussagen liefern, selbst wenn sie als ›realistisch‹ eingestuft werden. Gegen journalistische Anforderungen hat er dadurch nicht verstoßen. Erst **Tom Kummer** hat in den 1990er Jahren als Autor u. a. für das Magazin der *Süddeutschen Zeitung* in seinen Dialogen mit Stars der US-Film- und Unterhaltungsbranche keinen Wert mehr darauf gelegt, dass deren Äußerungen auf einem Tonbandgerät festgehalten waren. Als nach einigen Jahren ruchbar wurde, dass es sich nicht um Interviews im Sinne von Mitschnitten handelte, sondern um Kummers ›Konstruktionen‹, akzeptierten dies Kollegen und Verleger aber keineswegs als legitime, unumgängliche medial-konstruktivistische Praxis, sondern stuften es als Betrug ein. Die Trennung zwischen Fakten und Fiktionen wird von ihnen unverändert in Anschlag gebracht (vgl. Pörksen 2007).

Die meisten Popliteraten akzeptieren diese Trennung denn auch als soziale Tatsache, als journalistische und juristische Regel. Ihre Bände erscheinen nach wie vor unter der Bezeichnung ›Literatur‹ im Sinne von Fiktion. Niemand, der diesen Literaturbegriff anerkennt, kann den Popliteraten darum vorwerfen, sie täuschten den Leser, lögen und betrögen. Angreifen möchten einige von ihnen die behauptete Unterscheidbarkeit von Tatsachen und Erfindungen gleichwohl. Deshalb wählen sie – besonders **Christian Kracht** praktiziert das gerne – ihre Aussagen in Interviews und Selbstdarstellungen so, dass es für Leserinnen und Leser schwer oder unmöglich wird, ihre Sätze als ironische, wahre, ernsthaft oder amüsant lügnerische, spielerische, anarchische, bewusst oder unbewusst verantwortungslose Aussagen einzustufen und auseinanderzuhalten. Da die Autoren diese Sätze auf sich selbst beziehen und sie ihre Aussagen nicht unter Genrebezeichnungen wie ›Bericht‹ oder ›Reportage‹ veröffentlichen, entfällt die Gefahr, dass sie presserechtlich belangt oder von anderen der Verletzung von Persönlichkeitsrechten bezichtigt werden. Diese Art von ›Popjournalismus‹ wird deshalb im Regelfall einfach als Fortführung des literarischen Werks angesehen.

Weiterführende Literatur

Viele Facetten des Popjournalismus beleuchtet der Sammelband von Bleicher/Pörksen (2004). Das Schreiben über Popmusik und Pop-Art untersucht Hecken (2009) an umfangreichem Material. Den Zusammenhang von Pop-Art und Massenkultur stellen sehr kenntnisreich Varnedoe/Kopnik (1990) dar.

3 Popdiskurs, Poptheorie

3.1 | Pop und Popkultur – Begriffsbestimmungen

Die Begriffe ›Pop‹ und ›Popkultur‹ sowie die mit ihnen assoziierten Diskurs- und Lebenswirklichkeiten nehmen spätestens seit Ende der 1960er Jahre einen konstitutiven Einfluss auf **gesellschaftliche Selbstverständigungsdiskurse und Selbstbeschreibungen**. Man spricht seitdem etwa intensiv über Popmusik, Pop-Stars, Pop-Art, Pop-Politik oder Pop-Mode. Zudem werden zahlreiche Erscheinungen Populärer Kultur, wie z. B. Filme, Comics, Mode oder Lifestyles, mit dem Attribut Pop bzw. Popkultur oder dem Adjektiv ›poppig‹ bzw. ›popkulturell‹ versehen. Die Beantwortung der Frage, wann etwas anfängt und aufhört, Pop bzw. Popkultur zu sein, fällt bis heute schwer – ebenfalls, ob es Bereiche gibt, die nicht zu Pop bzw. zur Popkultur gemacht werden können, seien sie sozial, generationsbezogen, geschlechterspezifisch, ethnisch oder anderweitig kulturell. Diese Perspektive von Pop bzw. Popkultur kann mit dem Begriff »**Pop Unlimited**« (Höller 2001, 12) beschrieben werden, als Reaktion auf seine bedeutungsgeladene Diffusität und seinen inflationären Gebrauch.

Pop und Popkulturen sind keine Wesenheiten, d. h. nichts ist an sich Pop, sondern erst in medienkulturellen sowie alltäglichen Produktions- und Aneignungsprozessen entstehen eigensinnige kulturelle Gegenstände und Wirklichkeiten, die als Pop tituliert werden. Mit Wittgenstein (1995, 262) kann man in diesem Kontext behaupten: »Die Bedeutung eines Wortes ist sein Gebrauch in der Sprache.«

Der Fokus auf den Gebrauch der Sprache steht entsprechend auch im Zentrum der Auseinandersetzung mit Pop in der Literatur. Popliteratur ist einerseits das, was als Popliteratur bezeichnet wird bzw. sich selbst als Popliteratur beschreibt. Diese Zuschreibung ist relativ willkürlich und wandelbar. **Es gibt keine Popliteratur an sich** und kein Autor ist immer schon Popliterat. Die Auseinandersetzung mit der Popliteratur fokussiert sich andererseits auf die Spuren von Pop und Popkultur in den literarischen Texten. Darüber hinaus werden alternative literarische Schreibverfahren in ihrer Eigensinnigkeit und Eigensinnlichkeit als Pop-poetisch bzw. popkulturell beschrieben (zur »Pop-Poetik« s. Kap. 4). Hall (1978, 2) bemerkt hierzu entsprechend: »The term [Popular Culture] only exists and has descriptive significance because it helps us to identify one part of a field and thus, by implication, to contrast or seperate it out from another.«

Grundsätzlich wird die Auseinandersetzung mit Pop und Popkultur von zwei Zuschreibungen bestimmt, in denen sich die grundlegende Ambivalenz der Popkultur bzw. popkulturindustrieller Güter – in Diskursen und als lebensweltliches Phänomen – widerspiegelt: **Pop als Rebellion** und **Pop als Markt**.

Aus dieser Perspektive lassen sich zwei semantische Felder, mit denen das Phänomen Pop belegt wird, unterscheiden: Einerseits wird Pop als authentisch, grenzüberschreitend, umstürzlerisch, subkulturell, provokant, sozial- und sprachkritisch bezeichnet und ist in diesem Sinne ein Medium der Rebellion, der Revolution, des Widerstandes und des Protests – letztlich gelebte Aufklärung und autonome Selbstkonstitution, ein programmatisches Konzept für kulturellen Wandel sowie ein Einspruch gegen die Ordnungs- und Ausschlusssysteme der Dominanzkultur. Pop wird hier mit Konfrontation und Subversion gleichgesetzt, ist, im Sinne von Diederichsen (1999, 275), »**Pop I** (60er bis 80er, spezifischer Pop)« und wendet sich gegen etablierte Kunst-, Kultur- und Politikbegriffe. Dieses Verständnis von Pop wird v. a. in Subkulturen verortet, für die Abweichung und Eigensinn primär für die Kultur- und Identitätsbildung in dieser Kultur sind. Andererseits wird Pop mit Konsum, Party, Profit, Unterhaltung, Lifestyle, Mainstream assoziiert und als Marken- bzw. Warenartikel deklariert. Pop wird in diesem Verständnis als Affirmation aufgefasst und von Diederichsen als »**Pop II** (90er, allgemeiner Pop)« bezeichnet, womit gemeint ist, dass alles Pop sein kann, »vom Theatertreffen bis zur Theorie, von der sozialdemokratischen Kandidatenkür bis zur Kulturkatastrophe«. Die Rede von »Pop I« und »Pop II« stellt bis heute, auch wenn gegenwärtig ein partieller Bedeutungsverlust spürbar ist, eines der Leitparadigmen der Populär- und Popkultur-Forschung dar.

Das **subversive Potential von Popkulturen** wird bis heute konstatiert, etwa bei Wicke (2011), der die Geschichte der Rock- und Popmusik als Geschichte von Revolutionen und Revolutionssimulationen schreibt. Diese Rekonstruktionsformel der Rock- und Popgeschichte stellt eine Traditionslinie in der Auseinandersetzung mit Populärer Musik und Popkultur im 20. Jahrhundert dar, beginnend mit den 1960er Jahren, in denen **Rock 'n' Roll als Beginn der popkulturellen Revolution** betrachtet wird (vgl. u. a. die frühen popmusikhistorischen Arbeiten von Shaw 1969; Rubin 1970).

Die Selbstbeschreibung von Pop im Spannungsfeld von Affirmation und Subversion ist bereits in der Wortbedeutung von Pop enthalten: In der Herkunft des Wortes ›Pop‹ aus dem Englischen bedeutet Pop einerseits *populär* und könnte im Sinne dieser binären Opposition auf seine konsumistischen, affirmativen Tendenzen verweisen. Andererseits bedeutet ›Pop‹ *Stoß* und *Knall*, womit seine subversiven Tendenzen angedeutet werden könnten.

›Pop‹, ›Popkultur‹ und ›Populäre Kultur‹ dürfen nicht synonym verwendet werden, ebenso wenig, wie Populäre Kultur mit der Gesamtkultur gleichgesetzt werden kann. Pop und Popkultur sind Bestandteile Populärer Kultur. Unter ›Pop‹ kann im Wesentlichen ein seit den frühen 1950er Jahren weit gefasster **musikzentrierter Traditionsbegriff** verstanden werden (vgl. Ullmaier 1995, 9; vgl. Büsser 2000, 12 ff., 2004; Büscher 2005, 7).

Sanders (2012) rekonstruiert den Pop-Begriff nicht nur mit Fokus auf die Popmusik, sondern ausgehend von Kunst und Musik:

»Es [das Wort Pop] taucht zuerst in der Kunst auf – und zwar auf Richard Hamiltons Collage *Just what is it that makes today's homes so different, so appealing?* [...]. Stuart Hall und Paddy Whannel positionieren in *The Popular Arts* (1964) besseren Jazz und Qualitätskino gegen die Hochkünste aus dem Hochkulturkanon und identifizieren außerdem die Jugendkultur als authentische Antwort auf eine Gesellschaft im Wandel. Popkulturen sind also Jugendkulturen als Vergemeinschaftungsformen, die sich seit den frühen 1950er Jahren um Pop, geboren im Zuge des Weiß-Werdens schwarzer Musik im Memphis, bilden, und wie der Pop Elemente populärer Kultur sind [...]« [Hervorh. im Original].

Hamilton (1982a, 28) selbst beschreibt **Pop-Art** als (hierzu vertiefend s. Kap. 2): »Popular (designed for a mass audience) / Transient (short-term solution) / Expendable (easily forgotten) / Low cost / Mass produced / Young (aimed at youth) / Witty / Sexy / Gimmicky / Glamorous / Big business«.

Poschardt (2001, 51; vgl. Klein 1999, 110 ff.; Cohn 1971) erklärt die Entstehung der

Popkultur in den 1950er Jahren aus einer **sozialstrukturell-ökonomischen Perspektive**:
»Popkultur entstand nach dem Ende des Zweiten Weltkrieges, weil in den fünfziger Jahren arbeitende junge Menschen so kaufkräftig wurden, dass sie als Zielgruppe für die Industrie wichtig waren. [...] Popmusik sozialisiert seine Konsumenten zwangsläufig in der Kontinuität eines kapitalistischen Realitäts- und Warenverhältnisses [...].«

Im **Populären Kino** seit den 1950er Jahren wird die Performance von popkulturellem Stil und popkulturellen Stilgemeinschaften eindrucksvoll aufgeführt: etwa 1953 in *The Wild One* (USA, Regie: László Benedek) die frühe Rocker- und Motorradkultur oder 1956 in *Rock Around the Clock* (USA, Regie: Fred F. Sears) als umfassendes Lebensgefühl und Leitkultur der Jugend; 1979 in *Quadrophenia* (GB, Regie: Franc Roddam) die Mod- und Rockerszene sowie deren musikalischen, ideologischen und stilistischen Differenzen; 1986 die Punkkultur am Beispiel der Sex Pistols in *Sid & Nancy* (GB, Regie: Alex Cox); 1991 die Hippie- und Psychodelic-Kultur in *The Doors* (USA, Regie: Oliver Stone) am Beispiel der gleichnamigen Band und ihres Umfeldes bzw. ihrer Zeitgeschichte; 2006 in *This Is England* die britische Skinhead-, Mod- und Brit-Pop-Szene (GB, Regie: Shane Meadows) (zum Thema Pop und Kino vgl. grundsätzlich Kiefer/Stiglegger 2004). Hinzu kommen etwa Dokumentationen über Festivals, Konzertfilme, Banddokumentationen oder Musikerporträts (vgl. hierzu auch die Beiträge der seit September 2011 halbjährlich erscheinenden Zeitschrift *Rock and Pop in the Movies*).

Zusammenfassend kann festgehalten werden, dass die **Geburt von Pop bzw. der Popkultur in den 1950er** Jahren eine vierfache und zudem eine kulturell untrennbar an die USA gebundene war: Musik (ausgehend vom Rock 'n' Roll, spezifisch vom Rockabilly), Kunst (ausgehend von den Arbeiten Richard Hamiltons), Film (ausgehend von den Filmen *The Wild One* und *Rock Around the Clock*) und Literatur (ausgehend von der Beat-Literatur, s. hierzu Kap. 1.4 und 4).

Hiervon ausgehend kann Pop als offenes Feld bzw. als spezifische kulturelle Formation beschrieben werden, die ein Konglomerat aus Musik, Kleidung, Filmen, Medien, Konzernen, Ideologien, Politiken, Szenebildungen usw. darstellt. Unter ›Popkultur‹ können alle Formen der Vergemeinschaftung, die von diesem Pop-Verständnis ausgehen, verstanden werden. Programmatisch formuliert: Als es Pop und Popkultur noch nicht gab, gab es schon die Populäre Kultur.

Populäre Kultur kann, um eine Überlegung von Jacke (2004, 21) aufzugreifen, »insgesamt als der kommerzialisierte, gesellschaftliche Bereich verstanden werden, der Themen industriell produziert, massenmedial vermittelt und durch zahlenmäßig überwiegende Bevölkerungsgruppen mit Vergnügen (als Informations- und Unterhaltungsangebote) genutzt und weiterverarbeitet wird«. Eine Auffassung, die in zahlreichen Positionen zur Populären Kultur seit den 1960er Jahren im anglo-amerikanischen Raum weit verbreitet ist.

Zwei Beispiele hierzu: Populäre Kultur beruht für Swingewood (1977, 107) auf einem »concept of mass and a mode of commodity production built around a division of labour and the mechanical reproduction of cultural objects«. Aus der Perspektive von Grossberg/Wartella/Whitney (1998, 37) ist Populäre Kultur eine Kultur, »which regardless of where or by whom it is produced, speaks to a large public audience that cannot be simply described by a single social variable, such as class or gender or age« (vgl. auch Levine 1992, 1373; Narváez/Laba 2006, 311; Schechter 2006, 313). Populäre Kultur wird hierbei wesentlich als **Unterhaltungskultur** aufgefasst, wobei zwischen Unterhaltung als Kommunikationsweise, als Funktion der Massenmedien, als soziale Institution und als ästhetische Kategorie unterschieden werden kann (vgl. Hügel 2003 b, 74; zur Unterscheidung verschiedener Konzepte Populärer Kultur vgl. die Beiträge in Hügel 2003 a).

Die Epoche des Populären beginnt ab Mitte des 19. Jahrhunderts, ist ein kultureller Zusammenhang moderner Gesellschaften und wird durch die Verbürgerlichung der Unterhaltung bestimmt:

»Solange feste soziale, kirchliche und ständische Ordnungen vorherrschen, geht den kulturellen Phänomenen jener Deutungsspielraum ab, der für ›Populäre Kultur‹ charakteristisch ist. [...] Ohne Rezeptionsfreiheit, verstanden sowohl als Freiheit, das zu Rezipierende auszuwählen, als auch den Bedeutungs- und Anwendungsprozess mitzubestimmen – also ohne ein bestimmtes Maß an bürgerlichen Freiheiten –, gibt es keine ›Populäre Kultur‹« (ebd., 3, 6).

An anderer Stelle ergänzt Hügel (2003 c, 81): »Historizität der Unterhaltung bedeutet [...] aber nicht nur, dass sie über andere soziale Institutionen (v. a. solche der Medien) am geschichtlichen Prozess beteiligt ist, sondern dass sie selbst eine eigene institutionelle Tradition ausbildet. Und es ist die von dieser Tradition gestiftete Kultur, die wir als populär bezeichnen« (vgl. hierzu das Phasenmodell zur Entwicklungsgeschichte der Populären Kultur von 1850 bis 2000 in Hügel 2007, 92 f.).

Die Erforschung Populärer Kultur als eigener Forschungsgegenstand beginnt mit der Gründung des Birminghamer *Centre for Contemporary Cultural Studies* im Jahr 1964 und dem 1967/68 gegründeten ***Journal of Popular Culture***. Trotzdem gibt es bis heute, so Hügel (2003 b, 1), »weder eine allgemein anerkannte Theorie Populärer Kultur [...] noch ist verbindlich geklärt, welche Gegenstände und/oder welche Aktivitäten zur Populären Kultur gehören«. Aufgabe einer wissenschaftlichen Auseinandersetzung wäre es daher, die vielfältigen Erscheinungsweisen der und Diskurse zur Populären Kultur zunächst zu systematisieren, ein originäres Forschungsfeld mit eigenen Fragestellungen und operationalen Begrifflichkeiten zu erarbeiten, »so dass [...] die Geschichte der Populären Kulturen aus sich selbst heraus beschreibbar wird« (ebd., 18).

Im Zentrum der Pop-Studien der *Cultural Studies* steht u. a. die **Jugendkulturforschung als subkulturelle Stilforschung**, die produktiven sowie eigensinnigen Aneignungsprozesse von Kulturprodukten oder die Opposition der Jugendsubkulturen, wie etwa der Rocker, Mods, Hippies und Punker, gegen die dominante(n) bzw. hegemoniale(n) Kultur(en) (vgl. stellvertretend u. a. Hall/Jefferson 1976; Willis 1979, 1981; Clarke u. a. 1979; Hebdige 1979).

Bis heute sind es auch in Deutschland, neben eigenständigen kultur- und jugendsoziologischen sowie -pädagogischen Studien, v. a. durch die angloamerikanischen *Cultural Studies* inspirierte Arbeiten, die die wissenschaftliche Auseinandersetzung mit Popkulturphänomenen kontinuierlich und nachhaltig vorantreiben. Die Rezeption der *Cultural Studies* in Deutschland hat wesentlich zur wissenschaftlichen Auseinandersetzung mit Popkultur(en) beigetragen. *Cultural Studies* sind nicht mit *Popular Cultural* oder *Subcultural Studies* gleichzusetzen. Während *Cultural Studies* in Großbritannien als politisches, sehr heterogenes Projekt in den 1960er Jahren starteten, beziehen sich die anglo-amerikanischen und mittlerweile internationalen *Popular Cultural Studies* ausdrücklich seit den 1970er und 1980er Jahren auf medienkulturelle Zusammenhänge. Die *Subcultural Studies* und ihre neuen Varianten (*Post Subcultural Studies* etc.) wiederum sind eine internationale Ausformung, die sich in den letzten zwanzig Jahren speziell mit jugend- und medienkulturellen Minoritäten auseinandersetzen und zumeist im direkten Zusammenhang mit den frühen *Birminghamer Subkulturstudien* stehen. Die beiden Untergruppierungen sind die für

Pop(kultur)forschung wesentlichen, da sie sich von Anfang an sehr stark mit Stil, Mode, Räumen, Politiken und Identitätskonstruktionen in der Popmusikkultur befasst haben. Bei allen Verdiensten darf nicht übersehen werden, dass die *Cultural Studies* keinesfalls im Mainstream der deutschsprachigen Wissenschaften angekommen sind.

3.2 | Hochkultur und Popkultur

Die Bestimmung der Begriffe ›Pop‹ und ›Popkultur‹ erfolgt nicht ausschließlich durch die Bezugnahme auf die zuvor beschriebenen veränderten kulturellen Wirklichkeiten seit den frühen 1950er Jahren, sondern auch durch den wertenden Vergleich von Hochkultur und Popkultur. Hierbei wird die Popkultur zumeist als kulturell defizitär abgewertet und als oberflächlich, unoriginell sowie effekthascherisch dargestellt – die Hochkultur zeichnet sich demgegenüber entsprechend durch Tiefe, Originalität und ästhetische Angemessenheit aus.

Diese **Geschichte einer Abwertung** ist, zumindest in Deutschland, noch nicht abgeschlossen, wenngleich sie seit Jahrzehnten lebensweltlich, kulturell, ästhetisch und gesellschaftlich kaum noch Relevanz besitzt – ebenso wie die Differenzierung von Hochkultur und Popkultur. Pop ist randständig oder findet nicht statt – resultierend aus dem Fokus auf das bürgerliche Hochkulturparadigma. Diese Geschichte einer Abwertung offenbart sich bei genauer Betrachtung als Geschichte eines Missverständnisses und erstreckt sich über den Zeitraum von der Mitte des 18. Jahrhunderts bis zur Gegenwart.

Diese Geschichte beschreibt letztlich die Geschichte der deutschen Verhältnisse bzw. eines deutschen Sonderweges, der das Resultat des bildungsbürgerlich-sozialdistinktiven Deutungsmusters Bildung und Kultur ist (vgl. Bollenbeck 1996). Im 18. Jahrhundert transformiert sich, wie Bollenbeck (ebd.) hervorhebt, der ständisch situierte Hochkulturbegriff zu einem bürgerlichen Kulturbegriff. Das 18. Jahrhundert ist in Deutschland die Epoche des Übergangs von der altständischen zur bürgerlichen Gesellschaft: Neben dem gehobenen Bürgertum formierte sich die Gruppe der Gebildeten, die ihren sozialen Status nicht durch Herkunft und Besitz definieren konnten, sondern sich durch Schul- und Universitätsbesuch, durch Wissen und Bildung für ein Amt qualifizieren mussten (vgl. ebd.). Die Hochkultur wird hierbei, einhergehend mit dem Machtverlust des Adels im Anschluss an die Französische Revolution, zur Errungenschaft des Bildungsbürgertums, das Staat und Gesellschaft nach ihrem Bild zu formen beginnt. Hochkultur umfasst dabei die von den meinungsbildenden Eliten genutzten, als besonders wertvoll akzeptierten Kulturleistungen (Musik, Literatur, Bildende Künste, darstellende Künste) – im Gegensatz etwa zur Volkskultur, Massenkultur, Alltagskultur, Populärkultur. Gekoppelt mit dem Leitbegriff der Zeit, der Aufklärung, erlangen die Begriffe ›Kultur‹ und ›Bildung‹ eine diskursleitende Geltung.

Kultur wird seit dieser Zeit in normativer Ausrichtung vom Bürgertum reklamiert, um sich von den primitiven Unterschichten einerseits und vom degenerierten Erbadel andererseits abzugrenzen. Hierbei wird die eigene, kultivierte Lebensweise häufig mit dem Konzept der Bildung gleichgesetzt (vgl. ebd.).

In der Mitte des 18. Jahrhunderts entsteht zudem parallel **ein Sinn für das Populäre**, orientiert v. a. an den Bildungsidealen der Aufklärung – etwa in der Literatur,

Musik und Philosophie. Das Populäre entwickelt sich hierbei zu einer eigenständigen Kategorie. »**Popularität als Bildungsaufgabe**« wird hierbei zum Motto einer gegenkulturellen Opposition zum Leitbegriff ›Hochkultur‹, wie Hecken (2007, 11 ff.) am Werk Friedrich Schillers rekonstruiert. Neben Schiller sind hieran zahlreiche andere prominente Dichter und Denker ihrer Zeit beteiligt, so etwa Denis Diderot, Moses Mendelssohn oder Friedrich Nicolai. Wicke (2001, 7) hebt in diesem Kontext ein prominentes Beispiel kultureller Popularisierungsprozesse hervor: »›Vergiß das so genannte populare nicht ...‹ – mit diesen Worten ermahnte Vater Leopold Mozart 1780 seinen Sohn Wolfgang Amadeus, doch die breiteren Hörerschichten nicht aus dem Blick zu verlieren: ›Ich empfehle dir bey deiner Arbeit nicht einzig und allein für das musikalische, sondern auch für das *ohnmusikalische Publikum* zu denken – du weist es sind 100 *ohnwissende* gegen 10 *wahre Kenner*, vergiß also das so genannte *populare* nicht, das auch die *langen Ohren* kitzelt‹.« (Hervorh. im Original). Mozarts Vater bezieht sich mit dieser Aussage auf die Oper *Idemeneo*.

Dieser **Sinn für das Populäre**, der mit dem Entstehen der Populären Kultur Mitte des 19. Jahrhunderts verstärkt wird, bleibt bis zur Mitte des 20. Jahrhunderts grundsätzlich ambivalent und wird aus der Perspektive der Hochkultur auch nicht grundsätzlich diskutiert: Erst durch das Entstehen einer historisch neuen kulturellen Formation, der Popkultur, die zunehmend in den folgenden Jahrzehnten zur Dominanzkultur wird, transformiert sich diese Ambivalenz, wenngleich auch bis zur Gegenwart missverständlicher Weise Populäre Kultur und Popkultur nicht als gleichberechtigte und gleichwertige Bildungskultur im Vergleich zur Hochkultur wahrgenommen werden.

Diese in aller Kürze und Verkürzung beschriebene Geschichte einer Abwertung ist nicht nur defizitär, weil sie die parallele Entwicklung der Hochkultur und des oppositionellen kulturellen Sinns für das Populäre ignoriert, sondern v. a. mit Blick auf die **strukturale Gleichheit von Hochkultur und Popkultur**, die behauptet werden kann, wenn man grundlegende Kulturfunktionen adressiert:

- Kultur als Idee, die Metaphern produziert;
- Kultur als Gesamtheit der menschlichen Produktionen und Artikulationen;
- Kultur als kontinuierliche Arbeit, die die Wirklichkeit kulturell ordnet, aber auch die Möglichkeit bietet, kulturelle Ordnungen zu subvertieren;
- Kultur als Transformation;
- Kultur als offener Prozess;
- Kultur als Bildungsfunktion von Welt und Selbst;
- Kultur ist produktiv und interpretativ;
- Kultur ist eine Lebensweise;
- Kultur als Kultur des Vergleichs und Vergleichens;
- Kultur ist Text, Praxis und Performance.

Hochkulturelle Bildungsprozesse sind, aufbauend auf diesen grundlegenden Kulturfunktionen und im Unterschied zu popkulturellen, wissensbasiert und fokussieren Objektivität, Wahrheit etc.; sie beabsichtigen durch Bildung in der Form von Erziehung, Ausbildung und Lehre kulturelle Ordnung zu erzeugen; sie werden mit Zuschreibungen wie inkommensurabel, kritisch, widerständig, frei, geistvoll usw. versehen und zeichnen sich durch eine ästhetische Geschlossenheit aus. Ihr Bildungsversprechen besteht darin, Bildungskapital auszubilden, Distinktionsgewinn zu erlangen, in der Gesellschaft produktiv verortet zu werden und zur Sinnbildung beizutragen.

Popkulturelle Bildungsprozesse hingegen sind wesentlich narrativ und setzen auf spektakuläre Überzeugung und Überredung im Spannungsfeld der Wirklichkeit der Fiktion und der Fiktionalisierung der Wirklichkeit. Ihr Bildungsziel ist produktive kulturelle Un- und Umordnung und zeichnet sich durch eine ästhetische Offenheit aus. Sie werden allerdings zumeist mit abwertenden Zuschreibungen wie regressiv, standardisierend, unfrei, Halbbildung, Kulturindustrie etc. versehen. Ihr Bildungsversprechen besteht darin, ein Mehr an Leben und Erleben zu ermöglichen, Bildungserfahrungen machen zu können und Sinn(es)bildung zu initiieren. Die Bildungsfunktion der Popkultur, im Unterschied zur Hochkultur, besteht darin, dass sie nicht autoritär, präskriptiv, normativ und diskursiv ist, im didaktischen Sinn nicht ausbildet oder lernen lässt, auch nicht erklärt oder Wissen vermittelt. Popkultur zeigt, führt auf und legt dar, macht anschaulich und anhörbar, verbindet und stiftet (Differenz-)Gemeinschaften, setzt in Bewegung, lässt Kommunikationen und Interaktionen entstehen sowie Wissen, Ideen oder Ideologie zirkulieren, ist Bühne, Raum und Rahmen zur Auseinandersetzung mit Welt und Selbst, letztlich eine Selbstbildungsagentur, in der das Subjekt zum Projekt wird.

3.3 | Popdiskurs

Pop stellte von Anfang an nicht nur eine Lebenskultur dar, sondern auch eine Diskurskultur, wie die vorausgehenden Ausführungen veranschaulichen. Pop kann nur über Diskurse und deren permanente Aktualisierungen kulturell sowie gesellschaftlich existieren. Unter ›Popdiskurs‹ verstehen wir Schreibverfahren über und mediale Inszenierungen von Pop und Popkultur, aus akademischen und popkulturell bzw. popspezifisch geprägten Milieus sowie deren Grenzen, Interferenzen und Überschneidungen: Popjournalismus (z. B. Magazine, Fanzines, Feuilleton), Poptheorie (d. h. wissenschaftliche Pop(kultur)forschung), Pop-Geschichtsschreibung (etwa Lexika, Künstler-Biographien oder Poplisten) und Popliteratur.

Indem Pop konstitutiv ein diskursives Phänomen ist, geht es in den Popdiskursen entsprechend um die Erlangung symbolischer Macht, d. h. Definitionsmacht als Diskursmacht. **Popdiskurse sind Kämpfe um Bedeutung**, mit dem Ziel, diskursive Hegemonie zu erlangen, Ausschlusssysteme des richtigen und falschen Pop-Verständnisses. Die festgeschriebenen Pop-Welten besitzen klare Codes wie jede popkulturelle Szene, die man erlernen, internalisieren oder kennen muss, um sich an den jeweiligen Popdiskursen beteiligen zu können – entweder, indem man sich auf sie bezieht, also diskursive Szene-Codes verwendet, um sich den jeweiligen Argumentationslinien anzupassen oder um sich von ihnen zu distanzieren und Pop-Perspektiven anderer Pop-Wirklichkeiten in den Vordergrund zu stellen.

3.4 | Poptheorie

Der Begriff ›Poptheorie‹ wurde in Deutschland von der Musikzeitschrift *Sounds* (1966–1983) geprägt und von der Nachfolgezeitschrift *Spex* (gegründet 1980) sowie der seit 1995 erscheinenden *testcard* weiterentwickelt (zum Pop(musik)journalismus s. vertiefend Kap. 2).

3 Popdiskurs, Poptheorie

Der Ausdruck ›Poptheorie‹ enthält einerseits den Zugang zur Popkultur vor allem durch **intellektuelle Schreibweise und expliziten Theoriebezug**, andererseits bekennen sich poptheoretisch orientierte Journalisten in der Regel **affirmativ zur Popkultur**, wie z. B. Helmut Salzinger, Clara Drechsler, Diedrich Diederichsen, Olaf Dante Marx, Andreas Banaski, Tom Holert, Tine Plesch, Sonja Eismann, Jutta Koether, Olaf Karnik oder Max Dax. Auffallend ist hierbei aber, dass die genannten Popjournalisten oftmals jene Variante von Pop bevorzugen bzw. affirmieren, die zuvor unter dem Namen »Pop I« eingeführt worden war (vgl. Diederichsen 1999, 275).

Popjournalismus ist ein umfassender sowie diffuser Kosmos von Sinn- und Bedeutungsproduktionen, der sein Hauptaugenmerk zwar auf die Musik legt, die Berichterstattung hierbei aber potenziell auf alle gesellschaftlichen, kulturellen und individuellen Bereiche ausdehnt. Als eigentlicher Ort des Popjournalismus werden häufig Popmagazine und Musikzeitschriften (etwa *Sounds*, *Musikexpress*, *de:bug*, *Spex*, *Intro*, *Visions*, *Rolling Stone*) oder Fanzines (z. B. *Harakiri* oder *Ox*) bezeichnet (vgl. Venker 2003, 11 ff.; vgl. Büscher 2005).

Die oftmalig subjektive, Partei nehmende und emotionalisierende Schreibweise von Popjournalisten widerstrebt dem »strategischen Ritual der Objektivität« (vgl. Tuchmann 1972) der Informationsjournalisten. Popjournalismus bezeichnet dementsprechend eine Art des Journalismus, der sich gerade nicht mehr entlang der Leitdifferenz Fakten/Fiktionen bzw. Objektivität/Subjektivität identifizieren lässt.

Im Popjournalismus werden u. a. soziologische, psychoanalytische und postmoderne/poststrukturalistische Ansätze sowie die Jugendkulturanalysen der *Cultural Studies* zur Tiefenhermeneutik von popkulturellen Phänomenen, mit dem Schwerpunkt Popmusik, rezipiert. Neben dem Popjournalismus hat sich seit den 1990er Jahren das **Pop-Feuilleton**, also die Popmusik-/kultur-Berichterstattung in den großen Tageszeitungen, als mehr oder weniger fester redaktioneller Bereich entwickelt.

Wissenschaftliche Pop-Forschung gab es zwar schon seit den späten 1960er Jahren in Deutschland, etwa im Kontext der Kultur- und Jugendsoziologie sowie der Pädagogik (vgl. u. a. Baacke 1968; Schwendter 1971; Zimmer 1973; Lindner 1978). Allerdings wurde diese Forschung nicht unter den Begriff ›Poptheorie‹ subsumiert und es war auch nicht deren Ziel, eine eigenständige Poptheorie-Bildung voranzutreiben. Im Unterschied zur über dreißigjährigen Rede von Poptheorie im Popjournalismus kann das (verstärkte) Interesse an einer eigenständigen Poptheorie-Bildung in der deutschen Wissenschaftslandschaft hingegen erst seit den 2000er Jahren beobachtet werden (zu nennen sind hier u. a. Jochen Bonz, Olaf Sanders, Eckhard Schumacher, Tom Holert, Gabriele Klein, Eva Kimminich, Marcus S. Kleiner und Michael Rappe). Aus der Musikwissenschaft können u. a. Peter Wicke, Helmut Rösing, Susanne Binas-Preisendörfer und Martin Pfleiderer in diesem Kontext hervorgehoben werden.

Dieses Interesse bleibt allerdings – überblickt man den Großteil der Pop-Forschung in Deutschland – eher marginal und spielt zumeist dann eine Rolle, wenn die Wissenschaftler/innen eine konstruktivistische oder systemtheoretische Ausrichtung haben. Andererseits wird relativ undifferenziert von Poptheorie gesprochen, wenn Phänomene der Pop(musik)kultur in irgendeiner Form theoriegeleitet untersucht werden. Hierbei wird allerdings immer die Frage offen gelassen, was für einen spezifisch theoretischen Status eine eigensinnige Poptheorie besitzt, unabhängig vom theoretischen Status der jeweiligen Referenztheorie. Darüber hinaus gibt es Autoren, die im Spannungsfeld von Journalismus und Wissenschaft arbeiten und mit

Poptheorie-Bildung in Verbindung gebracht werden, wie z. B. Martin Büsser, Roger Behrens, Johannes Ullmaier, Mark Terkessidis, Peter Kemper oder Mercedes Bunz.

Im **Kontext der deutschen Poptheorie-Bildung** kann also eine paradoxe Situation beobachtet werden: Einerseits übernimmt der Popjournalismus explizit Theoriearbeit, wenngleich er sich grundsätzlich durch eine Wissenschafts- und Theorieskepsis in Sachen Pop auszeichnet und sein eigentliches Interesse an Pop dezidiert ein nicht theoretisches ist; andererseits resultiert die wissenschaftliche Auseinandersetzung mit der Poptheorie-Bildung in Deutschland, abgesehen von der *Cultural Studies*-Rezeption, zunächst und zumeist aus der Beschäftigung mit dem Popjournalismus, ist also weitestgehend nicht theoretisch motiviert. Der zentrale journalistische Referenzpunkt für die (journalistische und wissenschaftliche) Pop-Forschung ist seit den 1980er Jahren Diedrich Diederichsen (vgl. hierzu zusammenfassend Diederichsen 2014). Kein anderer Autor hat einen so nachhaltigen und kontroversen Einfluss auf die Poptheorie-Bildung in Deutschland genommen. Häufig wird Diedrich Diederichsen aber zu Unrecht als Begründer der Poptheorie in Deutschland genannt. Hierbei werden zumindest vier konstitutive frühere Ansätze übersehen: Einerseits legte Jochen Zimmer (1973) eine erste systematische Theorie und Sozialgeschichte der Popmusik vor. In diesem Kontext müssen andererseits die Studien von Dieter Baacke (1968) zum Beat und Rolf Schwendter (1971) zur Subkultur genannt werden; im Feld des Popjournalismus hat Helmut Salzinger (1972, 1973) konstitutive Poptheorie-Splitter erarbeitet.

Diese Dominanz des Popjournalismus im Feld der Poptheorie-Bildung behindert die eigenständige wissenschaftliche Theorieentwicklung, denn Journalismus und Wissenschaft basieren auf unterschiedlichen Diskurslogiken, die nicht unmittelbar gleichgesetzt oder miteinander verbunden werden können. Dem Journalismus geht es um das subjektive Prinzip ›**Pop Leben und Erleben**‹, der Wissenschaft um das objektive Prinzip ›**Pop denken**‹, d. h. um das distanzierte, ursächliche Verstehen und Deuten popkultureller Phänomene, mit dem Ziel, verallgemeinerbares Wissen über Pop zu generieren.

Konstitutiv für die wissenschaftliche Poptheorie-Bildung wäre es daher aufzuhören, Journalismus und Wissenschaft zu verwechseln. Im Popjournalismus wurde keine eigenständige Poptheorie entwickelt, sondern Pop lediglich mal mehr, mal weniger theoretisch fundiert analysiert. Es ist auch nicht das erklärte Ziel des Popjournalismus, eine eigenständige Poptheorie auszuarbeiten. Interessant zu diskutieren wäre, warum sich die wissenschaftliche Auseinandersetzung mit Pop so lange am Popjournalismus orientiert und abgearbeitet hat, ohne eine eigenständige Theoriebildung voranzutreiben. Auch in der Literaturwissenschaft gibt es hierzu bis zur Gegenwart kaum Angebote, die theoriebildend und nicht lediglich analytisch oder historisierend sind.

Die Kritik, dass sich die wissenschaftliche Beschäftigung mit Pop häufig selbst wie Journalismus liest, resultiert wesentlich aus diesem Abhängigkeitsverhältnis. Im Popjournalismus finden sich hingegen zahlreiche Anknüpfungspunkte etwa für die Materialanalyse von Pop oder für Diskursanalysen über ein, aus der Perspektive der Wissenschaft, anderes Schreibverfahren über Pop. Zudem wird im Popjournalismus Theorie häufig als Ideologie missverstanden oder ideologisch instrumentalisiert, um den *richtigen* vom *falschen* Pop zu unterscheiden. Für eine wissenschaftliche Theoriebildung sind diese Debatten daher unbrauchbar.

3.5 | Poptheorie als deutscher Sonderweg

In Deutschland gibt es keine eigensinnige Poptheorie, ebenso wenig wie eine Popmusiktheorie, sondern nur theoriegeleitete Auseinandersetzungen mit unterschiedlichen Themen der Popkultur, deren theoretischer Status vom jeweiligen Theorieverständnis der verwendeten Referenztheorie abhängt. Die Rede von bzw. die Frage nach Poptheorie ist ein deutscher Sonderweg, der international kaum eine Rolle spielt. Paradoxerweise ist der Wille zur Poptheorie gerade in dem Land explizit, dessen Popkultur kaum exportierbar ist und nur in Nischen international wahrgenommen wird. Der relevante Teil der Pop-Forschung und Pop-Publikationen ist angloamerikanischer Herkunft, die deutschen Studien spielen international kaum eine Rolle. Vor diesem Hintergrund wird die Arbeit an einer eigenen Poptheorie-Bildung stark begründungsbedürftig.

Grundvoraussetzung für die Konstitution einer eigenen Poptheorie ist die forschungspragmatische und interdisziplinäre Verständigung über den Status von Poptheorie, die grundlegenden Definitionen, das allgemeine Theorie- und Methodenverständnis (vgl. Kleiner/Rappe 2012) sowie eine Bestimmung des Zusammenhangs von Theorie und Praxis. Zudem muss über die Möglichkeiten, aber auch die Notwendigkeit einer eigenen Poptheorie-Bildung diskutiert werden. Diese Möglichkeiten bleiben begrenzt, so lange die deutsche Pop-Forschung theoretisch weiterhin in einer doppelten Abhängigkeit steht: vom Popjournalismus einerseits und von Referenztheorien andererseits.

Im Unterschied zum aus wissenschaftlicher Perspektive problematischen Feld der Poptheorie-Bildung gibt es zahlreiche Theorien des Populären (zum Überblick vgl. u. a. Guins/Cruz 2005; Hecken 2007; Storey 2009; Jacke/Ruchatz/Zierold 2011). Diese stellen Versuche dar, das Populäre aus der Perspektive unterschiedlicher Disziplinen sowie Theorietraditionen zu bestimmen und in spezifischen Kontexten, wie z. B. Alltagskultur, Massenkultur, Kulturindustrie, Jugendkultur oder Erlebniskultur, zu analysieren. Eine Diskussion über den Zusammenhang und die Unterschiede der Theorien des Populären und der Poptheorie(n) hat es bisher in der Populär- und Popkultur-Forschung nicht gegeben. Ein wesentlicher Grund hierfür besteht darin, dass Poptheorie(n) einerseits wesentlich im Kontext von Theorien des Populären behandelt und dabei mit diesen gleichgesetzt, andererseits die Notwendigkeit einer eigenen Poptheorie-Bildung als wenig plausibel betrachtet wird.

Problematisch ist bei der Poptheorie-Bildung das **Verhältnis von Nähe und Distanz** zum Gegenstand ›Pop‹. »In Fragen der Kultur setzt«, wie Grasskamp (2004, 14) betont, »Theorie Distanz zum Thema voraus; eine seriöse Theorie des Pop könnte also nur dann und dort beginnen, wo niemand damit renommieren geht, maßgeblich an der Sache selbst beteiligt zu sein oder sie gar zu repräsentieren«. Durch objektive Distanz zum Thema sollen verallgemeinerbare Aussagen zum Untersuchungsgegenstand gewonnen werden. Dieser Anspruch steht in deutlicher Opposition zu den subjektiven Schreibverfahren des Popjournalismus, letztlich aber auch zu denen des Großteils der deutschen (Pop-Forschung bzw.) Poptheorie-Bildung.

In der Poptheorie-Bildung (und der Pop-Forschung) spielt die Pop-Sozialisation der Forscher, also das individuelle Pop-Leben und Pop-Erleben, eine nicht unbedeutende Rolle. Der affirmative Zugang zur Popkultur, der für den Popjournalismus signifikant ist, ist auch im Feld der akademischen (Pop-Forschung bzw.) Poptheorie-Bildung die Grundvoraussetzung des legitimen Schreibens über Pop. Diese normative

Forderung erschwert die Möglichkeiten einer wissenschaftlichen Poptheorie-Bildung nachhaltig und handelt sich den Vorwurf ein, **Wissenschafts-Pop** zu betreiben.

3.6 | Pop und Universität

Auch wenn es zumindest seit Mitte der 1990er Jahre zu verstärkten und umfassenden wissenschaftlichen Auseinandersetzungen mit Popkultur und seit den 2000er Jahren zu einer Fokussierung von Poptheorie-Bildung kommt sowie einer entsprechend stetig größer werdenden Zahl an wissenschaftlichen Pop-Publikationen, besteht immer noch eine deutliche Diskrepanz zwischen der Allgegenwart von Popkultur und der kaum vorhandenen Institutionalisierung der Popkultur-Forschung an den deutschen Universitäten.

Bisher gibt es, vergleichbar mit den *Cultural Studies,* **keinen Lehrstuhl für Popkultur in Deutschland,** lediglich, wie u. a. an den Universitäten Hildesheim und Regensburg, kulturwissenschaftliche Lehrstühle, die einen Schwerpunkt im Feld Populärer Kulturen haben, und auch nur wenige Professuren mit dem ausgeschriebenen Fokus auf Popmusik, wie z. B. an den Universitäten Berlin (Humboldt) und Paderborn sowie an der Hochschule für Musik und Tanz Köln und der Popakademie Baden-Württemberg in Mannheim. Die Notwendigkeit einer Professur ausschließlich für Popliteratur erscheint hingegen nicht gegeben, da dieses Feld literarischer Produktion im Verhältnis zu den anderen Gegenständen der Literaturwissenschaft nur ein marginales, wenngleich ein für die Gegenwartsliteratur ab den 1960er Jahren signifikantes Feld darstellt.

Diese äußerst **marginale Institutionalisierung von Pop-Forschung in Deutschland** behindert das Projekt einer Poptheorie-Bildung massiv, denn Theoriebildung, die wissenschaftliche Akzeptanz erlangen möchte, unabhängig davon, wie kontrovers sie diskutiert wird, kann letztlich nur erfolgreich im Kontext der Universität und ausgehend von dieser stattfinden. Ein Mittel zur Karriereförderung war und ist Pop-Forschung in Deutschland nicht – gegenwärtig auch nicht mehr in Amerika und England.

Auch in der **akademischen Lehre** ist diese Situation nicht grundsätzlich anders. Pop-Themen sind zumeist solange beliebt bei Studierenden bis klar wird, dass auch Pop harte Studien- und Reflexionsarbeit bedeutet und Pop sich nicht durch unmittelbare Evidenz auszeichnet – und keinesfalls allein durch das Reden über eigene Erfahrungen und Geschmacksbildungen erschöpfend behandelt werden kann. Wenn Pop mit Theorie in Verbindung gebracht wird, wird immer fast unmittelbar die Frage gestellt, wozu Poptheoriebildung bzw. Pop-Forschung überhaupt sinnvoll sei; Wissenschaftler/innen wird entgegengehalten, sie sollten Pop nicht unnötig diskursiv aufwerten bzw. Sinn und Bedeutung in Pop hineinlegen, weil somit das Wesentliche von Pop nicht erfasst werden könnte. Pop *glänzt,* überspitzt formuliert, in diesem Kontext als Oberflächenästhetik, die Notwendigkeit und Bedeutung einer Tiefenhermeneutik wird Pop allerdings regelmäßig abgesprochen, solange es sich dabei um mehr als Beschreibungen handelt. Popkultur wird zumeist als Kultur der Redundanz, nicht als reflexive Kultur, wie die Hochkultur, aufgefasst. Darüber hinaus wird häufig die Notwendigkeit von Poptheorie abgestritten. Diskussionen mit Popjournalisten, Personen aus der Musikwirtschaft und Musikern laufen letztlich immer auf die gleiche Haltung hinaus: **Pop braucht Wissenschaft nicht, Wissenschaft aber Pop.**

Eine andere Perspektive präsentiert etwa Hecken (2011a). Er hebt hervor, dass die wissenschaftliche Pop-Forschung in den kommenden Jahren explodieren wird und es dadurch zu einer Re-Definition der Bedeutung von Pop in der Wissenschaft kommt. Für Hecken befinden wir uns in der **Gründungsphase der universitären Institutionalisierung** von Pop-Forschung in Deutschland und in 50 Jahren – so Hecken – gelten, rückblickend auf die Anfänge der akademischen Pop-Forschung seit den späten 1960er Jahren, v. a. aber auf die Studien der letzten zwanzig Jahre fokussiert, die entsprechenden Autoren als zentrale Gründerväter und Referenzpunkte für die bis dahin (wahrscheinlich) universitär fest etablierte, inter- und transdisziplinäre Pop-Forschung. Grundvoraussetzung dafür wäre aber, dass sich die Universität konstitutiv für die Pop-Forschung öffnet und diese als integralen Bestandteil v. a. der musik-, kultur-, medien-, sozial- und erziehungswissenschaftlichen Forschung will. Diese Situation zeichnet sich gegenwärtig noch kaum ab. Pop-Forschung bleibt in der Wahrnehmung der Universität zumeist exotisch. Zumindest zwei aktuelle Entwicklungen zeigen aber eine bedingt positive Veränderung an: einerseits die 2008 gegründete »**AG Populärkultur und Medien**« in der »Gesellschaft für Medienwissenschaft« (GfM) und andererseits die DFG-geförderte Zeitschrift *Pop. Kultur und Kritik*, die seit 2012 im Bielefelder transcript-Verlag erscheint.

Weiterführende Literatur

Zur weiteren heuristischen Eingrenzung der Begriffe ›populär‹ und ›Pop‹ sowie ›Populäre Kultur‹ und ›Popkultur‹ vgl. u. a. Blaseio/Pompe/Ruchatz (2005); Hecken (2007, 2009); Hügel (2003; 2007); Kleiner (2008); Kleiner/Rappe (2012) und Kleiner/Wilke (2013a). Zum Themenkreis Pop und Politik vgl. u. a. Nieland (2009) und Kleiner/Schulze (2013a). Zum Popjournalismus vgl. u. a. Hinz (1998, 2009); Venker (2003) und Bonz/Büscher/Springer (2005).
Zur Poptheoriebildung vgl. etwa Jacke/Ruchatz/Zierold (2011); Goer/Greif/Jacke (2013); Stäheli (2000, 2004); Helms (2003) und Huck/Zorn (2007).
Im deutschen Popdiskurs zum Zusammenhang von *Cultural Studies-Approach* und Popanalyse vgl. u. a. Höller (1996, 1999a/b); Winter (1997); Hinz (1998, 2009); Sälzer (2001); Gebhardt (2001); Jacke (2004, 2006) und Terkessidis (2006).
Zur Unterscheidung affirmativ/subversiv als Beschreibungsformel für Popkulturen vgl. z. B. Jacke (2004); Bonz (2008); Ernst u. a. (2008). Zum Verständnis von Populärer Kultur und Popkultur unter der Perspektive von Subkultur und Subversion vgl. grundsätzlich die frühen Studien der Birminghamer *Cultural Studies* u. a. bei Hall/Jefferson (1976); Willis (1979, 1981); Clarke u. a. (1979); Hebdige (1979). Vgl. hierzu auch die Ansätze der *Post Subcultural Studies* bei Muggleton/Weinzierl (2003) und Bennett/Kahn-Harris (2004).

4 Pop-Poetik

4.1 | Popliteratur als Literatur der Verweise und Zitate

»In Deutschland ist der Begriff Literatur so mächtig ins Bewußtsein eingehämmert, daß kaum noch zu sehen ist, daß ein Gedicht niemals, ebenso wenig wie ein Roman, eine Erzählung, ausschließlich sich selbst meint [...]« (Brinkmann: Briefe an Hartmut, 140). Literatur ist, wie Brinkmann in diesem Zitat andeutet, **nicht mit sich selbst identisch**, verweist in ihren unterschiedlichen Formen (Roman, Gedicht, Erzählung etc.) über sich und ihre Medialität hinaus. Verwiesen wird (ästhetisch und inhaltlich) auf ein populär- und popkulturelles Außen, wie z. B. Musik, Kunst, Film, Fernsehen, Comics, Presse oder Werbung, sowie auf eine medialisierte Wirklichkeit bzw. Gegenwart und ihre spezifischen Kulturtechniken. Durch dieses Außen erhält die Literatur eine erweiterte mediale Form und offene literarische Identität, die nicht durch einen engen hochkulturellen Literaturbegriff, mit Fokus auf einen literaturhistorischen Kanon, erfasst werden kann und die auf der Suche nach einer formalen Entsprechung zur Populären Kultur und Popkultur ist. Dieser literarische Kanon ist auf langfristige Tradierung angelegt und unterteilt Literatur anhand normativer Kriterien wie maßgeblich, musterhaft, bedeutend, repräsentativ, in legitim und nicht legitim oder hochkulturell, trivial und kitschig. Über die Aufnahme in einen literarischen Kanon, der letztlich stets *offen*, gleichwohl aber nicht unbegrenzt aufnahmefähig für neue Texte ist, entscheiden drei Kriterien: »Exzeptionalität des Werkes«, »Repräsentanz epochaler, gattungsmäßiger, sozialer und anderer Art« und »aktive Bezugnahme auf das Werk in der jeweiligen Gegenwartskultur« (Auerochs 2007, 372 f.).

Diese (intermediale/-textuelle) erweiternde Verweisung und Öffnung des Literaturbegriffs, d. h. die Arbeit der Popliteraten an einem **literarischen *Sub-* bzw. *Gegenkanon***, die zugleich einen hochkulturellen Literaturbegriff negiert und temporär im Feld von Medienkulturen positioniert, ist für die spezifische Form von Literatur wesentlich, die als ›Popliteratur‹ bezeichnet wird, und an deren Entstehen Brinkmann in Deutschland in den späten 1960er Jahren wesentlich mitbeteiligt war (vgl. Schäfer 1998, 2008), u. a. durch die Kanonisierung von Gegenkultur in bis heute wegweisenden **Anthologien** (vgl. Brinkmann: Silverscreen; Brinkmann/Rygulla: Acid). Mit diesem Literaturverständnis wird die tradierte Wertdichotomie zwischen Literatur und Medien zurückgewiesen, denn die Medien erscheinen nicht mehr als »das Andere des (literarischen) Kanons«, als ein »Bereich, in dem sich die Diffusion des Ephemeren und Unzurechnungsfähigen ereignet« (Stanitzek 2007, 54 f.).

Der **erweiternde Verweischarakter** von (Pop-)Literatur markiert eine produktionsästhetische Kontinuität im Feld der Popliteratur, denn auch in den aktuellen literarischen Texten und Interviews mit sog. Popliteraten wird der Verweischarakter als wesentlich für Pop und Popliteratur herausgestellt: So betont der Literat, Musiker und DJ Thomas Meinecke (in Gleba/Schumacher 2007, 367) etwa 30 Jahre nach der einleitend zitierten Äußerung von Brinkmann, dass Pop eine »Verweishölle« sei und belegt diese Feststellung in seiner Literatur (seit Ende der 1980er Jahre), seinen Lesungen, seiner Musik (F. S. K. – Freiwillige Selbstkontrolle, gegründet 1980), seinen

Hörspielen und seinem DJing. Das »popkulturelle Quintett« um Joachim Bessing, Christian Kracht, Eckhart Nickel, Alexander von Schönburg und Benjamin von Stuckrad-Barre legt in seiner Gesprächsdokumentation *Tristesse Royale* aus dem Jahr 1999 ein Patchwork an Verweisen und Thesen vor, das ohne jegliche Form von Argumentation auskommt, sondern seine Überzeugungskraft allein aus dem schön Klingen, also dem Sound, ihres Verweisarrangements gewinnen möchte.

Dieses Verständnis von (Pop-)Literatur als Verweishandlung gründet, so zumindest in der Rekonstruktion von Literatur, die für die etwa von der Literaturkritik, der Literaturwissenschaft oder den Verlagen als Popliteraten bezeichneten Autoren und zugleich für die Popliteratur-Geschichtsschreibung wesentlich ist, in der US-amerikanischen Beat- und Undergroundliteratur/-kultur der 1950er und 1960er Jahre (s. Kap. 1.4).

Popliteratur wurde in Deutschland durch den Verweischarakter von Anthologien, wie z. B. *Junge Amerikanische Lyrik* (Corso/Höllerer 1961), *Beat. Die Anthologie* (Paetel 1962), *Underground Poems. Untergrund Gedichte. Letzte amerikanische Lyrik* (Rygulla 1967), *Fuck You(!) Underground Gedichte* (Rygulla 1968), *Acid. Neue amerikanische Szene* (1969) oder *Silverscreen. Neue Amerikanische Lyrik* (1969), eingeführt und durch die Rezeption der US-amerikanischen Szene letztlich angestoßen – in Verbindung mit einer entsprechenden populären Mediensozialisation der Autoren. Anthologien bleiben im Kontext der Popliteratur von den 1960er Jahren bis zur Gegenwart beliebte Publikationsformen, die einerseits, in Nähe zur Musik, als eine Art *Best-of-Compilation* fungieren, andererseits den Eindruck erwecken sollen, dass die in den Anthologien versammelten Texte für eine (mehr oder weniger homogene) Szene, wenn nicht gleich für eine Generation repräsentativ bzw. kanonisch sind. Wichtig in diesem Zusammenhang ist auch die Bedeutung von Verlagen, wie März oder Kiepenheuer & Witsch, und die von Verlegern, wie Jörg Schröder (vgl. u. a. Schäfer 1998; Ullmaier 2001; Stahl 2007).

Popliteratur ist, im Anschluss an Brinkmann, durch und durch Verweis, braucht Verweise aber nicht bzw. nicht primär als legitimierende Strategie, sondern geht mit Verweisen v. a. experimentell um. Zugleich kann aber behauptet werden, dass die eigensinnige Form von Literatur, die als Popliteratur ausgezeichnet wird, die Verweishölle als legitimierende Funktion braucht, um als Popliteratur identifizierbar und damit unterscheidbar zu werden.

Verweise werden zitiert, indirekt oder direkt; textuell, akustisch und/oder visuell. Zitate sind grundsätzlich Form- und Strukturprinzip von Pop und damit auch der Popliteratur. Verweise und Zitate sind intertextuelle/intermediale Fremdreferenzen, die im Text zu Selbstreferenzen werden und zugleich zu **Transformationen und Transgressionen** der Literatur beitragen; durch den Einsatz von Techniken, wie z. B. Cut-up (vgl. Ullmaier 2003), Montage, Collage, Sampling oder Mixing. Dies verbindet die Popliteratur grundsätzlich mit dem Bezugssystem Pop, das »immer Transformation [ist], im Sinne einer dynamischen Bewegung, bei der kulturelles Material und seine sozialen Umgebungen sich gegenseitig neu gestalten und bis dahin fixe Grenzen überschreiten« (Diederichsen 1996, 38 f.). Popliteratur kann vor diesem Hintergrund, mit Baßler (2002, 184), als »Literatur der zweiten Worte« bezeichnet werden. Aus diesen Verweisen, Zitaten und Bezügen entstehen literarische Vorlagen, die wiederum Material für Verweise in Form von Zitaten und Auseinandersetzungen werden, sich dabei verändern und von ihren Ursprüngen entfernen, die letztlich selbst nur Verweis- und Zitatarrangements waren bzw. (mehr oder weniger) originell Samples und Mixe von Gegenwart und Medien. »Pop-Literatur entsteht«, wie Schäfer

(2003a, 15) betont, »wenn der Autor die Pop-Signifikanten – gleichgültig, ob sie aus einem Popsong, einem Film oder einem Werbeslogan stammen – im literarischen Text neu rahmt«.

Diese Präferenz für das Unbekannte, Fremde, Andere, Nicht-Identische usw. ist ein weiteres Strukturmerkmal von Popkultur und dadurch von Popliteratur. Für Leslie Fiedler (1994) ist Science Fiction, also die medienkulturelle Auseinandersetzung mit dem (nicht nur überirdisch) Fremden, neben dem Western und der Pornographie, entsprechend der zentrale Gegenstand der neuen literarischen Underground-Szene in den USA seit den 1950er Jahren.

Nicht nur die Literatur kann durch die beiden Bezugssysteme Verweis/Zitat und Transformation/Transgression strukturell beschrieben werden, sondern auch die in der Popliteratur entstehenden Subjektpositionen: einerseits die des (narrativen und diskursiven) Diskjockeys bzw. des Collagisten und Experimentators, wodurch der Begriff der Autorschaft zurückgewiesen wird. Dieser Gestus ist vergleichbar mit der Zurückweisung der »Autorfunktion« (Foucault 2003, 251) durch Thomas Bernhard (Der Italiener, 83): »Was mich betrifft, bin ich kein Schriftsteller, ich bin jemand, der schreibt [...]«. Diese Zurückweisung findet sich auch bei Rolf Dieter Brinkmann (Erkundungen, 252): »/:Nein , ich bin kein zum Glück KEIN Dichter!/ : ich bin auch zum Glück kein Akademiker mit aufgeweichtem Rückrat [...]« [Hervorh. im Original]. Diese **Zurückweisung der Autorfunktion** korrespondiert mit der Auffassung von Hassan (1988, 50), dass das »Ich, im Spiel der Sprache sich verlierend, in den Unterschieden, in denen Realität gemeinschaftlich erstellt wird, [...] zur Darstellung seiner eigenen Abwesenheit bringt, und der Tod lauert bei all diesen Spielen im Hintergrund. Das Ich löst sich auf in eine Oberfläche stilistischer Gesten, es verweigert, entzieht sich jeglicher Interpretation«. Aus diesen Positionsbestimmungen der Popliteratur können sowohl deren Schreibverfahren als auch poetische Positionen abgeleitet werden.

4.2 | Popliteratur als kleine Literatur

Ralf-Rainer Rygulla beschreibt 1967 den kultur- und gesellschaftskritischen Ausgangspunkt der US-amerikanischen Underground-/Beat-Literatur seit den 1950er Jahren, die für ihn eine »»in-offizielle[] Literatur«« (Rygulla: Nachwort, 120) darstellt, wie folgt:

»Der von Ed Sanders geforderte ›totale Angriff auf die Kultur‹ kann nicht durch systemimmanente Kritik erfolgen, sondern durch Kritik von außen, d. h. von Kriminellen, Süchtigen und Farbigen. [...] Das totale Negieren aller Werte der Gesellschaft ergibt einen Lebenswandel, für den Begriffe wie Ordnung, sozialer Aufstieg, Sauberkeit, Bildung überhaupt nicht existieren. [...] Die massive Vergesellschaftung und das daraus resultierende Konformitätsverhalten wird mit einer extrem individualistischen Haltung beantwortet, die anti-Konsum und antizivilisatorisch ist« (ebd., 115).

Sie befindet sich auch im Gegensatz zur offiziellen deutschen Literatur der Zeit, die zwischen traditionellem Kunst- und Avantgardeanspruch changiert, ohne konkreten Bezug zur kulturellen und gesellschaftlichen Wirklichkeit. Der Hauptgrund hierfür ist das Festhalten am Kunstanspruch von Literatur. Für die Haltung der US-amerikanischen Underground-Szene, ebenso für Rygullas Blick auf die deutschen Zustände, steht das symbolische »**Fuck you!**«. Bezug nehmend auf den Verweischarakter der

Popliteratur, verweist der Titel dieser Anthologie wiederum auf das von Ed Sanders (Beat-Autor und Musiker; The Fugs), zwischen 1962 und 1965 editierte und 13 Ausgaben umfassende FUCK YOU/ *A Magazine of the Arts*.

Die in Rygullas Anthologie versammelten Texte sind in Form und Inhalt **radikale Kultur- und Gesellschaftskritik**. Diese Kritik zeichnet sich durch eine nicht artifizielle, das unmittelbare Empfinden und Wahrnehmen zum Ausdruck bringende Sprache aus; durch die tabulose sowie exzessive Schilderung von Sexualität und Gewalt; die leidenschaftliche Darstellung des Lebens als *Underdog*; das Beschwören des Ideals von größtmöglicher individueller Freiheit; das Plädoyer für ein radikales Ausbrechen aus gesellschaftlichen und künstlerischen Zwängen bzw. Traditionen oder das Hervorheben der Bedeutung fernöstlicher Philosophien, als Bezugspunkte für ein antibürgerliches Leben.

Das gegen die herrschende Kultur gerichtete Schreiben der US-amerikanischen Underground-/Beat-Szene liefert ein Beispiel für eine kleine, deterritorialisierte Literatur, wie sie Deleuze/Guattari (1976) am Beispiel von Franz Kafka rekonstruiert haben. Deterritorialisierung bedeutet für Deleuze/Guattari (1997) die Auflösung fester Strukturen und Organisationsformen, einen Zugewinn an Möglichkeiten, ein unbestimmtes Werden. »Werden heißt« für Deleuze (2000, 11), »nicht eine Form erlangen (Identifikation, Nachahmung, Mimesis), sondern die Zone einer Nachbarschaft, Ununterscheidbarkeit oder Nicht-Differenzierung finden [...]«. Ausgangspunkt für Deleuze/Guattari (1976) sind Überlegungen von Kafka (1973, 129–134) zu einer **kleinen Literatur**, die er in seinen Tagebüchern notiert.

Bei allen Unterschieden im Detail sind es die im Folgenden herausgestellten Aspekte, die die anglo-amerikanische und deutsche Beat-/Underground-/Popliteratur der 1950er und 1960er Jahre mit dem Konzept der kleinen Literatur verknüpfen bzw. diese zu einer kleinen Literatur machen – hier und im Folgenden wird von Beat-Underground-/Popliteratur gesprochen, weil die Beat- und Underground-Literatur das erste Schreibverfahren der Popliteratur ist. Für die Neue Deutsche Popliteratur gilt das nicht mehr, bedingt aber für die popliterarischen Stilformen des Social Beat, der Trash-Literatur, der Slam Poetry und der Kanak Sprak. Mit dem Dominant-Werden der Gegenkultur als »Mainstream der Minderheiten« (Holert/Terkessidis 1996) seit Mitte/Ende der 1960er Jahre einerseits und dem zunehmenden Minoritär-Werden des **Subversionsmythos Pop** seit den 1980er Jahren, verringern sich die Möglichkeiten von Popliteratur als einer kleinen Literatur signifikant.

Diese Literatur »entkleidet die Sprache ihrer repräsentativen Gestalt und verkörpert sich in komplexen sozialen Verkettungen [...]. Sie beruht auf dem minoritären Gebrauch einer großen Sprache: etwa das Deutsch der Prager Juden [...]« (Rölli 2006, 40). Beispiele in der Underground-/Beat-Literatur wären etwa die Umcodierung der offiziellen (gesellschaftlichen und literarischen) Arten, über Sexualität, Kultur oder Kunst legitim zu sprechen. Dieser alternative Gebrauch »bewirkt, daß sich jede individuelle Angelegenheit mit der Politik verknüpft« (Deleuze/Guattari 1976, 25). In der gesellschafts- und kulturkritischen Haltung der Underground-/Beatliteratur kommt diese Verknüpfung unmittelbar zum Ausdruck.

Kafka sucht – in der Rekonstruktion von Deleuze/Guattari – wie die Underground-/Beat-Autoren den nicht repräsentativen Sprachgebrauch einer Minderheit auf, um die Machtzentren zu entdecken, etwa das offizielle Literatursystem einer Zeit und dessen Kanon, die entscheiden, was sagbar ist und was nicht. Somit wird »das Unterdrückte in der Sprache dem Unterdrückenden in der Sprache entgegengestell[t]« (ebd., 38 f.). Im Fall der Underground-/Beat-Literaten wäre dies das gesamte Arsenal gegenkultureller Lebens- und Ausdruckswelten. Dadurch wird den *Minoritäten* in der Gesellschaft und Kultur, die sie nicht repräsentiert und anerkennt, (temporäre und partielle) Sichtbarkeit verliehen – die sie ohne umfassende Medialisierung ihrer Lebenswelt nicht erlangen könnten. Populäre Kulturen und Popkulturen zeichnen sich seit den 1950er Jahren – Medien übergreifend – immer durch diese **Politik der (medialen) Sichtbarkeit bzw. des (medialen) Sichtbarmachens** aus.

Die US-amerikanische Underground-Literatur bietet hier in erster Linie eine literarische **Gegenwartsanalyse**: »Die Voraussetzung [...] für das ungebrochene Hereinnehmen von Material ist eine subtile Reflexion über die gesellschaftlichen Zustände« (Rygulla: Nachwort, 119). Die Gegenwartsfixierung der Underground-/Beat-Literatur bestimmt auch die Texte der Anthologie *Super Garde*: »Dies heute. Von morgen wissen wir nichts. Morgen wird vielleicht alles wieder mal auf den Kopf gestellt. Morgen werden wir vielleicht Pop poP nennen« (Tsakiridis: Super Garde, 10).

Zentral für Deleuze/Guattari (1976, 12) ist es darüber hinaus, dass kleine Literaturen eher protokollieren und berichten als interpretieren und einen bestimmten Sinn definieren: »Wir glauben [...], dass Kafka *Experimente* protokolliert, dass er *nur Erfahrungen berichtet*, ohne sie zu deuten, ohne ihrer Bedeutung nachzugehen [...]« [Hervorh. im Original]. In der Underground-/Beat-/Popliteratur wird bis zur Gegenwart demonstrativ und weniger diskursiv geschrieben. Die literarische Arbeit an der Sprache zielt hierbei, wie Deleuze (2000, 9) verdeutlicht, prinzipiell auf ein Anders- bzw. Minoritär-Werden der (großen) Sprache und damit der medialen Erschließungs-, Darstellungs- sowie Kommunikationsmöglichkeiten von Wirklichkeit: »Der Schriftsteller erfindet [...] innerhalb der Sprache eine neue Sprache, eine Fremdsprache gewissermaßen. Er fördert neue grammatikalische oder syntaktische Mächte zutage. Er reißt die Sprache aus ihren gewohnten Bahnen heraus und lässt sie *delirieren*« [Hervorh. im Original]. Schreiben bedeutet somit konstitutiv Werden, ist prozessual, unfertig, immer im Entstehen begriffen und zum Leben hin geöffnet. Entsprechend betont Deleuze (ebd., 17): »[D]as Ziel der Literatur: das Eindringen des Lebens in die Sprache ist es, das die Ideen erzeugt.« Radikaler noch versteht sich Kafka (1976, 444) selbst als Literatur, nicht als Subjekt, vielleicht als ein Literatur-Subjekt: »Ich habe kein literarisches Interesse, sondern bestehe aus Literatur, ich bin nichts anderes und kann nichts anderes sein.«

Das Verständnis von Underground-Literatur als kleiner Literatur bringt auch Rygulla (Nachwort, 118 f.) deutlich zum Ausdruck: »Mit den überkommenen abstrakten, nur qualitätsbezogenen Kriterien kann man diesen Arbeiten nicht gerecht werden. Der Abscheu vor dem intellektuell abgewichsten Akademismus der Literatur der ›Anderen‹ [...] manifestiert sich in der groben Simplifikation seiner Bilder und in der bewußten Jugendlichkeit seiner Sprache.« Um eine kleine Literatur auszubilden, muss die offizielle große Sprache dekontextualisiert und transformiert werden: »Die in den Texten verwendete Sprache ist immer die ihre. Dadurch entsteht nicht die Alternative: einmal Sprache als Sprache und zum anderen Sprache als Kunstform. Dort, wo zuerst & zuletzt der Anspruch erhoben wird, Kunst zu machen, ist Literatur zum Vehikel der Anpassung geworden« (ebd., 119). Die unmittelbare, individuelle Sprache, die sich das Sprechen nicht vorgeben lässt und sich nicht um Literarizität als Maßstab für literarisches Schaffen diesseits des hochkulturellen Kanons bemüht, ist das Leitbild der Underground-/Beat-Literatur. Diese Haltung wird auch im Vorwort der ersten Anthologie genuin deutschsprachiger Beat- und Popliteratur, *Super Garde* aus dem Jahr 1969, vertreten: »Hier gibt es keine ›großen Schriftsteller‹ oder

›zweitrangige Literaten‹, sondern schreibende Individuen, die die Maßstäbe in sich tragen, die den Kultur-Wahrsagern keine Chance geben, sich in Schubladen zu ordnen und je nach Profit einzustufen« (Tsakiridis: Super Garde, 9f.).

Diese entgrenzte und eigensinnige Sprache, verbunden mit der Relativierung der Konzepte Autor bzw. Schriftsteller, korrespondiert mit der **Intertextualität sowie Inter- und Transmedialität** der Texte der Underground-/Beatliteratur, die als Überschreiten von Gattungs- und Mediengrenzen sowie als eine daraus resultierende Subversion von festen gesellschaftlichen Ordnungen und Rollenmodellen beschrieben werden kann:

»Ein bedeutendes Ausdrucksmittel hat sich die Underground-Bewegung mit dem Medium des Films geschaffen. [...] Die berühmt gewordenen Streifen, wie Kenneth Angers *Scorpio Rising*, Jack Smiths *Flaming Creatures* und Andy Warhols *The Chelsea Girls*, haben vom Thema her eines gemeinsam: SEX, RAUSCHGIFTSUCHT & BRUTALITÄT. Die bestgehütetsten Tabus der Gesellschaft werden hier zur natürlichen Lebensgewohnheit« (Rygulla: Nachwort, 117; Hervorh. im Original).

Im Vorwort der zweiten Beat-/Pop-Anthologie deutschsprachiger Autoren aus dem Jahr 1970, *Trivialmythen*, hebt die Herausgeberin eine konkurrierende Intermedialität hervor, ohne die Perspektive einer Transmedialität zu eröffnen, weil sie letztlich an einem engen Literaturbegriff festhält, also die Eigensinnigkeit von Underground-/Beat-/Poplitertaur übersieht: »Die ›Bilder‹ des Konsums, mit denen Fernsehen, Film, Illustrierte, Zeitung, Mode, Sport oder Beatshow unser Gehirn füttern, zapfen der Literatur ständig Energie ab. Aber sie führen ihr gleichzeitig auch ständig neues poetisches Material zu« (Matthaei: Trivialmythen, 7).

Intertextualität sowie Inter- und Transmedialität verbinden die Underground-/Beat-Literatur mit der Betonung der Kollektivität einer kleinen Literatur, die, gegenkulturell motiviert, zur populären Literatur wird:

»Schließlich gewinnt in kleinen Literaturen [...] alles kollektiven Wert. Gerade wegen ihres Mangels an großen Talenten fehlen ihr die Bedingungen für *individuelle Aussagen*, die ja stets Aussagen des einen oder anderen ›Meisters‹ wären und sich von der *kollektiven Aussage* trennen ließen. Somit erweist sich der relative Talentmangel durchaus als günstiger Umstand: Er gestattet, etwas anderes als eine Literatur der großen Meister zu konzipieren. [...] [D]er Schreibende [besitzt] die Mittel[,] [...] ein anderes Bewußtsein und eine andere Sensibilität zu schaffen [...]. [...] *Die Literatur ist eine Angelegenheit des Volkes*. [...] Es gibt kein Subjekt, *es gibt nur kollektive Aussageverkettungen* – und die Literatur bringt diese Verkettungen zum Ausdruck, sofern sie sich nicht selbst veräußerlicht haben [...]. [...] Allein die Möglichkeit einer kleinen (nicht etablierten) Schreibweise auch innerhalb großer Sprachen, erlaubt eine Definition von populärer, marginaler usw. Literatur« (Deleuze/Guattari 1976, 25 ff.; Hervorh. im Original).

Das Kollektive in der Underground-/Beat-/Popliteratur stellt das Arbeiten mit Verweisen und Zitaten dar. Diese werden nicht zu autoritären Diskurs-Aussagen geformt, sondern in immer wieder neuen **Mixen und Samplen** entindividualisiert sowie in jeder neuen Verwendung von der ursprünglichen Quelle deterritorialisiert. Dies stellt eine kollektive Handlungs-, Produktions- und Rezeptionsform dar, die keine definitiven Formen annimmt. Vielmehr werden Intensitäten in Form von Wahrnehmungen und Sensibilitäten herausgebildet, wodurch eine kontinuierliche Sinnesschulung entsteht, keinesfalls aber eine souveräne Subjektivität, Werke großer Meister, Klassiker usw. Das Subjekt des Schreibens ist ein DJ, der selbst durchdrungen ist von soziokultureller Kollektivität und somit keine exklusive Subjektposition für sich beanspruchen kann. Eine kleine Literatur ist, ebenso wie die Underground-/Beat-/Popliteratur, durch und durch heterotrop. Underground-/Beat-/Popliteratur als ein

Massenphänomen bzw. als literarischer Mainstream schließt sich per definitionem aus.

Diese kollektive Veräußerlichung stellt im Kontext der Underground-/Beat-/Popliteratur zudem die Bedeutung der Oberflächenästhetik für Popkulturen und Populäre Medienkulturen heraus. Für Matthaei (Trivialmythen, 10) ist diese Oberflächenästhetik das substanzlose Wesen der Underground-/Beat-Literatur.

Diese kurze Skizze von Underground-/Beat-/Popliteratur als kleine Literatur stellt den Rahmen für die anschließende Darstellung einer Poetik der Popliteratur dar, die anhand poetischer Texte bzw. Äußerungen von Rolf Dieter Brinkmann idealtypisch rekonstruiert wird. Seine Texte stellen bis zur Gegenwart das umfassendste und wegweisendste pop-poetische Programm dar, das es im Feld der deutschen Popliteratur gibt. Zudem sind seine Texte durchdrungen von Bezügen zur anglo-amerikanischen Underground-/Beat-Literaturszene seiner Zeit – also zu Positionen, die ebenfalls bis heute von größter Bedeutung für die deutsche Popliteratur sind.

4.3 | Poetik

Als Poetik bezeichnet man die

»Theorie des Dichterischen und Literarischen, bes. die Reflexion über Entstehung, Wesen, Formen, Verfahren, Gegenstände, Klassifizierung, Wirkung, Bewertung und Funktion von Dichtung bzw. Lit. [...] Es kann sich bei P.en um *explizite* oder *implizite*, aus den lit. Werken erschließbare P.en handeln, im Fall der expliziten P.en um *selbständige* oder *unselbständige* (z. B. in Vorreden zu lit. Werken) sowie um *präskriptive* (normative P.en, Anweisungs- und Regelpoetiken) oder *deskriptive* P. en. [...] Als Sonderfälle können lit. P.en betrachtet werden, die nicht behauptend-diskursiv, sondern selbst in Modi der Poesie über Poesie und Lit. sprechen [...]« (Zymner 2007, 592; Hervorh. im Original).

Die poetischen Aussagen von Brinkmann repräsentieren stets beide Seiten dieser Differenzkriterien: Sie sind zugleich explizit und implizit, selbständig und unselbständig, präskriptiv und deskriptiv, behauptend-deskriptiv und poetisch.

Seine Texte weisen den Charakter einer poetischen Programmatik bzw. von poetischen Manifesten auf, die sich eher in Richtung einer inter- und transmedialen Ästhetik der Popliteratur überschreiten, als dass durch sie eine eigensinnige Poetik der Popliteratur entworfen wird. Allerdings löst sich die Spannung zwischen dem Text als Leitmedium und inter-/transmedialen Ausdrucksformen nicht auf, denn letztlich ist, entgegen aller poetischen Äußerungen, der Text das wesentliche Ausdrucksmedium von Brinkmann. Seine Positionen stellen darüber hinaus auch keine Poetologie(n) der Popliteratur dar, also keine Erforschung von spezifischen Pop-Poetiken, und ebenso wenig eigensinnige Literaturtheorien. Insofern ist z. B. die Rede von Brinkmanns »poetologischen Überlegungen« irreführend (vgl. Schäfer 2003b). Das Gleiche gilt für die Charakterisierung des *Nachworts* von Rygulla zu der von ihm herausgegebenen Anthologie *Fuck you!* als poetologischer Hinweis.

Bei den poetischen Programmatiken bzw. Manifesten von Brinkmann handelt es sich auch nicht um Beiträge zu einer **Poetizität**. Darunter versteht Jakobson (vgl. u. a. 1979) das Eigensinnige der künstlerischen Sprache in Opposition zur Alltagssprache. Durch diese Differenz wird für Jakobson das literarische Kunstwerk zu einem autonomen sprachlichen (Zeichen-)Gebilde, das sich weder auf die Persönlichkeit des Autors reduzieren, noch als Abbild der außersprachlichen Wirklichkeit missverstehen lässt.

Die pop-poetischen Äußerungen von Brinkmann stehen hingegen im engen Zusammenhang mit der durch den **New Historicism** entworfenen **Kulturpoetik**, die auf einer Analogie von Text und Kultur beruht – sich dabei aber nicht auf Underground-/Beat-/Popliteratur bezieht. Für den *New Historicism* stellt jeder Text ein dynamisches soziokulturelles und ästhetisches, synchron und diachron verlaufendes Interdependenzgeflecht dar. Literatur wird als soziale Praxis verstanden, die sich in ihrer Kulturproduktion immer wieder von Neuem herstellt. Dieser Wirklichkeitsbezug verknüpft die Literatur mit dem materiellen Gesamtzusammenhang kultureller Selbstartikulation, in dem stets konkrete Machtinteressen wirksam sind, und löst den Literaturbegriff aus seiner ästhetischen Isolation. Genau diese Position vertritt auch das Konzept einer kleinen Literatur und das gegenkulturelle Programm der Underground-/Beat-Literatur, verbunden mit einem Fokus für das von der offiziellen Kultur Marginalisierte:

»Den *N. H.* beschäftigt als dominantes Thema die spezifische Konstruktion von Identität, da *race, class* und *gender* als historisch variable Kategorien gedeutet werden. Im Zuge einer Revision der Texte tritt vormals Ausgeschlossenes und Unterdrücktes in den Vordergrund, insbes. komplexe Macht- und Unterdrückungsmechanismen in kohärent wirkenden Texten, bisher schamhaft verborgene Körperlichkeit, Manifestation des Bizarren und des Wahnsinns usw. Im Zuge der Neuorientierung wird der literar. [...] Kanon durch eine Privilegierung der bisher unterdrückten Stimmen aufgelöst und umgeformt« (Volkmann 1998, 402; Hervorh. im Original).

Die soziokulturelle Dimension von Texten wird im *New Historicism* durch den Fokus auf die Interaktionen von literarischen Texten mit anderen, auch nicht-literarischen Texten und kulturellen Praktiken, demonstriert. Kanonisierte, hohe Literatur stellt somit nur einen Text neben anderen dar. Literatur repräsentiert aus der Perspektive des *New Historicism* nicht Wirklichkeit, sondern trägt vielmehr zur inter-/transmedialen Bestimmung, Transformation und Beeinflussung von Wirklichkeit bei.

Mit Blick auf den Zusammenhang von Text und Subjektivität (des Autors und Lesers) geht der *New Historicism* von einem dezentrierten, intertextuell vernetzten Individuum bzw. Einzeltext aus (Intertextualität) und von der Interdependenz aller sozialen und kulturellen Praktiken. Literarische Texte werden hierbei als besonders aussagekräftig für die Rekonstruktion kultureller Konstellationen betrachtet. Literarische Texte sollen aus der Perspektive des *New Historicism*, wie Kimmich (1996, 230) betont, den »Austausch zwischen Geschichte und ›Geschichten‹ und dessen verschiedene Mechanismen deutlich« machen. Konstitutiv für den Bezug zwischen dem *New Historicism* und einer Poetik der Popliteratur, die Popliteratur als kleine Literatur auffasst, ist zudem die Distanznahme zu abstrakten Theoriekonzepten bzw. aufwendigen Begriffsapparaten. Hingegen dominiert der Versuch, gerade die Vielfältigkeit bzw. Vielstimmigkeit von Texten zu betonen und zu beschreiben.

4.4 | Rolf Dieter Brinkmann. »Sin eben nur Wörter, Du verstehst?«

»Sammle das Material./Wie immer. Stell das Material anders zusammen./ [...] Was bleibt zuletzt? Das selbstbewußte Ich. Von Parasiten besetzt? Dann die Aufgabe, sie auszuräuchern./ [...] Wörter wie Schimmelpilze, Schmarotzer des Bewußtseins.//« (Brinkmann: Erkundungen, 182).

Zwei poetische Grundpositionen von Brinkmann werden in diesem Zitat deutlich: einerseits seine Selbsteinordnung in die **Cut-up-Tradition**, die etwa in seinen Collagen- und Materialbänden deutlich wird, anderseits seine **Sprachkritik**, mit Anspielung auf den *Chandos*-Brief (Hofmannsthal 1957), und die daraus resultierende Feststellung, dass die Ausbildung einer eigensinnigen Ich-Identität durch die Sprache *seiner* Gegenwart be- bzw. verhindert wird. Repräsentativ für viele implizite Anspielungen auf den *Chandos*-Brief in den Texten von Brinkmann (Erkundungen, 22) ist folgende Textstelle: »/Wörter, der blöde und verblödende Begriff vom zoon politikon/ verschimmeltes Abendland))«. Auch mit Blick auf die Werke der großen Dichter, den »lebende[n] Tote[n]«, spricht Brinkmann (Standphotos, 185) von Vermoderungsprozessen der Dichter in Antiquariaten. Hier kommt nochmals die zentrale Bedeutung der Sprache für Brinkmann zum Ausdruck. Das Material zur **Kritik und Dekonstruktion** dieses Diktats der Sprache bezieht Brinkmann ausschließlich aus der Populären Kultur und Popkultur seiner Zeit. Seine mitunter sehr heftige Kritik an der Populären Kultur kann auch als Einsicht in deren letztlich doch begrenzten Möglichkeiten zur Umsetzung der von ihm intendierten radikalen Sprachkritik verstanden werden. Aber auch wiederholte Bezüge zur Sprachkritik von Fritz Mauthner durchziehen die Texte von Brinkmann (Briefe, 140): »Widersprüche gibt es nur in der Sprache [...]« (vgl. hierzu Mauthner 1922, 138).

Der Blick auf die Poetik Brinkmanns (Standphotos, 60) orientiert sich an der Grundhaltung seines Gedichtes *Zwischen den Zeilen* aus *Le Chant du Monde* (1963–1964): »Zwischen | den Zeilen | steht nichts | geschrieben. Jedes Wort | ist schwarz | auf weiß | nachprüfbar.« Der Oberflächenästhetik von Brinkmann wird in der folgenden Auseinandersetzung mit einer Oberflächenhermeneutik begegnet oder, um es mit einem Begriff von Ernst Jandl (1985, 321) auszudrücken: es wird eine »*oberflächenübersetzung*« [Hervorh. im Original] der Arbeiten von Brinkmann betrieben. Das Oberflächliche wird nicht als banal aufgefasst, sondern als eigensinnige ästhetische Erscheinung und Erfahrung, die keiner klassisch-hermeneutischen Tiefenanalyse bedarf. Es gibt auch keine tiefere Bedeutung von Worten, alles Sinnhafte befindet sich auf der Oberfläche ihrer Aussagen und Kombinationen (vgl. Brinkmann Briefe, 58). Sprache kann für Brinkmann (Schnitte, 149) daher nicht tief gehen: »[...] (sprachen Wörter, die auf der Oberfläche der Körper zerplatzten/ [...]«.

Der Sinn der Oberfläche ist auf der Oberfläche, genauer in ihren Verweisen und Materialisierungen von Verweisen, denn die populärkulturelle bzw. popkulturelle Oberfläche ist wesentlich ein Verweisraum, niemals identisch mit sich selbst, auch nicht in deren (Re-)Diskursivierung. In seinem Aufsatz »*Der Film in Worten*« (Brinkmann: Film, 388) hebt Brinkmann nochmals die Veränderungskraft von **Pop als Oberflächenästhetik** hervor: »Die Beschränkung auf die Oberfläche führt zum Gebrauch der Oberfläche und zu einer Ästhetik, die alltäglich wird.« Dieser Analyseansatz steht in Korrespondenz zu einer forschungspragmatischen These von Hegel (1988, 25) in seiner *Vorrede* zur *Phänomenologie des Geistes*: »Das Bekannte überhaupt ist darum, weil es bekannt ist, nicht erkannt. Es ist die gewöhnlichste Selbsttäuschung wie Täuschung anderer, beim Erkennen etwas als bekannt vorauszusetzen, und es sich ebenso gefallen zu lassen; mit allem Hin- und Herreden kommt solches Wissen, ohne zu wissen wie ihm geschieht, nicht von der Stelle«.

4.4.1 | Brinkmanns Fiedler-Rezeption

Begonnen wird die Rekonstruktion der poetischen Position von Brinkmann mit seiner Verteidigung des »Überquert die Grenze, schließt den Graben«-Aufsatzes von Leslie Fiedler, wie Brinkmann ihn im Essay *Angriff aufs Monopol. Ich hasse alte Dichter* aus dem Jahr 1968 präsentiert.

Ausgangspunkt seiner Verteidigung von Fiedler ist die Feststellung der folgenlosen Dauerkrise des Kulturbetriebs, die letztlich reine Rhetorik bzw. ein »Erregungsdispositiv« (Metelmann/Cigale 2010) ist, das durch seine kontinuierliche Überpräsenz eine narkotisierende Wirkung hinsichtlich der kulturellen Produktion bzw. Kreativarbeit besitzt und letztlich nur Bestandsbewahrung der Tradition bzw. Klassiker leistet. Fiedler geht, so Brinkmann, einen Schritt weiter und stellt das, was längst schon bekannt sein sollte, deutlich und als unhintergehbar heraus, nämlich, »daß das europäisch-abendländische Kulturmonopol gebrochen ist« (Brinkmann: Angriff, 65). Fiedler wird somit in seinem Angriff auf das »**Kulturmonopol des Abendlandes**« (ebd., 69) als Bedrohung für alle etablierten Autoren empfunden, die, aus der Perspektive von Brinkmann, nicht mehr bereit sind, beweglich zu sein, zu experimentieren, sich auf die Veränderungen der Gegenwart einzulassen, sich neu zu erfinden und aufs Spiel zu setzen. Daraus folgt, so Brinkmann (ebd., 70), eine Atmosphäre »latenter, aber wirksamer Hörighaltung von Lesern und den jüngeren, noch schüchternen Autoren, die sich nun schon so lange hält«.

Deutsche Literatur der Gegenwart und vieles aus der literarischen Tradition bedeuten für Brinkmann Stillstand. Diejenigen, die diese Literatur(en) als unübertreffbare Kulturgüter (wissenschaftlich oder journalistisch) vermitteln, sind genau so leblos wie diese: »*Die Toten bewundern die Toten*« (ebd., 77; Hervorh. im Original). Ein großer *Toten-* und *Grabpflegerverein* ist für Brinkmann, darauf wird in diesem Text nicht explizit eingegangen, die **Gruppe 47** und deren Bestreben, den literarischen Nachkriegskanon in Deutschland mitzubestimmen. So wird die Bedeutung der von Brinkmann als Popromane gewerteten Texte, wie *Naked Lunch* (1959) von William S. Burroughs oder *Come back, Dr. Caligari* von Donald Barthelme (1964), von der deutschen Literaturkritik, die dem Kunst-Diktat der abendländischen Tradition folgt, in ihrer Neuheit und Eigensinnigkeit totgeschwiegen (ebd., 67). Pop ist für Brinkmann hingegen ein Epochenstil angloamerikanischer Prägung, der außerhalb der abendländisch-europäischen Tradition steht (ebd., 72) und diese abgelöst hat.

Verbunden mit dieser Diagnose scheint bei Brinkmann, der in den 1960er Jahren zu den neuen deutschen Literaten und Traditionsverweigerern zählt, die latente Sehnsucht nach einer literarischen Pop-Generation im Sinne der amerikanischen Beat-/Underground-Szene. Zur Ausbildung einer eigensinnigen Pop-(Literatur)-Tradition müssten die Grenzen und Gräben zwischen Tradition und Gegenwart, so Brinkmann, allerdings noch vertieft und auf keinen Fall überbrückt werden, ganz im Gegensatz zur Haltung von Fiedler. Den Begriff ›Pop-Literatur‹ verwendet Brinkmann nur selten in seinen Texten (vgl. u. a. Briefe, 26, 44). Damit stellt Brinkmann den Popkontext heraus, in dem er sich selbst befindet, wodurch er seine eigene Qualifikation als neuer, nicht traditionshöriger Autor betont. Brinkmann sieht sich selbst als Teil der neuen Generation, über die Fiedler aus der sympathisierenden Distanz des Literaturwissenschaftlers schreibt, ihr aber nicht angehört. Diese Zuordnung Brinkmanns zur Pop-Generation erfolgt etwa durch Musik-Hinweise, wie etwa auf The Doors und die damit verbundene akribisch-archivarische Auflistung von Details zu ihrer Musik, oder wenn er etwa erwähnt, dass er sie parallel zum Schreiben hört. Brinkmann lebt im Pop und lebt Pop. Brinkmann lobt die Arbeit der Musiker, im Vergleich zu den, so Brinkmann, schlampigen und faulen Gegenwartsdichtern, wie etwa Helmut Heißenbüttel und Martin Walser. Musiker seien, im Unterschied zu Schriftstellern, stets auf der Höhe medienkultureller und medientechnischer Entwicklungen, die sie in ihre Produktion von Musik konstitutiv einbinden und das musikalische Material davon mitformen lassen.

4.4.2 | Brinkmanns Pop-Begriff

Den Pop-Begriff versteht Brinkmann (ebd., 71) als **Übergangsbegriff**, dezidiert antikünstlerisch und intermedial:

»[...] und zwar ist unter Pop [...] nicht die seinerzeit aufgekommene Arbeitsrichtung der Malerei eines Wesselmann, Warhol etc. zu verstehen, vielmehr jene Sensibilität, die den schöpferischen Produkten jeder Kunstart – Schreiben, Malen, Filmen, Musikmachen – die billigen gedanklichen Alternativen verweigert: hier Natur – da Kunst und hier Natur –, da Gesellschaft, woraus bisher alle Problematik genommen wurde.«

Pop ist für Brinkmann primär eine besondere Haltung zur Gegenwart, ein verändertes Selbstverständnis der Welt gegenüber, eine neue Form von Sensibilität und Subjektivität, die den Fokus auf das Innere des Menschen richtet, um es von der kulturellen Hegemonie fremdbestimmter Wörter und Bilder, die das Wahrnehmen, Empfinden und Denken bestimmen, zu befreien. Hierzu dient die explizite Thematisierung u. a. von Drogen, Filmen, Musik und Sexualität als **Dokumentation von Erfahrungsberichten** (vgl. Brinkmann: Film, 384). Diese Themen sind nicht an sich Pop, sondern sie müssen im Kontext von Populären Kulturen und Popkulturen popularisiert bzw. populär-medial geformt und vermittelt werden, um populärkulturelle Aneignungs- sowie Bildungsprozesse zu ermöglichen, das Populäre und Pop als solches identifizierbar zu machen. Einen exklusiven Zugang zu diesen neuen Erfahrungswelten verschafft die neue (anglo-)amerikanische Literatur der Gegenwart. Sie ist für Brinkmann Augen öffnend wie ein Drogen-Trip (vgl. Brinkmann: Angriff, 74).

Amerika ab Mitte der 1950er Jahre ist für Brinkmann folglich das Vorbild für die Veränderungs- und Gestaltungskraft von Pop sowie seine Kompetenz als Bildungsmedium, v. a. im Feld von Literatur und literarisch gelenkter Wirklichkeitswahrnehmung – aber auch mit Blick auf die Musik: »Den Poeten und ›Junkies‹ verdanken wir den Hinweis, daß die ›neue‹ Welt, die der ›neue‹ Mensch der zweiten Hälfte des 20. Jahrhunderts bewohnen soll, nur entdeckt werden kann durch die Erkundung des inneren Raums: durch ein Abenteuer des Geistes, die Erweiterung der psychischen Möglichkeiten des Menschen« (ebd., 76; vgl. auch Brinkmann: Film, 384).

In »Der Film in Worten« betont Brinkmann (Film, 394 f.) die **Befreiung des Schreibens von Stil- und Rollenvorgaben** bei den jungen amerikanischen Autoren, das dazu notwendige Ineinandergreifen von Literatur und Leben, deren wechselseitige Einflussnahme und Veränderung, wie dies etwa im Kontext der Sexualität deutlich wird. Sprachformen werden hier, so Brinkmann (ebd., 396) zu Verhaltensformen und umgekehrt. So lehnt Brinkmann die aus seiner Sicht regressiven Schreibformen ab, wie etwa den Roman, die Erzählung und Lyrik, denn diese festgefahrenen Formen ließen weder eine Veränderung der Literatur noch des Lebens zu. Brinkmann (Angriff, 77) schließt seine Verteidigung von Fiedler mit der These, dass Kultur (hier Literatur) sich konstant und konstitutiv auf die **Gegenwart** beziehen sowie sich an ihr abarbeiten, durch sie Form gewinnen müsse.

4.4.3 | Brinkmanns Pop-Poetik

Die poetischen Überlegungen von Brinkmann lassen sich, aufbauend auf seiner Fiedler-Verteidigung, in elf Motivkreise unterteilen: Ein zentraler Bezugspunkt ist die Auseinandersetzung mit Formen der und Formungen durch die pop- sowie populärkulturelle Wahrnehmung von Wirklichkeit, aus der eine neue Sensibilität der Gegenwart gegenüber resultieren soll, verbunden mit der Bewusstwerdung einer neuen pop-/populärkulturellen Subjektivität (vgl. Brinkmann: Briefe, 148 f.). Brinkmanns (ebd., 78) Ausführungen zur Bedeutung der neuen **pop-/populärkulturellen Wahrnehmung** sind stets an seine fundamentale Sprachkritik gebunden: »Wahrnehmen als ein wortloser Zustand, ohne Sprache wahrnehmen (eine schöne Utopie!) Schöne Utopie: wahrnehmen, sehen, aufnehmen, erleben ohne durch Wörter, Verstehen vorprogrammiert zu sein – direkt.« Dieser romantische Wunsch nach einem Diesseits der Sprache bzw. aisthetischer Unmittelbarkeit durchzieht das Gesamtwerk von Brinkmann. Zur Umsetzung wählt er, mit den ästhetischen Mitteln der Medienkultur, das Programm negativer Dialektik von Adorno: Mit der Literatur gegen die Literatur, um literarische Vorstellungsmuster Schritt für Schritt im Gebrauch abzutragen: »*Gegen Realismus*: Sofern über den Begriff ›Wirklichkeit‹ nicht hinausgelangt wird, sollte man gar nicht erst versuchen zu schreiben, he?« (Brinkmann: Erkundungen, 53; Hervorh. im Original unterstrichen).

(1) Popkultur, weniger die von Brinkmann stark kritisierte Populärkultur, soll somit der Weg zur **Umkodierung von Fremd- und Selbstwahrnehmung** sein, etwa durch die alltägliche Bilderflut und die veränderten literarischen Vorstellungsmuster. Themen, die in diesem Motivkreis relevant sind, sind etwa die Bedeutung von Medienwechseln bzw. Medienveränderungen, aus denen Wahrnehmungsveränderungen resultieren und die »die abgerichtete Reflexionstätigkeit [zersetzen]« (vgl. Brinkmann: Film, 381). Hierzu trägt v. a. die Veralltäglichung und positive Oberflächlichkeit pop-/populärkultureller Wahrnehmungen bei:

»Losgelöst von vorgegebenen Sinnmustern wendet sich die Imagination dem Nächstliegenden, Greifbaren zu und entschlüpft durch ein Loch in der Zeit: Break on through to the other side, The Doors, 2. Minuten, 25 Sekunden, 27.1. 69. Dem Anwachsen von Bildern = Vorstellungen (nicht von Wörtern) entspricht die Empfindlichkeit für konkret Mögliches, das realisiert sein will« (Brinkmann: Film, 391).

Die Aufgabe der Literatur ist es hierbei, sich intermedial zu überschreiten und zu transformieren, »Vorstellungen zu projizieren«, sich der filmischen Darstellung von Wirklichkeit im Modus filmischer Wahrnehmung von Wirklichkeit anzunähern. Literatur müsse bilderreicher werden und sich dadurch gegen die »Reproduktion abstrakter, bilderloser syntaktischer Muster« richten (ebd., 381). In *Rom, Blicke* spricht Brinkmann (114) von der Wirklichkeitswahrnehmung als »Kodakempfindung«. Mustergültig werde dies in der neuen amerikanischen Literatur vorgeführt (vgl. Brinkmann: Film, 381), die eine neue Sensibilität der Gegenwart gegenüber aufweist und v. a. Technikkompetenz beweist, den »Gebrauch von Technik zur Radikalisierung von Phantasie« (ebd.) empfiehlt und Medien als Vermittler und Verstärker von Pop und Pop-Botschaften/-Ästhetiken sowie die Bedeutung von Technik für die Aktivierung eines Beat-/Underground/Pop-Feelings herausstellt.

Medientechnik bewertet Brinkmann (Film, 382) grundsätzlich positiv, sie ermögliche ein »befreiteres Dasein« und könne durch ihre Nutzung transformatorische Bildungsprozesse ermöglichen, die klassische Kulturagenturen, wie der deutsche Literaturbetrieb seiner Gegenwart, und die Literaturkritik verhindern (vgl. Brinkmann: Rom, Blicke, 34).

Eine Umsetzung von Brinkmanns poetischer Auseinandersetzung mit dem Thema Wahrnehmung findet sich v. a. in seinen **Material- und Collagenbänden**. Die Komposition dieser Bände, ihre intermediale sowie Sinn und Sinne dekontextualisierende Form, ist gegen die Lektüre gerichtet, sie sind an vielen Stellen schlicht unlesbar und versuchen diskursive Sinnsetzung aufzulösen. Die Lektüre wird zumeist durch die Bilder und Bildcollagen in diesen Texten gelenkt, andererseits durch markante Formulierungen, die den Charakter von Thesen haben, die allerdings nicht begründet werden. Alles ist fragmentarisches Eindrucksmanagement und chaotische Ausdrucksform. Hierdurch vermittelt Brinkmann eigensinnig zwischen Text und Leser: Der Leser sucht sich in den Collagen- und Materialbänden (textuelle und visuelle) Schnappschüsse heraus, die ihn ansprechen bzw. interessieren, ohne dabei vom Autor bewusst gelenkt zu werden bzw. werden zu können. Die Rezeption wird, wie die Collagen- und Materialproduktion, zu einer Schnappschusshaltung, die Augen zu Suchmaschinen oder Objektiven. Zudem löst Brinkmann die Autorfunktion durch Collage und Cut-up auf, auch wenn sein Name als Ordnungsfunktion auf dem Buchcover präsentiert wird, er namentlich und bildlich in den Bänden auftaucht.

(2) Brinkmanns poetischen Positionen zum Zusammenhang von *aisthesis* und Ästhetik sind unmittelbar mit seiner **Sprachkritik** verbunden. Sprache, v. a. die deutsche, fasst er als grundsätzlich defizitär und regressiv auf. Das zentrale Anliegen seiner Sprachkritik ist es, aus der offiziellen Sprache auszuscheren, um zu einer alternativen Ausdrucks-, Darstellungs- und Erkenntniswirklichkeit zu gelangen – genau wie es sich Burroughs zur Aufgabe machte.

Die Notwendigkeit dieser Dekonstruktion der Sprache liegt darin, dass Wirklichkeit für Brinkmann v. a. eine sprachlich wahrgenommene und angeeignete Wirklichkeit ist, die sich vor jede Wahrnehmung von Wirklichkeit stellt. Seine Sprachkritik, v. a. aber deren performative Umsetzung in seinen Texten, will zum Leben in der Sprache und durch die Sprache durchdringen:

»Vor lauter Abfassung von Wörtern wird nichts mehr gesehen. Und die Reflexion über Wörter produzierte weitere Wörter und Begriffe bis zum total blinden Begriffsfetischismus [...] (noch einmal, ich rede damit nicht für eine neuerliche Betonung des ›Inhalts‹, die finde ich genau so doof und v. a. langweilig!) ... warum sich in ›Wörtern‹ tot stellen? [...] anstatt auf Wörter oder Sätze und Begriffe so lange draufzuschlagen, bis das in ihnen eingekapselte Leben (Dasein, einfach nur: Dasein) neu daraus aufspringt in Bildern, Vorstellungen, dem synthetischen Leuchten, in einer sinnlichen Überfülle« (Brinkmann: Film, 399).

Brinkmann legt in seinen Texten viel Wert darauf, deren Schriftbild zu beschneiden, damit das Lesen immer wieder ins Stocken gerät und aus der Linearität herausgerissen wird. Sprache be-/verhindert das unverstellte Sehen bzw. Wahrnehmen von Wirklichkeit, Begriffe sind blind, die »Gegenwart [wird] von Blindbegriffen erledigt [...]« (Brinkmann: Erkundungen, 66). Hiermit weist er implizit eine grundlegende Einsicht von Kant (1990, 95/B 75) zum Zusammenhang von Sinn und Sinnen aus der

Kritik der reinen Vernunft zurück: »Gedanken ohne Inhalt sind leer, Anschauungen ohne Begriff sind blind.«

Eine begriffliche Wahrnehmung von Wirklichkeit, zumindest auf der Grundlage der deutschen Sprache (seiner Gegenwart), scheint es für Brinkmann nicht zu geben. Dieser performative Selbstwiderspruch, also die Möglichkeit der Einsicht Brinkmanns in dieses scheinbare Wesensgesetz der Sprache, wenngleich er sich dieser Sprache dazu bedient, wird bei ihm nicht aufgelöst. Gleichwohl begegnet er diesem Widerspruch einerseits mit der Adressierung einer Lebendigkeit von Denken, Wahrnehmen und Sprechen diesseits der aktuellen (deutschen) Sprache, einen Beweis dafür sieht er in den Texten der neuen amerikanischen Szene; andererseits durch die Verbilderung der Sprache bzw. durch einen Sinn- und Bedeutungsexorzismus, den die Text-/Bildcollagen seiner Material- und Collagenbücher erzeugen sollen.

Es ist für Brinkmann (Briefe, 7) v. a. die **mangelnde Sinnlichkeit der Sprache**, die aus dieser ein destruktives Medium macht: »[...] die graue westdeutsche Gegenwart und Sprache, die nun wirklich so negativ und hassvoll aufgeladen ist [...] (›Dead Language‹: Deutsch) – und mit dieser Sprache machen sich die Leute alle gegenseitig fertig.« Seine Sprachkritik inszeniert Brinkmann stets in einer performativen Krisenrhetorik: Sprache verdinglicht Wirklichkeit, tötet damit aus der Perspektive von Brinkmann alles Lebendige. Wörter führen zum Ersticken (vgl. Brinkmann: Erkundungen, 67; Briefe, 45, 56) von Lebendigkeit, zum Nicht-mehr-Ausdrücken-Können, machen verrückt, erzeugen Angst, verunsichern, stellen permanent Forderungen auf und kommunizieren beständig Erwartungen (vgl. Brinkmann: Briefe, 20). Häufig spricht er von »Wort- und Bild-Gehängte[n]« (Brinkmann: Erkundungen, 114). Sprache erscheint Brinkmann (Briefe, 190) insgesamt als ein Gefängnis (vgl. ebd., 70), er betont immer wieder die Opazität und Destruktivität von Sprache, beschreibt Sprache als Zombie (vgl. hierzu auch Brinkmann: Erkundungen, 82, 84, 114, 222; Schnitte, 14, 15, 46, 105; 1997, 32, 139). Seine Sprachkritik dehnt Brinkmann (Standphotos, 186) auch auf den deutschen Literaturbetrieb seiner Zeit aus, den er als eine Art kultischer Totenwache bezeichnet: »Die Toten bewundern die Toten! Gibt es etwas, das gespenstischer wäre als dieser deutsche Kulturbetrieb mit dem fortwährenden Ruf nach Stil etc.?« (zur Kritik am Literaturbetrieb vgl. weiterhin Brinkmann: Rom, Blicke, 89, 104ff., 142, 260, 385f.).

Im Kontext seiner Kritik am Zusammenhang von Sprache und Denken lehnt er den »Zwang zur Identifizierung« (Brinkmann: Erkundungen, 410) ebenso ab wie ein Denken in binären Oppositionen (ebd., 229), die Auflösung von Welt in Entweder-Oder-Optionen, die mit »terroristisch[en] Oberbegriff[en]« operiert (Brinkmann: Briefe, 141).

Aus dieser Haltung resultiert häufig in den Texten von Brinkmann eine Konfrontation von textbasierter, visueller und akustischer Wahrnehmung von Wirklichkeit, ohne dass dieses Spannungsfeld letztlich zugunsten einer aisthetischen Akzentsetzung verbindlich aufgehoben wird. Allerdings weisen seine wiederholte Kritik des »endlose[n] Verbalisieren[s]« (Brinkmann: Rom, Blicke, 145) und der häufige Bezug auf, aus seiner Perspektive, gute Popmusik wie etwa The Doors oder The Velvet Underground, darauf hin, dass er die Sinneswelten von Bild und Ton eindeutig präferiert. Darüber hinaus erscheinen ihm, wie er wiederholt hervorhebt, Wortfluchten im Traum als geeignete, subversive Gegenstrategien, als Leitbilder für seine Sprachkritik: »Ich kehrte in den wortlosen Traumzustand zurück. Überhaupt nicht mehr an ein Wort zu denken« (Brinkmann: Erkundungen, 82; im Original unterstrichen).

Es geht Brinkmann (vgl. u. a. Schnitte, 46) hier v. a. um die Artikulation der unmittelbaren Wahrnehmung von Wirklichkeit im Sehen und Begreifen-Wollen aus einem unverstellten Inneren heraus, um Gegenwart nicht mehr als verstümmelt, leer, öde und regressiv zu erleben, oder als einen durchgehenden **Non-Stop-Horror-Trip der Sinne und Empfindungen**. Was dieses Innere aber genau sein soll, darauf gibt Brinkmann in seinen Texten keine Antwort. Die Sinnfixierung der Sprache erscheint ihm gerade als Bedingung für deren Sinnlosigkeit: »Ohne Sinn heißt hier verstümmelt in Wörtern« (Brinkmann: Erkundungen, 95). – Als Fazit seiner Sprachkritik kann festgehalten werden: »[...] /keine Aussicht auf Veränderung so lange Veränderung ein Wort bleibt/und ein Wort ist verkrampfter Muskel, he? /« [...] (ebd., 66).

(3) Die ersten beiden Motivkreise resultieren aus Brinkmanns Auseinandersetzung mit der Gegenwart. Populäre Kulturen und Popkulturen werden von ihm als (alternative) Gegenwartskulturen verhandelt. Insofern versucht Brinkmann, die offizielle Gegenwart (Dominanzkultur) durch die inoffizielle (Populäre Kultur/Popkultur) zu verändern.

So beginnt für Brinkmann (Film, 382) auch die bzw. seine Geschichte in der Gegenwart, die für ihn wiederum mit spezifischen Phänomenen der Popkultur beginnt:

»Die neue amerikanische Literatur wie die gesamte neue kulturelle Szene in den USA fängt in der Gegenwart an, mit zeitgenössischem Material, und hat keine alteingenisteten, verinnerlichten Muster, keine heimeligen, liebgewordenen Vorurteile zu verlieren, wenn sie sich auf Gegenwart einlässt.«

Die vorausgehende Kulturgeschichte, zumindest die deutsche, erscheint aus seiner im Folgenden skizzierten **Kritik an der abendländisch-europäischen Kultur** als Trümmer- bzw. Totengeschichte, von der er seine Geschichte der Gegenwartskultur grundlegend unterschieden wissen will. Eine Verbindung zwischen Vergangenheit und Gegenwart existiert aus dieser Perspektive für Brinkmann nur in der Negation bzw. der Differenz, weil die populäre Gegenwartskultur eigensinnige Ausdrucks- und Darstellungsformen erschafft, die nur aus der Gegenwart und sich selbst heraus verstanden werden können. Damit lehnt Brinkmann nicht nur lineare Kulturgeschichtsmodelle ab, sondern letztlich auch, durch seine Gegenwartsfixierung, die Zeithorizonte von Vergangenheit und Zukunft. Wirklichkeit ist für ihn ab den 1950er Jahren ein Changieren von Gegenwart zu Gegenwart. Auf interkulturelle Unterschiede geht er hierbei nicht ein. Letztlich stellt Brinkmann hiermit der Opazität von Vergangenheit, die er radikal ablehnt, die **Opazität der Gegenwart** gegenüber, die er frenetisch bejaht. Diese Haltung bricht aber in den Texten von Brinkmann (Film, 399) hin und wieder auf, z. B. hinsichtlich des Willens, dass die populär- und popkulturelle Gegenwart ein Zukunftsmodell wird: »Die Gegenwart stellt nur einen Sinn in ihrem Begriff dar, der äußerst profan ist und daher radikal: nämlich, Zukunft werden zu wollen.«

Für Brinkmann stellt die Sprache das größte Hindernis zur Umgestaltung der Gegenwart dar: »[...] daß das gegenwärtige System, ich meine damit eigentlich alle die kleinen alltäglichen Lebenssachen so sehr zwanghaft mit Bedeutungen festgelegt sind, daß man sie selber gar nicht mehr richtig gebrauchen kann, ohne eine Menge Verkrustungen und Erstarrungen und Panzer beiseite zu schaffen [...]« (Brinkmann: Briefe, 26). Die Gegenwart ist aus der Perspektive von Brinkmann (vgl. u. a. Erkundungen, 335) voll mit falschen bzw. erstarrten Bedeutungen sowie mit toten Worten und Gedanken, die jedes Gefühl für die Bedeutung von Gegenwart auslöschen.

Brinkmann geht es um den Versuch der Beschreibung einer unmittelbaren Befindlichkeit, eines nicht rational-diskursiven, sondern ästhetischen Schreibens in Richtung einer anderen Wirklichkeit bzw. Gegenwart – letztlich eine Umsetzung von

Adornos (1997a, 27) Forderung »über den Begriff durch den Begriff hinauszugelangen«. Weiterhin veranschaulichen Brinkmanns Collagen-/Materialbücher, dass Gegenwart bzw. Wirklichkeit nur als eine Gegenwart bzw. Wirklichkeit von Wörtern und Bildern wahrnehmbar, konstitutiv medial vermittelt und selbst durch und durch medial verfasst ist.

(4) Im Kontext seiner Auseinandersetzung mit der Gegenwart spielt seine Kritik an der abendländisch-europäischen Kultur eine konstitutive Rolle: »Aufgeklärtes Bewußtsein, auf das europäische Intellektuelle so lange stolz Monopolansprüche erhoben haben, nutzt allein nichts, es muß sich in Bildern ausdehnen, Oberfläche werden [...]« (Brinkmann: Film, 382). Bildlichkeit und Oberflächenästhetik bzw. die konkrete Sinnlichkeit von Oberflächen setzt Brinkmann gegen die (vermeintliche) Tiefe literarischer und diskursiver Sinntiefen bzw. die Unsinnlichkeit abendländischen Denkens: »Es ist tatsächlich nicht einzusehen, warum nicht ein Gedanke die Attraktivität von Titten einer 19jährigen haben sollte, an die man gerne faßt [...]« (ebd., 384).

In diesem Kontext fordert Brinkmann (ebd., 383), die klassischen Kategorien der Literaturkritik und ihrer Kanonisierung verbindlicher literarischer Standards aufzugeben. Stattdessen fordert er die Produktion einer offenen, riskanten Literatur, die sich nicht an dem deutschen Kanon literarischer Gebote orientiert, bei der nichts fest steht und alles Wagnis ist. Zur Wildheit und Eigensinnigkeit der populären Gegenwartsliteratur gehört es für Brinkmann (Briefe, 141) auch, sich gegen Ordnung in Texten und deren Einordnung zu widersetzen, Texte gegen die Vereinnahmung durch Hermeneutik zu produzieren:

»Form heißt im Abendland immer Zwang, eine Stilisierung des Wahrgenommenen, Erlebten, – aber wenn die Form zufällig gehandhabt wird, kommt Schwung in die alte klapprige Kiste Literatur, und macht dadurch klar, daß es bei keinem Buch darauf ankommt, bei keinem Gedicht darauf ankommt, ob es sich um Literatur handelt oder nicht.«

Auffallend ist allerdings, dass Brinkmann die Entformung seiner Texte sehr konsequent und formalistisch betreibt. Auch einen Fortschrittsgedanken im literarischen Feld weist Brinkmann zurück, weil es in der Literatur für ihn keinen Fort- oder Rückschritt geben kann, sondern nur (populär-/popkulturelle) Gegenwartsintensitäten oder (hochkulturelle) Gegenwartsleerheiten. Auch dies ist ein Rückschritt hinter seine Zurückweisung eines Denkens in binären Oppositionen.

Die Ignoranz des offiziellen deutschen Literaturbetriebs gegenüber der aktuellen Popmusikkultur seiner Zeit ist für Brinkmann (vgl. Film, 386) ein wesentlicher Grund für die Unsinnlichkeit der deutschen Gegenwartsliteratur. Damit fordert er zugleich, dass das, was sich als Popliteratur versteht, eine intensive Fühlung zur Popmusikkultur ihrer Zeit besitzen muss und dass das Schreiben von Literatur sich durch eine eigensinnige Musikalität leiten lassen müsse.

Seine Kritik an der abendländisch-europäischen Kulturtradition kommt auch in seiner **Abwertung von Philosophie und Philologie** zu »Viehlosophie« und »Viehlologie« zum Ausdruck (Brinkmann: Briefe, 21). Als ›Vieh‹ bezeichnet man gewöhnlich das domestizierte landwirtschaftliche Nutztier. In Analogie zu diesem Wortsinn und übertragen auf den Kontext der Brinkmannschen Kritik, sind dann Philosophie und Philologie für ihn nicht mehr als domestizierte Formen des Denkens, die nützlich, aber nicht in der Lage sind, den Kontext ihrer Nützlichkeit zu verlassen, über diesen hinaus zu führen. So geschieht, aus der Perspektive von Brinkmann (Erkundungen, 107), »die Abrichtung der Intellektuellen durch Blindbegriffe, komplizierte Leerformeln und Sätze./Akademisches Gefasel, nicht nachprüfbare Behauptungen«.

Als Fazit seiner Kritik (Standphotos, 186) an der abendländisch-europäischen Tradition kann festgehalten werden: »Man muß vergessen, dass es so etwas wie Kunst gibt! Und einfach anfangen.«

(5) Die Eigensinnigkeit der neuen amerikanischen Literatur setzt diese Forderung genau um. Diese Literatur ist vielstimmig und richtet sich gegen einheitliche Sinnsetzung, stellt ein literarisches **Plädoyer für Einfachheit, Konkretion und Sinnlichkeit** dar: »Die Frage nach der Bedeutung erübrigt sich – die Erzählung ist einfach ›da‹, sie ist ihr eigenes Argument« (Brinkmann: Film, 391; vgl. auch Brinkmann: Briefe, 40, 69 f.). Sie zeichnet sich durch ein Desinteresse an den großen Themen und Stoffen, durch Alltagsfixierung aus, von der aus man dann zur Diskussion der großen Themen gelangen kann. Genau dies ist Brinkmanns (Westwärts, 160) Auffassung von Dichtung: »Veränderung durch Wörter ist Dichtung.«

(6) Besonders geeignet zur Umsetzung dieser Forderung ist die Intermedialität: »Das heißt: dass es eine Bewegung ist, die nicht mehr hauptsächlich durch Literarisierung bestimmt wird, doch auch keineswegs Literarisches ausschließt. Vermischungen finden statt – Bilder, mit Wörtern durchsetzt, neu arrangiert zu Bildern und Bild-(Vorstellungs-)zusammenhängen, Schallplattenalben, aufgemacht wie Bücher ... etc.« (Brinkmann: Film, 384).

An dieser positiven Haltung gegenüber der **produktiven Eigensinnigkeit von Popkulturen**, die für Brinkmann einzig in der Lage sind, die Gegenwart grundlegend zu transformieren, ändern auch Pop-kritische Äußerungen in einigen seiner Texte nichts, wie etwa die Rede von der »bescheuerte[n] Pop-Musik« oder dem »Pop-Hokuspokus« (Brinkmann: Rom, Blicke, 76, 325). In Brinkmanns Collagen-/Materialbüchern zeigt sich, dass die These seiner zunehmenden Abwendung von Pop in den 1970er Jahren relativiert werden muss, denn seine radikale Kritik an Populärer Kultur in Form von Fernsehen, Werbung, Illustrierten, Kitsch etc. spart einen wesentlichen Bereich aus, nämlich die Popmusik. Diese hat für ihn bis zu seinem Tod immer einen gegenkulturellen Wert, dient als Stimmungsmodulator des Alltags und als Kommentar zur eigenen Lebenswirklichkeit bzw. sozio-kulturellen Situation, sie ist durch und durch Bildungsmedium.

Die (Medien-)Kritik an bestimmten Erscheinungen der Populären (Medien-)Kultur seiner Zeit inszeniert Brinkmann in einer ähnlichen Krisenrhetorik wie seine Sprachkritik:

»[S]ollte ich die Gesamtatmosphäre der Leute, wie sie auf mich wirken, charakterisieren, dann muß ich sagen: das Straßenbild ist beherrscht von Leuten, Oberflächen, Kleidungen, Sprechweisen, Bewegungen die doof und irre anspruchsvoll sind, das ist westdeutsch, alle flach und leer gebürstet durch TV, Illustrierte, importierte Bedeutungen, Nachäffereien [...]« (Brinkmann: Briefe, 8; vgl. Brinkmann: Briefe, 20, 21, 84, 91–93, 96, 159, 183, 188/9).

Zeitungen, Illustrierte, Radio und Fernsehen kommunizieren »**Wortkloaken**« (Brinkmann: Erkundungen, 76), sie produzieren, so Brinkmann, eine sekundäre Wirklichkeit, durch die die Alltagswirklichkeit wahrgenommen wird, dressieren jeden Tag Angstbereitschaft, zeichnen sich durch Sensationalisierung und Skandalisierung aus, machen aus Erkenntnis ein Wiedererkennen der immer gleichen Stereotype, die sie inszenieren, sie verseuchen das Kollektivbewusstsein, stiften Volksverdummung und manipulieren die Massen (ebd., 91, 226, 231; vgl. Brinkmann: Rom, Blicke, 33, 34, 38, 80.). Fernsehen versprühe ein »**Pestlichtgeflacker**« (Brinkmann: Westwärts, 141), ist ein »Fernsehwrack« (Brinkmann: Rom, Blicke, 158), bei dem nichts passiert, alles statisch ist, wenngleich es Bewegung inszeniert (vgl. Brinkmann: Standphotos, 166). Alltagswirklichkeit passe sich immer mehr der populären Medienwirklichkeit an, Alltagserleben wird durch den Filter populärer Medienerzählungen wahrgenommen und kommentiert, nicht die eigenen Erlebnisse werden nacherzählt, sondern die Medienerlebnisse (vgl. Brinkmann: Briefe, 175): »[...] (die Filme werden immer bunter, die Straßen immer farbloser) [...]« (Brinkmann: Westwärts, 178).

(7) **Intermedialität** ist für Brinkmann eine wesentliche Eigenschaft von Populären Kulturen und Popkulturen. Immer wieder hebt Brinkmann (vgl. u. a. Briefe, 58, 137, 140/1) etwa hervor, dass Schreiben der Ästhetik des Films angeglichen werden sollte. **Gedichte müssten zu »Momentaufnahmen« und »Schnappschüssen« werden**, die darstellen, »was gerade da ist, was für ein Gefühl, was für ein Gegenstand, was für ein Raum, was ich gelesen habe«, und somit zu poetischen Ready mades werden, die nicht lyrisch sind, um somit »ein ›unritualisiertes Sprechen‹« zu leisten:

> »Es gibt kein anderes Material als das, was allen zugänglich ist und womit jeder täglich umgeht, was man aufnimmt, wenn man aus dem Fenster guckt, auf der Straße steht, an einem Schaufenster vorbeigeht, Knöpfe, Knöpfe, was man gebraucht, woran man denkt und sich erinnert, alles ganz gewöhnlich, Filmbilder, Reklamebilder, Sätze aus irgendeiner Lektüre oder aus zurückliegenden Gesprächen, Meinungen, Gefasel, Gefasel, Ketchup, eine Schlagermelodie, die bestimmte Eindrücke neu in einem entstehen läßt, z. B. wie jemand seinen Stock schwingt und dann zuschlägt, Zeilen, Bilder, Vorgänge, die dicke Suppe, die wem auf das Hemd tropft« (Brinkmann: Standphotos, 186).

Literarische Texte sollten für Brinkmann stets Mischungen aus populär-/popkulturellem Material sein und daher etwa Postkarten, Filme, Bücherzitate, Illustrierte oder Zeitungsnachrichten einbeziehen.

(8) Intermedialität und Bastardisierung ermöglichen **popkulturelle Bildungsprozesse**. Seine eigene intellektuelle Sozialisation beschreibt Brinkmann (Briefe 39, 41, 171) als geprägt von seiner intensiven Auseinandersetzung mit der anglo-amerikanischen Populärkultur und Popkultur, die ihm v. a. Wahrnehmungs- und Alltagskompetenz vermittelt, ein anderes Denken und Wahrnehmen ermöglicht habe. Klassische europäische Bildungsvorstellungen und -inhalte werden von Brinkmann hingegen als irrelevant zurückgewiesen, und er betont die Dominanz der neuen populär-/popkulturellen Medienbildung. Diese Bildungsprozesse führen Brinkmann zu einem popkulturellen Mehr an Leben und Erleben: »RocknRoll-Lieder als Erinnerung und Hinweis auf konkretes alltägliches Leben, RocknRollmusik als Intensivierung des alltäglichen Lebens, Musik am Morgen statt Arbeit am Morgen (das ist wohl poesie, realistisch ist das nicht, das weiß ich auch, aber diese Realität kann sofort sein!)« (ebd., 171).

(9) Diese Intermedialität zeigt den Weg zur **Kritik an der Autorfunktion** an. Das literarische Vorbild hierfür ist die neue amerikanische Literatur, die die autoritäre Subjektform Schriftsteller bzw. Autor durch ihre Vielstimmigkeit und intermediale Überschreitung grundlegend verändert (Brinkmann: Film, 386). Ihr geht es darum, den Weg von der klassischen Sinnfixierung der Literatur zu einer neuen Sinnlichkeit der Literatur zu gehen, zu einer Art literarischer Gegenwartsempathie, aus der neue Sinnformen resultieren. Spontaneität und alle sinnirritierenden Sinnlichkeiten, wie etwa Wahn und Halluzinationen, ermöglichen es, dieses Programm umzusetzen (vgl. ebd., 390).

Brinkmann (Erkundungen, 106) versteht sich selbst nicht als Schriftsteller, sondern als jemand, der Worte und Bilder herstellt, um die Gegenwart zu erkunden und sich seine Existenz klar zu machen: »Ich will durch diese Gegenwart gehen, und ich gehe auch da durch, ich habe keine andere Zeit als die Zeit, in der ich lebe, und da will ich wissen, in welchem Zustand ich lebe, in welchen Augenblicken, und was diese Augenblicke enthalten, welche sinnlichen Eindrücke, und was sie enthalten [...]« (Rom, Blicke, 162; vgl. auch ebd., 229; s. dazu auch Kap. 5.8).

Wie viele andere Pop-Literaten auch, hebt Brinkmann (Westwärts, 7) hervor, dass er sich für die Literatur als ästhetisches Ausdrucksmedium entscheiden musste, weil er kein Talent für die Musik und das Songschreiben hat: »Ich hätte gern viele Gedichte so einfach geschrieben wie Songs. Leider kann ich nicht Gitarre spielen, ich kann nur Schreibmaschine schreiben, dazu nur stotternd, mit zwei Fingern.«

(10) Neue Gegenwartsautoren müssen für Brinkmann zu ihren eigenen Worten stehen und eine eigene Sprache finden, sich gegen den Abrichtungscharakter wenden, der in den tradierten Ausdrucksformen steckt, gegen den Zwang zur objektiven Bedeutsamkeit. Mit der Zurückweisung der Autorfunktion und mit ihr der Konzepte von Einheit, Identität, Authentizität und Originalität, öffnet sich der literarische Raum für eine **situative Sinn-Aleatorik und alltagsorientierte Zufalls-Kombinatorik**, die allererst die spezifische Intensität und Sinnlichkeit neuer literarischer Ausdrucksformen ermöglicht (vgl. Brinkmann: Film, 386), die ihr Material aus dem Diesseits des literarischen Kanons bezieht, aus ästhetisch Stigmatisiertem und Banalisiertem (vgl. ebd., 393).

(11) Auch die Ich-Identität sieht Brinkmann als einen **Sprachkörper** an, die nur durch **alternative Ausdrucks- und Darstellungswelten** verändert werden kann, um zu einem intertextuellen und intermedialen Stimmen-/Bilder-/Text-Sample zu werden (vgl. u. a. Brinkmann: Erkundungen, 257 ff.), der sich gegen die stereotypen Ich-Formen der Gegenwart richtet: »Wie? Da begriff ich, wie Eitelkeit, Mode, Aufmachung die Körper erstickte und taub machte. Aber Leben? Wie? Was daran mögen, wenn man überall die Steuerung sah, den Hundertsten, Tausendsten Aufguss einer Form?« (Brinkmann: Rom, Blicke, 147).

Das Ich als Sprachkörper ist stets mit rigiden Ausdrucksgrenzen und Sprachlosigkeiten konfrontiert: »[...] es | gibt zuvieles | was ich nicht | sagen kann« (Brinkmann: Standphotos, 37). Daraus folgt, dass das Ich zunächst und zumeist etwas im Werden-Begriffenes ist, ein Aufschub, eine Leerstelle. In diesen Kontext gehört auch die Zurückweisung eines Schreibens auf der Grundlage der Imagination und Reflexion, also aus dem Inneren heraus, das einen rationalen Bildungsfilm im Schreiben abspult (vgl. ebd., 64). Die Notwendigkeit der Ausbildung einer eigenen Sprache zur Konstitution einer nicht fremdbestimmten Identität besteht für Brinkmann (Westwärts, 53, 63) darin, dass er die deutsche Sprache nicht als seine Sprache versteht, sich in ihr und ihren unsinnlichen Ausdrucksmöglichkeiten fremd fühlt.

4.5 | Zusammenfassung

»Was man gemeinhin Pop nennt – Popmusik, Popphilosophie, Popliteratur: *Wörterflucht*. Vielsprachigkeit in der eigenen Sprache verwenden, von der eigenen Sprache kleinen, minderen oder intensiven Gebrauch machen, das Unterdrückte in der Sprache dem Unterdrückenden in der Sprache entgegenstellen, die Orte der Nichtkultur, der sprachlichen Unterentwicklung finden, die Regionen der sprachlichen Dritten Welt, durch die eine Sprache entkommt, eine Verkettung sich schließt. Wie viele Stile, literarische Gattungen oder Bewegungen, auch ganz kleine, haben nur den einen Traum: eine sprachliche Großfunktion zu erfüllen, Dienste zu leisten als offizielle, als Staatssprache [...]. Doch es geht um den entgegengesetzten Traum: klein werden können, ein Klein-werden schaffen« (Deleuze/Guattari 1976, 38 f.; Hervorh. im Original).

Deleuze/Guattari sprechen zentrale Aspekte dessen an, was als Popliteratur und Pop-Poetik diskutiert wurde: Der Begriff »**Wörterflucht**« verweist u. a. auf die Bedeutung von Transformation, Transgression, Verweisen, Werden, Entlimitierung und Prozessualität im Schreiben über Populäre Kulturen und Popkulturen, aber auch auf deren Bedeutung für die Produkte und Produktionen dieser Kulturen. »**Vielsprachigkeit**« zeigt an, dass es in der Auseinandersetzung mit diesen Kulturen kein Zentrum, keine Einheit bzw. Möglichkeit zur Vereinheitlichung gibt; dass die Autorität von Autorschaft, der Anspruch auf Originalität, Wahrhaftigkeit und Authentizität einen Bedeutungsverlust erfahren und keine Bewertungsmaßstäbe mehr für (diese) Kulturproduktionen darstellen. Vielmehr erzeugt das Fremde, Andere und Mannigfaltige des und im Eigenen ein Bewusstsein von Pluralität, Dezentralisierung, Dekontextualisierung und Fragmentierung, aus dem eine (selbst-)bildende Widerständigkeit hervorgehen kann, das, was Deleuze/Guattari (1976) als kleine Literatur bezeichnen. Diese »Vielsprachigkeit« steht ästhetisch in Verbindung mit der Vielfalt von »Stilen« – beide Aspekte werden im Kontext der popliterarischen und pop-poetologischen Texte wiederholt herausgestellt. Dieser Bildungsprozess, der durch Fremdheitserfahrungen ausgelöst wird, besitzt eine emanzipatorisch-kritische Funktion, weil hierdurch das »Unterdrückte« in der Sprache entfesselt wird und somit eine **Gegensprache** zur offiziellen sowie legitimen »Staatssprache« entstehen kann. In diesen Kontext gehört die Auseinandersetzung mit der Kanonbildung und die Zurückweisung des traditionellen literarischen Kanons im Kontext der pop-poetischen Positionen.

Die Verwilderung klassischer literarischer Techniken bzw. ihre Bastardisierung, das Ineinandergreifen von Cut-Up, Sampling und Mixing, von Bewusstseinsstrom, diskursiven Textstrategien, Erlebnis- und Kommentarebenen, lyrischer Sprache und Mediensprache (Werbung, TV, Zeitung, Film, Musik, Fotografie), das Crossover von Stilen, Formen, Narrationen u.v.m. als poetische Grundhaltung in der Popliteratur trägt wesentlich zur Formierung dieser **Gegensprache** bei und erzeugt vielstimmige Text-Gebilde ohne Sinnzentrum, die permanent über sich hinaus weisen und von (inter-kulturellen, literarischen, medialen usw.) Fremdheitserfahrungen bestimmt werden.

Die in der Popliteratur entstehende Subjektposition ist die des (narrativen und diskursiven) Diskjockeys bzw. des Collagisten und Experimentators, wodurch der Begriff der Autorschaft zurückgewiesen wird. **Pop-Subjekte** sind immer in Bewegung und befinden sich im Spannungsfeld kontinuierlicher Ent- und Re-Subjektivierungen. Zumeist wird das Subjekt in der Popliteratur als ein Sprachkörper aufgefasst, der nur durch alternative Ausdrucks- und Darstellungswelten verändert werden kann, um zu einem intertextuellen und intermedialen Stimmen-/Bilder-/Text-Sample zu werden (vgl. u. a. Brinkmann: Erkundungen, 257 ff.), der sich gegen die stereotypen Ich-Formen der Gegenwart richtet und dabei ein Mehr-an-Leben bzw. ein Anders-Werden von Leben offeriert: Leben durch und mit Literatur, um Literatur im und durch das Leben zu transformieren.

Weiterführende Literatur

Die Bedeutung der Studien von Deleuze und Deleuze/Guattari für die Literatur arbeitet u. a. exemplarisch Hesper (1994) heraus. Eine kritische Auseinandersetzung mit Beat findet sich etwa bei Myrsiades (2002).
Weitere zentrale Pop-Anthologien von den 1960er Jahren bis zur Gegenwart sind u. a. für die 1960er Jahre Weissner (1969), Tsakiridis (1969), Schröder (1969); für die 1970er Jahre u. a. Matthaei (1970), John (1971), Wintjes/Göhre/Degener (1971); für die 1980er Jahre u. a. Ploog/Hartmann (1980), Müller (1982), Glaser (1984); für die 1990er Jahre Link (1997), Kracht (1999); für die 2000er Jahre Eckert/Finke (2000), Tuschick (2000); Frank (2003), Gleba/Schumacher (2007).
Eine gute Vertiefung in die sprachkritische Tradition ermöglicht z. B. Heimböckel (2003). Zur Kulturpoetik vgl. v. a. Greenblatt (1980, 1991); vgl. auch Veeser/Veeser (1994); Glauser/Heitmann (1999); Gallagher/Greenblatt (2001); Baßler (2001, 2005).

5 Popliteraten

5.1 | Rolf Dieter Brinkmann

Mit Rolf Dieter Brinkmann betritt die Popliteratur die kulturelle Bühne. Der junge Autor (1940–1975) wird von Kritikern und anderen Rezipienten Ende der 1960er Jahre besonders häufig als ›Popliterat‹ identifiziert (s. Kap. 1.3). Diesen Einschätzungen folgt das vorliegende Kapitel nicht nur bei Brinkmann, sondern auch in allen anderen Fällen: Die von Feuilletonisten, Wissenschaftlern und Verlagen bislang zur Popliteratur gezählten Autor/innen werden auch hier vorgestellt – allerdings ohne dass die Einstufung ›Popliteratur‹ immer für alle bzw. für die überwiegende Zahl der Schriften des betreffenden Autors übernommen würde.

Auch im Fall von Rolf Dieter Brinkmann sollten sinnvollerweise bloß einige Bände oder einzelne Gedichte und Erzähltexte als Werke der Popliteratur eingestuft werden. Brinkmanns **Roman *Keiner weiß mehr*** z. B. muss keineswegs der Popliteratur zugeschlagen werden. Das 1968 wegen seiner sexuellen Darstellungen großes Aufsehen erregende Werk spielt zwar überwiegend in der Lebenswelt eines Twens in der zweiten Hälfte der 1960er Jahre (die Vita des Protagonisten stammt mit vielen überprüfbaren Lebensdaten des Autors überein) und enthält einige Hinweise auf C&A-Mode, Illustrierte, Rolling Stones etc., besitzt sonst aber keinerlei Pop-Charakteristika. Stattdessen ist der Roman geprägt von einem typischen Verfahren moderner Romankunst: Naturalistisch detailreich rückt er den banalen, meist häuslichen Alltag des Protagonisten mitsamt seiner psychischen Nöte in den Blick, wobei der Erzähler sich derart nahe an seinem Helden befindet, dass man an vielen Stellen kaum oder gar nicht auseinanderhalten kann, ob es sich um erlebte Rede oder auktoriale Kommentare handelt.

Der häufiger vermerkte Wunsch des Helden, etwas solle **einfach »da« sein**, bezieht sich auf verschiedene Aspekte, u. a. auf ein fraglos, unreflektiert gelebtes Alltagsleben und eine unproblematische sexuelle Hingabe seiner Frau: »Was er von ihr mehr wollte, war, daß sie es einfacher nahm, einfach als diese Blöße, diese bloße Nacktheit und die in dem Moment dazugehörenden Bewegungen, zwei nackte glatte Körper« (Keiner weiß mehr, 24). Dies ist aber im Alltag des Protagonisten nicht möglich (was auch, wie er sich durchaus eingesteht, an ihm selbst liegt), darum wird für ihn der Wunsch, einfach »dazusein« (ebd., 34), zum beständigen Problem.

5.1.1 | Brinkmanns programmatische Schriften

Interessanterweise findet sich das, was im Roman die Schwierigkeiten und das Verlangen des Helden psychologisch kennzeichnet, auch auf anderer Ebene als Ziel des Autors wieder. In seiner **frühen Prosa** von 1963 bis 67 geht es Brinkmann bereits oft darum, in Anlehnung an Prinzipien des französischen Nouveau Roman ohne metaphorische, narrative oder auktoriale Bedeutungsaufladung Momente und Gegenstände in ihrem So-Sein oder ihrem Wahrgenommen-Sein zu schildern.

In den programmatischen **Essays**, die Brinkmann in rascher Folge in den Jahren

1968 und 1969 als Nach- oder Vorworte zu Anthologien und Herausgaben amerikanischer Literatur (*Silver Screen* und *Acid* sowie Frank O'Haras *Lunch Poems und andere Gedichte*) schreibt (s. Kap. 4.4), bleibt dieses Prinzip erhalten. Immer wieder betont er, wie wichtig es sei, dass ein »Gedicht einfach nur da ist« (Brinkmann: Notizen 1969, 8). Die amerikanische Literatur sei »einfach gemacht worden und ›da‹«, sie »stirbt nicht an der Bedeutung«, sondern lasse das in den Wörtern »eingekapselte Leben (Dasein, einfach nur: Dasein)« in »Bildern, Vorstellungen, dem synthetischen Leuchten, in einer sinnlichen Überfülle« neu aufspringen (Brinkmann: Film in Worten, 399).

Pop bekommt darum in zweierlei Hinsicht einen wichtigen Platz zugewiesen: Zum einen weil Pop der Last der bedeutungsschweren Erinnerung und eingespielten Konventionen keinen Raum biete: »[W]o sollte sich Tradition als vergessener Rest überlebten Bewußtseins in den Photos von Vogue-Beauties festsetzen?«, fragt Brinkmann rhetorisch. Die Antwort: In der »**Oberfläche**« solcher Bilder sei das glücklicherweise nicht möglich: »Elizabeth Taylor ist Elizabeth Taylor, so wie sie Andy Warhol in seinen Bildern anbietet« (ebd., 388).

Zum anderen passt Pop in das ›Dasein‹, weil Pop Teil der Gegenwart ist und Brinkmann im Gegenwartsbewusstsein eine »Sensibilität« erkennt, die sich nicht in Erinnerungen ergeht. Darum kommt Brinkmann in seiner Polemik gegen modernes, abstraktes, unsinnliches Denken und Dichten immer wieder darauf zurück, dass Literaten ihr Schreiben von jenem gegenwärtigen »Reiz-Material« entzünden lassen sollten, das man »nicht hoch-stilisieren« oder »auf eine Formel bringen« könne: »Filme, Reklame, [...] Pepsi« (Brinkmann: Notizen 1969, 16), »Schlager, Schlagzeilen und Kinoplakate« (Brinkmann: Die Lyrik Frank O'Haras, 211).

Man darf diese Äußerungen aber keineswegs mit einem entschiedenen Pop-Programm verwechseln. Zwei wichtige Gründe sprechen dagegen. Erstens bilden Pop-Phänomene nur einen Bereich unter vielen anderen, die Brinkmann den Schriftstellern als alltäglichen, gegenwärtigen Ansatzpunkt empfiehlt. Die Reihe der Gegenstände hört mit Pepsi und Kinoplakaten nämlich nicht auf, sondern umfasst alles Mögliche: »Filme, Reklame, eine Dose Bier, Salat, Billy the Kid, Pot, Pepsi, Der Apteryx aus Webster's Dictionary und Neuseeland« (Brinkmann: Notizen 1969, 16). Nicht nur beliebige **Alltagssujets** können spontan und unbefangen als literarisches Ausgangsmaterial genutzt werden; auch moderne, mittlerweile längst bewährte literarische Techniken sind nach Auffassung Brinkmanns geeignet, Sinnfälligkeit zu vermeiden. Eine dieser Techniken besteht darin, fragmentarisch zu schreiben, das Mannigfaltige auf keinen Fall zu einer Einheit zu ordnen: Das »Nebensächliche« solle zum »Hauptsächlichen« gemacht werden, dadurch verliere sich ein »›übergeordneter‹ Sinn«, hofft Brinkmann. Wenn sich die Erzählung von einem »Augenblickseinfall« zum anderen ausweite und die Verknüpfungen zwischen ihnen »keinerlei Notwendigkeit« besäßen, erübrige sich die »Frage nach der Bedeutung« (Film in Worten, 391). Besondere Pop-Themen oder -Vorgehensweisen braucht man hier wiederum nicht, um dem Sinn zu entfliehen oder ihn zu zerstören.

Zweitens vertraut Brinkmann der Pop-Gegenwart und -Alltäglichkeit überhaupt nicht in dem Maße, wie es die bisher angeführten Aussagen nahelegen. Liest man nur ein paar Absätze weiter, stößt man in Brinkmanns Essay auf beinahe gegensätzliche Auffassungen. Dann spricht für die »Hereinnahme populären Materials« in die Literatur allein noch, dass es mit keiner »hohen ›kulturellen‹ Bedeutung aufgefüllt« sei (ebd.). Innerhalb des Populären setzt Brinkmann nur auf das Gegenkulturelle, Psychedelische, auf die Experimente der Rockmusik, die zu seiner Zeit tatsächlich (vorübergehend) ein größeres jugendliches Publikum erreichen (s. Kap. 1.5 und 2.1.2). Viele andere Aspekte aus der Sphäre des Populären sind für ihn bereits 1968/69 ein Alptraum, bestenfalls brauchbar, um moderne Bildungsbürger damit zu provozieren, wenn man sie literarisch zitiert.

Am 29. Januar 1969 ist er z. B. abgestoßen vom »dünnen, geifernden Stimmengewirr des Winterschlußverkaufs bei C&A«, wie er als Eindruck in seinem Essay unter präziser Datumsangabe notiert (ebd., 383). Eine Apologie des modischen Massenkonsums klingt sicher anders. Darum verwundert es nicht, wenn Brinkmann bei seinem Beispiel für die **Adaption »populären Materials«** deren subversive Variante wählt. An dem Prosastück »Stern*schlinge« von Tom Veitch und Ron Padgett gefällt ihm, wie der Vers »Picture yourself in a boat on a river« aus dem Beatles-Song »Lucy in the Sky« benutzt wird. Bei Veitch/Padgett heißt es (Brinkmann zitiert die Stelle in der Übersetzung aus dem von ihm herausgegebenen Band *Acid*): »[U]nd da, auf dem Fluß, das Boot, darin du, ein geröstetes Ferkel, treibst dahin, ein glattes weißes Lächeln freundlich und für immer über die verkohlten Reste deines Gesichts gezogen. Leb wohl Vater …« (Veitch/Padgett: Stern*schlinge, 184 f.). Brinkmann fügt als Kommentar an: Die »Abweichung« vom Beatles-Stück lese sich »nicht ohne Witz« (Film in Worten, 391). Zudem gefällt Brinkmann, dass in den Text »Flickerbilder« eingeschnitten würden sowie »Klischees aus Monster-Filmen: ›Triumphierend über unseren ersten Sieg sprach ich Todesbilder in Monags Hirn‹«. Für Brinkmann sind das »taumelige psychodelische Gebilde, profanisierte Travestien«, die eine alternative, subversive »›Kriegsführung‹« darstellten (ebd.).

Er hält es hier mit dem US-amerikanischen Autor **William S. Burroughs**, dessen politisch-ästhetische Abhandlungen er für *Acid* teilweise selbst übersetzt. Burroughs sieht den Menschen »auf diesem abgewirtschafteten von radioaktiven bullen verseuchten planeten« vollständig von Regierungsmächten (wie der CIA, aber auch den Massenmedien) konditioniert. Dabei geht es nach Burroughs gar nicht um die Einschärfung ganz bestimmter Ansichten, sondern um eine Abrichtung auf eine abstrakte Sprache, auf eine leere Allgemeinheit, die keinen Bezug zur Wirklichkeit mehr aufweise und die Hervorbringung individueller, besonderer innerer (Sprach-)Bilder verhindere (Burroughs: Akademie 23, 365). Durch mediale **Montage- und Zufallstechniken** möchte Burroughs die derart zugerichtete Sprache aus den vorgegebenen Kombinationen befreien und die Sprecher von ihrer Konditionierung lösen. Bekannt geworden ist vor allem seine **Cut-up-Methode**, das Zerschneiden und zufällige Arrangieren der zerschnittenen Texte. Burroughs setzt auf die Durchbrechung und Auflösung eingespielter Muster, um die Abscheulichkeit der im Alltag geäußerten Phrasen hervortreten zu lassen; es geht ihm nicht um die kreative Erzeugung neuer Schönheit. Zeigen möchte er mit seinen Aufnahme-, Zerschneidungs- und Kombinationsmethoden, wie »häßlich« die medial angeleitete Kommunikation ist, dadurch soll ihre Macht gebrochen werden (Burroughs: Die unsichtbare Generation, 174).

Dieses Programm macht sich Brinkmann vollkommen zu eigen. Gleich zu Beginn seines *Acid*-Essays zeigt er sich entsetzt über das »Rückkopplungssystem der Wörter, das in gewohnten grammatikalischen Ordnungen wirksam ist«, über das »Gerümpel vermittelter, sinnlich entleerter geschichtlicher Erfahrungen«, über die »abgerichtete Reflexionsfähigkeit«. Sein Hauptgegner ist allerdings nicht die ›Macht‹; zuerst geht es ihm um den Widerstand gegen den »erstarrte[n] literarische[n] Ausdruck«. Wegen dieser Ausrichtung auf die moderne, angeblich unsinnige Literatur ist es Brinkmann möglich, in Bereichen wie der Werbung und der Popkultur abseits des Undergrounds für einen Augenblick »das winzige Versprühen von Helligkeit«, jedenfalls wirkungsmächtige **Bilder** zu erkennen, die sprachlichen Abstrakta entkommen (Film in Worten, 381 f.). Diese Einschätzung verkehrt sich aber sofort wieder, wenn solche Werbe-Bilder auch nur als Konvention, Zwang und Konditionierung empfunden werden. Als Burroughs-Anhänger ist Brinkmann davon nur einige Momente entfernt. Seine Pop-Phase währt deshalb nur ein paar Monate von Ende 1967 bis Anfang 1968, und während ihrer kurzen Dauer kann von einer einfachen Pop-Affirmation auch keine Rede sein.

5.1.2 | Popgedichte

Nun sind Programme und Absichten das eine, Gedichte und Erzählungen das andere. Das macht die Sache – über die zum Teil ohnehin schon widersprüchlichen Aussagen der Essays hinaus – bei Brinkmann noch komplizierter bzw. abwechslungsreicher. Den Anspruch, »Literatur zu popularisieren« (Brinkmann: Notizen 1969, 22) und im Gegensatz zur modernen Lyrik ohne »abstrakt-theoretische[] Implikationen« auszukommen (ebd., 8), löst er allenfalls zum Teil ein.

Das gilt z. B. für seine Gedichtbände *Godzilla* und *Die Piloten* (beide 1968 erschienen), die man weitgehend zur Popliteratur zählen darf. In ihnen geht Brinkmann konsequent von dem aus, was ihm in seiner alltäglichen Umgebung und bei seinem täglichen Medienkonsum auffällt – monochromes Blau, Dixan, Starlet-Schlüsselreize, Batman und Robin als homosexuelle Comic-Stars etc. Brinkmanns Wahrnehmungsdrang bricht sich jedoch literarisch keineswegs direkt Bahn: Scheinfragen, Schlusspointen, surreal-groteske oder satirische Verfremdungen, leere Stellen, Ambivalenzen und Dementis sorgen oftmals für **Distanz**.

Diese Gedichte entsprechen genau dem, was in der bildenden Kunst die Pop-Art vorgemacht hat. Die Übernahme von Starporträts, Zeitungsausrissen etc. führt nicht zu einer Verwechslung der Pop-Art-Bilder mit Werbeanzeigen, Illustrierten und Comics, sondern zu eigenständigen, von ihren Vorlagen getrennten Bildern. Sind sie auch deutlich unterscheidbar, halten sie sich jedoch mit einer eindeutig kommunizierten Botschaft zurück. Sie geben nicht einmal klar zu erkennen, ob sie kritisch, parodistisch, affirmativ, zynisch, teilnahmslos oder belustigt gemeint sind.

Obwohl sich die Gedichte Brinkmanns als längere sprachliche Gebilde im Unterschied zu den Pop-Art-Bildern in der Zeit erstrecken, bringt der lineare Ablauf keine schrittweise narrative oder argumentative Auflösung, steht am Ende **keine klare Aussage** oder verdeutlichende Pointe. Im Gegenteil, die Bezüge werden im Lauf des Gedichts manchmal vielfältiger, die Leerstellen häufen sich, zur zweiten kommt noch eine dritte Ebene hinzu. In diesem Vorgehen unterscheidet sich Brinkmann überhaupt nicht von der von ihm scharf bekämpften modernen Dichtung.

In dem Gedicht »Godzilla-Baby« z. B. bleibt bis zum Ende offen, ob sich das Geschehen nur in einer Fernsehsendung, vor oder im Fernsehen oder auf mehreren medialen Ebenen abspielt. Für die Leser/innen nicht zweifelsfrei entscheidbar ist auch, auf welche Personen sich die Pronomen und Namen beziehen. Auf der Satzebene ist zumeist alles verständlich, unklar wird das Gedicht durch den fehlenden, schwachen oder vieldeutigen Zusammenhang der Sätze. Auch die Anordnung der reim- und metrumlosen Verse zu Strophen erzeugt keine Struktur; die visuelle Ordnung – jeweils vier kurze bis mittellange Verse werden zu einer Strophe gruppiert – bringt keine inhaltliche und ebenfalls keine sonstige formale Ordnung mit sich. Wegen dieser Offenheit ist es auch nicht möglich, Wörter immer in ihrer rhetorischen Eigenschaft zu identifizieren: Ist das »weiße Zittern« das Gekriesel eines Fernsehbildes oder eine Metapher? Überaus deutlich wird durch diese Anordnung aber, dass das Gedicht die Leser/innen in eine **Medien-Welt** führt, zu der es kein Außerhalb gibt. Dazu trägt zum Teil auch die Wortwahl bei. Neben gehobener Sprache (»schwarze[s] Gehäuse«, »lautlos ausdehnt«) stehen vulgäre und triviale Ausdrücke und Passagen, die klingen, als ob sie aus einer Zeitung (»wie die Polizei das Haus umstellt«), einem Krimi (»von einem Bauchschuß getroffen, sich auf dem Teppich vor dem Fernsehapparat krümmt«) oder einem Porno stammen: »Das schwarze Leder glänzt[,] darunter ist sie nackt. Und sie fängt ohne abzuwarten an zu lutschen: oooooooooooh stöhnt der Mann auf« – wobei das langgezogene ›o‹ natürlich nur in einem Comic anzutreffen wäre. Im Unterschied zu den genannten Genres sind die Phrasen bei Brinkmann allerdings durch Enjambements in Gedichtform gebracht: »[...] Das // schwarze Leder glänzt / darunter ist sie nackt. / Und sie / fängt ohne // abzuwarten an zu / lutschen: oooooooooooh / stöhnt / der Mann auf« (zitiert wird nach der Sammlung der Gedichte *Standphotos* (1980), 167 f., nicht zu verwechseln mit dem gleichnamigen Lyrikbändchen aus dem Jahr 1969).

Der **Bezug zur Pop-Art** kommt nicht nur durch die Zitation oder Nachbildung von Elementen der Massen- oder Popkultur in einem avantgardistischen Rahmen zustande. Gedruckt ist das Gedicht auf Fotos, die tief dekolletierte Frauen zeigen, deren Kopf und Rumpf von der Kadrage ganz oder teilweise abgetrennt wird. Der Stil der Fotografien und der Modelle entspricht dem Geschmack der 1950er und beginnenden 1960er Jahre. Wie in den Bildern der Pop-Art aus der ersten Hälfte der 60er Jahre greift auch Brinkmann (bzw. sein Illustrator) oftmals gerade nicht auf gegenwärtige oder in metropolitanen ›Hip‹- bzw. ›In‹-Kreisen favorisierte Motive und Vorlagen zurück, sondern auf etwas altmodischere Gegenstände der Werbe-, Konsum- und Massenkultur; dasselbe gilt für die bereits angeführten Phrasen, die nicht auf aktuelle Pop-Illustrierte und Underground-Texte verweisen, sondern im Duktus von älteren oder veralteten Krimi-Klappentexten oder Schundmagazinen gehalten sind.

5.1.3 | Einzelanalyse »Gedicht auf einen Lieferwagen u. a.«

Der Titel des Gedichts aus dem Band *Piloten* (1968; zitiert wird im Folgenden nach *Standphotos*, 241 f.) liest sich wie ein Programm – im Sinne des von Brinkmann geforderten gewöhnlichen poetischen Materials. Angerufen werden nicht Götter oder Helden, sondern ein Lastwagen. Das lapidare »u. a.« macht zusätzlich deutlich, dass es nicht um die Verherrlichung eines besonderen Autos gehen soll, sondern um einen **Alltagsgegenstand**, der nicht isoliert für sich steht. In der ersten Strophe wird denn auch eine alltägliche Szenerie auf den Punkt gebracht. Die leere, freie Zeit eines Samstagnachmittags wird zu Beginn knapp benannt, ein lyrisches Ich eingeführt; es sagt kurz, was es gerade tut: »Es ist Samstagnachmittag / und nichts los: ich lehne / mich über die Balkonbrüstung«.

Der Übergang zur nächsten Strophe bringt jedoch eine merkbare Differenz mit sich. Durch die Wiederholung der Aussage (oder des Ausrufs) »die Sonne scheint« kommt eine merkliche Emphase in den Alltagsausschnitt hinein. An dieser Stelle kann man allerdings bereits erkennen oder ahnen, dass auch die erste Strophe wohl nicht nur eine lapidare Alltagsbeschreibung ist. Liest man das jeweils in eine Zeile geschriebene, auffällig verdoppelte »die Sonne scheint«, liegt der Gedanke nahe, dass es sich bei »Es ist Samstagnachmittag / und nichts los« ebenfalls um eine **Über-**

setzung angloamerikanischer Phrasen aus Pop-, Rock- und Bluesstücken in ein deutsches Gedicht handeln könnte. Auf die Verdoppelung der Phrase folgt freilich nichts Entsprechendes, sondern ein einfacher Protokoll- bzw. Prosasatz, der in Brinkmanns typischer poetischer Manier auf eine nicht signifikante Art und Weise in Verszeilen aufgegliedert wird. Nun wird die Wahrnehmung des lyrischen Ich, das sich über den Balkon lehnt, notiert. In den Blick genommen wird der im Titel angekündigte Lieferwagen, der, wie es in einer Zeile heißt, »sauber gewaschen[]« ist.

Entscheidender ist aber die Aufschrift des Wagens: »Coke«. Sie wird ins Gedicht typographisch auffällig übernommen, fett und groß geschrieben, in anderer Schriftart; der Anschein einer exakten Übernahme der Firmenschrift wird durch die unter dem Schriftzug angebrachte Anmerkung »ges. gesch.« unterstützt. Im Gedicht wird auch getreulich auf die Marketinggeschichte des Logos mit einer Oppositionsbildung (»neue Form der Schrift / für eine alte Marke«) hingewiesen. Verklammert wird der Hinweis auf die »Coke«-Marke mit einer Referenz auf Fotos von General Eisenhower. Die falsche Aussage »alte Marke aus der Nachkriegszeit« – der Name ›Coke‹ wird in Deutschland erst Mitte der 60er Jahre eingeführt – bekommt dadurch zumindest einen richtigen Sinn, ist doch Eisenhower Kommandierender der amerikanischen Besatzungsmacht gewesen. Der Sprung in die Jetztzeit ist im Gedicht auch ein Sprung über die politische Laufbahn Eisenhowers hinweg, so dass Eisenhower nicht als langjähriger amerikanischer Präsident, sondern als »Farmer in den USA« angesprochen wird.

Wenig Western-mythologisch kommt der Gleichklang von Konzern und Weltmacht aber tatsächlich zum Tragen, weil im Gedicht »USA« auf gleiche Weise geschrieben und abgehoben wird wie »Coke«. Als reiche die auffällige, identische Typographie noch nicht aus, findet sich ebenfalls der markenrechtliche Terminus »gesetzlich geschützt« abgekürzt unter dem der »Coke«-Marke nachgebildeten »USA«-Logo. Das Pop-Art-Vorgehen beschränkt sich hier also nicht auf die Entlehnung der »Coke«-Marke und ihre Setzung in einen ungewohnten Rahmen, sondern weitet sich seriell aus.

Von der alltäglichen Beobachtung von einem städtischen Balkon aus ist darum schon jetzt nicht mehr zu sprechen. Überlagert oder fortgerissen wird sie von der Erinnerung an Nachkriegsbilder und der Überblendung von »Coke« und »USA«. In der Folge fällt das Gedicht endgültig aus seinem alltäglichen Rahmen: »und ich kann nichts dafür, daß / es so ist, ich kanns nicht, baby / komm: wir spritzen ab vor diesem // neuen Lieferwagen und werden / zusammen gelb und rot, warum / auch nicht [...]«. Nach einer weiteren, auffälligen Häufung übersetzter angloamerikanischer Song-Phrasen (»ich kanns nicht, baby / komm«) wird das nicht näher beschriebene »baby« aufgefordert, sich zusammen mit dem lyrischen Ich dem Lieferwagen sexuell hinzugeben. Die Aufforderung ist schon zugleich die Meldung des Vollzugs: »wir spritzen ab vor diesem // neuen Lieferwagen«. Die **Irrealität**, zumindest Nicht-Alltäglichkeit des Vorgangs erfährt eine überdeutliche Markierung durch die weitere Angabe »und werden / zusammen gelb und rot«. Der Alltag taucht damit tief in die Pop-Art-(Farb-)Welt ein, er wird genauso künstlich, wie es die Coke und ihr Marketing immer schon ist.

Auch die Natur wird darüber vollkommen zu einem **künstlichen Phänomen**, das »Wetter« wird durch die Typographie auf die gleiche Ebene versetzt wie »Coke« und »USA«. Die Schönheit dieser gesetzlich geschützten Marken und Artefakte ist nach Aussage des Gedichts nicht mehr zu steigern – durch die obszöne Huldigung an den »neuen Lieferwagen« und die grotesk poppigen Zeichen dieser eigentümlichen sexuellen Besetzung ist man allerdings schon hinreichend darauf vorbereitet, dass die Huldigung an die Schönheit des vollkommen Künstlichen keineswegs ein cooler, artifizieller Akt ist.

Anschließend nimmt die Huldigung sogar übertrieben parodistische Züge an. Die Alltagsszenerie verliert endgültig jeden realistischen Charakter, **surrealer Slapstick** dominiert. Es wird berichtet, dass der Kopf des Betrachters herunterfällt, sein Inhalt sich als Coca-Cola vor den Lieferwagen ergießt und als Spiegelfläche für das Lächeln des Oberbefehlshabers fungiert. Dadurch wird nicht allein der gewöhnliche Samstagnachmittag preisgegeben. Noch stärker als beim abgewandelten Schriftzug verlässt das Gedicht hier die wirkliche Coca-Cola-Reklamewelt (Lieferwagen mit dem Bild Eisenhowers hat es nach Auskunft der deutschen Coca-Cola-Dependance Berlin nie gegeben).

Wir sind jetzt in einem Traum – bzw. wir sind jetzt in einem Song, wie man der Anrede »O du Träumer« leicht entnehmen kann. Befinden wir uns aber auch in einer Parodie, in einer kritischen Überspitzung der hirnlosen Bewunderung des amerikanischen kulturindustriell-militärischen Komplexes, in einer Warnung vor der ›Coca-Kolonisierung‹ der deutschen Lebenswelt? Läuft das Gedicht zugleich auf eine Verhöhnung der Pop-Art hinaus? Oder bildet die Überspitzung in ihrer teils einfach glatten, oberflächlichen, teils liedartigen Form nicht doch eine besondere Pop-Art-Variante? Anders gesagt: Ist die letzte Aufforderung – »([...] fahr mit mir endlich in / die Illustrierten, dort ist das / Wetter schön und alles!)« – vielleicht doch ein warholesker Imperativ? Weder das lyrische Ich noch sein »baby« geben darüber Auskunft, sie bewegen sich schließlich nicht im Alltag, sondern in einem kopf- bzw. geistlosen Popraum.

Als Leser/in hat man deshalb nicht nur in diesem Fall die Möglichkeit, Brinkmanns Gedichte aus seiner Popzeit selber mit ›Geist‹ anzureichern und in ihnen mannigfaltige satirische und kritische Einlassungen zu entdecken. Zudem steht freilich die Möglichkeit offen, sich an Momenten der Illustrierten-Welt und anderer Popmedien zu erfreuen. Wenn es auch keine einfache Verdoppelung von Werbeslogans, Genresprache, TV-Phrasen usw. gibt, bieten die Gedichte ebenso wenig klar identifizierbare Botschaften, sondern vielmehr Brüche, Leerstellen, Verfremdungen. Daran zeigt sich, dass Brinkmann in erster Linie ein moderner Dichter ist, seinen eigenen Bekenntnissen zu Einfachheit und Alltäglichkeit zum Trotz.

5.1.4 | Späte Lyrik und Prosa

Gedichte, die im Sujet- und Zitatfeld der Mehrheit der *Godzilla*- und *Piloten*-Beiträge verortet sind, finden sich noch in den folgenden Veröffentlichungen *Standphotos* (1969) und *Gras* (1970), es sind aber schon deutlich weniger. In seinem letzten Gedichtband *Westwärts 1&2* (1975) beruft sich Brinkmann dann nur noch auf Rock 'n' Roll sowie auf Rock-Liedermacher und deren **Songform**. Der Vergleich mit den in *Westwärts 1&2* vorangestellten Lyrics von Jackson Browne, einem damals sehr bekannten und anerkannten Rock-Songschreiber, zeigt freilich deutlich, dass Brinkmann diese Liedform in keiner Weise erreicht (oder auch nur erreichen möchte).

Entscheidend ist für unseren Zusammenhang: Von Brinkmanns früher mitunter positiven, überwiegend immerhin ambivalenten Haltung gegenüber der Massen-, Konsum- und Popkultur ist nichts mehr übriggeblieben als tiefe Abneigung und Verzweiflung. Unter dem Titel »Einige sehr populäre Songs« lautet eine Strophe: »Die

Konzerne wuchern wie Massenmedien, / die Gesteinsbrocken und Trümmer sind bei / Seite geräumt, der Schmerz und die Trauer / verhökert, zerfallen in Monatsgehälter« (Westwärts 1&2, 125). Oder im »Sonntagsgedicht«: »ich schäle mir lieber jetzt / ein paar Kartoffeln. Ich starr / die Kartoffeln an. Die Kartoffeln / rühren sich nicht. Sie sind // schöner als ein Kopf voll Scheiße beschmierter / Comics und Illustrierten, die in den / Köpfen aufgeschlagen werden, wenn / sie sprechen« (ebd., 62 f.). Damit ist alles gesagt, ein Erklärungs- oder Interpretationsspielraum ist nicht vorhanden.

Brinkmann selber wendet sich dennoch nicht von den »Massenmedien« ab. Im Sinne des ›Hässlichkeits‹-Programms von William S. Burroughs (s. Kap. 5.1.1) montiert er bereits seit 1969 unablässig Teile aus Pulp-Fiction-Heften, Tageszeitungen und Illustrierten in seine Materialhefte, Briefe, Hörspiele und Prosatexte. Hier ein Beispiel mit vielen Anspielungen auf die Populärkultur der 1950er Jahre, verschnitten mit Witzen und Phrasen, die klingen, als ob sie Gangstergeschichten und Boulevardzeitungen entnommen wären:

»Windiger Rock ’n’ Roll fegt durch blaue Spielhöllen leer aus den 50er Jahren dieses Jahrhunderts Elvis Presley Das Becken genannt Die Stimme Amerikas La Cucaracha in der Trockentrommel nachmittags rotiert Frank Sinatra Big Boss Man Capri Roter Mond Rudi Schurickes schmalzig zu Rülpsern frisch angebrüteter Eier direkt von der Farm mit chronischer Hühnerpest in die Stadt geschaukelt, wo der Waschsalon-Mann wartet und klingelt Blümchen hinter Jerry Lee Lewis über Altes Stück Toilettenpapier gebeugt mit Noten drauf. ›Banknoten?‹ Sind die schönsten Noten, die ich kenne. ›Geschafft! Hähähähä‹« (Brinkmann: Fortsetzung, 33 f.).

Besonders in den posthum veröffentlichten **Materialbänden** *Erkundungen für die Präzisierung des Gefühls für einen Aufstand* (1987) und *Schnitte* (1988) sind solche Montagen Brinkmanns (nicht nur von Phrasen, sondern auch von Bildern aus Nachrichtenmagazinen, Pornoheften etc.) mit zivilisationskritischen Tiraden angereichert. Ebenfalls sind sie versetzt mit Erfahrungsberichten, etwa über seine Gänge durch Köln oder Rom – Berichte, die er schnell, oft unter Einwirkung von Stimulantien, in die Schreibmaschine tippt.

Der Hass auf diese Pop- und Massenkultur führt also nicht zur Abwendung von der geschmähten und ihn drangsalierenden Zivilisation, sondern treibt Brinkmann im Gegenteil immer tiefer in sie hinein. Zumindest in seinen täglichen Verrichtungen als Schreibender und Collagist kann er von ihren Artefakten und ihren Dokumenten nicht lassen, er arbeitet eine durch und durch negative Version der Pop-Art heraus, er schafft eine **Pop-Dystopie**, von der er allerdings glaubt, dass es sich um die Wirklichkeit handelt.

Weiterführende Literatur

Rückblicke auf sein früheres Werk sowie seine Einschätzungen dazu liefert Rolf Dieter Brinkmann in Briefen der Jahre 1974/75 (*Briefe an Hartmut*). Eine fundierte Analyse zu Brinkmanns Ästhetik und zu seinen Materialbänden bietet Groß (1993). Zum Verhältnis von Brinkmann zur Popkultur am Ende der 1960er Jahre gibt Schäfer (1998) umfangreich Auskunft. Einen guten Eindruck über neuere Forschungsansätze zu Brinkmann kann man sich in einem Sammelband von Fauser (2011) verschaffen.

5.2 | Popautoren der 1960er, 1970er und 1980er Jahre

5.2.1 | 1960er Jahre

Ende der 1960er Jahre steht die Popliteratur wegen der erhofften Übereinstimmung von Pop mit antiautoritärer Politik an wichtiger Stelle auf der künstlerischen und kulturrevolutionären Tagesordnung jüngerer Schriftsteller und linksliberaler Feuilletonisten. Das ändert sich rasch. Nachdem 1970 noch eine Reihe von Titeln erscheint, die 1969 geschrieben oder zumindest vorbereitet wurden (und die darum in dieses Kapitel zu den 60er Jahren Eingang finden), nimmt das Interesse ebenso schnell ab, wie es aufgekommen ist. Dieser Rückgang innerhalb der Verlags- und Literatursphäre sowie der kunstinteressierten Öffentlichkeit, den man bereits daran gut erkennen kann, dass der Begriff ›Popliteratur‹ nur 1968/69 häufig gebraucht wird, bedeutet nicht das vollständige Ende des Phänomens. Es erscheinen weiterhin Bücher, die man der Popliteratur hätte zurechnen können –, es besteht aber in den 70er Jahren kein großes Interesse mehr, über sie unter dieser Überschrift zu verhandeln.

Anders in der Mitte der 60er Jahre. Da gibt es zwar bereits mancherlei Hinweise, die in Richtung Popliteratur weisen (s. Kap. 1.2), nicht aber entsprechende Bücher. Dennoch kommt man über bloße Gedankenspiele hinaus: Die Annäherung der Literatur an die Popkultur läuft in Deutschland zunächst über das **Theater**. Der Regisseur Peter Zadek charakterisiert etwa den »**Bremer Stil**« als »eine Mischung aus Pop Art, einer kühlen, ein bißchen an Brecht erinnernden Art von Schauspielführung, ironisch« (Zadek: My Way, 360). Wie bei den Debatten zur Pop-Art (s. Kap. 2.2.2) stellt sich dem Theaterpublikum die Frage, ob solche »Mischungen« eine zu große Nähe zur Popkultur außerhalb der legitimen Kunstsphäre aufweisen oder im richtigen Verhältnis zu ihr stehen. In *Theater heute* stellt Karl Günter Simon bereits 1965 fest, dass die Stücke jüngerer Dramatiker zu wenig Distanz zur »Konsumwelt«, zur »Bewußtseinsindustrie« und zu den Beatles hielten. Er glaubt dies ausgerechnet an Bazon Brocks *Theater der Position* und an Peter Handkes *Publikumsbeschimpfung* erkennen zu können (Simon 1966, 12). Andere Kritiker weisen freilich zu Recht darauf hin, dass Brocks Aufführung durch »eine möglichst umfassende gegenseitige Verfremdung bzw. Infragestellung aller eingesetzten Elemente bestimmt« werde (Bremer 1966, 15) und durch Handkes »Anti-Theater« »theatralische Elemente der Realität bewußt gemacht« würden (Rischbieter 1966, 16).

Es bleibt nicht den Rezensenten und Feuilletonisten vorbehalten, die Distanz der Stücke und Inszenierungen zur Massen- oder Popkultur aufzuzeigen. Die Autoren und Regisseure unterstützen mit ihren Regieanweisungen und Selbstdeutungen diese Einschätzung. **Bazon Brock** etwa möchte 1966 durch »das laute Lesen und Rekapitulieren« von Sätzen aus Illustrierten und Reklamesprüchen »dem Publikum die Möglichkeit« geben, »nochmals vor die Realität seiner täglichen Handlungen zu gelangen und sie auf keinen Fall im Theater zu vergessen« (Brock: Theater der Position, 59 ff.). **Peter Handke** veröffentlicht im gleichen Jahr »Regeln für Schauspieler«, in denen neben Aufforderungen wie »Die Hitparade von Radio Luxemburg anhören« und »Die Beatles-Filme ansehen« wenig poppig dazu aufgerufen wird: »Die laufenden Räder eines auf den Sattel gestellten Fahrrads bis zum Ruhepunkt der Speichen anhören und die Speichen bis zu ihrem Punkt der Ruhe sehen« (Handke: Regeln, 16).

Mit Blick u. a. auf Peter Handke resümiert Erika Fischer-Lichte in ihrer Theatergeschichte, dass Leslie Fiedlers Forderung, die Lücke zwischen Hoch- und Popkultur postmodern zu schließen, seit Ende der 1960er Jahre auf dem Theater erfolgreich verwirklicht worden sei (Fischer-Lichte 1993, 412 u. 499). Schaut man sich aber z. B. Handkes »Regeln« an, können einem erhebliche Zweifel kommen, ob diese Art der Aufhebung bzw. Aneinanderreihung nicht die Lücke wieder vertieft, wenn auch auf andere Weise als zuvor.

In einer Anmerkung zu Wolfgang Bauers *Magic Afternoon*-Inszenierung (Bauer hat das Stück auch verfasst) hebt Botho Strauß genau diesen Unterschied zwischen – um im Bild zu bleiben – Radio Luxemburg und dem Geräusch der Speichen deutlich hervor: »›…the beautiful, sexy, marvellous, happy and fucking…Magic Afternoon‹: so etwa, nach dem Muster einer Hitparade-Ansage hat Bauer seine Berliner Inszenierung starten lassen«, hält Strauß fest, um sofort darauf den Abstand von Behauptung und theatraler Wirklichkeit zu markieren: Bauer »düpierte mit solchen Angebereien nur die Leute, die dann vielleicht wirklich sauer waren, daß sie statt eines erstklassigen Hits so ein zähflüssiges Problemstück fast zwei Stunden und noch ohne Pause durchstehen mußten« (Strauß 1970, 13).

Dieses ›Problem‹ – bzw. die Absicht vieler Autoren, gar keinen »Hit« schreiben zu wollen – bleibt auch in der Literatur abseits des Dramas erhalten. **1967** kann das noch gar nicht auffallen, weil in diesem Jahr noch keine entsprechenden Veröffentlichungen deutschsprachiger Autoren vorliegen, darum bleibt es beim Blick nach England und bei ersten Kontakten, die Autoren zur Popmusikszene knüpfen. 1969 erscheint zwar mit Serge Ehrenspergers *Prinzessin in Formalin* ein Roman, der unter Aufbietung verschiedener moderner Erzählverfahren viele Namen und Topoi von ›Swinging London‹ versammelt, aber im Deutschland des Jahres nach 1968 wegen seines liberal-chauvinistischen Stils (der Protagonist ist ein erfolgreicher Werbefachmann) innerhalb der literarischen Szene äußerst unzeitgemäß wirkt: »Benzintanken, ein romantisch-weicher Gefühlsakt, Shell als Muttersymbol, Motorists' Mother, der Tiger ist zu amerikanisch, die Manager sollen jetzt ein Shell-Girl an die Wand kleben, das Shell-Girl als mildere Fassung der [sic] Playmate« (Ehrensperger: Prinzessin in Formalin, 11).

So schnell ändern sich die Zeiten. Zwei Jahre zuvor hätte man einen London-Roman mit Marketing- und Sexthemen sowie Beatles-Anspielungen zumindest als beachtliche Novität eingestuft. Eine Verbindung von Pop und Literatur wird in Deutschland 1967 nämlich bloß durch Marketing-Abteilungen und Journalisten geknüpft, die einzelne Autoren in die Nähe der Beatles rücken: Der englische Verlag Rapp & Carroll wirbt in der *Streit-Zeit-Schrift* (1967, Heft 1) für die Anthologie *the liverpool scene* (Autoren: Adrian Henri, Roger McGough, Brian Patten u. a.) mit dem Slogan »Die Sprache der ›Pop‹-Dichter aus Liverpool«. »Junge Dichter« wie Peter Handke und Ferdinand Kusz, die zusammen mit einheimischen »Beat-Bands« auftreten, werden ebenfalls 1967 als Verfasser von »Pop-Poesie« identifiziert (so zu sehen auf einem Zeitungsausriss in Kusz: Wunschkonzert, o. S.; weitere Hinweise bei Bandel/Hempel/Janßen 2005, 130 ff.).

Ein Jahr später liegen dann von Autoren, Verlagen und Rezensenten viele Versuche vor, literarischen Anschluss an die Popkultur zu gewinnen. 1968 werden vom Feuilleton auch Bücher zur Popliteratur gezählt, die – im fiktionalen Modus oder mit ethnographisch-dokumentarischen Anteilen – **Mitglieder gegenkultureller Szenen porträtieren** oder zu Wort kommen lassen, einen besonderen Erfolg erzielt Hubert Fichte mit dem Buch *Palette* (1968). In der Folgezeit sind noch Wolfgang Siegs *Säurekopf* (1968), Friedemann Hahns *Fick in Gotham-City* (1970), Tiny Strickers *Trip Generation* (1970) sowie einige Texte aus Paul-Gerhard Hübschs *Mach was du willst* (1969) und einige Erzählungen aus der von Vagelis Tsakiridis herausgegebenen Anthologie *Supergarde* (1969) zu nennen. Dabei handelt es sich um modern-realistische oder modern-experimentelle Texte, die einen lediglich inhaltlichen Bezug zu Szenen aufweisen, die vollständig oder auch nur partiell der Popkultur zuzurechnen sind (wie im Fall der ›Gammler‹ und der Drogenszene, die sich natürlich nicht nur aus Pop-Anhängern rekrutiert).

Annäherungen an zeitgenössische Medien- und Konsumwelten unterbleiben jedoch weitgehend oder gänzlich; Übernahmen oder verfremdende Adaptionen ihrer Genres, Verfahrensweisen, Phrasen finden nicht statt. Die Auflösung des Unterschieds von Realität und medialer Simulation in eine totalisierende ›Oberfläche‹ (eine ›Oberfläche‹ ohne Tiefe) zählt ebenfalls nicht zum Modus dieser Werke. Sie werden Ende der 1960er Jahre also nur zur Popliteratur gerechnet, weil sie mehr oder weniger Anklänge an die Subkultur der Hippies und andere Gruppen aufweisen, die ein undifferenzierter Blick mit der Hippie-Bewegung assoziiert.

Etwas näher an der Popliteratur befinden sich die Werke jener Autoren, die das Cut-up-Programm William S. Burroughs' übernehmen (vgl. Fahrer 2009). Schriftsteller wie Jürgen Ploog und Carl Weissner führen in ihre Montage-Texte allerdings zumeist weniger massenmediales Material ein als Rolf Dieter Brinkmann – und wenn sie es tun, dann auf noch weniger les- und deutbare Weise. In ihrer **Cut-up-Prosa** (s. Kap. 5.1.1) bieten selbst Markennamen oder Genrebezeichnungen keinen Halt mehr: »Frauen zerfielen auf Asphalt... Coca Cola siegte... ihre Finger im Wilden Westen« (Ploog: Cola-Hinterland, o. S.). »Ist noch Platz für einen mehr im toten Koks-film... wie wärs?« (Weissner: Braille-Film, 78)

Von **Elfriede Jelinek** werden die Illustrierten-Phrasen und Kulturindustrie-Stereotypen besser kenntlich gemacht, auch die Kritik an der Kulturindustrie und der Popsphäre stellt sie durch die Anordnung der Montageteile in dem langen Prosatext *wir sind lockvögel baby!* (1970) deutlicher heraus: »ringo hatte bei seinem taumel von einem flüchtigen abenteuer ins nächste einen schalen geschmack im munde. einen nachgeschmack. er sagte oft zu paul der sich im flitterbikini von einem glänzenden star herabschwang you moving from a star verdammt noch einmal lass uns doch endlich ehrlich zueinander sein« (Jelinek: wir sind lockvögel baby!, 142).

In Jelineks Text »Die endlose Unschuldigkeit«, veröffentlicht in der Anthologie *Trivialmythen* (1970), wechseln sich Zitate aus TV-Serien, Werbung, Heftromanen mit solchen aus theoretischen Schriften, etwa aus Roland Barthes' *Mythen des Alltags*, ab. Dazwischen stehen Passagen, in denen die Autorin scheinbar (manchmal fällt das Wörtchen »ich«) Überleitungen vornimmt und vor allem ideologiekritische, feministische Analysen in antikapitalistischer, antipatriarchalischer Absicht vorträgt: »einem geschmeidigeren Bürgertum können dinge wie psüchoanalüse emanzipation des jungen mädchens (!) avantgarde künstlertum revolutionäre jugend etc. nicht gefährlich werden« (Jelinek: Die endlose Unschuldigkeit, 55 f.). Ganz sicher sein kann man sich aber nicht, ob es sich um einen Essay handelt, dessen Aussagen vollständig der Autorin zugerechnet werden müssen, schließlich werden nur wenige Zitate angegeben, manche davon weisen absichtliche (aber nicht vermerkte) orthographische Änderungen auf, oft werden sie bloß aneinandergereiht, nicht kausal miteinander verbunden, so dass der Eindruck einer künstlerischen Collage überwiegt.

Bei anderen Autoren, die Stücke aus den Massenmedien übernehmen, fällt die Diagnose oftmals leichter. In einem Sammelband mit Texten der *Kinder von Marx und Coca Cola* (Brunner/Juhre/Kulas 1971) wird z. B. ganz im Sinne des Entfremdungstheoretikers Marx und nicht in dem der Coca-Cola-Eigentümer »Konsum, Werbung, Lottoglück« erst dokumentiert, dann aber rasch denunziert. Popliteratur nutzt in solchen Fällen vorgefertigte narrative Formeln, Signets und Textstücke aus Marketing und populären Unterhaltungsmedien, um sie **satirisch** zu zeichnen oder mindestens auffällig herauszustellen, nicht selten sind sie durch ihre Häufung verfremdet (etwa Faecke: Als Elisabeth Arden neunzehn war, 59 ff.).

Mit vielfältigen Stilmitteln erprobt **Alfred Behrens**' *Gesellschaftsausweis. Social-ScienceFiction* (1971) in kürzeren Prosatexten ›coolere‹ Annäherungen an die zeitgenössische Konsum- und Marketingsphäre. Die kritische Haltung zu dieser Sphäre scheint zwar immer wieder durch, wird aber niemals von einer Erzählinstanz direkt geäußert. »Schorf« z. B. simuliert den internen Studie einer Marketingstelle; »Eine halbe Stunde Aggressivfilm« versammelt Daten einer psychologischen Rezeptionsstudie; in »Die wilde Frische der Seife Fa« gibt die Darstellerin eines Werbespots Auskunft über Projektionen von Konsumentenwünschen; »Sex in der Werbung« ist das fingierte Manuskript der Rede eines Werbefachmanns überschrieben, der seine Kollegen dazu auffordert, im Sinne von »POP, dem Schlüsselwort all dieser Tendenzen«, die »Sexualisierung der Warenwelt« entschlossen voranzutreiben (Behrens: Gesellschaftsausweis, 52 ff.). Unter dem harten Titel »Die Unterdrückung der Verbraucher ist vor allem an dem Verhalten der Verbraucher selber zu erkennen« montiert der Autor diverse Ausschnitte aus Marketingberichten mit bekannten Phrasen zur Werbung, mit Neologismen, originellen Kurzaussagen und möglichen Meta-Reflexionen. Im Zusammenhang erschließt sich der kritische Grundtenor dieser Montage leicht, wenn auch wegen fehlender auktorialer Kommentare eine affirmative, faszinierte Rezeption möglich bleibt:

»Short-stories. / Die Modellwechsel folgen immer rascher aufeinander. / Das Auge kauft mit. / Verbraucherberatung Nr. 104: / ›Würden Sie sagen, daß Ihr Gesundheitszustand im allgemeinen gut oder weniger gut ist?‹ / Vom Lay-out hängt die Wirkung ab. / UP UP AND AWAY WITH. / Photologische Beweise an den Wänden. / Herbst Verzichtsfarben. / Ein Verbraucher bleibt irgendwie unbefriedigt. / Erinnerungswerbung. / Click. / Negativentwicklung. / Leichter Reizwortnieselregen. / ›Haben Sie persönlich schon einmal Tiefkühlkost eingekauft, ich meine tiefgekühlte Gemüse, Früchte, Geflügel, Fische usw.?‹ / Ein anderer Verbraucher verliebt sich in einen Maxi-Mantel. Die Modellwechsel folgen immer rascher aufeinander. Einübung in hochvariablen Fetischismus. Keine Produktfixierungen mehr. Erziehung zur Konsumflexibilität / [...] Kurzgeschichten. / Illustrationen Verzichtsfarben. / Positivretusche. / Er zieht ihr die Stiefel aus, die Strumpfhosen, zögert einen Moment und fragt sie dann, wie er ihr den Pullover und den BH ausziehen kann, ohne ihr den Maxi-Mantel ausziehen zu müssen. / Sie überlegen. / Die Kurzgeschichten werden immer kürzer. / Realität wird als ein aus Vermittlungen zusammengesetztes Erlebnis konsumiert. / Kopfkino« (ebd., 8 ff.).

Manchmal kommt der Verfremdungseffekt auch nur dadurch zustande, dass die **Fundstücke** unbearbeitet in einem Werk der Literatur auftauchen und nicht mehr in einer Illustrierten oder einer TV-Sendung als Anzeige oder Ansage fungieren. Neben einem Wetterbericht (Bienek: Vorgefundene Gedichte, 25), Wolf Wondratscheks Stones-Variante – dieser Text besteht aus einem Auszug eines englischen Telefonbuchs mit Angaben von u. a. Jager bis Jaggers (Wondratschek: Die Rolling Stones, 234 ff.) – ist besonders Peter Handkes Mannschaftsaufstellung des 1. FC Nürnberg mit ihrer graphisch nach Verteidigung, Mittelfeld und Sturm voneinander abgesetzten 2-3-5-Formation zu nennen, die der zu diesem Zeitpunkt bereits sehr bekannte Schriftsteller mit beachtlicher Resonanz in seinen Gedichtband *Die Innenwelt der Außenwelt der Innenwelt* (1969) aufnimmt.

Wie bei den **Ready-Mades** Marcel Duchamps und den von Andy Warhol in einer Galerie ausgestellten Anfertigungen eines Putzmittelkartons – der Pop-Art-Entsprechung der von Duchamp versuchsweise zu Kunst erklärten Alltagsgegenständen (wie z. B. einem Pissoir) – handelt es sich auch bei diesen Veröffentlichungen um

Anschläge auf den Status der Kunst: Wenn jeder Text zur literarischen Kunst zählt, dann gibt es keine mehr. Andererseits bleiben diese Attacken auf die Kunst bzw. (moderater ausgedrückt) solche Problematisierungen herkömmlicher Kunst-Kriterien weitgehend folgenlos – und damit ohne jede Konsequenz für das Kunst-System insgesamt –, wenn sie wie im Fall Handkes von der kunstinteressierten Öffentlichkeit als ein origineller Einfall gelobt und damit zum Einzelfall degradiert werden.

Die Nähe zu Pop-Art-Ready-Mades wird von Popliteraten nicht nur in Form solch ›buchstäblicher‹ Entsprechungen dokumentiert. Zu verzeichnen sind auch einige **Text/Bild-Kombinationen**: Bei den männlichen Autoren ist es sehr beliebt, Textzeilen auf oder neben den Bildern (halb)nackter Frauen oder von Comic-Helden zu platzieren, von Aufnahmen oder Zeichnungen, die in den allermeisten Fällen nicht von den Autoren selbst stammen, sondern fremden Quellen entnommen sind. Das macht nicht nur Rolf Dieter Brinkmann in seinem Gedichtband *Godzilla* (1968), so verfährt auch z. B. die Zeitschrift *Törn* (Heft Mai 1968), Jürgen Ploog in *Cola-Hinterland* (1969) und Ulf Miehe in »Torpedo Definitiv Nr. 309675« (abgedruckt in Vagelis Tsakiridis' Anthologie *Supergarde*). Damit können nicht nur die sinnlich-erotischen Interessen der Autoren befriedigt, sondern auch der latent paradoxen Abneigung der Popliteraten gegen das von ihnen als unsinnig und disziplinierend eingestufte Medium der Alphabetschrift Genüge getan werden.

5.2.2 | 1970er Jahre

In den 70er Jahren nimmt die Abneigung gegen die angebliche Kontroll- und Entwirklichungsmacht sprachlicher Abstraktion weiter zu. Dennoch wird in Reihen der Alternativbewegung, mit der große Teile der jüngeren kulturinteressierten Bevölkerung verbunden sind, der Ansatz der Popliteratur nicht weitergeführt. Literarische Bücher und Texte, die der links-spontaneistischen, verstärkt ökologisch ausgerichteten Bewegung als Gegengewicht zu einer vermeintlich traditionellen, bildungsbürgerlichen Kultur erscheinen, werden nicht länger unter dem Titel ›Popliteratur‹ versammelt.

In dem diffusen, umfassenden Sinne des Begriffs, wie er Ende der 1960er Jahre gebraucht wurde, wäre das in den 1970er Jahren aber möglich gewesen, schließlich erscheinen weiterhin Cut-up-Schriften (in der und um die Zeitschrift *Gasolin* herum), Erzählungen aus dem Drogenmilieu (Jörg Fausers teilweise im Stakkatostil verfasste Erzählung *Tophane*, 1972) sowie Erfahrungsberichte aus Kommunen und anderen Orten der Alternativbewegung. Die Favorisierung von Rockmusik, von progressiver und unkommerzieller Kunst verhindert aber, dass solche Schriften unter ›Popliteratur‹ verhandelt werden (die US-amerikanische Beatliteratur wird hingegen bei Neuauflagen von Rockmusik-Zeitschriften wie *Sounds* weiterhin sehr positiv beurteilt).

Ein eindrücklicher Beleg für die starke Abneigung gegen das feuilletonistische Etikett ist, dass nicht einmal eine exponierte Figur daran etwas ändern kann. Mit **Wolf Wondratschek** gibt es nämlich sogar einen Schriftsteller, der, ähnlich wie Brinkmann 1968/69, nicht nur in kurzer Folge viele Publikationen vorweisen kann, sondern auch ein größeres Publikum über die professionell mit Literatur befasste Leserschaft hinaus erreicht. Und wie bei Brinkmann lag die Einordnung von Wondratschek als Popliterat nahe: Immer wieder kam er in seinen Büchern auf bekannte Namen aus der Popkultur zurück. Aus den genannten Gründen wurde die Möglichkeit der Pop-Rubrizierung bei Wondratschek jedoch nicht genutzt.

Der Sache nach ist sie aber gerechtfertigt. In dem Prosaband *Ein Bauer zeugt mit einer Bäuerin einen Bauernjungen, der unbedingt Knecht werden will* (1970) stellt Wondratschek dem ersten Text »Roman« ein Zitat von William S. Burroughs voran: »Was tut ein Schriftsteller denn anderes, als vorgegebenes Material zu sortieren, redigieren & arrangieren?« (Wondratschek: Ein Bauer, 7). Programmgemäß greift Wondratschek – auch in einigen Veröffentlichungen des Sammelbandes *Omnibus* (1972) – auf massenmediale Zitate und Genres zurück, allerdings gruppiert er sie nicht nach der Cut-up-Methode, sondern stellt sie sehr bewusst zusammen. Er kombiniert sie mit eigenen Sätzen, Titeln und Angaben so, dass die Kritik an solcher ›Realität‹, die die Agenda von Massenmedien bestimmt, deutlich wird. Im Gegensatz zu Burroughs und auch zu Rolf Dieter Brinkmann erhält seine Redaktion, sein Arrangement eine nüchterne, reflexive, modernistische Note; der Verfremdungseffekt kommt hier nicht durch eine Überfülle an Sex-und-Gewalt-Reizen, sondern durch eine spröde Komposition zustande.

In dem viel gelesenen Gedichtband *Chuck's Zimmer* (1974) schließlich bleiben Referenzen auf Cola und Rock 'n' Roll erhalten, der trocken-modernistische Zugriff auf vorgefundene Textmaterialien wird aber getilgt. Stattdessen erprobt Wondratschek einen eigenständigen Zugang zur **Songform** (daran orientiert sich später, allerdings ohne vergleichbare Resonanz, Jörg Fauser mit seinen in *Trotzki, Goethe und das Glück* [1979] versammelten Gedichten der Jahre 1975–1979). Die Absicht, so zu verfahren, deutet Mitte der 70er Jahre auch Rolf Dieter Brinkmann in *Westwärts* an (s. Kap. 5.1.5). Im Unterschied zu Brinkmanns Gedichten sind aber Wondratscheks »Gedichte/Lieder« (so die Ankündigung auf dem Buchcover) teilweise in der Tat leicht als Songtexte vorstellbar. Zum Beispiel lauten die ersten acht Zeilen von »Supergirl«: »Es ist soo schön / Das ist verboten // Das Supergirl geht in den Supermarkt / Klaut alles was es gibt an Sonderangeboten / Raubt dann in Superform die Kasse aus / Und nimmt gleich noch die kleine Angestellte mit // Es ist soo schön / Das ist verboten« (Wondratschek: Chuck's Zimmer, 13). Oder die letzten neun Zeilen von »Café Capri«: »Anna sagt / Ich liebe mich / und hasse mich; / ich weiß es auch nicht mehr – / ich fühl mich wie ein Raumschiff / mitten im Straßenverkehr // Ich brauche dich / Ich hänge in der Luft / Und du kannst fliegen« (ebd., 16).

5.2.3 | 1980er Jahre

In den 80er Jahren stellt sich die Lage anders dar: Das Interesse an Pop als Oberbegriff und ästhetisch-politische Strömung ist wieder groß, es gibt aber nur wenig geeignete popliterarische Kandidaten. Zudem wird für die Anwärter zu wenig getan, um sie erfolgreich unter einem Schlagwort versammeln und im Verbund von Verlagsmarketing und Feuilletondebatten publik machen zu können.

Darum zeigen die 80er Jahre unterschiedliche Möglichkeiten auf, was aus ›Popliteratur‹ hätte werden können – Möglichkeiten, die angelegt waren, aber nicht richtig ergriffen wurden. Den Möglichkeitenraum öffnet die von Punk und New Wave herkommende Wendung **gegen die linksalternative Szene** (s. Kap. 2.1.4). Anfang der 80er Jahre nimmt diese Wendung unter vielen jungen Bohemiens und Intellektuellen einen entschiedenen Kurs Richtung Pop – nach dem Vorbild des englischen New Pop (s. Kap. 2.1.5).

Die wichtigste Vorwegnahme der Ansichten über die Popliteratur der 90er Jahre besteht Anfang der 80er Jahre in der harten Gegnerschaft zur Kultur der 70er Jahre, der Kultur der Alternativbewegung. Der Titel ›Pop‹ wird Anfang der 80er Jahre genutzt, um offensiv die Gegnerschaft zum Tiefsinn, zur Innerlichkeit, zur Konsumfeindlichkeit und zur Formlosigkeit der links-alternativen Kunst und Kultur, auch zu deren mit dem Anspruch des Authentischen und Ehrlichen gepflegte Rock- und Folk-Vorliebe anzuzeigen. Programmatisch wird darum im Gegenzug **Oberflächlichkeit, Äußerlichkeit, Materialismus und Eingängigkeit** gepriesen.

Die Überwindung der Rockkultur durch eine emphatische Pop-Affirmation wird im deutschsprachigen Raum vor allem durch die Musikzeitschrift *Sounds* betrieben, die sich seit Ende der 70er Jahre erst zögerlich und ab 1981 stark von der Rocktradition löst und zum Organ der Pop-Affirmation wandelt. Mitte 1981 macht sich dieses Programm auch im Literaturbereich bemerkbar. Akif Pirinçcis zuerst im Selbstverlag veröffentlichter Roman *Tränen sind immer das Ende* erfährt höchstes Lob, bei dem besonders die angezeigte Gegnerschaft zu verschiedenen Favoriten der jüngeren und älteren Gegenwartsliteratur interessant ist: »Verblüffend! Fantastisch! Begeisternd! Vom Tisch mit allem literarischen Kleinkram! Hinweg mit handkescher Empfindungsdrechselei, mit walserscher Wortkraft und grassscher Wortgewalt!« Dagegen wird von der Rezensentin Inge Berger unmittelbar als positive Eigenschaft hervorgehoben: »Hier ist einer, der noch richtig erzählen kann: Akif Pirinçci, ein Türke in Nordrhein-Westfalen, kaum zwanzig Jahre alt.« Im letzten Absatz ergeht das maximale Urteil: »Der Roman eines Großen Einzelnen, der in die Geschichte einzugehen verdient wie Goethes ›Werther‹ und Christiane F.'s ›Christiane F.‹« (Berger 1981, 59).

Im gleichen Heft der Zeitschrift bespricht Diedrich Diederichsen die Verfilmung von *Christiane F.* Auch er hält Christiane F.s kommerziell äußerst erfolgreiches Buch *Wir Kinder vom Bahnhof Zoo* (1978) für ein bedeutendes Werk. Wie Berger Pirinçcis *Tränen sind immer das Ende* als einen großartigen **Gegenwartsroman** ansieht, durch den man etwas über das zeitgenössische Leben und Lebensgefühl erfahre, ist Diederichsen angesichts von Christiane F.s Erinnerungen überzeugt, dass *Wir Kinder vom Bahnhof Zoo* das »einzige vernünftige Stück Prosa« sei, das angemessen zeige, »wie Jungsein in den Siebzigern war. Ein Zeitroman, der jenseits aller Mißverständnisse von Literarizität, die so die Hirne bundesdeutscher Dichter bevölkern, eine Epoche unverwechselbar in ihrer eigenen Sprache festhält« (Diederichsen 1981, 56).

Wie Inge Berger wendet sich Diederichsen nicht nur gegen die Alternativkultur, sondern zugleich gegen die Repräsentanten der tonangebenden literarisch-feuilletonistischen Kreise (die zu diesem Zeitpunkt bei der Konsumkritik, der Ideologiekritik und beim Lob des Kreativen, Nicht-Standardisierten, Originellen, Unperfekten starke Gemeinsamkeiten mit den Vorlieben der Alternativbewegung aufweisen). Der Ablehnung durch die Angefeindeten kann man sich Anfang der 80er Jahre tatsächlich noch gewiss sein. »Das gemütlich-behäbige Wochenblatt schoß in einem Artikel über Akif Pirinçci gegen SOUNDS«, berichtet Diederichsen Mitte '82 über einen Artikel aus dem Feuilleton der *Zeit*, einer der, laut Diederichsen, Bastionen des »kritischen Bewußtseins« und der »sozialdemokratischen Langweilerkultur«. Überaus bezeichnend sei, dass der *Zeit*-Feuilletonist nur den *Sounds*-Vergleich von Pirinçcis *Tränen* mit Goethes *Werther* kritisch zitiere und den »Zusammenhang Goethe/Christiane F.« unterschlage. Solch ein Literaturverständnis sei natürlich nichts für einen Mann, der in Pirinçcis Buch »etwas ›über das Denken und Fühlen der zweiten Ausländergeneration erfahren‹ will«. Wer nur in »Redaktionskonferenzphrasen« denke, könne auch nur »schwer einfache Wahrheiten aus Akif's Mund ertragen, wie etwa,

›daß es in der Welt nur ums Ficken und ums Geld und um nichts anderes‹ geht« (Diederichsen 1982, 24).

Solch eine Literatur, die weder auf moderne Sprachspiele noch auf politisch-pädagogische ›Betroffenheits‹-Botschaften setzt, fasst *Sounds* aber nicht unter ›Popliteratur‹. Der Begriff kommt nicht zur Anwendung – als sei Literatur von vornherein zu weit von Pop entfernt und als kämen für Pop bloß Musik, Film, Fernsehen und Mode als Medien des Oberflächlichen in Betracht. Und tatsächlich werden – mit der Ausnahme von Christopher Roths wenig beachtetem *200 D* (1982) – in den 1980er Jahren kaum Werke veröffentlicht, die Ähnlichkeiten mit der bekannten Poplyrik Brinkmanns und Wondratscheks oder den kommenden Romanen von Kracht und Stuckrad-Barre aufweisen.

Nicht einmal die traditionellere Lösung, die *Sounds* vorübergehend propagiert – das **direkte, schnörkellose Erzählen** eines Lebens, das von materiellen Begierden angetrieben ist –, stößt auf größeres Interesse. Es erscheinen zwar im Lauf der 80er Jahre wenigstens zwei Bücher von (stärker der Rockmusik verpflichteten) Autoren, die immerhin diesen Anspruch erfüllen – Jörg Fausers *Rohstoff* (1984) und Wolfgang Welts *Peggy Sue* (1986; dazu Kap. 5.10). Sie erfahren in künstlerischen und intellektuellen Pop-Zirkeln aber kaum eine oder allenfalls eine schlechte Resonanz.

Auch die Anthologie *Rawums.* (1984; im Titel mit abschließendem Punkt hinter dem aufmerksamkeitsheischenden ›Rawums‹) bietet keine Ausnahme von der Pop-Abstinenz. Da der Herausgeber Peter Glaser in der Einleitung der an Mode und Pop uninteressierten, sich selbst für niveauvoll haltenden Literatur eine Absage erteilt und im Manifeststil »Thrills« und »Unterhaltungswert« einfordert (Glaser: Zur Lage der Detonation, 20), ist das auf den ersten Blick erstaunlich. Allerdings benennt die Einleitung als positive literarische Eigenschaften »störend und ungehalten« sowie »schräg« (ebd., 15), deshalb überrascht es dann doch nicht allzu sehr, dass die meisten Beiträge dieser Anthologie diverse **experimentelle und selbstreflexive Kleinformen** ausprobieren, die – mit Ausnahme der Prosa Joachim Lottmanns (dazu Kap. 5.5) – gerade nicht zur Unterhaltung beitragen wollen.

Unterhaltend sind sie höchstens für Angehörige der New-Wave- und Post-Punk-Szenen, die sich als Typen oder direkt unter ihren Eigennamen manchmal in diesen Boheme-Experimenten und -Kleinformen wiedererkennen können. Das gilt auch für die vielen im Eigenvertrieb oder zumindest nicht von größeren Verlagen veröffentlichten Kleinformen; als Ausnahmen sind Lorenz Lorenz' *Die Einsamkeit des Amokläufers* (1982) und einige Kapitel in Werner Büttners, Martin Kippenbergers und Albert Oehlens Ausstellungskatalog *Wahrheit ist Arbeit* (1984) zu nennen.

Worauf man in den 1980er Jahren in größerer Zahl und an öffentlichkeitswirksamerer Stelle stößt – und was in entsprechenden Zirkeln aufmerksam gelesen wird –, sind demnach überwiegend allgemeine **Popbekenntnisse** von Autoren wie Rainald Goetz und Thomas Meinecke (s. Kap. 2.1.6), die später popliterarische Werke vorlegen werden (dazu Kap. 5.3 und 5.4), in den 1980er Jahren aber in ihren literarischen Schriften überwiegend andere Formen erproben. Darum können auch diese zumindest in der literarischen Welt bekannten Schriftsteller als ein weiteres Beispiel dafür dienen, dass die Popbejahung keineswegs zwangsläufig zu einer bestimmten Sorte Literatur führen muss – und die Affirmation der Unterhaltung nicht automatisch zu unterhaltender Literatur.

5.2.4 | Zwischenbilanz und Ausblick

Was Anfang der 1960er Jahre von der Pop-Art ausgeht, wird Mitte des Jahrzehnts in den großen amerikanischen Illustrierten als allgemeiner Trend und sogar als wichtige Dimension der westlichen Gesellschaft gefasst. *Newsweek* definiert ›Pop‹ im April 1966 anhand einer Reihe schlagender Beispiele. Pop ist demnach »a $5,000 Roy Lichtenstein painting of an underwater kiss hanging in a businessman's living room«, Pop ist aber gleichfalls »30 million viewers dialing ›Batman‹ on ABC every week«, es ist ein »Pow! Bam! commercial for Life Savers on TV and a huge comic-strip billboard for No-Cal glaring down on Times Sqare. It's lion-maned Baby Jane Holzer in a short-skirted wedding dress. It's the no-bra-bra and the no-back dress.« Pop zeigt sich dem Nachrichtenmagazin weiter als ein neuer Stil in der Werbung – »quick, staccato, jump-cut« –, als ironische Ausstellung von Klischees (wie in der immens erfolgreichen Fernsehserie *Batman*), als eine junge Mode, die dem Diktat der Haute Couture absagt, als oberflächliche, antipsychologische Figuration wie im Fall James Bonds – »[h]e is completely in the pop mainstream of anti-tradition, anti-authority. He lives for now and laughs at himself« – und als künstlerische Reizüberflutung, bei der »music, dancing, movies, everything happens at once and assaults all the senses«. Pop ist, zusammengefasst, »what's happening«, »anything that is imaginative, nonserious, rebellious, new, or nostalgic; anything, basically, fun« (Benchley 1997, 148 ff.).

Pop steht dabei zwar für Jugendlichkeit, diese vermutet man aber in den Nachrichtenmagazinen nicht allein bei 16-Jährigen. Die Aktualität von Pop, der »in«-Charakter von Pop scheint den Kommentatoren weder ein flüchtiges noch ein auf Teenager beschränktes Phänomen zu sein, auch wenn viele aus der alten Generation ihm ablehnend gegenüberstehen. Die Erklärung der Popkultur aus **liberal-kapitalistischen Fortschritten** – in England steht dafür ›Swinging London‹ – lässt aber den Schluss zu, dass die junge Generation nur die erste von kommenden Generationen ist, die der Popkultur verbunden sein werden. Teile der anglo-amerikanischen Mittel- und Oberschicht haben sich bereits von der Pop-Art überzeugen lassen; die Artikel in den viel gelesenen Mittelschichts-Magazinen legen davon Zeugnis ab.

Außergewöhnlich an dieser Konzeption einer Popkultur, wie man sie Mitte der 60er Jahre in den großen Illustrierten und Wochenendbeilagen findet, ist, dass sie ohne kultur- und massenkritischen Ton auskommt. Gloria Steinem schließt in *Life* im Sommer 1965 unter dem Titel »The Ins and Outs of Pop Culture« Pop eng an den »spirit of Now« an, um sofort herauszustellen, dass dieser Zeitgeist sich tiefliegenden, beständigen Entwicklungen verdankt, gebunden sei an die Übersteigung nationaler Grenzen, an eine Generation, die ohne Kriegserinnerungen aufwächst, an die **Lösung von puritanischer Moral**, an die gesteigerten Möglichkeiten, am gesellschaftlichen Wohlstand teilzuhaben, zu reisen, sich frei zu bewegen und auszudrücken (Steinem 1965, 72 ff.).

In deutschen Magazinen wie dem *Spiegel* wird das mit etwas Zeitverzögerung und gemäßigterer Wortwahl übernommen. Da die Popliteratur aber Mitte der 60er Jahre überhaupt noch keine Zeugnisse vorzuweisen hat, gibt es kein Dokument solch einer liberal-kapitalistischen Affirmation aus Reihen der deutschsprachigen Popliteraten. Als ihre Schriften von 1968 bis 1971 erscheinen, ist ein derartiger Ton in der anerkannten oder auf Anerkennung zielenden avantgardistischen Literatur noch unwahrscheinlicher, als er es ein paar Jahre zuvor schon war. ›Pop‹ zielt bei den Autoren oder ihren Kritikern der Jahre 1968/69 fast durchweg auf **kulturrevolutionäre**

oder wenigstens antiautoritäre Absichten (vgl. Hermand 1971). Der Bezug zur Pop-Art steht bei ihnen darum nicht im Zusammenhang mit einer Bejahung kapitalistischer Produktion, sondern nur im Zusammenhang mit der Verneinung älterer bildungsbürgerlicher Kunstvorstellungen.

Tatsächlich kann das Signum ›Pop‹ in der politischen Aufbruchsstimmung des historischen Moments vieles aufsaugen, was sich anti-akademisch und anti-bürgerlich wähnt (vgl. Kurz 1971, 247 ff.; Bandel/Kalender/Schröder 2011). Als Absagen an ein interesseloses ästhetisches, weitgehend unkörperliches Wohlgefallen sollen Pop-Thesen einen Affront gegen idealistische Kunstauffassungen darstellen. Da sie wegen ihrer postulierten Abneigung gegen narrative und traditionell sinnstiftende Zusammenhänge zudem vielen Formen der Populärkultur (z. B. Hollywoods) entgegenstehen, kann sich Pop am Ende der 60er Jahre zudem als **neue Variante der Avantgarde** verstehen.

Die Irritation, die z. B. die Adaptionen pornographischer Vorlagen, aber auch die Entlehnungen aus Comics und Illustrierten bei Teilen eines herkömmlich kunstsinnigen Publikum auslöst, bestärkt die Anhänger der Pop-Avantgarde in ihrem Selbstverständnis, Teil einer Gegenkultur zu sein. Solche Überzeugungen gründen nicht zuletzt auf Marshall McLuhans in der zweiten Hälfte der 60er Jahre stark rezipierten Spekulationen über eine neue televisionäre Ära des »total involvement«, welche das alte Zeitalter der mit dem Buchdruck verbundenen Rationalität glücklich ablöse; im Gegensatz zu dem starren Auge, das auf die Verfolgung linear angeordneter Wordsequenzen fixiert sei, beziehe das Fernsehen wie alle anderen elektrischen Phänomene verschiedene Sinne in einem hohen Maße ein (McLuhan/Fiore 1996: 61, 44, 125).

Mit einer **dadaistischen Auffassung von Pop** sollen zudem die sprachlichen Normalitäts- und Realismusvorstellungen des ›Spießers‹ naturalistisch-fragmentarisch unterlaufen werden (vgl. Matthaei 1970, 31 ff.); Schreiben ist dann das Hineinwerfen des alltäglichen »Abfalls« in den »Abfalleimer« Text (Spoerri: Anekdoten, 83). Die Popularität der halbwegs experimentellen und der psychedelischen Rockgruppen hilft dabei, zumindest jene Literatur versuchsweise unter dem Titel der ›Popliteratur‹ zu versammeln, die sich eines vulgären, obszönen Ausdrucks befleißigt oder Drogenerfahrungen propagiert bzw. sprachlich nachzubilden sucht. Anders gesagt: Eine Reihe radikal avantgardistischer Prinzipien und Verfahrensweisen des Naturalismus, Futurismus, Dadaismus und Surrealismus kehrt nach langer Abwesenheit unter den Titeln ›Pop‹ und ›Underground‹ nach Deutschland zurück: »Die Wohnung verwandelten wir in Pop. Käse an die Wand genagelt, angebissene Schallplatten rumgeschmissen« (Fichte: Palette, 256).

»Elle-Schönheiten«, die (in einem Film von Jean-Luc Godard) aus brennenden Autowracks kriechen, Gerümpel, Flohmarkt-Ästhetik, aber auch neueste technische, artifizielle Geräte, die Musik der Mothers of Invention, die »Titten einer 19jährigen«, Jim Morrisons exaltiert-intime Bühnenshow, Texte, die das Nebensächliche zur Hauptsache machen, »taumelige psychodelische Gebilde«, Auflösung der Geschlechteridentität, eine von den Konditionierungen der Sprache, der abstrakten Begriffe gelöste Sensibilität – das alles findet man bei Rolf Dieter Brinkmann unter dem Schlagwort eines »totalen Angriffs auf die Kultur« versammelt (Film in Worten, 381 ff.).

Wiederum ist hier Andy Warhol das Vorbild – jener Warhol, der nun weniger für Pop-Art-Drucke als für Drogen, Drag, Experimentalfilm, Multi-Media und experimentelle Rockmusik steht, wie aus Warhols Zeit in der New Yorker Factory auch in Deutschland gut bekannt ist. Das Ausmaß des Erfolgs gegenkultureller Aktivitäten bei einem Publikum außerhalb der Szene wird allerdings beim selbsternannten ›Underground‹ rasch äußerst besorgt registriert. Solchen Erfolg interpretieren die Anhänger des Pop-Underground keineswegs als Anzeichen einer begrüßenswerten Liberalisierung des Geschmacks und der Meinungen. Sie distanzieren sich oftmals sogar von solchem ›Erfolg‹ mit dem Argument, es handele sich bloß um eine abgeschwächte, verfälschte Variante ihrer Bestrebungen, und fassen ihn sogar als Hinweis auf, selbst **zu wenig radikal** agiert zu haben. So klagt Ralf-Rainer Rygulla, der Mitstreiter Rolf Dieter Brinkmanns, etwa: »Warhols letzter Film über lesbische Mädchen und süchtige Schwule wurde von der offiziellen Kritik wohlwollend aufgenommen. Die Massenmedia nehmen sich Learys LSD Parties an« (Fuck You, 27).

Von dieser Beobachtung führt der Weg schnell zur Feststellung, mit dem Pop-Programm eine grundsätzlich falsche Richtung eingeschlagen zu haben. Gegen ihre erklärte Absicht hätten sie auch im literarischen Bereich bloß der stets auf Neuerungen und Distinktionen angewiesenen kapitalistischen **Konsumkultur** zugearbeitet. Die moderne, an der Konsumsteigerung ausgerichtete Ökonomie benötige nun hedonistischere und zugleich flexiblere, auf wechselnde Reize reagierende, immer wieder neu manipulierbare Charaktere, nicht mehr den puritanischen Menschen, der an den väterlich-autoritär eingepflanzten Pflicht- und Tugendidealen um ihrer selbst willen festhält (etwa Buselmeier/Schehl 1970; Böckelmann 1987, 34ff.).

Vor allem den vielen jungen, gerade an den Formen der neuen Rockkultur interessierten Anhängern der Protestbewegung wird so bedeutet, dass sie mit ihrer Herausforderung konservativer Eltern, Lehrer, Vermieter, Professoren, Feuilletonisten eigentlich nichts anderes als überlebte Generationen treffen würden, deren rigidere, puritanische und autoritäre Vorstellungen und Verhaltensmuster bereits der kapitalistisch-liberalen Zersetzung ausgesetzt seien und darum ohnehin bald vergessen wären.

Bereits im Laufe der Jahre 1968/69 setzt sich innerhalb der gesamten radikalen Linken die Ansicht durch, dass Pop-Avantgarde und sexuelle Darstellungen allzu rasch liberal akzeptiert und als erotisch aufgeladene kapitalistische Konsumanreize genutzt werden könnten, wie in der Belletristik etwa an der Reizflut in Serge Ehrensperger Roman *Prinzessin in Formalin* (1969; s. Kap. 5.2.1) ablesbar: »Miniminimakroeromaniacromobil«. Der Autor Peter O. Chotjewitz, der selbst mitunter als Pop-Schriftsteller apostrophiert wurde, notiert darum frühzeitig: »Ich kann dieses Modewort POP nicht mehr hören« (1968, 15). Aus seiner Sicht ist Pop bloß bürgerlich und liberal, eine Einschätzung, die einem Verdammungsurteil gleichkommt.

Charakteristisch für Prozesse der **Liberalisierung** ist, dass sie zum einen den Spielraum der Individuen erweitern, bei ihren privaten Entscheidungen, in ihrer Privatsphäre ein größeres Maß an Eigenständigkeit gegenüber staatlichen Institutionen oder gesellschaftlichen Gruppen bzw. deren religiösen, sexualmoralischen u. a. Ansprüchen zu wahren – und zum anderen, dass sie die private Verfügungsgewalt über das Eigentum ebenso unangetastet lassen wie das Prinzip indirekter, repräsentativer Demokratie. Gegen all das richtet sich aber der Einsatz der radikalen Antiautoritären. Ihre Agitation gegen manche konservative oder reaktionäre Position läuft deshalb keineswegs auf eine liberale Haltung hinaus; im Gegenteil, liberale Errungenschaften, wie etwa vergrößerte Wahlmöglichkeiten auf dem Feld der Kultur und der Konsumgüter sowie im Rahmen der eigenen Lebensführung, müssen ihnen sogar als Teil einer besonders perfiden Strategie erscheinen, die Bevölkerung ruhigzustellen und im Bann von Scheinfreiheiten zu halten.

Genau dasselbe denken Anfang der 1980er Jahre intellektuelle und bohemekünstlerische Pop-Anhänger über die Pop-Verweigerer der 70er Jahre, die aus der antiautoritären Bewegung erwachsen sind. Die Vorliebe der Hippies und Linksalternativen für das Natürliche, Authentische, Expressive, Zwanglose sei bloß Teil liberaler Mittelschichts-Moral, Teil der neuen **flexibleren, modernisierten Herrschaft**. Programmatisch schreibt die Redaktion der Zeitschrift *Sounds* im September '82 zur »Lage«:

> »Der Kapitalismus herrscht und hat sich all die alternativen Werte zu eigen gemacht. Hippies sitzen in der Regierung und geiler Konsum (du weißt schon: Genuß ohne Reue, z. B.: McDonalds, Haircut 100, Walkmen etc.) ist z. Z. längst von den Herrschenden verpönt worden. Der Bundespräsident trägt längst eine ›Jute statt Plastik‹-Tüte. Wir setzen dagegen mehr auf das Kämpfen im Kleinen, auf Erschütterungen der immer gleichen Leitideen, die dir von allen Vertretern der Herrschaft vorgeleiert werden. Dazu gehört auch, daß wir all die kleinen Teenie-Obsessionen fördern und ausleben, die wir damals wie heute haben und die wir uns nicht von rigider alternativer Moral zerstören lassen wollen, aber auch unsere ernsthafteren Erwachsenen-Obsessionen kommen nicht zu kurz. Trotzdem bleiben wir aufrechte Bolschewiken, bzw. Salonmenschewiken, je nachdem, nur in modernisierter Version« (Red. 1982, 4).

So merkwürdig es auch angesichts der Begeisterung für McDonald's erscheinen mag, besitzt dieses Pop-Credo doch einen krypto- oder pseudomarxistischen bzw. ›**salonbolschewistischen**‹ **Zug**. Die anti-alternative Polemik hat aus Sicht der *Sounds*-Redaktion darum nichts mit einem konservativen Regress zu tun, obwohl sie sich genau wie die Neokonservativen vehement gegen die ästhetischen und politischen Grundhaltungen der Alternativbewegung wendet.

Das bekannteste Schlagwort des anti-alternativen konservativen Projekts ist Helmut Kohls Aufruf zur »**geistig-moralischen Wende**« Anfang der 80er Jahre. Im konservativen Rahmen soll die vom alternativen Wertewandel graduell erfasste Jugend ein zeitgemäßes Angebot erhalten. Mitmenschlichkeit, Partnerschaft, Überschaubarkeit, Vertrautheit, Gemeinschaft lauten die zentralen Begriffe des CDU-Programms in den 1980er Jahren. Einem »ökonomisch verengten Leistungsbegriff« und der »rücksichtslosen Eroberung des Neuen« wird im Namen der Menschenwürde, werteorientierter Erziehung und des Umweltschutzes abgesagt (CDU 1995: 188, 196f.). Damit hat die Pop-Wende zur gleichen Zeit tatsächlich nichts gemein.

In dem Moment, da die CDU ihr Angebot an die Jugend macht, bereitet sich bereits in kleineren Szenen ein Wandel vor, der die 80er Jahre und vor allem die kommenden Jahrzehnte in ganz anderer Weise bestimmen sollte. Die Gegnerschaft von subkulturellen und intellektuellen New-Wave- und Popfraktionen zur Alternativbewegung und zu deren postmaterialistischen, natürlich-innerlichen Doktrinen und ästhetischen Vorlieben ist lediglich der Auftakt für eine allmähliche, bereits Mitte der 80er Jahre einigermaßen vorangekommene Wende. Diese Wende ist den literarischen Werken kaum abzulesen – aus den Post-Punk- und Pop-Boheme-Szenen der Zeit kommen in erster Linie experimentelle Schriften und amüsante Kleinformen ohne entschiedenen Pop-Bezug hervor (vgl. Ullmaier 2001, 86 ff.) –, sie macht sich aber deutlich in Lifestyle- und Zeitgeistmagazinen wie *Elaste*, *Wiener* und *Tempo* bemerkbar.

Deren ›Wende‹ ist gerade keine »geistig-moralische« im Sinne konservativer Werte und Traditionen. Es ist vielmehr eine Wende hin zu einer bewussteren und offen ausgesprochenen Bejahung von oberflächlichem Hedonismus, modischer Äußerlichkeit, Unterhaltung, Materialismus und Konsum. Damit vollzieht sich auch eine Änderung der bevorzugt konsumierten Gegenstände, sie bekommen ein anderes Gepräge, einen anderen Zuschnitt. An die Stelle der offenen, fließenden Formen und natürlichen Stoffe der alternativen 70er treten jetzt unter Trendsetzern die künstlichen, sexistischen, klarer begrenzten, mondän stilisierten oder billig glitzernden und glänzenden Schauwerte der 80er Jahre. Mit ihnen soll nicht selten offen **Attraktivität, Verfügbarkeit, Status** angezeigt werden. Alles, was in den alternativen Mittelschichten auf strengste verpönt gewesen ist, weil es der Sphäre des Geschäfts und des demonstrativen, modernistischen Konsums entstammt, kehrt nun – vom Anzug und Kostüm über Cocktails bis zum schnellen Auto (wenigstens in der Werbung, den Musikvideos, Filmen, Illustrierten) – zurück.

Viele der Gegenstände eignen sich gut zur **Symbolisierung von Durchsetzungs- und Konkurrenzwillen.** Wie sehr postmodern gebrochen auch immer die Objekte des 80er Jahre-Lifestyles, die Rückbezüge auf Marilyn Monroe und Cary Grant, auf alte Sportwagen und das Aussehen von Geschäftsleuten der prosperierenden 50er Jahre ausfallen mögen, sie zeigen doch stets, dass man den Insignien des individuellen ökonomischen und sexuellen Erfolgsstrebens nicht wenig abgewinnen kann. Die frühe Absicht einiger ›Salonbolschewisten‹, mit der Kultivierung eines solchen Habitus innerhalb ihrer eigenen Bohemekreise die alternative Genügsamkeit zu vertreiben, schlägt jedenfalls fehl bzw. ist (gemessen an ihren eigenen Zielen) allzu erfolgreich: Ihr anti-alternatives Projekts fällt so erfolgreich aus, dass mit der Austreibung alternativer Formlosigkeit und Spiritualität auch die kapitalismuskritischen Ansätze unter Druck geraten. Wenn es eine ›geistige‹ Wende in den 80er Jahren gibt, dann die hin zu neoliberalen Einstellungen. Mit der damals äußerst häufig angeführten Figur des ›Yuppies‹ (des ›young urban professionals‹) wird genau diese Wende angezeigt – die Proklamation einer Wende, die freilich noch stark im Medium der Zeitgeist-Artikel verbleibt. Weder in weiteren kulturellen Bereichen noch auf der politischen Bühne kann bereits von einer Durchsetzung neoliberaler, statusfixierter, freizeithedonistischer, an glänzenden Oberflächen orientierter Einstellungen die Rede sein.

Ab Mitte der 90er Jahre ändert sich das nachhaltig. Nach dem Vorbild Tony Blairs orientieren sich in der politischen Arena die deutschen Sozialdemokraten um Gerhard Schröder in beachtlichem Maß an der modernen Populärkultur. Im Unterschied zu den 80er und beginnenden 90er Jahren, als die CDU unter Helmut Kohl ihre wirtschaftspolitischen Ansätze weltanschaulich nicht mit ihrem kulturellen Konservatismus vermitteln konnte, vermag die führende Regierungspartei, die SPD, jetzt zumindest in Person ihres Spitzenmannes Gerhard Schröder das ökonomisch **neoliberale Programm** ohne Bedenken im Sinne eines passenden **hedonistischen Lebensstils** zu verkörpern. Die Überzeugungskraft dieses Projekts rührt selbstverständlich keineswegs allein von der Schröderschen Verkörperung her, sondern bezieht ihren Schwung daher, dass sich auch größere Teile der besitzenden und akademischen Schichten mittlerweile von konservativen Moralvorstellungen oder kulturkritischen Bedenken gegenüber dem oberflächlichen Konsum und dem Popdesign verabschiedet haben.

Im kulturellen Bereich macht sich das besonders daran bemerkbar, dass die nach 1968 Geborenen sich weitgehend von der linksalternativen Grundströmung, die nicht wenige Angehörige der vorherigen Generation erfasst hatte, absetzen. Verschiedene langfristige Trends stehen dafür ein: die Marginalisierung des Kabaretts, der Liedermacher und der politisch engagierten Künstler, der Erfolg von Techno und Comedy-Formaten, die Umwandlung von Stadtzeitschriften in Lifestyle-Magazine sowie die viele Sendungen, Filme, Artikel, Alltagskonversationen bestimmende Manier, auf dem Weg des (mitunter ironisch gebrochenen) ›Kults‹ Fernsehserien, Automarken, Schlager, Frisuren aus der Zeit der eigenen Jugend und Kindheit wiederaufleben zu lassen.

In diesem Umfeld wird auch die Popliteratur Mitte der 1990er Jahre wiederbelebt. Nun erst kommt es innerhalb der Literatur auf breiterer Front zur Ausprägung von Formen und Inhalten, die zu einem beachtlichen Teil an die Pop-Affirmation vom Beginn der 80er Jahre anknüpfen. Im Gegensatz zu ihren Vorläufern in der Poptheorie und -kritik Anfang der 80er Jahre pflegen viele ihrer wichtigsten Autoren wie Christian Kracht (s. Kap. 5.7.2) und Benjamin von Stuckrad-Barre (s. Kap. 5.6.2) aber den anti-alternativen Impuls, ohne ihn mit einem ›salonbolschewistischen‹ Projekt zu verbinden, so dass ihre ›oberflächlichen‹, zynischen, eitlen oder ›**politisch inkorrekten**‹ Einlassungen oder Romanpassagen leicht als neoliberale Aussagen aufgefasst werden können.

Nicht ohne Sympathie, wenn auch manchmal mit ironischer Distanz, entfaltet Florian Illies folgerichtig das Porträt einer Generation, die sich wieder für »Fragen des richtigen Stils« interessiere – und zu dieser Generation, die im kulturellen Bereich mit der linksalternativen Hegemonie erfolgreich bricht, zählt Illies auch die Leserinnen und Leser Christian Krachts und Benjamin von Stuckrad-Barres: Deren Bücher würden gekauft, weil sie mit dem »gesamten Bestand an Werten und Worten der 68er-Generation« abrechneten (Illies: Generation Golf, 141, 155; vgl. Karasek 2008).

Das ist aber nur das halbe Bild, wenn es auch die erstaunlich umfangreiche Berichterstattung der Zeitungsfeuilletons und Illustrierten um das Jahr 2000 dominierte. Die Popliteratur in ihrer Gesamtheit kann spätestens seit diesem Zeitpunkt keineswegs mehr einer politischen Richtung klar zugerechnet werden. Nicht nur publizieren Pioniere der Pop-Affirmation wie Rainald Goetz – nun mit stärkerer Anbindung an einen Poptrend (zu Goetz' Techno-Schriften s. Kap. 5.3.3) – und Thomas Meinecke – nun unter Rekurs auf Positionen der modernisiert linksalternativen Cultural und *Queer Studies* (dazu Kap. 5.4.2) – weiterhin, sondern es öffnet sich eine große Spannbreite an künstlerischen Versuchen, die Pop-Prinzipien der 1960er bis 80er Jahre im Sinne einer ›kleinen Literatur‹ erproben (s. dazu Kap. 5.9).

Weiterführende Literatur

Informationen, Analysen und Hintergründe zur Popliteratur der 1960er, 1970er und 1980er Jahre bietet die Zeitschrift *Text+Kritik* in ihrem von Heinz Ludwig Arnold und Jörgen Schäfer herausgegebenen Sonderband *Popliteratur* aus dem Jahr 2003.

5.3 | Rainald Goetz

5.3.1 | Frühe Pop-Affirmation

Es gibt keinen glühenderen Parteigänger der New-Pop-Affirmation der 1980er Jahre als Rainald Goetz (geb. 1954). In der Musikzeitschrift *Spex*, die nach der Einstellung von *Sounds* Anfang 1983 sukzessive viele *Sounds*-Autoren übernimmt, erteilt Goetz Anfang 1984 maximales Lob: Prächtig an *Sounds* sei die »egomane totalitäre manichäisch mutige Sprechweise« gewesen (Goetz: Gewinner und Verlierer, 44). Das ist (auch) Goetz' Leitlinie, sein Aufsatz bietet in **apodiktischer Form** eine Reihe zeittypischer Aussagen, die aus dem Geist der intellektuellen Pop-Boheme entweder gegen linksalternative oder humanistisch-gebildete Anschauungen und Sprechweisen gerichtet sind: »Kritik« sei »Kontrolle der Korrektheit«. Als Alternative könne man auch hoch einschätzen: »ein lustiges spaßiges vergnügtes fröhliches Leben, für das Geld und Macht herangeschrieben werden müssen«. Dazu passt seine Überzeugung: »Tratsch« – »ist die Wahrheit« (ebd., 32 ff.).

Nicht nur beim Lob, auch bei der Verdammung kennt Goetz kein Maß: Im Popjournalismus hätten »99 Prozent derer die schreiben aufgrund ihres IQ automatisch Schreibverbot«, die Friedensbewegung bestünde aus »Friedensärschen« und die Grünen kennzeichne »idealistischer Zukunftswahnsinn« (ebd., 32 ff.). Dieser Ton, dieser Gestus prägt seine journalistischen Texte über weite Strecken. Zu vielen zeitgenössischen und feuilletonistischen Themen und Akteuren hält Goetz **extreme Wertungen** bereit, euphorische Einschätzungen, Beleidigungen und Flüche: Universitätsdozenten seien »entweder eh schon verblödet oder eh schon immun«; Warhol ist für ihn »der einzig wirklich moderne Mensch«; reiche Galeriebesucherinnen denunziert er als »schmuckbehängte[] Tanten, deren jeder ich gerne eigenhändig eine Abfalltüte über den verwöhnten Kopf stülpen möchte und dann am Hals zuknoten, daß eine Ruhe wär« (ebd., 32 ff.).

Auf Argumente für die Urteile verzichtet Goetz, sie verstehen sich offenkundig von selbst. Wichtig ist nicht die Begründung, sondern die Entschiedenheit, auch die rhetorische Auffächerung des Urteilsspruchs. Die äußerste Entschlossenheit hindert Goetz jedoch nicht daran, regelmäßig darauf hinzuweisen, dass er selbst oft »nachdenklich, vergrübelt und verquält« aufgelegt sei, »Delir« rede, »stets mit sich selbst verfallen orientierungslos sinnsinnsinnsuchend prüde und der diversen Lebensfreuden schmerzlich doch unabänderlich wenig fähig« (ebd., 34 ff.). Auch das wird freilich im entschiedenen, hyperbolischen Ton vorgebracht, die **selbstdiagnostizierte Grübelei und Schwermut** hindert ihn in keinem Moment an Zuspitzung und auftrumpfender Attitüde.

In dem ersten Prosatext, mit dem Goetz bekannt wird – einem Beitrag zum Klagenfurt-Wettbewerb, der vor allem deshalb mediale Resonanz erfährt, weil sich Goetz beim Vortrag seines Textes in die Stirn schneidet und heftig blutet –, trifft man stellenweise auf dieselben Thesen (s. Kap. 2.1.6). Diedrich Diederichsen, der *Sounds*- wie *Spex*-Redakteur, firmiert hier als »Neger Negersen«, seine Gefolgsleute als die »jungen Bolschewiken« (Goetz: Subito, 17). Als »aufrechte Bolschewiken« hatten sich die *Sounds*-Leute in ihrem Lob von McDonald's und »kleinen Teenie-Obsessionen« (Red. 1982, 4) selbst bezeichnet (s. Kap. 5.2.4). Goetz' Ich-Erzähler gesellt sich im Klagenfurt-Beitrag zu ihnen und gibt am Ende einige »Pop«-Aussagen von sich: »Am wenigsten brauche ich die Natur. Ich wohne doch in der Stadt, die wo eh viel schöner ist. Schaut euch lieber das Fernsehen an« (ebd., 21).

Das ist allerdings nur ein Teil der Selbst-Inszenierung. Für einen vollgültigen Pop-Standpunkt vollzieht die Erzählung zu viele Hinwendungen zum Expressiven, die zumindest partiell vom Schreibduktus und der Wortwahl gedeckt sind und darum nicht einfach als Aufführung oder als Zitat gekennzeichnet werden können. Auch die TV-Apologie des Ich-Sagenden erfolgt nicht, ohne dass er vorher eingestanden hat, zeitweilig völlig verwirrt zu sein und gegen das »Denken« und die »Angst« nichts »Künstliches« mehr, sondern »echte Schreie, die mir blutig bluten«, setzen zu wollen (ebd., 19 f.).

5.3.2 | Feuilleton-Zerstreuungen

Angesichts solcher ›Angst‹- und ›Anti-Künstlichkeits‹-Rhetorik innerhalb des Textes »Subito« ist es keine große Überraschung, dass auch der Autor Goetz in den 1980er Jahren keine Popromane vorlegt. In *Kontrolliert* (1988) wird zwar ebenfalls von Protagonisten über die Zeitschrift *Sounds* geredet (Goetz: Kontrolliert, 146 f.), das geschieht aber in distanzierterer Form und nicht an zentraler Stelle. In **Irre** (1983) sind im dritten Teil immerhin einige Pop-Parolen (ebd., 307) und Beschreibungen der neuen Popszene untergebracht (ebd., 318, 321); in diesem Teil wird aus der zuvor »so schön geschlossen und bedrückend erzählbaren Geschichte« mitunter ein »recht firlifantes Chaos«, wie es in einer Metareflexion heißt (Goetz: Irre, 279). Von solchen kurzen Einsprengseln abgesehen, gehören beide Romane sowohl vom Inhalt wie von der Schreibweise her kaum oder gar nicht der Popliteratur an.

Wesentlich stärker zeigt sich der Pop-Charakter – durch die Übernahme von Pop-Art-Verfahren – in den **drei Materialbänden** *1989* (1993), in denen Goetz neben einigen Bildungszitaten (z. B. vom Systemtheoretiker Niklas Luhmann, den Goetz bewundert) und selbst verfassten Zeilen nur O-Töne aus Fernsehsendungen und Fragmente aus anderen massenmedialen Texten montiert. Für Verfremdung ist schon insofern gesorgt, als bei den zahlreichen Entlehnungen aus TV-Sendungen Bilder und Hintergrundmusik oder -geräusche auf der Buchseite wegfallen und auch nicht durch Hinweise sprachlich gefasst werden. Anfang der 1980er Jahre hatten Petra und Uwe Nettelbeck in der von ihnen herausgegebenen Zeitschrift *Die Republik* (Nr. 55–60, März 1982) alle Äußerungen, die in einer Folge der ZDF-Unterhaltungsshow *Dalli-Dalli* fielen, chronologisch dokumentiert. Goetz übernimmt dieses Verfahren, beschränkt die Wiedergabe aber auf Fetzen, ohne Angabe ihres Platzes im originalen Zusammenhang. Das dem Werk vorangestellte Motto Andy Warhols – »taping it all« – mag darum vielleicht den ersten Arbeitsschritt Goetz' auf den Punkt bringen, spätestens nach Abschrift nimmt Goetz jedoch für die Veröffentlichung eine sehr weitgehende Auswahl aus dem Aufgenommenen und viele weitere kompositorische Bearbeitungen vor.

Das Material stammt nicht allein aus der Popkultur, sondern aus allen öffentlich-rechtlichen Bereichen von Politik über Sport bis zum Feuilleton. Die Anordnung der Fragmente betreibt Goetz nicht (nur) nach dem Zufallsprinzip; zumindest Zeilenlänge und die Anordnung der Zeilen zu Blöcken geben dem Ganzen eine Struktur. Diese Ordnung ist zwar überhaupt nicht im Sinn der Autoren, deren Texten und Sendungen die nicht näher gekennzeichneten Zitate entnommen wurden, sie gründet aber zum einen auf Goetz' Auffassung gelungener **Rhythmik** und zum anderen auf seiner Bewertung medialer Öffentlichkeit.

Diese Einschätzung wiederum dürfte nicht einmal jenen Verfechtern demokratischer Öffentlichkeit gefallen, die viel an der Berichterstattung der Massenmedien auszusetzen haben. Denn bei Goetz gibt es keinen Ansatz für die Forderung nach kommunikativer Vernunft mehr. Entweder fasst man sein über 1500 Seiten umfassendes Opus als **indifferentes Riesenwerk literarischer Pop-Art** auf oder als **Verhöhnung medialer Phrasen** und der Ausstellung ihrer totalen Sinnvernichtung bzw. Sinnkonditionierung:

»[…] die Tagesschau meldet sich wieder / um siebzehn Uhr fünfzehn // so geschah es / aber die erhabenen Götter / waren boshaft / sie gaben mir einen Sohn / weich wie eine Frau / und eine Tochter / hart wie ein Mann // die kaum merklichen Übertreibungen / die winzigen Verzögerungen // in aller Welt verhökert / dürfte wieder wachsen // Stimmung / ist gut / super / und zwei / sogenannte Superhirne / auch die / darf ich ihnen vorstellen // die Leute brauchen also mehr Informationen // das ist unsere heutige Hauptperson / das ist der Herr Maulwurf / er steht heute bei Bim Bam Bino / im Mittelpunkt / hinzu kommen noch drei / Berliner Abgeordnete // und jetz ham wir die Heidi bei uns // Milliarden Jahre / dauerte das große Bombardement […]« (Goetz: 1989, Bd. 1, 390 f.).

In seinen eigenen Zeitschriftenbeiträgen beschränkt sich Goetz ebenfalls nicht auf den Popbereich, sondern äußert sich zu vielen verschiedenen **Personen und Themen des kulturellen Lebens** (weitere *Spex*-Artikel dieser Art gesammelt in *Kronos*, 1993). Seinen quantitativen Höhepunkt erreicht das in dem »Roman eines Jahres«

Abfall für alle (1999), entstanden aus einem Blog, in dem ein »Ich«, das alle öffentlich bekannten Lebensdaten mit dem Autor teilt, von Februar 1998 bis Anfang 1999 neben Alltagsbeschreibungen seine Ansichten über alles Mögliche – von Uwe Johnson und Madonna bis zu Religion und Roman – notiert. Das geschieht nach dem Rhythmus einer Tageszeitung, aber in lockererer (wiederum montierter und zerstreuter) Form als in den heutigen Zeitungsfeuilleton-Textsorten möglich. Als Beispiel folgt eine halbe Seite aus fast 900 Buchseiten, ein Auszug aus Eintrag 1114, unter der Angabe »Mittwoch, 17.6.98, Berlin«. Anlass für die Eindrücke, Urteile und Überlegungen, die in der ersten Person Singular mit dem Anspruch auf (Allgemein-) Gültigkeit vorgebracht werden, ist neben dem Romantitel *Das steinerne Herz* der Quentin-Tarantino-Film *Jackie Brown*:

»Auflösung: ja, Arno Schmidt, das Steinerne Herz, gelesen von Jan Philipp Reemtsma. Toll. Das muß ich mir sofort kaufen. Die große Wohltat, Sachen NICHT zu kennen. Das geht in den ganzen Kritiken immer unter, wo die Kritiker ihr Bescheidwissen vorlegen. Klar, das ist ihr Kapital. Müßte aber gar nicht so sein. Wenn man was weiß, ist es wohl schon schön, aber wenn man NICHTS weiß, auch. Ich denke wieder an Jackie Brown, und daß das Vergnügen doch auch gerade darin bestehen kann, für mich zum Beispiel genau darin bestanden hat, alles das, was da vorkommt, diese ganz hochsophisticatete Black-Trash-Code-Welt und ihre Folgen in Kunst und Kino usw usw., absolut überhaupt NICHT zu kennen. Auch Soul nicht. Ich wußte NICHT, daß die Eingangsmusik ein Megaklassiker ist. Ich hörte das nur, sah das, und dachte dauernd: bitte nicht aufhören, das ist so schön, so herzerhebend, so einen lässig bewegenden Filmanfang habe ich noch NIE gesehen, nie gehört. Und dauernd: was ist das nur für eine MUSIK? Ich wußte in dem Moment noch nicht mal, daß der Grobname für diese Musik Soul heißt. Soul war in meinem Kopf eher so was wie Arno Schmidt, was Ekliges von früher, ganz was Wichtiges angeblich. Was ich aber noch nie erlebt habe. – Die großen Kunstwerke sind gebildet, aber ihre Erfahrung braucht NICHTS, kein Wissen, keinen Fitzel Wissen, keinen Schlüssel zu irgendwelchen Codes, nur Bereitschaft und Berührbarkeit. Ich erklär das alles mal in Ruhe« (Goetz: Abfall für alle, 409).

Für Goetz' Buch selbst gilt dieses Diktum allerdings keineswegs. *Abfall für alle* wartet nicht nur mit Namen auf, die, wie Schmidt und Brown, manchen Kulturinteressierten geläufig sind, sondern führt, wie schon alle vorherigen Veröffentlichungen von Goetz, immer wieder in eine **Popdiskurs-Szene** hinein, deren Protagonisten nur Insidern, die selbst diesen künstlerischen und journalistischen Kreisen angehören, oder Käufern kleiner Magazine, die deren Artikel genau lesen, bekannt sind. Eintrag 020, »Freitag, 9.10.98, Frankfurt« lautet:

»Mit Thomas Meinecke, Andreas Neumeister und Peter Weber sitze ich dann am anderen Tisch. Sie erzählen vom gestrigen Beute-Abend, wie alles war. Zweieinhalb Stunden Podium, statementartig, einer sagt mal kurz was: zwanzig Minuten geht das, z. B. Ebermann. Dann kommt Isabelle Graw. Redet von was anderem. Dann der nächste. Wenn man sich inhaltlich locker machen kann, hält man es wahrscheinlich ganz gut aus oder hat sogar daran Spaß. Thomas ist demnächst auch vorgeladen, bei Texte zur Kunst, er hat gestern seine Vorladung gekriegt, sagt er. Dann reden wir noch mal über die geplante Werbung. Thorsten Ahrend kommt dazu. Es soll jetzt also supersimpel werden. Links steht ein Wort: POP. Dann kommen die Umschläge der Bücher, ohne Text. Dann, schön groß: SUHRKAMP VERLAG. Fertig« (ebd., 642).

Ohne Wissen über die Zeitschriften *Die Beute* und *Texte zur Kunst* wird man als Leser/in wohl kaum von dieser Stelle ›berührt‹. Für die Popliteratur aber ist dieser Passus von Bedeutung, weil am Ende knapp von der Entstehung einer Anzeige des Suhrkamp Verlags berichtet wird, die stark wahrgenommen wurde und zur Verbreitung des ›Pop‹- und ›Popliteratur‹-Terminus in der literarischen, feuilletonistischen Welt einiges beigetragen hat. Nicht zuletzt wegen dieser Anzeige hat Goetz immer wieder – oft ungeachtet der Textur seiner literarischen Werke – von Feuilletonisten die Zuschreibung ›Popliterat‹ erfahren.

Personal aus Verlagen, TV-Sendern, Feuilleton sowie Popdiskurs- und Avantgarde-Kunstzeitschriften kommt unter Nennung der **Eigennamen** auch in anderen Erzählwerken von Goetz vor. Die dort zu diesen Medien-Figuren geäußerten Meinungen decken sich regelmäßig mit Meinungen, die vom Essayisten Goetz bekannt sind. So viel Zusammenhang bieten die Schriften Goetz' immerhin, auch wenn der Autor viel Wert darauf legt, neben dem »Roman eines Jahres« *Abfall für alle* die »Erzählung« *Dekonspiratione* (1998) und den »Bericht« *loslabern* eben nicht als autobiographische Schrift, journalistische Reportage oder Glossensammlung zu kennzeichnen (vgl. Kreknin 2011).

In *Dekonspiratione* taucht neben Protagonisten, die entweder fiktiv oder zumindest nicht aus besagten Medienorganen bekannt sind, Personal mit Vor- und Nachnamen aus der Welt außerhalb des Buches auf (Rebecca vom SZ-Magazin, Hermes Phettberg etc.). Um den Wirklichkeitsbezug zu steigern, gibt es einen Ich-Erzähler, der ab dem vierten Kapitel des Buches *Dekonspiratione* wiederholt hervortritt und anmerkt, er habe »Dekonspiratione« als »Taggeschichte, das Gegenbuch zu Rave« konzipiert (Goetz: Dekonspiratione, 138), der also im vorliegenden Band *Dekonspiratione* nicht nur auf einer **Meta-Ebene** über das Buch selbst, sondern über einen weiteren Erzählband von Goetz, *Rave*, räsonniert. In *loslabern* ist der Bezug auf Werke des Autors Goetz auf andere Weise gegeben, so kommt etwa Eckhard Schumacher, der als Germanist tatsächlich außerhalb von *loslabern* Analysen zu Goetz-Büchern vorgelegt hat, zur Sprache. Daneben trifft man als Leser/in wie bei Goetz üblich auf zahlreiche andere öffentlich bekannte oder nur Eingeweihten vertraute Medienfiguren von Zabel über Kracht bis Broder.

In der »Geschichte eines rundum glücklichen Jahres« mit dem Titel »Ästhetisches System« – veröffentlicht im Band *Kronos*, der den Hinweis »Berichte« auf dem Buchcover trägt – wird dieses Verfahren von einer Protagonistin, Marina, in indirekter Rede näher erläutert; Marinas Anmerkungen zu dem literarischen Verfahren, das ihr jüngerer Bruder Philip ihrer Lesart nach anwendet, werden also von der Erzählinstanz im Konjunktiv wiedergegeben: »Das wäre doch gerade der Witz irgendwie bei seinen Sachen, diese Art **Fiktionsfiktion**, daß es ausschauen würde wie Literatur, dadurch deren Freiheitsräume hätte, die Beweglichkeit der Perspektiven und den ganzen Stimmungsreichtum, aber in Wirklichkeit nichts daran was Ausgedachtes wäre, sondern alles echt« (Goetz: Ästhetisches System, 379).

Philip widerspricht, aber es ist kein starker Gegensatz, allenfalls eine Modifikation oder andere Pointierung: »›Kann man so nicht sagen‹, sagte er. ›Das eigentlich Seltsame ist für mich im Moment dieser öffentliche Raum, der durch alles Geschriebene entsteht‹« (ebd.). Diese These lässt sich auch gut auf Goetz' Theaterstücke *Heiliger Krieg* (1986), *Festung* (1993) sowie mit Abstrichen auf seinen Roman *Johann Holtrop* (2012) beziehen (der Vorgänge im Bertelsmann-Konzern ohne Verwendung wirklicher Firmen- und Managernamen als Vorlage nimmt und erstmals ohne antiillusionistische Verfremdungseffekte, Popreflexionen und Verweise auf Popdiskurs-Protagonisten auskommt). In »Ästhetisches System« wird die These Philips wiederum in indirekter Rede weiter ausgeführt: »Natürlich ein Imaginarium, aber in dem würden schließlich alle Erwähnten, alle Ausgedachten, Erfundenen und Echten miteinander und zugleich noch mit allen nur erdenklichen wirklichen Lesern tatsächlich ZUSAMMENSITZEN« (ebd.). Gesagt, getan: Einige Momente später fallen Namen wie die des Regisseurs Spike Lee und des Journalisten Patrick Bahners, die nicht nur im »Ästhetische[n] System« Filme drehen bzw. für das FAZ-Feuilleton schreiben.

Wie viele andere moderne Schriftsteller legt Goetz großen Wert darauf, den Eindruck von Realismus beim Leser dadurch zu durchkreuzen, dass die **Gemachtheit des sprachlichen Werks** entweder ausgestellt oder thematisiert wird. Im Unterschied zur Mehrzahl moderner Erzählungen aber wird diese Verfremdung, diese Enttäuschung eines geschlossenen, realistischen Eindrucks bei Goetz im Zusammenhang der Erzählbrüche auch durch die Verwendung bekannter Eigennamen hervorgerufen – und durch die erzählten Aktionen und Reden der Träger dieser Eigennamen, die von ihren Handlungen und Aussagen, die in anderen, der Wirklichkeitsdarstellung verpflichteten Medien dokumentiert sind, nicht immer unterschieden werden können. Gerade weil Goetz' literarische Werke der 1980er und 1990er Jahre keine konventionellen Erzählungen und Dramen sind, trägt die Nennung der Eigennamen medialer Figuren nicht automatisch zu einer Rezeption im Sinn realistischer Wahrnehmung bei.

Bei Goetz soll das allerdings nicht auf die Feststellung und Duplizierung einer einheitlichen Oberfläche hinauslaufen. Die These von der Unmöglichkeit, zwischen medialer Wirklichkeit und unmediatisierter Realität trennen zu können, die etwa Rolf Dieter Brinkmann als einen wichtigen Ausgangspunkt seiner Pop-Programmatik formulierte (dazu Kap. 2.3.2), macht er sich nicht zu eigen. Wahrheit, Lüge, Objektivität und **Wirklichkeit** sind wichtige Begriffe in Goetz' Essays, wie verwirbelt auch immer. Da seine Schriften jedoch nicht die Notwendigkeit akzeptieren, zwischen Tatsachenbehauptungen und Fiktionen so zu trennen, dass sie stets in unterschiedlichen Textsorten vorkommen, hat er zumindest in seinem Werk eine Oberfläche ohne Tiefe hergestellt.

5.3.3 | Techno

In den 1990er Jahren ist Rainald Goetz nicht nur Beobachter, sondern auch Teilnehmer der House- und Technoszene. Bereits Ende der 80er Jahre berichtet er in dem *Spex*-Essay »Drei Tage« begeistert über seinen **Acid-Konsum**. Anfang der 90er Jahre erstreckt sich die Euphorie noch auf weitere Techno-Bereiche. In dem Prosatext »Ästhetisches System« wird das Glück eines ganzen Jahres an Orte wie Ibiza und DJ-Namen wie »Hell« geknüpft. »[K]önnte ja vielleicht mal einer schreiben, den geilen Realreißer aus der Technowelt«, heißt es in der Erzählung lakonisch: »Drogen, Sex, Musik; Party, Liebe, Plattenladen; Club, Klamotten, Internationalität. Miami, Frankfurt, München, London, Ibiza, Berlin. Immer nur in den besten Hotels natürlich, Großketten, Holiday Inn und so, nur Suiten. Drogen ohne Ende, klar« (Goetz: Ästhetisches System, 386).

Ähnliches unternimmt Goetz in seinem **Roman *Rave*** (1998), freilich im Rahmen seiner erzählerischen Prinzipien (vgl. Rudolph 2008, 124 ff.). Selbst wenn die oben aufgezählten Themen und Orte vorkommen – sogar eine Drogenschmuggelgeschichte wird in *Rave* angedeutet –, handelt es sich keinesfalls um einen populären Report oder um einen Roman. Stattdessen wird der Roman von den vertrauten schriftstellerischen Operationen Goetz' bestimmt, die ihm zwar eine Unmenge an Feuilleton-Besprechungen und später auch Preise (etwa im Jahr 2000 der Wilhelm-Raabe-Literaturpreis und 2015 der Büchner-Preis) eingebracht haben, keineswegs aber den Ruf, sensationelle ›Realreißer‹ zu verfassen.

Zu den Methoden Goetz', die auch *Rave* prägen, gehören Bekundungen einer Hochstimmung, die sich eben nicht aus spannend erzählten Handlungen ergibt, und viele überwiegend modernistisch- und manchmal pop-experimentell verfremdende, anti-illusionistische **Verfahren und Schreibweisen**:

1. Der Autor macht in der Erzählung darauf aufmerksam, dass er Teil der Erzählung ist, ohne sie als autobiographisch zu deklarieren oder zumindest implizit das Vertrauen der Leser/in auf den persönlich beglaubigten Wirklichkeitsgehalt des Textes einzufordern oder zu stützen. So bleibt es bei Details, die fraglos dem Leben des Autors zuzurechnen sind (etwa der Titel eines anderen Buches von Goetz), die aber nicht auf die Richtigkeit der übrigen Angaben schließen lassen: »Im Feuilleton ist die Besprechung von – un, dos, tres – Ricky Martins Erzählung ›Dekonspiration‹, wo es um Schirrmachers Selbstmord wegen seiner Stasi-Verstrickungen geht. Die Besprechung bemängelt vor allem den sogenannten Angriff ad personam« (Goetz: Rave, 135).
2. Es erfolgt ein Rückblick auf die zweite Hälfte der 1980er Jahre, der einige Übereinstimmungen mit Goetz' damaliger Lebensphase – u. a. der Arbeit an *Kontrolliert* – aufweist, teilweise in jenem schwärmerischen Tonfall, auf den man nicht nur in seinen Schriften der 1980er Jahre regelmäßig trifft: »In der Luft war nicht diese Aufwühlung, das Erdige, ziellos Sehnsuchtsvolle, das mich im Februar immer so glücklich macht, so verrückt« (ebd., 227). Diese Schwärmereien erstrecken sich keineswegs bloß auf alte, erhabene literarische und mythologische Gegenstände wie den Charakter der Jahreszeiten, sondern auch auf Figuren, die man traditionellerweise als trivial abwerten würde: »Ich sah auch in Boris Beckers großem Kampf, Erwachsener zu werden, die tollste Konsequenz der Göttlichkeit der Jugend« (ebd., 222).
3. Tätigkeiten, die sich nicht ›großen Namen‹ zuordnen lassen, werden ebenfalls konsequent überhöht: Partyveranstalter, heißt es z. B., bräuchten »ein maßloses und nicht ermüdendes Interesse an Menschen« (ebd., 231). Auch Protagonisten, die keine ›Hip‹-Berufe ausüben, bekommen Helden-Status zugeschrieben: Die Verwandlung einer ausgehfreudigen »Jungsgang« in eine »Gruppe junger Männer« könne man »nach Art und in der Stimmung großer Mafia-Filme« erzählen: »Aufstieg und Fall. Der Niedergang des Hauses Corleone« (ebd., 223).
4. In der Erzählung ergehen viele unbegründete, maßlose Urteile, die nicht dazu dienen, eine Figur in ihrer Subjektivität aus- oder bloßzustellen bzw. einen Protagonisten zu charakterisieren, sondern als auktoriale Reflexionen einen hohen Status einnehmen sollen: Die 1980er Jahre seien das »widersprüchlichste und politischste, das radikalste und reichste, das krieglöseste und schließlich sogar noch in 1989 kulminierende Jahrzehnt der Jahrzehnte dieses verdammten Jahrhunderts« gewesen (ebd., 221).
5. Und das wird immer wieder durch flapsige, umgangssprachliche Einschübe konterkariert: »Komischerweise; unnacherzählbar« (ebd., 220). »War das ein Streß« (ebd., 221).
6. Die auktorialen Reflexionen mit ihren bedeutungsschweren Aussagen werden versuchsweise dadurch in Frage gestellt, dass die Erzählverfahren, -perspektiven und -instanzen wechseln.
7. Der Verzicht auf eine geschlossene Handlung trägt zur teilweisen Zerstreuung der apodiktischen Sinnsprüche bei.
8. Öffentlichkeit wird wenigstens insofern hergestellt, als wichtige Popjournalisten und andere potenzielle Multiplikatoren des Bandes bereits im Buch mit ihren Eigennamen aufgerufen werden.

9. Schließlich wird der/die Leser/in in der Erzählung mit vielen Metareflexionen versorgt (vgl. Schumacher 2003, 149 ff.), mit Betrachtungen über die Erzählung im Besonderen und Allgemeinen, über ihre Verfertigung und Rezeption: »Man dürfte diese Texte nicht nur rein vom Sinn her nehmen, sondern müßte sich das anders denken, nämlich betend, durch das immer wieder wiederholte Aussprechen der Worte mit dem Mund, sozusagen selbst mündlich Teil der Worte werden« (ebd., 33).

Trotz dieser Übereinstimmungen mit vielen anderen Prosatexten Goetz' darf *Rave* in wesentlich stärkerem Maße zur Popliteratur gezählt werden als etwa *Irre* und *Kontrolliert*. Die **Anbindung an die Popmusikszene** bleibt nicht nur eine Andeutung des Titels. Dass Goetz mit bestimmten Ausprägungen der Techno-Szene vertraut und ein Fan und Bekannter einiger DJs wie DJ Hell, Sven Väth und Westbam ist, hat er in Essays und Interviews (versammelt im Band *Celebration*, 1999) sowie durch Kollaborationen (mit Westbam die Doppel-CD *Heute Morgen*, 2001) selbst umfangreich dokumentiert.

Wie nicht anders von Goetz zu erwarten, steigert sich dieser Lebensvollzug zur weltanschaulichen Verklärung. Das Stück »Sonic Empire« von Members of Mayday feiert er in seinen journalistischen Beiträgen nicht nur als »geile Platte« und »State of the Art, ein neuer, erweiterter Techno-Begriff. Abschrei-Höhepunkt der besten Partys, Soundtrack, der aus jedem Autoradio kommt«, sondern auch als wunderbaren Augenblick, in dem man erkenne, dass »das Kollektiv geschmacks-technisch« nicht immer irre, sondern man selbst mitunter »empfindet [...] wie alle«. Das seien »glückliche Momente« für »die Demokratie« (Goetz: Hard Times, Big Fun, 233).

Am stärksten und kontroversesten wurde in der Popdiskurs-Szene Goetz' Begeisterung für die Menschenmasse der Berliner Loveparade diskutiert; sein Lob solcher niemanden ausschließender, unkritischer, sich im Erlebnis vollziehender Großveranstaltungen stieß auf heftige Ablehnung (vgl. Kleiner 2003). Das »Glück der Teilhabe an einem außerordentlichen Kollektivereignis« grenzt er nämlich nicht nur im speziellen Fall der Loveparade – diese sei »Jubelhochamt, Kirche der Ununterschiedlichkeit« (Goetz: Hard Times, Big Fun, 217) – von faschistischen **Kollektivinszenierungen und -erlebnissen** ab, sondern grundsätzlich: »Nicht jubilierende BDM-Mädchen sind der Horror, sondern der einzelne Fascho-Opa« (ebd., 209 f.).

Auf sichererem Boden befindet sich Goetz, als er bei einem Buch mit Westbam das Projekt einer **Verbindung von Pop und Underground** skizziert und befürwortet. »Pop« bestimmt er in diesem Fall als das, was »immer narrativ und harmonisch« sei (Goetz: Westbam, 122). Dagegen wird beispielhaft der musikalische Stil von Acid House aus dem Jahr 1988 gesetzt, wenn auch hier bei der Abgrenzung gar nicht von Pop, sondern von Hip-Hop und Rockmusik die Rede ist: »Kein Rock-Geschrei, kein Rap-Teaching mehr: das pure Parlament der vielen Stimmen eines kollektiven Glücks: Monotonie und Einzelworte, Fetzen, Reste« (ebd.). Goetz gibt an, die **fragmentierte Polyphonie** als »Erlösung« empfunden zu haben, dennoch scheint es ihm nun sinnvoll zu sein, beides zu wollen, »Pop« und Techno-»Nichtkohärenz«: »Also Tracks machen, die aus dem House- und Techno-Underground kommen, dort auch noch funktionieren [...] und die doch zugleich einem unesoterischen Publikum so zugänglich wären, dass sie sogar in die Charts gehen könnten« (ebd.).

In *Rave*, seinem Techno-Roman (auf dem Cover steht »Erzählung«), liefert Goetz solch eine Synthese nicht (und erst recht keine ›harmonisch-narrative‹ Pop-Version), das Buch bleibt **esoterisch**. Für eine Leserschaft, die sich nicht aus Insidern zusammensetzt, ist es über weite Strecken unzugänglich. Und selbst Insider können die fragmentierten Stellen und Hinweise schwerlich zu einem ›Kollektivum‹ zusammenbinden oder unter all dem einen ›monotonen Groove‹ verspüren, dafür gibt es in *Rave* zu viele Protagonisten – und dafür fallen die auf fast jeder Seite durch Leerzeilen voneinander abgesetzten Stellen in ihrer jeweiligen Komposition und Schreibweise zu unterschiedlich aus. An die Song-Form, wie an einigen Stellen des Stückes *Jeff Koons* (1998) – »the fuckers, the suckers, the dick and the pussy / the sex and the flesh, the kiss and the ass« (62) –, gibt es in *Rave* keine Annäherung, nicht einmal zur Techno-Rhythmik.

An seiner eigenen Definition gemessen, legt Goetz also weder ein Pop- noch ein Pop/Techno-Werk vor. Gemäß einem anderen Pop-Begriff, der auch oder gerade das Dinstinktionsbemühen und die voraussetzungsreichen Stilprägungen kleinerer Szenen einschließt, muss ein begrenztes Publikum jedoch keineswegs mit Pop unvereinbar sein. Die Frage bleibt dann allerdings, ob *Rave* solche Charakteristika aufweist oder ob Goetz' Angaben zu den musikalischen Techno-Tracks – »Monotonie und Einzelworte, Fetzen, Reste« – in der Literaturgattung nur auf die mittlerweile üblichen modern-experimentellen Verfahren hinauslaufen, die nichts spezifisch mit Pop zu tun haben.

Tatsächlich kommt Goetz diesmal der Titel ›Popliterat‹ nicht vor allem deshalb zu, weil er eben als Feuilletonist für die Popkultur-Zeitschrift *Spex* längere Zeit hervorgetreten ist und später als Techno-Anhänger einzelne essayistische Beiträge für die Zeitgeist-Zeitschrift *Tempo* und das *Zeit Magazin* verfasst hat. In Pop-Hinsicht bietet die *Rave*-Erzählung sogar mehr als nur Erläuterungen zu Clubs und zur Praxis des DJs, mehr als nur **Namen und Anekdoten aus dem medialen Umfeld** (TV-Video-Sender Viva, Techno-Illustrierte *Frontpage* etc.) und auch mehr als auktoriale **Reflexionen zu Masse, Medienkritik und Drogengebrauch** – zusätzlich sind nun Wörter, Dialoge und Genre-Adaptionen zu verzeichnen, die dem Techno- oder Massenkulturbereich entstammen oder auf ihn direkt verweisen.

Die ›Fetzen‹ sind in *Rave* zwar nicht konsequent durch eine Erzählinstanz vermittelt – der Ich-Erzähler verschwindet manchmal über dutzende Seiten. Als bürgerliches Subjekt mit familiärem Hintergrund und beruflicher Verantwortung wird er ohnehin nie greifbar; um ein individuelles Selbst, um die Ausbildung einer Persönlichkeit bemüht er sich nicht –, aber besonders im ersten Kapitel bleibt es immerhin nicht bei einer Ansammlung von losen Reflexionen, von Gedankensplittern. Neben kürzeren Erzählberichten gibt es dort einige Passagen direkter Rede, in denen im wenig diskursiven Modus der Techno-Party wenig Bedeutungsvolles zur Sprache kommt: »›Und wo kommst du her?‹ / › Aus München.‹ / ›Ah, aus München! Da war ich schon mal!‹ / ›Wie geil‹« (Goetz: Rave, 59 f.). Das **Geplaudere** färbt häufig auf den Erzählbericht ab, der Sinnesreize kurz protokolliert: »Ein Joint ging rum, ich schaute mich um. Ich hörte was. Wirr bewegte den Kopf. Max redete mit einem großen dicken fremden Mann. Dark hatte eine Zigarettenschachtel in der Hand. Neue Nachrichten von Bässen und Lichtern kamen herein« (ebd., 28).

An einigen Stellen wird zwar zum Ausdruck gebracht, dass das alles mit Worten gar nicht zu fassen sei: »Eine Substantivkaskade, / die vom Abreißen und der Geschwindigkeit der Gedanken handelte, in Verbindung mit der Musik, dem Gefühl der Summe der Gegenaspekte, der Totale der Geistessicht im Moment dieser Gleichzeitigkeit und der Wohltat des Automatischen dieses Vorgangs in einem. / In diese Richtung würde – / Eine Art Widerspruchsbalance, die ohne – / Und so weit gespannte –« (ebd., 19). Dieses **romantische Ungenügen** und andeutungsvolle, unsagbare

Schweigen weicht aber zuverlässig einem **gelasseneren Pop-Gestus, der sich mit Slogans und Kürzeln zufrieden gibt**: »Und sie tanzten und sprangen wie wild herum, und eine große, riesengroße Stimme sagte: ›ENTER THE ARENA.‹ / Enter the arena. / Ja, natürlich, gerne, danke. / Vielen Dank. / Bin dabei. – Ich auch. – Ich auch« (ebd., 22).

In einer längeren Sequenz orientiert sich Goetz sogar am **Krimi-Genre**. Es geht um Gegenstände in einer ominösen roten Tasche, um Fahrten, internationale Orte, Geldübergabe, Drogen, benannt werden Flughäfen, Discos, Hotels – genau wie es in »Ästhetisches System« von einem Protagonisten für den Techno-›Reißer‹ gefordert wurde. *Rave* kommt dem erstaunlich nahe, so nahe es ein Stil vermag, der auf Reste, punktuelle Reize, auf Reduktion von Narration und semantischer Fülle setzt, eben auf das, was nicht nur in der Popmusik eine wichtige Möglichkeit der Pop-Sensibilität und -produktion ausmacht – Popliteratur in ihrer abstrakten Phase: »Schütte geht durch die unteren Hallen der Flughafenanlage. / Effekt des Neons. Die schlaffen Farben. / Überall Menschen, Türen, Zeichen, Abzweigungen. / Lichter, Reflexe« (ebd., 197 f.).

Weiterführende Literatur

Einen guten Einstieg in die Sekundärliteratur ermöglicht die Goetz gewidmete Ausgabe der Zeitschrift *Text+Kritik* (Arnold 2011).

5.4 | Thomas Meinecke

Der **Autor, Musiker und DJ** Thomas Meinecke (geb. 1955) hat sich selbst bei zahlreichen Anlässen explizit zu Begriffen wie ›Pop‹ und ›Popliteratur‹ geäußert, und auch sein Werk wurde ebenso häufig von anderen in diesen Kontext gestellt. Meineckes Verhältnis zum Begriff ›Pop‹ ist – im Gegensatz etwa zu einem Autor wie Christian Kracht, von dem später noch die Rede sein wird (s. Kap. 5.7) – außerdem ein ausdrücklich positives. Bei seinen eigenen Texten habe er »nie wirklich ein Problem gehabt, Pop drüberzuschreiben« (Meinecke in Meinecke u. a. 2007, 369). Zusammen mit Rainald Goetz und Andreas Neumeister zählt Meinecke in den späten 1990er Jahren zu den Autoren, die **vom Suhrkamp-Verlag unter dem Banner ›Pop‹ beworben** werden (s. auch Kap. 5.3.2).

Im Zuge der gesteigerten medialen Aufmerksamkeit, die der Kategorie Popliteratur im Zuge dessen zukommt, avanciert Meinecke in der öffentlichen Wahrnehmung schnell zu einem Aushängeschild für eine als formal komplex wahrgenommene Variante von Popliteratur. Wenngleich er selbst sich gegen die Zuschreibung einer qualitativen Sonderstellung seines Werks oder gegen die Unterteilung in ›hochwertige‹ und weniger hochwertige Popliteratur qua Verlagszugehörigkeit verwahrt (vgl. Meinecke u. a. 2007, 371), ist offensichtlich, dass Meinecke einen überaus »**emphatischen Popbegriff**« (Goer 2003, 180) vertritt, der sich weniger über inhaltliche als über formale Merkmale bestimmt und eng mit dem Gedanken von Popliteratur als Verweishandlung (s. Kap. 4.1) verbunden ist.

In diesem Sinne dominiert bei Meinecke ein Sprachzugriff, der nicht in erster Linie auf Originalität im Sinne einer ›genialischen‹ Neuschöpfung setzt, sondern sich vielfach auf kursierendes Textmaterial, auf diskursive Vorlagen aller Art bezieht. Zugleich thematisiert Meinecke in seinen Büchern aber ein weitergehendes Programm, das zum einen die **diskursive Konstruiertheit und Bedingtheit allen Wissens** in den Mittelpunkt stellt, zum anderen die konkrete Wirkmächtigkeit solcher Konstruktionen in der kulturellen Wirklichkeit seziert. Der inhaltliche Eckpfeiler, an dem Meinecke dies ausrichtet, ist der »Nicht-Essentialismus von Gender, Ethnie, Nation« (Dunker 2006, 109), der in allen seinen Romanen eine hervorgehobene Stellung einnimmt.

Popkultur gilt Meinecke als prominenter (aber nicht exklusiver) Aushandlungsort und performative Bühne einer **kulturellen Hybridität**, wie sie von postkolonialen Theoretikern wie Homi Bhabha und anderen theoretisch diskutiert wurde. Aufgrund des spezifischen Zusammendenkens von anti-essentialistischen Theoriediskursen und popkulturellen Manifestationen und Inszenierungspraktiken wird Meinecke deshalb häufig als »avancierter Popliterat« (Ernst 2013, 227) geführt. Pop begreift Meinecke daher auch als »Verweishölle« (Meinecke in Meinecke u. a. 2007, 367). Nicht um den ›wahren Kern‹ einer Sache geht es, sondern um die Vielfalt möglicher Bezüge und Querverbindungen.

Inhaltlich realisiert Meinecke dies über verschiedene **thematische »Knotenpunkt[e]«** (Breger 2003, 202), um die herum sich seine Romane gruppieren. In seinem bekanntesten Roman *Tomboy* (1998) ist das der poststrukturalistische Gender-Diskurs im Anschluss an die Theorien Judith Butlers, in *Hellblau* (2001) rückt die Konstruktion ethnischer Identitäten und Differenzen in den Mittelpunkt. Im Nachfolgeroman *Musik* (2004) geht es Meinecke um die subversiven Potentiale u. a. der Disco-Kultur, ehe in *Jungfrau* (2008) schließlich der Katholizismus das Rahmenthema bildet. Dabei findet allerdings nicht nur das Werk des Theologen Hans Urs von Balthasar und der Mystikerin Adrienne von Speyr Erwähnung, sondern es werden auch zahlreiche Querverbindungen zur Romantik, zum amerikanischen Underground-Kino und zum Jazz gezogen. Auch Meineckes bislang jüngster Roman *Lookalikes* (2011) bleibt diesem Verfahren treu.

Schon an der Breite dieser Bezugnahmen lässt sich ablesen, dass es in Meineckes Texten seltener um einen handlungsorientierten Ereignisablauf geht (obschon sie in den meisten Fällen eine rudimentär lineare Rahmenhandlung aufweisen), sondern vorrangig um eine offene Textanordnung, die am Anfang und am Ende ›ausfranst‹ und zu Anschluss- oder Parallellektüren einlädt. Meineckes Romane sind in diesem Sinne häufig als **Diskursromane** apostrophiert worden, die sich in einem »virtuos unstrukturierten System vom Theoremen, Konstrukten, Konzepten, Phänomenen und Gerüchten« (Mazenauer 2006, 389) bewegen. Im Mittelpunkt stehen die historische und diskursive Komplexität kultureller Kategorien und die damit verbundenen sozialen Praktiken, die in Meineckes Romanen ab Mitte der 1990er Jahre bewusst überkomplex integriert und schließlich unter dem Begriff ›Popliteratur‹ diskutiert werden.

5.4.1 | Feuilletonistische Popdiskurs-Miniaturen aus den 1980er Jahren

Schriftstellerisch aktiv ist Meinecke jedoch bereits deutlich früher. Ähnlich wie Rainald Goetz (s. Kap. 5.3) tritt auch Thomas Meinecke zunächst im Umfeld von Zeitschriften in Erscheinung und publiziert u. a. in der von ihm selbst mitgegründeten Zeitschrift **Mode & Verzweiflung** ab 1978 Einschätzungen zu popkulturellen Themen und Haltungen (s. Kap 2.1.6). Hervorstechend sind dabei Einstellungen, die später unter der Bezeichnung ›Gegengegenkultur‹ (vgl. Diederichsen 2001) zusammengefasst werden und deren Impetus Meinecke in einem summarischen Rückblick auf seine frühen Texte (erschienen in dem gleichnamigen Sammelband *Mode & Verzweiflung*) selbst folgendermaßen beschreibt:

»Als flanierender Haufen hedonistischer Partisanen war es uns dann zunächst einmal darum gegangen, die herrschende Innerlichkeit der sozialdemokratisch verdorbenen Siebziger in die Flucht zu schlagen, um daraufhin diejenigen falschen Achtziger, welche sich irrtümlich im Schulterschluß mit uns wähnten, nicht minder erbarmungslos zu diskreditieren. Das Ja zur modernen Welt erschien uns dabei vorübergehend als die denkbar größte Möglichkeit zu politischer Dissidenz« (Meinecke: Vorwort, 8).

Aus diesem Grund führen Meinecke und seine Mitstreiter Anfang der 1980er Jahre das »Kybernetische Verhaltensprinzip« (Meinecke: Neue Hinweise, 32) der flexiblen Anpassung ein, das sie zugleich als »Prinzip der Permanenten Revolte« (ebd., 33) ausgeben. Statt auf offen antikonsumistische, kritische Einstellungen stößt man so auf ein Ironie- und Künstlichkeitskalkül, dessen vordergründiges ›**Ja zur modernen Welt**‹ von einem nominell emanzipatorisch angeleiteten Gedanken getragen wird.

Um 1980 herum findet Meinecke sowohl im musikalischen wie auch im publizistischen Bereich geeignete Voraussetzungen, um diese Vorlieben artikuliert zu sehen bzw. selbst zu artikulieren. »Dem modernden Traum von der Subversion […] begegnete man mit der lustbetonten Praxis absolut nicht beliebiger, sondern sorgfältig kybernetisch abgeleiteter, vor allem taktischer Stilübungen, deren Spielwiese einige Zeitschriften […], aber auch jene zahlreich aus dem Boden sprießenden neuen Bands abgaben« (Meinecke: Das waren die achtziger Jahre, 117), resümiert Meinecke im Jahr 1986 das Klima zu Beginn des Jahrzehnts, und auch Diedrich Diederichsen hält in seinem erstmals 1985 erschienenen Poptheorie-Klassiker *Sexbeat* euphorisch fest: »1982 war ein rundum gutes Jahr«. Diederichsen gibt den Grund seiner Begeisterung auch gleich mit an:

»Das Projekt, durch *Historisierung* und *Relativierung* aller Musikelemente eine neue Pop-Musik-Art auf die Beine zu stellen, zeitigte in Form von ABC u. a. seine schönsten Erfolge. Niemand glaubte mehr an den natürlichen Ausdruck. Alle Elemente waren referentiell, bezogen sich auf die Historie der Pop-Kultur, nichts war mehr unschuldig, alles überspitzt bewusst, intellektuell, campy und trotzdem schön und berückend« (Diederichsen: Sexbeat, 41; Hervorh. im Original).

Auch Meinecke zeigt sich stark beeinflusst von dieser ästhetischen Maxime und der »**Devise der Künstlichkeit**« (Meinecke: Das waren die achtziger Jahre, 118), wie sie eine Band wie Roxy Music bereits mit ihrem 1972 erschienenen Debütalbum ausgegeben habe. Für Meinecke markiert schon diese Veröffentlichung den vorgezogenen Beginn einer ›historischen‹ Ästhetik, wie sie in den frühen 1980er Jahren im popmusikalischen Bereich vermehrt zur Blüte kommt. In den Zirkeln rund um Zeitschriften wie *Sounds*, *Elaste*, *Spex* und *Mode & Verzweiflung*, die Journalisten, Bildende Künstler und Musiker vereinen, findet diese Ästhetik begeisterte Aufnahme (vgl. dazu schon Winkels 1988a). Im Jahr 1986 allerdings zieht Meinecke seine zuvor euphorisch geäußerten Thesen (ähnlich wie im Kontext von *Sexbeat* auch Diederichsen) bereits in Zweifel. Schon kurz nach seinem Aufkommen nämlich sei das »intelligente Spiel mit Stilen« zum »Volkssport« geworden (Meinecke: Das waren die achtziger Jahre, 118).

Festhalten kann man daher, dass Meinecke zusammen mit einigen anderen Autorinnen und Autoren in den 1980er Jahren sowohl den Aufschwung als auch den vermeintlichen Fall eines kurzzeitig die intellektuelle Popdiskurs-Szene beherrschenden Denkens **feuilletonistisch orchestriert**, ohne aber im engeren Sinne bereits literarische Texte vorzulegen, die ein Jahrzehnt später unter dem Titel ›Popliteratur‹ für

Aufmerksamkeit sorgen. Die publizistische Szenerie der 1980er Jahre kann allerdings sehr wohl als gedankliche Entstehungsvoraussetzung und loser situativer Zusammenschluss gleichwohl heterogener, später als ›Popliteraten‹ bekannt gewordener Autor/innen mit journalistischem Hintergrund gelten.

5.4.2 | »Inhalt lenkt ab«: Prosaverfahren und Autorpoetik

Während sich Meinecke in seinen Texten aus den 1980er Jahren – hier sehr ähnlich wie Diederichsen – vornehmlich als historischer Interpret des Zeitgeists und popintellektueller Diskursstifter ausgibt (vgl. Jaumann 2011), verlagert sich der Fokus in seinen ab Mitte der 1990er Jahre publizierten Romanen deutlich in Richtung einer **literarisch performierten ›Diskurs-Archäologie‹**. Ausgangspunkt der vorgelegten Texte ist weniger die – wie auch immer flüchtig-›kybernetisch‹ gedachte – Propagierung einer gerade aktuellen Verhaltensmaxime als vielmehr die unablässige Hinterfragung und Verkomplizierung von Sachverhalten. An die Stelle der Selbstverortung in der Geschichte subkulturell-bohemischer Verweigerungsgesten tritt so die komplexe Auffächerung kultureller Kategorien, die damit in höchstem Maße als *diskursive* Gegenstände adressiert werden, d. h. als Gegenstände, deren Existenz und Zuschnitt nicht als gegeben vorausgesetzt wird, sondern die in spezifischen Zuschreibungsakten erst als solche konstituiert werden. Vermeintlich ›homogene‹ oder ›natürliche‹ Ordnungen und Begriffe werden von Meinecke radikal hinterfragt, ›Identitäten‹ (seien sie nationaler, geschlechtlicher oder ethnischer Art) aufgelöst. Die Vielfalt von Einflüssen und ihr Zusammenspiel werden von Meinecke in seinen Texten als solche thematisiert (vgl. Feiereisen 2008; Geier 2008).

Meineckes Texte lesen sich daher dezidiert als Spurensuchen, die das scheinbar ›Natürliche‹, ›Identische‹ oder ›Authentische‹ seiner Selbstverständlichkeit oder Eindeutigkeit entkleiden und auf seine Zusammensetzung aus unterschiedlichen Teilen verweisen. Nicht zufällig stehen dabei oftmals transatlantische Bewegungen im Mittelpunkt, wie etwa in Meineckes Debütroman *The Church of John F. Kennedy* (1996), in dem sich der Protagonist Wenzel Assmann auf die Spuren deutscher Auswanderer im Süden der USA begibt.

Hier zeigt sich ein erstes Mal Meineckes nun im engeren Sinne popliterarische **Arbeitsweise am Prosabeispiel**: Über eine zumeist recht lose angelegte narrative Rahmung – hier der ›Roadtrip‹ Assmanns durch den ›melting pot‹ USA – nimmt man als Leser/in Teil an ausgreifenden Recherchen und Quellen-Referaten der jeweiligen Figuren, deren Nachforschungen und Einlassungen sich schnell zu einem schwer überschaubaren Netzwerk an Bezügen und Verweisen verästeln. »Jedenfalls nahm die deutsche Bevölkerung nach den fünfziger Jahren recht deutlich wieder ab« (Meinecke: The Church of John F. Kennedy, 7), lautet der charakteristisch unmittelbare Einstieg, woraufhin man aber sogleich über das vor Assmann liegende »Blätterwerk« (ebd.) informiert wird, aus dem er diese Angaben bezieht.

Die **Bezugnahme auf vorliegende Quellen** und Informationen wird somit von vornherein offengelegt und im Lauf der Erzählung auch immer wieder thematisiert: »Seit 1982 waren es ganz besonders Listen und Tabellen gewesen, die sowohl den Verstand als auch die Phantasie des Nordbadeners Assmann beflügelt hatten« (ebd., 148), heißt es später. Das kann durchaus programmatisch gelesen werden, weist doch auch Meinecke als Autor unter Rekurs auf eine spezifische Tradition des Zitats jegliche schöpferische ›Eingebung‹ von sich und lässt sich maßgeblich anregen durch die Lektüre »[s]chöne[r] Theorie« (Meinecke: Handlung lenkt ab, o. S.). Nur sporadisch mischen sich daher traditionell erzählende Passagen in die Schilderung, nahezu vollständig ausgespart werden ausschmückende Attribute zur Charakterisierung von Figuren oder Umgebung.

Selbst wenn sich einmal ein Natureindruck andeutet – etwa wenn Assmann das »herbstliche Blätterwerk« (Meinecke: The Church of John F. Kennedy, 154) notiert, das ihm bei einem Besuch in Richmond, Virginia vor die Füße weht –, nutzt Meinecke oft die Chance, **homonymisch** einen Bezug zum Diskurs herzustellen. Die Erwähnung des Herbstlaubs vor den Toren eines Friedhofs nämlich führt ihn sogleich wieder in das ›Blätterwerk‹ des beschriebenen Papiers: So weiß Assmann zu berichten, dass auf besagtem Friedhof »nicht weniger als achtzehntausend konföderierte Soldaten begraben liegen« (ebd.). Der historische Hintergrund des bereisten Ortes liegt so einerseits konkret vor ihm, andererseits mischen sich in die aktuelle Wahrnehmung aber zugleich Diskursspuren aus Vergangenheit und Gegenwart – etwa wenn Assmann darüber informiert, dass Richmond »während des Sezessionskrieges Hauptstadt der Südstaaten war« (ebd.), heute dagegen »von der Rezession besonders stark getroffen« (ebd., 155) zu sein scheine.

All dies wird zudem ausgewiesen als Teil eines laufenden Schreibprojekts, dessen Entstehung die Leser/innen in Form des vorliegenden Textes praktisch mitverfolgen können:

> »Wenzel Assmann legte den Kuli beiseite; abgesehen davon, daß des Chevys Lenkrad eine äußerst unbequeme Schreibunterlage bildete, bezweifelte er, ob eine derartige Eröffnung überhaupt angemessen war, die feierabendlichen Leser eines großen deutschen Herrenmodemagazins auf einen Essay über die noch immer schwelende Nord-Süd-Problematik der heutigen USA einzustimmen. [...] Der Deutsche warf seinen Wagen an, schmiß das Schreibzeug ins Handschuhfach [...], und beschloß, zu jenem schäbigen Motel am Jefferson Davis Highway zurückzufahren, Jefferson Davis, Präsident der Südstaaten-Konföderation von 1861 bis 1865, das seit einigen Wochen zum Ausgangspunkt seiner täglichen Recherchen geworden war« (ebd.).

Von ihrem Grundcharakter her ist diese Herangehensweise verallgemeinerbar für Meineckes gesamtes Werk: Angeordnet in durch Leerzeilen getrennte Absätze, die kaum je länger als eine Seite sind, bewegt man sich als Leser/in durch eine sorgsam rhythmisierte Textstruktur, bei der (knappere) narrative Passagen und mehr oder minder umfangreiches Textreferat einander abwechseln. »Die Handlung, die Meinecke ohne große emotionale Anteilnahme erzählt, dient primär als Klammer für das disparate Material« (Mazenauer 2006, 385), wurde dieses Vorgehen recht treffend kommentiert, und in der Tat wird von nahezu allen Rezipienten die Tatsache hervorgehoben, dass Meineckes **Romanfiguren kaum zu Charakteren aus Fleisch und Blut gerinnen**, sondern im Gegenteil oftmals als reine Sprachfunktionen, als Aussageträger der dargestellten diskursiven Zusammenhänge auftreten.

5.4.2.1 | *Tomboy*

Ein treffendes Beispiel dafür findet sich in *Tomboy*, Meineckes zweitem und wohl bekanntestem Roman aus dem Jahr 1998, der strukturell ähnlich wie sein Vorgänger verfährt, die Technik aber gewissermaßen weiter radikalisiert. Zum Thema wird diesmal der akademische Gender-Diskurs, dessen Komplexitätsgrad der Text nicht versucht zu durchbrechen, sondern in einer Art von Theoriepastiche (vgl. Baßler 2002, 135 f.; Dunker 2006) in den Text überträgt und literarisiert. Entsprechend steigt auch der Abstraktionsgrad der im Buch geführten Diskussionen zwischen den Figuren, wenn etwa die Rede auf »Willie Ninja, eine bärtige Tunte, prominenter Voguing-Tänzer« kommt, der angehende Models darin unterrichtet, »wie Frauen zu gehen«:

> »Noch einmal ganz genau, Vivian: Ein Mann bringt einer Frau bei, wie sie zu gehen hat, und sie wiederum reproduziert diesen Gang, damit ihn abermals ein Mann, in unserem Falle Venus Xtravaganza, einer der zahllosen Female Impersonators auf Harlems House-Bällen, imitieren kann. Dieser verkörpert damit eines anderen Mannes Idee davon, wie eine Frau sich bewegt und, Vivian, letzten Endes, was eine Frau ist. Irgendwann erkennen wir eine Frau nur noch daran, daß sie hereingestöckelt kommt wie ein Transvestit, eiferte sich die Doktorandin. Nun frage ich dich: Bedeutet dies ein konstruktivistisches oder dekonstruktivistisches Perpetuum Mobile?« (Meinecke: Tomboy, 56 f.).

Meinecke etabliert damit eine Form des Schreibens, in der »**Philosopheme** nicht diskursiv erörtert, sondern **performativ ausgeführt**« (Dunker 2006, 105) werden – und zeigt das etwa daran, dass die in *Tomboy* behandelten Gender-Thesen performativ in die verbliebene Resthandlung umgesetzt werden (etwa als beständig interrogativer Gestus) und die Figuren-Körper im wahrsten Sinne des Wortes zu unendlich verzweigten Sprachflächen werden. Angesichts der nie an ein Ende gelangenden Diskussionen über die Theoreme von Butler, Lacan und anderen findet sich zugleich manch selbstironischer Kommentar der Figuren im Buch: »Schwierig, schwierig, längeres Schweigen, Mann oh Mann« (Meinecke: Tomboy, 152).

Zwar spielen sich durchaus einige der so geführten Diskussionen in Club-Situationen ab, doch auch das abendliche Tanzvergnügen bleibt bei Meinecke stets an die diskursive Ebene rückgebunden, setzt sich die Assoziationskette doch unmittelbar nach Würdigung der »schöne[n] Kreuzblende« (ebd.) des DJs unermüdlich fort, ja könnte der Text selbst als Versuch einer musikalisch angeregten ›**Überblendung‹ von Zusammenhängen** gelten:

> »Irre Bluse übrigens, die Angela da trägt, bemerkte Vivian und nippte an ihrer Cola. Das sei, um Gottes Willen, keine Bluse, wußte die andere zu erwidern, sondern ein Body. Angela hat sich diesen Body, wie seltsam Frauke dieses Wort betonte und gleich wiederholte: diesen Body, auf unserer vorehelichen Hochzeitsreise in Verona zugelegt. The Two Gentlemen of Verona, assoziierte die Soldatentochter William Shakespeare und seine adoleszenten Female Impersonators, die sich, als Mädchen auf der Bühne, immer wieder auch, dem jeweiligen Stück gemäß, als Knaben nicht entlarven mußten, sondern gleichsam doppelt und dreifach verkleiden durften [...]« (ebd.).

Für Meineckes Texte sind daher nicht popkulturelle Szenen, Settings oder Handlungsabläufe bestimmend, viel stärker richten sie sich an Lese- und Schreibvorgängen aus, über die sich die je aktuellen Themen entfalten lassen: »Der Diskurs ist die Musik, und nicht umgekehrt« (Baßler 2002, 135). Folgerichtig lässt Meinecke seine Figuren dann auch häufig Seminararbeiten, Artikel oder gleich ganze Bücher zum jeweiligen Thema schreiben, worüber sich eine binnenerzählerische Legitimation für die teils **extensive Wiedergabe verschiedenster Quellen** ergibt. Nicht selten folgt man als Leser/in den Figuren deshalb bei dem Versuch, »ihre kaum überschaubaren Materialsammlungen zu erschließen« (Greif 2011, 71). In *Tomboy* ist es eine entstehende Magisterarbeit, die Anlass für die Erörterung des gendertheoretischen Materials liefert, im Fall von *Jungfrau*, einem weiteren Roman Meineckes aus dem Jahr 2008, ist von einer »laufenden theaterwissenschaftlichen Untersuchung« (Meinecke: Jungfrau, 10) die Rede, deren Entstehung sich gleichermaßen der intensiven Lektüre von Quellenmaterial verdankt: »Jeannine Waterstradt auf ihrer Bettkante, unter der Leselampe, über ihren Büchern« (ebd., 9).

5.4.2.2 | Aspekte der Autorpoetik: Lektüre, Sample, Subjekt- und Autorbegriff

Diese Lesevorgänge finden sich nicht nur im Text im Rahmen der Figurenrede oder des Erzählerkommentars offengelegt, sie lassen sich zugleich auf Meineckes Produktionsweise als Autor übertragen, über die er bereitwillig Auskunft gibt: »Im Text herrscht immer das Datum, das auch aktuell das Datum war, an dem Tag, als ich den Text geschrieben habe« (Meinecke in Meinecke u. a. 2007, 383), beschreibt Meinecke den eigenen Arbeitsprozess, im Rahmen dessen **Lektüren** das zentrale Element bilden: »Bei mir ist es ja so, dass das Lesen nicht nur das Thema, sondern auch die Struktur meines eigenen Schreibens vorgibt« (ebd., 379). Diese Struktur ließe sich wohl am besten damit beschreiben, dass »[e]inzelne Stichworte oder Paraphrasen aus Lektüren aus Theorietexten ebenso wie aus Musik- oder Modezeitschriften [...] assoziative Verweisketten in Gang [setzen]« (Geier 2008, 131), entlang derer sich sukzessive der Text generiert, lose zusammengehalten durch das vorgegebene Oberthema.

Dabei geht es Meinecke weniger um eine definitive, abschließende Erörterung als um das »unerreichbare Ideal eines momentanen Festhaltens« und um den »schönen Widerspruch eines sozusagen asymptotischen Fixierens, das die geliebte Unzulänglichkeit der Sprache konstruktiv macht« (Meinecke: Ich als Text, 17). Eine solche »Jetzt-versessene Literatur, nennen wir sie mal, für fünfzehn Minuten, Pop-Literatur« (ebd., 17 f.), grenzt Meinecke dagegen deutlich von der »Erinnerungsarbeit herkömmlicher Erzählliteratur« (ebd., 18) ab: »Wenn schon erinnern, dann vergegenwärtigen« (ebd.), stellt Meinecke kategorisch fest, ehe er hinzufügt: »Dabei vergegenwärtigt Pop durchaus real Vergangenes: Im Zitat. Im Sample« (ebd., 19).

Ausschlaggebend für das Entstehen des Textes sind also Lektüreprozesse, »die das, was aktuell anfällt, aufnehmen und weiterprozessieren« (Schumacher 2003, 17). Die Tagesaktualität des Materials spielt dabei nur eine untergeordnete Rolle, wichtiger erscheint eine ›**Aktualisierung**‹ **des jeweiligen Materials im Augenblick seiner Nennung** im Text. Meineckes Texte bekommen darüber eine deutlich performative Struktur, deren Gegenwartseindruck sich nicht an der inhaltlichen Aktualität des Genannten bemisst, sondern aus den mit abgebildeten Lese- und Schreibvorgängen ergibt. In diesem Rahmen kommt es bei Meinecke gleichzeitig zu einer weitgehenden **Suspendierung von Handlungsabläufen**, wie er selbst auch immer wieder betont:

»Handlung in der Literatur dient der Ablenkung vom Text, von seinem Gehalt, auch seiner Funktion. Handlung erzählt nicht vom Narrativen des Textes, sondern sie gaukelt der Leserin (beziehungsweise dem einen oder anderen übriggebliebenen Leser) vor, dass hier etwas passiert. Dass nicht von Sprache und ihrer Konstruiertheit die Rede ist, was ja eigentlich das Tolle an Texten ist (dessen Äquivalent besonders die Musik in ihrer sozusagen konkreten Abstraktheit super zu leisten vermag). [...] Darum schätze ich Musik so viel mehr als Literatur. (Und mag logischerweise seit einigen Jahren in der Musik auch den Track tendenziell lieber als den Song.) [...] Ich will keine Romane lesen, in denen Yellow Cabs über dampfenden Gullis vorfahren, damit sich aus ihnen schlanke Frauenbeine schälen [...], nur um einen Luftzug zu erzeugen, der sich narrative Spannung nennt, in Wirklichkeit aber den Pesthauch sogenannter Fiktion verbreitet. Ich will überhaupt keine Fiktion. Ich will null Ausgedachtes« (Meinecke: Handlung lenkt ab, o. S.).

Meineckes Alternative ist bereits mehrfach hervorgetreten: Statt fiktionaler Handlungen und dem »Gehüstel der Geschichtenerzähler« (ebd.) favorisiert er »[s]chöne Theorie« (ebd.), die ihm als Material für durchaus umfangreiche Textanordnungen dient.

In Kommentaren zu Meineckes Produktionsästhetik stößt man auf eine **Metapher** besonders häufig: die **des Samplings** (vgl. nur Breger 2003, 200; Winkels 2005; Dunker 2006, 107 f.; Geier 2008, 131; Greif 2011, 71 f.). Meineckes Textverfahren, so lässt sich der Tenor dieser Hinweise zusammenfassen, sei gekennzeichnet durch eine Technik, wie sie in der (vorrangig elektronischen) Musik in Form des Samples auftritt, nämlich durch den Einsatz und die Kombination vorgefertigter Versatzstücke im Rahmen eines Tracks. Dieser Rede wird von Meinecke, der selbst langjährig als DJ aktiv ist, durchaus Vorschub geleistet, konstatiert er doch in Interviews mitunter selbst eine »strukturelle Ähnlichkeit« zwischen seinem Schreiben und dem Plattenauflegen:

> »Man nimmt sozusagen einen Pool an Tonträgern mit, ist sich aber am Anfang noch nicht bewußt, in welcher Reihenfolge die dann zum Einsatz kommen werden, weiß aber, dass die sich zueinander irgendwie verhalten, und legt mit einem Mischpult und zwei Plattenspielern los. Unten heraus kommt dann die Summe. Das Schöne ist daran oft, dass nicht ganz klar ist, was man da eigentlich gerade hört, dass man da vermischen kann, dass man sozusagen zitieren kann – so ist es jedenfalls auch bei meinem Schreiben – ohne An- und Abführungsstriche quasi, Dinge überblenden, gleichzeitig laufen lassen kann« (Meinecke in Lenz/Pütz 2000, o. S.; vgl. dazu auch Meinecke: Ich als Text, 23).

Wenngleich angemerkt worden ist, dass Meinecke bei seiner Zusammenstellung einzelner Zitate »kaum phonetischen Merkmalen der Textoberfläche« (Picandet 2011 a, 138) folgt, wie man es bei einem enger verstandenen Begriff einer Übertragung von DJ-Techniken auf die Literatur – etwa bei einem Autor wie Andreas Neumeister (s. Kap. 5.10) – umgesetzt findet, entbehrt Meineckes Umschreibung doch nicht einer gewissen Triftigkeit. Diese Triftigkeit ergibt sich vielleicht weniger aus der formalen Detailanalyse des Textmaterials als aus **programmatischen Überlegungen**, die Meinecke seinem Schreiben zugrunde legt. Hier zeigen sich schließlich die Nachwirkungen von Meineckes eigener – und von ihm vielfach diskursivierten – Pop-Sozialisation, wenn er unter Verweis darauf, dass er »so ein Pop-Sommer-1982-Typ« sei, angibt,

> »dass das Zitat in dem, was ich mache, eine ganz große Rolle spielt. Ich habe ein großes Misstrauen gegenüber der Eingebung und dem Genie, an das ich eh nicht glauben möchte, verfahre selbst lieber mit Versatzstücken, Zitaten, mit – und jetzt werde ich wieder modisch – Samples. Das alles ist beim Schreiben ähnlich wie beim Plattenauflegen, nur ist da kein Plattenkoffer, sondern ein Bücherregal, Kisten mit Büchern oder Büchertürme auf dem Fußboden, neben mir oder auf dem Tisch, und da ziehe ich mir das so raus, wie es mir passt, in einer bestimmten Reihenfolge, die schon auch intuitiv abläuft« (Meinecke in Lenz/Pütz 2000, o. S.).

Ein solches Vorgehen steht für Meinecke in klarer Pop-Tradition, zumal er betont, er wolle »**definitiv etwas ganz anderes erzählen als ein Rocker**« (Meinecke: Ich als Text, 24). Mit der Rock-Tradition verbindet Meinecke all die »narrativen Ablenkungsmanöver«, die er in seinen eigenen Texten vermeiden will: »Handlung, Spannungsbogen und Klimax« (ebd.). Stattdessen versucht Meinecke in seinen Texten herzustellen, »was ich in Techno wiederfinde, eine so differenziert wie möglich modulierte Strecke Text« (ebd.). Eine narrative Hinführung oder Abrundung lehnt er folglich ab: »Bei mir geht so ein Text in derselben Lautstärke los wie er aufhört, der wird nicht langsam eingeblendet und wieder ausgeblendet, es gibt eben auch nicht dieses Freak-Out-Klimax-Moment« (Meinecke in Lenz/Pütz 2000, o. S.). Dieser Techno- und der sich daraus ableitende Textbegriff unterscheidet sich demnach auch deutlich von demjenigen von Rainald Goetz, der auch im Falle der Techno-Rezeption Ekstase und momenthafte Euphorie zulässt und stellenweise in seinen Texten umzusetzen versucht (s. Kap. 5.3.3). Meinecke dagegen arbeitet äußerst selten mit fragmentierter Rede, dem Protokoll von Sinnesreizen oder gar sprachloser Begeisterung, sondern schafft durch seine Textanordnung einen eher ruhigen, gleichmäßigen Effekt.

Diese Feststellung kann nicht nur für einzelne Texte Meineckes Gültigkeit beanspruchen, sie gilt auch werkübergreifend. Verschiedentlich konstatierte ›Modulationen‹ im Duktus – etwa vom eher interrogativ-mündlichen Stil in *Tomboy* zum schriftsprachlichen, da innerdiegetisch auf E-Mail-Konversationen fußenden Ton im Nachfolgeroman *Hellblau* (2001) – sind im Gesamtbild daher vergleichsweise nachrangig. Im Grunde lesen Meineckes Romane sich wie ein einziger langer Text, der unter je »neuem Sammelbegriff und aus neu justierter Perspektive fort[geschrieben]« (Mazenauer 2006, 390) wird. Unter der von Meinecke ausgegebenen Direktive eines textuellen, diskursiven Universums erscheint das nicht nur konsequent, sondern es ist auch ausdrücklich angestrebter Effekt: »Ich versuche ja im Grunde genommen **immer dasselbe Buch** nur immer ein bisschen besser zu schreiben« (Meinecke in Rüdenauer 2001).

Dass Meinecke letztendlich eben doch ein *Buch* schreibt, weist auf die bereits erwähnte Ungenauigkeit der Sampling-Metapher hin; letztlich bleibt der Umgang mit vorgefundenem Material auch in Meineckes Fall eine »spezifische Spielart von Intertextualität«, die dann aus dem »avantgardistische[n] Chic des Pop-Vokabulars […] kulturelles Kapital« zu schöpfen versteht (Birnstiel 2012, 105; zu Meineckes Zitatverfahren vgl. ausführlich auch Picandet 2011 b, 241–307). Der Meineckes Texten häufig zugeschriebene »**Sound**« (Winkels 2005, 126 u. 136) zeigt zugleich den Erfolg dieser Strategie an. Sieht man von derartigen Begrifflichkeiten ab, scheint allerdings beachtenswert, dass Meineckes »Vertextungsarbeit« (Geier 2008, 131) sich nicht in einem reinen Spiel mit den Vorlagen erschöpft, sondern durchaus mit einer kritischen Absicht und vor dem Hintergrund eines weitergehenden Programms gewählt ist. In der »[i]ntertextuelle[n] Verdichtung theoretischer Impulse aus den theoretischen Post-Diskursen« (Birnstiel 2012, 105) nämlich liege durchaus ein »kritisch-philosophische[s] Potential« (ebd., 99), das dem durch eine poststrukturalistische Theoretikerin wie Julia Kristeva geprägten Intertextualitätsbegriff bereits eingeschrieben sei. Ein so verstandener Intertextualitätsbegriff verweise nicht nur auf die Entstehung von Texten aus anderen Texten und ihre gegenseitige Verflechtung, sondern er unterlaufe gleichzeitig »qua **Dekonstruktion des Autors** als schöpferischer Instanz zentrale moderne Konzepte von Ich, Subjekt, Person und Identität« (ebd.).

Hier treffen sich schließlich Thema und Schreibverfahren von Meinecke: Ähnlich wie in Meineckes Romanen inhaltlich immer wieder die Nicht-Festgelegtheit kultureller Kategorien thematisiert wird, unterstützt auch die Gegeneinanderstellung und fortlaufende (mal mehr, mal weniger leicht erkennbare) Anordnung zitierter Passagen das Ansinnen, eine einzelne Stimme in ein Geflecht aus vielen Stimmen aufzulösen. In diesem Zusammenhang wendet Meinecke sich zunächst deutlich ab von der »untoten essentialistischen **Chimäre namens Autonomes Subjekt**« (Meinecke: Ich als Text, 21), um daraufhin aber auch die souveräne Autorfunktion mit in Frage zu stellen. Mit Blick auf seine eigene Autorschaft gibt er schließlich an, dass er seine Texte nicht als Autor, sondern als Leser schreiben wolle. Dabei gehe es ihm darum,

»[d]en Prozeß meines Lesens schriftlich wiederzugeben. Gefundenes Material, das ich nicht einmal richtig verstanden haben muß, über das ich eben nicht Herr und Meister bin, durch mich hindurchfließen zu lassen. […] Das Buch sozusagen mich schreiben zu lassen. Es auch mal klüger als den Verfasser sein zu lassen. Den Autor, das vermeintliche Subjekt, zum Objekt werden zu lassen. Ich als Text« (ebd., 23).

Im Lauf der Romane führt das immer wieder zu selbstreflexiv-ironischen Bemerkungen der Figuren angesichts der Unübersichtlichkeit ihrer ›Forschungsvorhaben‹: »Vertrackt« (Meinecke: Hellblau, 168) lautet der lakonische Kommentar von einer der Erzählerstimmen in *Hellblau*, und schon zuvor wundert sich die Figur Yolanda augenzwinkernd »über Tillmanns Zuversicht, daß uns ein deutscher Verlag das ganze Konvolut abkaufen wird« (ebd., 31). Auf ähnliche Wendungen stößt man später auch in *Jungfrau*: »Ich verstehe überhaupt nichts, sagte Lothar« (Meinecke: Jungfrau, 11).

5.4.2.3 | *Hellblau*

Konsequent angewendet finden sich all diese Verfahren auch in Meineckes weiteren Romanen nach *Tomboy*. So trifft man in *Hellblau* (2001) wieder auf ausgreifende Materialsammlungen, diesmal allerdings mit der graduell veränderten Ausgangssituation von drei Erzählinstanzen (Cordula, Tillmann und Yolanda), die an unterschiedlichen Buchprojekten arbeiten und schriftlich miteinander korrespondieren. Das Internet bildet nicht nur das mittlerweile bevorzugte Recherchemedium, es dient zugleich als Kommunikationsinstrument der Figuren untereinander, wobei – hier macht sich Meineckes Einlassung eines ›Zitierens ohne An- und Abführungsstriche‹ spürbar – nicht immer ganz klar ist, wem letztlich welche Aussage zuzuschreiben ist.

Im Fokus der Erzählung stehen diesmal **ethnische Konstruktionen**, und im Sinne von Meineckes bewährtem Ansatz entwirft auch *Hellblau* im »Zusammenschnitt von Theorie, Musik und Literatur, aber auch faktizitätsorientierten Texten (Zeitungsartikeln, soziologischen Studien etc.) [...] eine Welt der unendlichen Bezüge, in der Hybridität zur unhintergehbaren Seinsweise alles Notierbaren geworden ist« (Breger 2003, 200). Die Geschichte dieser Hybridität aber ist wenig schmeichelhaft, und so liest sich *Hellblau* auch als »Archiv von Ausschließungs- und Hierarchisierungspraktiken« (ebd., 201), die Meinecke in Form von Ausschnitten zu Gegenwart und Geschichte der fokussierten **transatlantischen Beziehungen** in den Text einfließen lässt. »Wir reden über den unfreiwilligen Seeweg nach Amerika. Über Meeresströmungen als nautische Einbahnstraßen. Die Kolonie der Anfang des sechzehnten Jahrhunderts in Ecuador gestrandeten Afrikaner. Vermilion hat noch nie von der stolzen Flotte des Mandingo-Königs Abukabari II. gehört« (Meinecke: Hellblau, 62). Mit Blick auf die »afrikanisch-amerikanischen Unterwasserwelten des enigmatischen Duos Drexciya aus Detroit« (ebd., 20) verbinden Meineckes Figuren diesen Diskurs zugleich mit popkulturellem Spezialwissen und der Geschichte der Techno-Musik: »Was mich nach wie vor nicht losläßt: Afrodiasporische Amerikaner im desolaten postindustriellen Detroit machen sich ihren revolutionären Reim auf die alten Platten der Düsseldorfer Gruppe Kraftwerk. Ist Detroit Techno Black Music?« (ebd., 21).

Nicht zuletzt scheint über die Fokussierung solcher Details ein »kritisches Interesse« (Breger 2003, 201) bei der Aufzeichnung durch, was konform geht mit Meineckes Ziel, sein Schaffen unter eine insgesamt kritische Haltung zu stellen. Die Figuren selbst sind sich dagegen nicht immer ganz sicher, inwieweit sich Theorie und Praxis treffen. So stellt etwa Tillmann fest, dass sie »bei allem dekonstruktivistischen Einvernehmen [...] im Privaten noch nicht dort angekommen sind, wo Vermilion uns gern sähe« (Meinecke: Hellblau, 166).

5.4.2.4 | *Musik* und die Aporien der Subversion

Wie bereits das letzte Beispiel rund um die Gruppe Drexciya und das mit ihnen verbundene Label Underground Resistance anklingen ließ, spielt Musik in den Romanen Meineckes ebenfalls eine wichtige Rolle. Allerdings dient sie dann – im Gegensatz zu manch anderen popliterarischen Texten – selten als Stimmungsbarometer oder ähnliches, sondern Meinecke hat auch hier ein eher ›archäologisches‹ Interesse. So werden in seinen Texten Interpreten durch seine Romanfiguren manchmal geradezu »wiederentdeckt« (Greif 2011, 70) und damit in gewohnter Manier in eine kritische Diskursgeschichte eingeschleust. In dem Roman *Musik* (2004) ist dies sogar eines der Hauptthemen. Hier geht es um die **Geschichte und Hintergründe der Disco-Ära** der 1970er und 1980er Jahre. Der Disco-Musik und den damit verbundenen Einstellungen wird eine in mehrerlei Hinsicht ›grenzüberschreitende‹ Wirkung beigemessen. Pate steht für diese Wirkung wiederum das Wort ›Pop‹:

»Ich tippe: In den 1970er Jahren trat Disco in subversiver, kosmetischer Eleganz gegen das verschwitzte, masturbatorische, phallozentrische Gitarrenspiel der rockistischen Super Groups an, besser noch: auf, wodurch sich auch ihre vielbeschworene Gegnerschaft zu Punk als Trugbild erwies. [...] Discos hedonistisches Konzept war nicht auf Authentizität oder Glaubwürdigkeit angelegt, sondern auf Verführung. Disco war hybride und darin genuin, nämlich Pop. [...] Disco als, und jetzt komme ich auf den Punkt: politisch-korrekte Bewegung glaubte weder an nationale Zuschreibungen noch an ethnische, vermochte auch sexuelle Identitäten zu pulverisieren. Viele Jahre vor dem erlösenden Aufkommen der feministischen Dekonstruktivistinnen offerierte diese Musik der Queer Nation und deren Sympathisanten respektive Sympathisantinnen ein zutiefst raffiniertes performatives Zeichensystem« (Meinecke: Musik, 48).

An Beispielen wie diesen wird deutlich, dass Meinecke – folgt man der Einschätzung von Stefan Greif – an einer »sehr bewussten Entwicklungsgeschichte der Discomusik [schreibt], in der auch Platz für ›queere‹ Persönlichkeiten oder massive Vorbehalte gegenüber westlichen Stereotypen bleibt« (2011, 73). Meineckes Auswahl von Textversatzstücken sei deshalb, ähnlich wie dies auch schon Breger (2003) hervorhebt, durchaus einem emanzipatorischen Anspruch geschuldet, indem wiederholt gerade »minoritäre Begriffe, Gruppen, Figuren, Songs, Probleme« (Ernst 2013, 277) fokussiert würden. Damit archivierten und reflektierten Meineckes Romane vorrangig das, was Thomas Ernst als den »**dekonstruktivistischen Diskurs der Subversion**« (ebd., 276) beschreibt, einen Diskurs also, der sich an der Auflösung herkömmlicher und tradierter Rollen- und Identitätsvorstellungen ausrichtet und im Verbund mit Meineckes popdiskursiver Prägung aus den 1980er Jahren als Variante eines ›queer-subversiven‹ Pop-Konzepts verstanden werden kann (s. auch Kap. 5.2.4).

Diesem Projekt widmet Meinecke sich nicht allein in seinen Romanen, es spiegelt sich auch in seiner Arbeit als Musiker. Schon 1994 gibt Meinecke in einem kurzen Artikel an, dass »[g]uter Pop [...] zu allen Zeiten ein Bastard« (Meinecke: Alles Mist, 83) war. Die Musik der Gruppe **F. S. K.** (Freiwillige Selbstkontrolle), die 1980 aus Meineckes Arbeit für die Zeitschrift *Mode & Verzweiflung* hervorgeht und bis heute mit Meinecke als Sänger aktiv ist, situiert sich in diesem Sinne gleichfalls zwischen allen Stühlen und unterläuft gewohnte Hörerwartungen. Die Losung »Heute Disco, morgen Umsturz, übermorgen Landpartie. Das nennen wir Freiwillige Selbstkontrolle« (Meinecke: Neue Hinweise, 36), die Meinecke bereits 1981 formuliert, kann gut auf die Entwicklung von F. S. K. übertragen werden, begegnen einem statt eingängigen Radiopops doch von Album zu Album wechselnde Stil-Schwerpunkte, die sich einmal an die deutsche Volksmusik anlehnen, einmal analog nachgespielte

Techno-Stücke beinhalten. F. S. K. betreibt somit auf musikalischer Ebene eine Spurensuche, die sich analog zu Meineckes Texten verstehen lässt.

Sowohl im musikalischen wie auch im literarischen Bereich, so lässt sich resümieren, setzt Meinecke stark auf die ›**deterritorialisierenden**‹ **Potentiale von Pop** im Sinne einer ›kleinen Literatur‹ (s. auch Kap. 4.2). In der Auffassung des Kulturellen als einem unabschließbaren, stets neu zu lesenden und in wechselseitiger Beeinflussung auszuhandelnden ›Text‹, in den sich daraus ableitenden Überlegungen zur notwendigen Konstruiertheit von sozialen und kulturellen Kategorien wie Identität, Rasse, Klasse und Gender sowie in den als Konsequenz daraus abgeleiteten intertextuellen Schreibverfahren trifft sich Meineckes Literatur mit theoretischen Strömungen der zweiten Hälfte des 20. Jahrhunderts wie dem Poststrukturalismus, aber auch dem New Historicism (s. dazu Kap. 4.3).

Wenngleich Meinecke selbst deutliche Traditionslinien zu anderen Autoren und Zusammenhängen im Kontext einer Geschichte der Popliteratur zieht – explizit nennt er etwa Hubert Fichte, Rolf Dieter Brinkmann oder den März-Verlag (vgl. Meinecke: Ich als Text, 24) –, kann der Begriff ›Pop‹ für ihn daher schwerlich in einem geschlossenen Genre aufgehen. Als »**Praxis**« will Meinecke ihn aber durchaus gelten lassen:

»Pop-Literatur als solche [...] gibt es nicht. [...] Pop ist eine Praxis. Ein Mittel. Ein analytisches Verfahren, mit vorgefundenen Oberflächen auf politisch produktive Weise umgehen zu können. Eine Wahrnehmungstechnik. Pop ist Lesen. Diagnose, aber nicht Prognose. Nicht Wissen, sondern Fragen. Im standardisierten Koordinatensystem: Nicht maskulin, sondern feminin. Dabei ein allen zugänglicher Code. Und ausgesprochen selbstreferentiell« (ebd., 24 f.).

Für sein eigenes Vorgehen zieht Meinecke daraus die Schlussfolgerung, einen Text anzustreben, »[d]er sich eben nicht souverän mit Pop beschäftigt, sondern vielmehr selbst Pop ist« (ebd., 24). In der Konsequenz führt das zu einer Einstellung, die sich angesichts der präsentierten Textausschnitte bereits abgezeichnet hat: »Pop interessiert sich zwar für das Populäre, doch **Pop muß nicht selbst populär sein**« (ebd., 25). Diese Feststellung lässt sich auch übertragen auf das behandelte Ausgangsmaterial – und dafür bieten alle hier vorgestellten Romane zahlreiche Beispiele –, das nicht einmal im Ansatz ›populär‹ sein muss. Seinen Pop-Status erhält es, zumindest in den Augen einiger Rezensenten, schließlich durch die Transformation in der literarischen Anordnung, wie etwa Christoph Bartmann am Beispiel von *Jungfrau* bemerkt: »Abelaerd und Héloise, Benedikt XVI., Jutta Hipp und Paul Claudel? Der Sache nach wäre es schwer, diese Phänomene einfach unter Pop zu buchen. Pop ist aber, was Meineckes Methode [...] aus ihnen macht« (Bartmann 2008).

Dieses Vorgehen führt zugleich zu einer Reihe von **Aporien**. Der propagierten Vielstimmigkeit, die Meinecke durch seinen Einbezug von Zitaten und Verweisen anstrebt, könnte so entgegengehalten werden, dass er die Versatzstücke gemäß seiner an die musikalische Produktionsweise angelehnten Losung, einen »immer gleichen Pegel-Top« (Meinecke in Lenz/Pütz 2000, o. S.) zu erzielen, zu einem relativ homogenen Stil vereinheitliche (vgl. Ernst 2013, 276). Weiterhin kann man einwenden, dass Meineckes Versuch einer Stärkung minoritärer Positionen – zumindest in der Form, wie er ihn in seinen Texten umsetzt – gleichfalls von fraglichem Ertrag bleibt, »weil sowohl seine minoritären Positionsfelder, deren Codierung **ein neues Pop-Expertenwissen** erfordern, als auch seine an akademische Diskurse angelehnten Schreibweisen eine relativ hohe Bildung voraussetzen« (ebd., 277). Eine Möglichkeit, sich jenseits dieser Verfahren zu bewegen oder andere Herangehensweisen zu wählen – sieht man von den leichten Modulationen zwischen den einzelnen Romanen ab –, wird kaum in Betracht gezogen (vgl. auch Picandet 2011 a, 138).

In Bezug auf die Inszenierung der eigenen Autorschaft stellt sich das Bild hingegen vielfältiger dar: Zwar gibt Meinecke in Interviews zum einen autoritativ Auskunft über sein Schreiben, was der ausgegebenen Auflösung des Autor-Subjekts gewissermaßen entgegensteht, zum anderen aber kann es auch als eine produktions- und literaturpolitische Geste gelesen werden, wenn Meinecke in öffentlichen Zusammenhängen statt auf seine Autorrolle bei Suhrkamp häufiger auf seine DJ- und Radiotätigkeit hinweist (vgl. Ernst 2013, 277 f.). In diesem Sinne wechseln sich bei Meinecke **Inszenierungen als ›starker‹ wie auch als ›schwacher‹ Autor** ab (vgl. dazu insgesamt ebd., 267–275). Bemerkenswert ist in dieser Hinsicht abschließend, dass Meinecke sich selbst sehr aktiv am Diskurs beteiligt, etwa indem er regelmäßig auf thematisch einschlägigen Konferenzen (häufig mit Pop-Bezug) auftritt und auch sein eigenes Werk der kritischen Begutachtung durch andere aussetzt und zur Diskussion stellt.

Eine treffende Illustration für die Kombination einer sowohl ›starken‹ wie auch ›schwachen‹ Selbstinszenierung findet sich zuletzt in Meineckes **Frankfurter Poetikvorlesungen**, die im Jahr 2012 unter dem Titel *Ich als Text* auch in Buchform erschienen sind. Anders als in dem gleichnamigen Anthologiebeitrag, in dem Meinecke (als ›starker‹ Autor) verständig über sein Vorgehen informiert, stellen die Poetikvorlesungen wiederum einen performativen Vollzug des eigenen Programms dar, indem sie sich nämlich aus nichts anderem als aus wissenschaftlichen und journalistischen Kommentaren zu Meineckes Werk zusammensetzen. Diese werden von Meinecke gemäß seiner aus den Romanen bekannten Methode zu einem Text montiert, wobei diesmal der **vollständige Verzicht auf einen erläuternden Meta-Kommentar** oder eine einführende Bemerkung besonders hervorsticht.

Der organisierende ›Sammelbegriff‹ für die Vorlesungen ist nun die eigene Autorfigur und der Diskurs über sie, was die Losung »Ich als Text« nahezu wörtlich nimmt. Auf diese Weise unterwandert Meinecke das Format ›Poetikvorlesung‹ – ein Format, das Autoren ja gerade Raum für die Selbstprofilierung gibt –, ebenso wie er es im Rahmen seiner Autorpoetik konsequent bestätigt.

Weiterführende Literatur

Einen knappen, aber informativen Überblick über Meineckes Prosawerk bis einschließlich *Musik* findet man bei Mazenauer (2006). Eine exemplarisch vertiefende Textlektüre am Beispiel von *Hellblau* mit Fokus auf das Thema Identität liefert Breger (2003). Eine kritische Sichtung von Meineckes Zitat-Verfahren findet sich bei Picandet (2011b). Am Beispiel von *Tomboy* und von *Hellblau* setzt Ernst (2013) sich ausführlich mit dem Subversions-Potential von Meineckes Texten auseinander.

5.5 | Joachim Lottmann

Der Schriftsteller Joachim Lottmann debütiert als literarischer Autor im Jahr 1987 mit dem Roman *Mai, Juni, Juli*. Nach längerer Abwesenheit im literarischen Betrieb publiziert Lottmann 1999 seinen zweiten Roman *Deutsche Einheit. Ein historischer Roman aus dem Jahr 1995*. Seitdem erscheinen in relativ regelmäßiger Folge Romane von Lottmann wie etwa *Die Jugend von heute* (2004), *Zombie Nation* (2006), *Der Geldkomplex* (2009), *Unter Ärzten* (2011), *Endlich Kokain* (2014) und zuletzt *Happy*

End (2015). Allen Romanen gemeinsam ist, dass sie **in betont nebensächlicher Art und Weise** Ereignisse aus dem Alltag ihrer Hauptfiguren schildern, wobei es sich bei diesen Hauptfiguren durchgehend um autodiegetische Erzähler handelt, die mehr oder weniger deutlich in Anlehnung an ihren Autor entworfen sind und offen auf Verwechslungseffekte abzielen. Spezifisch an dieser Konstruktion ist allerdings, dass es Lottmann augenscheinlich nicht um eine metaphorische oder symbolische Alter Ego-Relation geht, sondern dass die Figuren und Erzähler in einem durchaus nicht trennbaren Verhältnis zu ihrem Urheber stehen, woraus sich ein näher zu untersuchendes Autor/Erzähler-Verhältnis ergibt.

Parallel zu dieser Romanproduktion kann Lottmann auch auf eine umfangreiche **journalistische Tätigkeit** verweisen, die mit seinem literarischen Debüt mit Artikeln für popkulturelle Publikationsorgane wie *Spex* einsetzt. Später – und bis zum heutigen Tag – schreibt er auch für allgemeinere Tages- und Wochenzeitungen. Der bekannteste Anhaltspunkt seiner journalistischen Tätigkeit dürfte der im Internetangebot der *tageszeitung* angesiedelte Weblog *Auf der Borderline nachts um halb eins: Mein Leben als Deutschlandreporter* sein, aus dem eine Auswahl von Texten im Jahr 2007 als gleichnamiges Buch erschienen ist.

Bei Recherchen zu Lottmanns Schreibverfahren und Themenkreisen stößt man unweigerlich auf Beschreibungen, die Lottmann attestieren, seine Bücher spielten an »wirklichen Orten, an denen mehr oder weniger wirkliche Prominenz, mehr oder weniger entstellt agiert« (Tittel 2004). Ebenso regelmäßig finden sich Beiträge, die Lottmanns literarische Autorschaft mit Attributen wie »Lügenbaron« (Bartels 2012) versehen oder ihn als »Lügner, Fabulierer und Klischee-Penetrierer« (Andre 2014) vorstellen. Der »große Realitätserfasser und Wirklichkeitsfälscher, der Milieubeschreiber und Szenenunterwanderer Lottmann« (ebd.) ist – bezieht man die Aussagen auf Lottmanns Poetik – so sicherlich noch nicht hinreichend erfasst, allerdings geben die Charakterisierungen einige Hinweise auf Elemente, die in Lottmanns Texten immer wieder eine Rolle spielen: Die Themen **Wahrheit und Lüge** gehören ebenso dazu wie die Konzentration auf prominente und semi-prominente Akteure des Kulturbetriebs, während Lottmanns Narrationen zugleich von Alltagsbeschreibungen und -übertreibungen geprägt sind.

In Szene gesetzt werden diese Elemente nicht nur in Lottmanns Romanen, sondern sie gewinnen als Teil einer umfassenden Autorpoetik ihre volle Wirkung im Zusammenspiel von literarischem Text und paralleler Performanz außerhalb der Romane, etwa in Form von Interviews, Zeitungsbeiträgen und sonstigen medialen Auftritten. Die gezielte **Verunklarung von Fakt und Fiktion** setzt im Fall Lottmanns schon bei paratextuellen Informationen wie dem Geburtsjahr ein, das in den biographischen Notizen seiner Veröffentlichungen mal mit 1954 angegeben wird (in dem von Peter Glaser herausgegebenen Band *Rawums*, der eine frühe Kurzgeschichte Lottmanns enthält), dann mit 1956 (in *Mai, Juni, Juli*), schließlich mit 1959 (in *Der Geldkomplex*). Angesichts dieser Verunklarungen wagt auch die jüngste fachlexikalische Erfassung Lottmanns hier kein eindeutiges Urteil und gibt als Geburtsjahr »vermutlich 1954« an (Rauen 2010 a, 525).

Diese Unstimmigkeiten sind – zusammen mit vielen weiteren, oftmals weniger offen zutage liegenden Hinweisen in Lottmanns Werk – insgesamt so signifikant, dass sie keinesfalls als Versehen abgetan werden können, sondern als bewusst eingesetztes Element einer komplexen **Selbstpoetik** verstanden werden müssen. Diese Selbstpoetik wurde mit Blick auf Lottmann unter dem Begriff der Autofiktion diskutiert (vgl. Kreknin 2014).

Im Rahmen der seine Auftritte begleitenden Selbstaussagen (und auch innerhalb einiger Romane) hat Lottmann sich mehrfach zum eigentlichen »**Erfinder der deutschen Popliteratur**« (Lottmann: Der Geldkomplex, 248) stilisiert, wobei er einschränkt, dass es sich dabei nur um eine von ihm übernommene Zuschreibung einer »qualifizierte[n] Minderheit« handele (ebd., 69). Auch jenseits solcher selbstreferenziellen Verlautbarungen aber gibt Lottmanns Werk Anlass dazu, im Pop-Kontext besprochen zu werden. Grund dafür sind zum einen zahlreiche Verweise auf Pop-Szenen innerhalb seiner Texte, zum anderen eben Lottmanns durchaus idiosynkratisch zu nennende Form einer markanten Selbstpoetik, die im Pop-Sinne ein Netz von Referenzen erzeugt, ohne dass diese Verweise notwendig auf ›sicheren Boden‹ im Sinne einer metaphysischen Vergewisserung eines Subjekts führen.

5.5.1 | *Mai, Juni, Juli*: Der verhinderte Autor im Alltag

Ähnlich wie Rainald Goetz (s. Kap. 5.3) und Thomas Meinecke (s. Kap. 5.4) gehört Joachim Lottmann in den 1980er Jahren zu einer Gruppe junger Autoren, die »im Umkreis einer journalistisch aufbereiteten Popkultur zu schreiben begonnen« (Winkels 1988a, 201) und dabei eine »spezifische Intellektualität […] zwischen populärer Musik und traditionsgesicherter Schriftkultur, zwischen Massenbegeisterung und Bohèmezirkeln« (ebd.) ausgebildet hatten. Ähnlich beschreibt dieses Umfeld auch der Verleger (und damalige Lektor Lottmanns) Helge Malchow, wenn er anhand einer Reihe von Veröffentlichungen der 1980er Jahre den »Anfang einer kleinen literarischen Revolution« festmacht und bei allen Unterschieden im Einzelnen ein gemeinsames Element der Texte von Diedrich Diederichsen, Rainald Goetz und eben Joachim Lottmann identifiziert: »Die Entdeckung der Massenkultur und der Massenmedien samt ihrer Techniken als Gegenstand der Literatur *und* die Untersuchung der *Auswirkungen* dieser Phänomene auf die Themen, Techniken und Vermarktungen des literarischen Schreibens selbst« (Malchow 2003, 255; Hervorh. im Original).

Für Lottmanns Debütroman *Mai, Juni, Juli* hat das unter anderem die Konsequenz, dass dessen Erzähler es zwar mit allen Mitteln zum Romanautor bringen will, er aber keine Zweifel daran lässt, dem traditionellen Dichterbild mit einiger Skepsis gegenüberzustehen. Der Roman beginnt wie folgt:

»Es war in der Zeit, als ich unbedingt ein Schriftsteller sein wollte. Eine schreckliche Zeit. Morgens kam ich nicht aus dem Bett, und abends hatte ich Depressionen. Dazwischen zersprang mir der Kopf. Oft saß ich einen halben Tag lang vor einer Mauer von Nichts, einem zugehängten Fenster, vor meinem Schreibtisch und dachte: Ich bin ein Schriftsteller. Dieser Gedanke gefiel mir wie überhaupt der Zustand. Was konnte nicht alles werden! Alles war offen. Jeden Moment konnte die Idee meines Lebens durch mein weiches Bewußtsein zucken, und hurtig mochten die bereiten Finger alles zu Papier bringen. Der Roman, der alles veränderte. Ja, ich war davon überzeugt, ein großer Schriftsteller zu sein, wenn ich nur anfing. Und selbst, wenn ich nicht anfing – die bloße Existenz der Möglichkeit der Schriftstellerseins schien mir jeder anderen Existenz überlegen zu sein« (Lottmann: Mai, Juni, Juli, 7).

Die angestrebte Schriftstellerexistenz wird aber von Beginn an als distanzierte Imitation scheinbar stereotyper Posen ausgewiesen, wenn der Erzähler – ganz abgesehen von seinen sich durch den gesamten Roman ziehenden ›Anfangsproblemen‹ – in einfachen Anführungszeichen darüber informiert, »wie ich ›arbeitete‹, also Kaffee trank und ›nachdachte‘« (ebd., 8). Während der Erzähler daraufhin eine größere Anzahl möglicher Romananfänge für den von ihm zu schreibenden »Jahrhundertroman« (ebd.) ersinnt und sie als ›Text im Text‹ mal mit, mal ohne eigene Zwischenüberschrift in die Haupthandlung integriert (vgl. ebd., 58–61, 62–67, 72–77, 138–146 u. v. m.), besteht ein großer Teil von *Mai, Juni, Juli* aus lose zusammengefügten Beobachtungen und Gedanken aus dem **Alltag** des Erzählers, der ihm schließlich den rechten Impuls für das ausstehende Werk liefern soll.

So präpariert, besucht der selbsternannte »Jung-Goethe« (ebd., 47) Konzerte »zeitgenössischer Popmusik« (ebd.), prüft fortwährend seine schriftstellerischen Optionen (etwa indem er mögliche Genres für seinen Roman erwägt und durchspielt, vom historischen über den erotischen bis hin zum autobiographischen Roman), trifft seinen Verleger, plaudert mit Bekannten und Unbekannten und erzählt sich so »detailbesessen, meinungsbesessen, übertreibungsbeseelt« (Malchow 2003, 250) durch die Geschichte. Was sich zunächst liest wie ein Versuch, die »eingespielten Bedeutsamkeits-Hierarchien zu torpedieren« (ebd., 251), lässt sich (mikro-)kulturgeschichtlich verorten als literarische Darstellung eines »mittlerweile historischen Aufstand[s]« des Erzähler-Ichs gegen eine »leergelaufene Protestkultur der 68er, gegen wohlfeile Gesinnungsliteratur und gegen ›Relevanz‹« (ebd.), wie Malchow das zeit- und (sub-)kulturgeschichtliche Klima umreißt, in dem *Mai, Juni, Juli* situiert ist.

Tatsächlich kann man den Roman als ein literarisches Beispiel für jene »Abgrenzung von der orthodoxen Protestkultur« (Frank 2003 b, 219) und zugleich auch der Mainstreamkultur lesen, die im Rahmen der **80er-Jahre-Pop-Ideen** bereits ausführlich dargestellt wurde (s. Kap. 5.2.3 u. 5.3 u. 5.4). Dem Muster des »kalkulierten Regelverstoßes« (Winkels 1988 b, 134) folgend, werden dementsprechend SPD und Grüne geächtet und findet sich generell eine offensive Absage an jegliches ›Gutmenschentum‹. Im Text selbst werden diese Gedanken (im Rahmen einer autobiographischen Erinnerung des Erzählers) etwa folgendermaßen formuliert:

> »Die 70er Jahre neigten sich dem Ende zu, in London rebellierten die Punks, in Hamburg die Popper. Das Jahrzehnt der Sozialdemokratie entartete in öffentlichen Gesamtschuleinrichtungen, Millionen Pädagogik-Studenten und -innen, J. J.-Cale-Musik, Schlaffheit. Jeder aufrechte Bürger wünschte den Sozialdemokraten den Tod, die das Land skandinavisiert hatten, verholländert, verdämmert. Der Schwung der frühen Jahre war dahin, geblieben war eine Haschisch-Mentalität: ›Alles nich so verbissen sehn‹. Als ich eines Tages miterlebte, wie zwei Polizisten sich an einem Sit-In beteiligten, für irgendwas, gegen irgendwas, […] und sich dabei Strohhalme in die über den Uniformkragen wuchernden Haare steckten, trat ich spontan in die CDU ein« (Lottmann: Mai, Juni, Juli, 163).

Gleichfalls als Echo und Aktualisierung pop-inspirierter Ideen und Schreibweisen liest sich das Ziel des Erzählers, »Augenblicke meines Alltags aufzuschreiben« (ebd., 112), ja er dekretiert sogar: »Jede Sekunde mußte beschrieben werden!« (ebd., 88). Schon im Jahr vor der Veröffentlichung von *Mai, Juni, Juli* drückt Lottmann in einer Besprechung von Thomas Meineckes früher Prosasammlung *Mit der Kirche ums Dorf* diesen Sinn für das Konkrete programmatisch aus: »Was ist realitätshaltige Poesie? Ungefähr das: Die Handlung spielt heute, in der Bundesrepublik, an genau bestimmten Plätzen, Straßen, Lokalitäten. Menschen haben Berufe, Politiker werden wiedererkannt, Autos spricht man mit ihrem Markennamen an. Ich mag das« (Lottmann: Realitätsgehalt: Ausreichend, 65).

Gemäß dem Pop-Topos größtmöglicher Konkretion lässt Lottmann so die »Nachkriegsgeschichte der Bundesrepublik mit Namen, Fakten und kollektiven Stimmungen Revue« passieren (Winkels 1988 b, 133). Als »[s]erieller Schreiber«, der mit den »Romantizismen« (Lottmann: Mai, Juni, Juli, 78) des letzten Jahrhunderts aufräumen will, tritt Lottmanns Erzähler wohl »parodierend, entmythologisierend, kaltschnäuzig in der **Entlarvung des Fiktionsgewerbes**« (Winkels 1988 b, 133) auf, bleibt darüber aber anschlussfähig an hermeneutische Auslegungen aller Art (etwa: nur noch im Konkreten einen Sinn finden zu wollen). Alles in allem erzählt der Roman »also doch eine Geschichte, die Geschichte eines Hungerleiders, der Geschichten erzählen will« (ebd.), wie Hubert Winkels festhält, nicht ohne darauf hinzuweisen, dass der Anschluss an literarische Vorbilder bei Lottmann ohnehin nicht allzu fern liegt, verweist doch schon der Beginn von *Mai, Juni, Juli* auf Knut Hamsuns *Hunger* (1890).

Verwoben werden diese hochliterarischen Versatzstücke konsequent mit den Erlebnissen des Protagonisten am Handlungsort Köln. Dieses Setting ist nicht zuletzt als literarisches Porträt des damaligen Umfelds der Zeitschrift *Spex* gelesen worden, deren Redaktion von 1980 bis 2007 dort angesiedelt war. Wenn der Erzähler einen Artikel für das »Avantgarde-Popmagazin meines Sandkastenfreundes« (Lottmann: Mai, Juni, Juli, 105) schreiben soll, liegt diese Assoziation zumindest nicht fern. Gleichzeitig kommt es an dieser Stelle zu einer der für Lottmanns Verfahren im Weiteren **typischen Interferenzen** zwischen fiktionalen und nicht-fiktionalen Textsorten bzw. der ihnen üblicherweise zugeschriebenen **Trennbarkeit von Autor und Erzähler**: Der in den Roman integrierte Artikel für das Magazin des »Sandkastenfreundes« gleicht nämlich bis ins Detail einem anderen Artikel, der unter der journalistischen Autorschaft von Joachim Lottmann tatsächlich in der Zeitschrift *Spex* erschienen ist (vgl. Lottmann: Mai, Juni, Juli, 108–111; ders.: Helden für mehr als einen Tag).

Fraglich ist in diesem Zusammenhang aber, in welcher Weise sich die jeweiligen Instanzen – der Erzähler bzw. die autodiegetische Autor-Figur eines nominell fiktiven Romans, der auf dem Buchumschlag angegebene Autor sowie der journalistische Autor Joachim Lottmann – zueinander verhalten. Deutlich wird in jedem Fall, dass schon *Mai, Juni, Juli* »das Spannungsverhältnis zwischen einer angenommenen alltagswirklichen Referentialität und den üblicherweise vorausgesetzten Eigenschaften fiktionaler Literatur« (Kreknin 2014, 285) gegeneinander ausspielt. Das ist solange nicht problematisch, wie das eine – der Roman – als wie auch immer verschlüsselte Wiedergabe ›realer‹ Ereignisse codiert ist, während das andere – die literarische und journalistische Autorfunktion – davon getrennt ist und quasi eine hervorgehobene Stellung, eine Meta-Position gegenüber den Romaninhalten einnimmt. Auffällig an Joachim Lottmanns Autorpoetik ist allerdings, dass eine solche Meta-Position fehlt, was im weiteren Verlauf von Lottmanns Werk zu einer Konfiguration führt, die zuletzt unter dem Begriff der **Autofiktion** diskutiert worden ist.

5.5.2 | Lottmanns Auto(r)fiktionen

Ähnlich wie auch in einigen Werken von Rainald Goetz, aber auch in den Werken des weit weniger bekannten Wolfgang Welt (s. Kap. 5.10.2), trifft man in vielen Romanen Lottmanns auf einen Erzähler, dessen Name identisch ist mit demjenigen auf dem Buchumschlag (vgl. etwa Lottmann: Mai, Juni, Juli, 64). Selbst wenn die Figuren in einigen Texten den Namen »Johannes Lohmer« tragen oder das kaum zufällig für beide Varianten einsetzbare Akronym »Jolo« für die Figurenbenennung Verwendung findet, werden fast durchgängig **Überlappungen zwischen den Figuren und ihrem Autor** erkennbar. Verstärkt wird dieser Eindruck noch dadurch, dass Lottmann in seinen (nominell als fiktional ausgewiesenen) Texten häufig auf andere Texte verweist, die unter seinem Namen in journalistischen Zusammenhängen erschienen sind. Auf die Frage, ob Joachim Lottmann nun Romanautor, Journalist oder beides sei und wie sich dies zu den in den Romanen geschilderten Ereignissen und Referentialisierungsangeboten verhält, gibt Innokentij Kreknin eine so weit ausgreifende wie erklärungsbedürftige Antwort:

> »Joachim Lottmann ist das paradoxe Konstrukt eines Subjekts, das sich jeder Festlegung entzieht. Seine literarischen und seine journalistischen Texte ergeben ein Amalgam, in welchem ein Universum entsteht, das einem oberflächlichen Blick zufolge zahlreiche Referenzen auf unsere Alltagswirklichkeit offeriert – nur um sich bei einer genaueren Prüfung als heterogene Sammlung von Elementen zu erweisen, deren Konfiguration vollkommen unklar verbleibt« (Kreknin 2014, 280).

Ein Blick auf Lottmanns textuelles ›Universum‹ gibt jedoch Hinweise darauf, wie sich diese Konfiguration verstehen lässt. So fällt zuallererst ins Auge, dass auch Lottmanns journalistische Texte keineswegs einem Objektivitätspostulat verpflichtet sind, sondern aktualisierte Formen des schon aus den 1960er Jahren bekannten New Journalism (s. Kap. 2.3.1) darstellen – sinnfällig zugespitzt nicht zuletzt durch die titelgebende Bezeichnung eines ›**Borderline**‹-**Journalismus**, der gleichfalls ein prekäres Verhältnis zur Frage von ›Fakt‹ und ›Fiktion‹ pflegt (vgl. Lottmann: Auf der Borderline; vgl. vertiefend Bleicher 2004).

Auf diese Weise lässt sich Lottmanns journalistische Tätigkeit v. a. während der 1990er Jahre »als eine Art poetologisches Versuchsfeld für die später publizierten Bücher« lesen (Kreknin 2014, 290). Mit anderen Worten: Die Hereinnahme journalistischer Texte in die Romane (wie später auch vermehrt zu beobachten in *Zombie Nation*) verbürgt nicht deren Tatsachentreue. Damit kann aber kein klares Urteil über den Status des jeweils Gesagten – und damit zusammenhängend über den Status einer ›wirklichen‹ Person namens Joachim Lottmann – gefällt werden. Der ästhetische Reiz des so angestoßenen Spiels ergibt sich vielmehr aus der **Unentscheidbarkeit**, aufgrund der nur die Feststellung getroffen werden kann, »dass in ›Jolos Welt‹ alles stimmen kann, aber nichts stimmen muss« (ebd., 296). Allen vermeintlichen Ähnlichkeiten zum Trotz erzeuge Lottmann so ein narratives »Paralleluniversum, das unserem unheimlich stark ähnelt, aber eben nicht ganz« (ebd., 297), worauf einige, manchmal nur minimale, Abweichungen einen Hinweis geben. So figuriert in *Mai, Juni, Juli* ein »Rainald Götz« (Lottmann: Mai, Juni, Juli, 50), in *Deutsche Einheit* heißen Autoren »C. F. Delius« und »Dors Grünbein« (Lottmann: Deutsche Einheit, 131 u. 348), in *Die Jugend von heute* gibt es eine Zeitung namens »Dschungle World« (Lottmann: Die Jugend von heute, 88) und in *Der Geldkomplex* ein soziales Netzwerk namens »Studi-ZV« (Lottmann: Der Geldkomplex, 148).

So geringfügig diese Abweichungen auch scheinen mögen, sie weisen doch insgesamt auf jenen »**schalkhaften Zug**« hin, den Kreknin (2014, 297) Lottmanns erzählerischem Universum attestiert. Dieser Zug äußert sich nicht nur in den genannten Verschiebungen, die man immerhin noch leicht als Fiktionssignale deuten könnte, sondern auch und vor allem darin, dass Lottmann gezielt Fährten in alle Richtungen legt und dadurch eine fundamentale Verunsicherung bezüglich des ontologischen Status seiner Aussagen erzeugt – und damit ganz bewusst spielt. So nimmt der ›schalkhafte Zug‹ von Lottmanns Erzählwelt in einer Szene aus dem Roman *Zombie Nation* sogar einmal ganz konkret Gestalt an, als nämlich der Erzähler seinem Familienstammbaum nachspürt und als ersten belegbaren Vorfahren Lohmers den Hofnarr des Kurfürsten von Mainz erwähnt (vgl. Lottmann: Zombie Nation, 386 f.). Entscheidend für die Performanz einer solchen Erzählanlage und Selbstpoetik ist der Umstand, dass man in Lottmanns Werk keine Position identifizieren kann, die nicht der so beschriebenen Konfiguration unterliegt (vgl. hierzu Kreknin 2014, 298, 309, 343).

Beobachten kann man hingegen, dass bestimmte Elemente in Lottmanns Erzählkosmos (teilweise unter leichter Abwandlung) einerseits immer wiederkehren, wie etwa der ›Neffe Elias‹, die ›Nichte Hase‹ oder der italienische Ort Grottammare, andererseits aber auch **Widersprüche und Unstimmigkeiten** zwischen einzelnen Nennungen auftreten. Dies lässt sich beispielsweise an einer Szene aus dem späten Roman *Der Geldkomplex* ablesen, in der der Erzähler einen alten Bekannten aus *Mai, Juni, Juli* – Hans-Herrmann Klarczyk – trifft, der allerdings bei seinem Auftauchen in *Der Geldkomplex* »in 20 Jahren nicht gealtert« war (Lottmann: Geldkomplex, 148; vgl. dazu auch Kreknin 2014, 306). Ähnlich verhält es sich mit der Erwähnung von »April«, ebenfalls einer »Kölner Freundin« in *Die Jugend von heute*, zu der es heißt: »Und sie war wieder meine Freundin! Nach 15 Jahren! Es war kaum zu fassen. […] Inzwischen waren wir ganz anders, keineswegs weiter, im Gegenteil« (Lottmann: Die Jugend von heute, 15). Die Feststellung des ausgebliebenen Alterungsprozesses oder die Bemerkung, »ganz anders«, aber »keineswegs weiter« gekommen zu sein, kann man auch als Hinweis darauf lesen, dass es sich bei diesen Figuren nicht notwendigerweise um lebensechte Charaktere handeln muss – was zugleich zurückfällt auf den Erzähler und vorgeblichen Biographen seiner selbst Joachim Lottmann, der darüber als ganz grundlegend fiktionalisierte Figur erscheint.

Das hat natürlich Folgen für die immer wieder betonte Präzision des Erzählers von *Mai, Juni, Juli* (sowie der Folgeromane), der – entgegen seinen späteren Beteuerungen, einen »Authentizitätsbolzen« vorlegen zu wollen – schon ganz zu Beginn von seiner »ohnehin diffuse[n] Wahrnehmung« (Lottmann: Mai, Juni, Juli, 87 u. 22) spricht, ja sogar ausdrücklich seine Laschheit in Sachen Genauigkeit angibt, wenn er über seinen autobiographischen Familienroman sinniert: »Ich konnte ja ein bißchen das Geburtsdatum manipulieren und auch sonst die Dinge etwas beschönigen – **dem Dichter alle Freiheit**!« (ebd., 58). Die vermeintliche Wiedererkennbarkeit einzelner Details, sei es im Bezug auf Lottmann selbst oder die von ihm beschriebenen Szenarien, steht damit grundsätzlich in Frage, sie wird aber nicht von vornherein abgestritten. Eine Passage, in der der Erzähler seine Bewunderung für die BILD-Zeitung kundtut, bekommt so auch poetologischen Charakter:

»Was sie machten, erschien mir damals allen Ernstes als Kunst. Indem sie Nachrichtenelemente, graphische Elemente, Gefühle und andere Affekte so mischten, daß etwas anderes als die Wirklichkeit dabei entstand, eine zweite Wirklichkeit sozusagen oder auch Gegenwirklichkeit, machten sie in meinen Augen Kunst. Andere Zeitungen waren dagegen nur gute Zeitungen, und was war das schon. Sie schilderten das, was es sowieso schon gab, noch einmal ab. […] Eines waren sie nie: sprachmächtig. Nur wer die Wirklichkeit mittels Zeichen so völlig neu zusammensetzte wie die ›Bild‹-Leute, konnte sicher sein, Sprache handzuhaben. […] Lügner schimpfte man sie, aber sie konnten nicht anders, als Künstler. Alle Künstler logen« (ebd., 148f. Hervorh. im Original).

Der Roman lässt keinerlei Zweifel, dass es nicht darum geht, den Leser dabei didaktisch an der Hand zu führen: »Wenn der Leser nichts mehr verstand – was kümmerte es mich? War ich meines Lesers Hüter?« (ebd., 112).

Unter diesen Voraussetzungen wird es mehr als schwierig, Lottmann als Kommentator seiner eigenen Arbeiten einzusetzen. Tut man es doch, muss man sich darüber im Klaren sein, dass solche **Selbstaussagen** nicht unbedingt zur ›authentischen‹ Klärung eines Sachverhalts beitragen, sondern als Beiträge im Sinne von Lottmanns eigener Poetik zu werten sind – und das gerade da, wo sie scheinbar decodierend auftreten. Zu *Mai, Juni, Juli* liegen solche Aussagen anlässlich der Wiederveröffentlichung des Bandes im Jahr 2003 vor.

»Von Anfang an bestand der Trick darin, sich so extrem eng und hyperreal an die Wirklichkeit zu halten, dass jeder dachte, es sei einfach nicht wahr. Dieses beschriebene Leben war zu gut, zu aufregend, zu sexy, als dass es wahr sein konnte. Die Leser selbst lebten in öde ausgehandelten ›Zweierbeziehungen‹ und vertaten ihre Zeit mit den Praktikabilitäten des Alltags. Sie holten für ihre Freundin ein Schrankeinlege-Set von Ikea ab, bis der Tag vertan war. Doch dann lasen sie ›Mai, Juni, Juli‹ und rissen die Augen auf: Dort stand ihr Ikea-Besuch, aber als funkensprühender LSD-Trip. Alles stimmte, auch das allerkleinste Detail, das machte die Leute fast fertig« (Lottmann: Meine Abenteuer in der Wirklichkeit, o. S.).

Wo allerdings die Trennlinie zwischen erzählerischem LSD-Trip und der Triftigkeit von Details verläuft, gerade dies lässt Lottmann damit ungesagt – und fügt sogleich an, dass man aufgrund der Gepflogenheiten des Betriebs »[n]atürlich [...] Kompromisse machen« musste: »So wurden viele Stellen wenigstens nachträglich ›fiktionalisiert‹. Namen wurden erfunden, blonde Frauen in brünett umgefärbt, Clara Drechsler hieß plötzlich anders, und auf dem Cover stand nun ›Roman‹« (ebd.). Letztlich bleibt jedoch auch so der Status des Textes unklar bzw. bleiben als **Referenzpunkte einzig und allein Lottmanns Texte**, nicht eine darauf zu beziehende Wirklichkeit.

5.5.3 | *Deutsche Einheit*: Vom gutgeschriebenen Nichts und schlechten Sätzen

Deutlicher wird dies, wenn man Lottmanns weiteres Schaffen in den Blick nimmt. Wenn *Mai, Juni, Juli* als das in zahlreiche Einzelversuche zerfallende Projekt eines absichtlich zu hoch gehängten ›Jahrhundertromans‹ begriffen werden konnte, nimmt sich der zwölf Jahre später erscheinende Nachfolgeroman *Deutsche Einheit. Ein historischer Roman aus dem Jahr 1995* kaum bescheidener aus, deutet sich das ins Visier genommene Thema doch schon im Titel an: Ziel der auch hier wieder mit Schriftstellerambitionen ausgestatteten Hauptfigur, die wie in *Mai, Juni, Juli* den Namen Joachim Lottmann trägt, ist nicht nur der Wende-, sondern sogar der »Einheits-Roman« (Lottmann: Deutsche Einheit, 99).

Ort des Geschehens ist naheliegenderweise Berlin, und ähnlich wie in *Mai, Juni, Juli* entspinnt sich auch in *Deutsche Einheit* der Roman im Vollzug des Erzählens von der Entstehung des ›eigentlich‹ anvisierten Textes. Vom Romanprojekt ist zwar immer wieder die Rede, **präsentiert wird den Leser/innen** jedoch (ähnlich wie auch in den späteren Büchern Lottmanns) in letzter Instanz all das, **was sich *en passant* ereignet**. Vollends beschäftigt mit Kulturbetriebsschelten und chauvinistischen Anekdoten und hin- und hergerissen zwischen flüchtigen Begegnungen, Taxifahrten und Assoziationen, muss der Erzähler schließlich in einem weit fortgeschrittenen Stadium des vorliegenden Textes noch zugeben, »daß ich noch nicht angefangen hatte. Daß ich alles aus dem Kopf schreiben mußte, sobald ich Berlin verlassen hatte« (ebd., 295).

Bis dahin allerdings mute Lottmann »dem Leser einiges zu«, indem er diesen mit »400 Seiten Prosa konfrontiert, die kaum nennenswert überformt zu sein scheinen«, wie Heinz Drügh feststellt (2001, 187). Die Herangehensweise einer »**Dichtung ohne Verdichtung**« (Lottmann: Deutsche Einheit, 297) wird hingegen – wenngleich mit Blick auf einen in der Diegese aufgerufenen Roman Christian Krachts, ebenso gut aber auf Lottmanns eigenen Text anwendbar – an mehreren Stellen sogar ausdrücklich thematisiert, so dass Lottmanns Verkettung loser Gedanken, schnoddriger Betrachtungen und Alltagsbegegnungen als eine Form »literarische[r] Kunstlosigkeit« gelten kann, die sich bei genauerem Hinschauen »als poetologisch durchaus reflektiert« erweist (Drügh 2001, 189).

In der Tat finden sich im Text viele Passagen, die auf eine solche Reflektiertheit schließen lassen, hat man es doch auch hier mit einem Roman zu tun, der das Erzählen nicht nur überdeutlich thematisiert, sondern zugleich erzählend reflektiert, wie Hubert Winkels schon anlässlich von *Mai, Juni, Juli* festgestellt hatte (vgl. Winkels 1988 b, 130). Wenngleich »Ferne, Distanz, Imperfekt [...] ebenso wie Intimität, Geheimnis, Seelentiefe« im Duktus dieser Erzählweise »ausgelöscht« würden, bleiben sie als Negativ doch präsent; in Lottmanns nur scheinbarer Ablehnung des ›Literarischen‹ kann man daher mit einigem Recht so etwas wie das »implizite Programm eines proletarisch herabgestimmten Snobismus« (Winkels 1988 b, 139 u. 140) sehen.

Dennoch gibt sich *Deutsche Einheit* über weite Strecken den Anstrich des Simplen – ein Effekt, der allerdings nur deshalb so deutlich hervortritt, weil er mit größtmöglicher Deutlichkeit als Kontrast herausgearbeitet wird. Den konstruierten Gegenpol bildet der aus Erzählersicht beklagenswerte **Zustand des subventionierten Kulturbetriebs**, wie er ihm etwa bei seinen Besuchen des Literarischen Colloquiums Berlin vermittelt wird. Sein Fazit über das Gesehene und Gehörte fällt harsch aus: »Kein einziger las über etwas, das es gab. Über etwas, das der Fall war, wie Wittgenstein die Wahrheit definierte. Literatur war offenbar in Deutschland etwas, das nicht der Fall war« (Lottmann: Deutsche Einheit, 129; vgl. auch ebd., 206). Ob »verwesende Felsklippen in Nordschottland« (ebd.) oder »anrührende Verse [...] über Bombennächte in Leipzig« (ebd., 211), das Angebot des aktuellen literarischen Marktes und Nachwuchses weckt im Erzähler nur Hohn und Spott. Nicht besser ergeht es den etablierten deutschen Autoren – Grass' *Butt* erfährt schnell ein entsprechendes Urteil: »**Garantiert unbrauchbar und gehirnverstopfend**« (ebd.). Die schon vorher angekündigte Konsequenz des Erzählers sieht folgendermaßen aus:

»Nur schlechte Sätze durfte man dieser ›literarischen‹ Scheiße, diesem ›gutgeschriebenen‹ Nichts entgegenschleudern, eben Sätze wie: Am Kakaoautomaten sah ich eine Frau, die gut aussah und noch jung war. Geniale Sätze, wie sie nur Bret Easton Ellis schreiben konnte. Ich schrieb sie einfach wortwörtlich ab« (ebd., 131).

Wie gutgeschriebene Sätze aussehen, demonstriert der Erzähler etwas später am Beispiel einer »blöde[n] alte[n] Telefonzelle«, anlässlich derer er versuchsweise anfängt,

»den Dichter zu geben, etwa so: müde schälten sich, fallenden Herbstblättern gleich, trocken gewordene Fetzen des qualitätsarmen, beigegrauen Anstrichs von den Alkoven der rautenförmigen Fassade und machten einer anderen, früheren Farbe Platz, die sich nur in der Nuance unterschied, einer Nuance, die die Zeit wohl bewirkt haben mußte. Punkt. Das ist Geträllere. Totaler Schwachsinn, aber *gut geschrieben*...« (ebd., 298; Hervorh. im Original).

Bret Easton Ellis dagegen empfiehlt der Erzähler glühend und immer wieder; Ellis' *Rules of Attraction* gilt ihm als Musterbeispiel für »amerikanische Alltagsliteratur« (ebd., 54). Analog dazu sinniert er: »Deutsche Alltagsliteratur, das ist es, was uns gerade noch gefehlt hat, ich meine, was uns so fehlt [...], finde ich jedenfalls...« (ebd., 54 f.) – womit zugleich wohl implizit sein eigenes Programm gemeint sein dürfte.

Die üblicherweise in dieser Richtung angenommenen Vorstöße deutscher Autor/innen dienen dem Erzähler allerdings nur bedingt als Vorbild – auch wenn er »Genies

[…] von Büchner bis Brinkmann« anerkennt, gilt gerade letzterer ihm nur als »doofer Rockpoet« (ebd., 77). Wen es hingegen wirklich »zusammen[zu]bringen« gelte, seien Goethe und Ellis (ebd.). Dazu müssten aber Berlin und die Einheits-Thematik im Mittelpunkt des zu schreibenden Romans stehen, wie der Erzähler in Abgrenzung zu früheren Beat- und Underground-Gesten schließlich ergänzt: »Kein Mensch will mehr wissen, was Bukowski im Kühlschrank stehen hat« (ebd., 99 f.). Allzu konsequent ist der Erzähler in seiner Haltung aber nicht, erwidert er doch auf die Frage danach, was der Leser lieber wissen wolle: »Ähm, na, was ich im Kühlschrank stehen habe, oder du, oder… die anderen da, auf der Straße draußen, auf den Straßen Berlins« (ebd., 100).

Mit Fokus auf das eigene Erleben verschafft sich dieser Vorsatz Ausdruck in einer Liste von Alltagsverrichtungen über drei Seiten, die Referenzen auf Szene-Lokalitäten nennt und **Fetzen aus Alltag, Hochkultur und Geschichte** miteinander montiert:

> »Fuhr von Berlin nach Hamburg nach Köln nach Berlin. Lernte in Köln einen Jungen kennen, der in Berlin Film studierte und das Lokal ›Kommandantur‹ leitete. […] Lernte in Berlin ein ewiges Mädchen kennen, das in Hamburg das Lokal ›Subito‹ erfunden hatte und nun im Berliner Lokal ›Ex und Pop‹ Billig-Baileys ausschenkte. Sah ›Mondlicht‹ von Peter Zadek im Berliner Ensemble. Befreundete mich dabei mit Julia. Hatte Sex mit einer Frau in Hamburg. […] Telefonierte mit Freunden. Ließ mein Fahrrad in Köln reparieren. Feierte den fünfzigsten Jahrestag der bedingungslosen Kapitulation. […] Las ›Generation X‹ von Douglas Coupland. […] Und immer wieder Camp, das deutsche Wort für Trash. Sah und hörte den Liederabend ›Eine Sehnsucht egal wonach‹ im Deutschen Theater« (ebd., 125).

Dabei bleibt deutlich erkennbar, dass der Erzähler bei der Suche nach der in seinen Augen angemessenen Erzählweise – für die *Deutsche Einheit* in seiner vorliegenden Form schließlich einzustehen hat – überaus reflektiert und in **Kenntnis der möglichen Optionen** vorgeht – so erwägt der Text an einer Stelle auch die »Passanten-Beobachtung« als Mittel der Wahl (»Das war schon immer Teil des typischen deutschen Gegenwartsromans«; ebd., 100) und liefert parallel dazu mit der namentlichen Nennung von Botho Strauß (in Anspielung auf dessen Roman *Paare, Passanten*) die passende Referenz gleich mit.

Es geht Lottmann in *Deutsche Einheit* also im Kern um »Probleme der Repräsentation« (Drügh 2001, 198), wobei auch ein »offensiv kunstloser Text wie *Deutsche Einheit* verdeutlicht, daß Formbewußtheit nicht zur Disposition steht, wenn Texte sich der Kultur öffnen« (ebd., 199). Die Alltagsversessenheit und das Parlando des Erzählers sind also keine Zufallsprodukte, sondern bewusst gewählte Verfahren. Lottmanns deutliche Markierung einer »›schlechten‹ Schreibe« (ebd., 198) erfülle aber ihrerseits sehr wohl ein »zentrales **Kriterium für Literarizität**: das der Selbstreferenz« (ebd., 191), ausgedrückt etwa in den häufigen Abschweifungen und expliziten Selbstaufforderungen des Lottmannschen Erzählers, zum Text zurückzukommen – so etwa, wenn er beim Versuch einer Filmbesprechung nach mehreren absatzlosen, assoziativ-digressiven Seiten und mehrfach ergangenen Selbstermahnungen (vgl. Lottmann: Deutsche Einheit, 207, 208, 210) scheinbar selbstkritisch schließt: »Kritiker muß ich erst noch lernen« (ebd., 214). Zugleich markiert er diese Abschweifungen aber als durchaus legitim: »[A]ber ich vergaloppiere mich schon wieder. Obwohl ich das darf. Ich erlaube es mir. Ich schreibe gern schlecht, denn schließlich leben wir in einer schlechten Zeit, da darf man keine *guten* Texte fabrizieren, das wäre ja absurd« (ebd., 215; Hervorh. im Original). Dergestalt mit einer kritischen Note versehen, ist in *Deutsche Einheit* eben nicht nur alltägliches Geplauder verzeichnet und bekommt der Text eine allgemeinere intellektuell-kritische Kontur. Die Spezifik vieler Nennungen und Anspielungen im Text grenzt diese Allgemeinheit und Zugänglichkeit jedoch zugleich wieder ein Stück weit ein.

5.5.4 | Verrechnungsangebote, Serialität und der ›Borderline‹-Blog

Die am Beispiel von *Mai, Juni, Juli* und *Deutsche Einheit* ausführlicher dargestellten Strukturelemente sind in Lottmanns Gesamtwerk einigermaßen stabil und erfahren in den ab der Jahrtausendwende in rascherer Folge erscheinenden Romanen und weiteren Texten nur eine vergleichsweise **geringe Variation**. Lottmanns Romane daher allein unter ›inhaltlichen‹ Gesichtspunkten zu lesen, verspricht nicht nur aufgrund des zumeist fehlenden Handlungsfadens ein wenig befriedigendes Lektüreerlebnis – es sei denn, man lässt sich durch das ausgiebig vorgetragene Parlando in der Weise unterhalten und mitreißen, wie es Lottmanns Erzählern augenscheinlich vorschwebt.

Was mit wachsender Anzahl von Werken allerdings steigt, ist die Möglichkeit zum Querverweis und damit – betrachtet man Lottmanns Erzählkosmos als zusammenhängend – auch die Komplexität der gegenseitigen **Einschreibungen, Ergänzungen, Bestätigungen oder Aufhebungen rund um die Lottmann-Figur** in ihren verschiedenen Medien-Konfigurationen, die damit als das konsistente Element von Lottmanns Auftreten als Autor, Journalist und Romanfigur erscheint. Auch *Deutsche Einheit* hält entsprechende, von der Erzählinstanz ausgelegte Fährten bereit, wenn es über die im Roman behandelte Entstehungsphase des Textes – im Zuge derer es bereits zu medialer Vorberichterstattung kommt – in Anspielung auf den nunmehr schon tradierten Figur/Autor-Topos heißt: »Über mich schrieb die ›taz‹-ReporterIn, ich zerbräche im Fadenkreuz zwischen entfremdeter Journaille und ambitionierter Literatur, nein, mein Held täte das, der Held meines neuen Romans ›Deutsche Einheit‹. Das hatte ich ihr erzählt« (ebd., 306).

Ähnliches lässt sich auch für den Nachfolgeroman **Die Jugend von heute** feststellen, in dem der Erzähler sich auf eine Expedition ins »junge Berlin« rund um die Clique seines ›Neffen Elias‹ begibt: »[F]ast alle kamen von der Filmhochschule. Mit einem Wort: das junge Berlin. Man könnte gähnen, wenn es nicht so schön wäre. Ich gönnte der Jugend von heute von Herzen ihr kleines Stück vom ewigen Boheme-Kuchen, der ja immer kleiner geworden war« (Lottmann: Die Jugend von heute, 46). Das zu Anfang vom Erzähler geäußerte »Motto« »Nie wieder 44, nie wieder Pop-Autor« (ebd., 13) muss aber – zusammen mit der Ankündigung, er schriebe »als nächstes ein sehr ernstes Buch über meine Eltern« (ebd.) – in mehrfacher Hinsicht als paradox gelten, erfüllt doch auch *Die Jugend von heute* fast alle Merkmale, die für die Vorgängerromane kennzeichnend waren und bricht so direkt mit den geäußerten Vorsätzen.

Neben den üblichen Versatzstücken wie der im Fall Lottmanns beinahe sprichwörtlich gewordenen, ausgestellten ›Onkeligkeit‹, die gerade in *Die Jugend von heute* kontrastreich zum Einsatz kommt (»Das ist Johannes Heesters, Mädels! Da seht ihr mal, wie es in *meiner* Jugend zugegangen ist!«; ebd., 82; Hervorh. im Original) und den Verstößen gegen die *political correctness* fällt bei der Lektüre weiterer Texte Lottmanns vor allem auf, dass mit zunehmender Komplexität des Werks die Möglichkeiten der Einschreibung und der intratextuellen Bezugnahme wachsen. Auch in dem einige Jahre später erschienenen Roman **Der Geldkomplex** finden sich solche Rückverweise, wenn der Erzähler etwa ein Schreiben seines Verlegers mit dem Hinweis erwähnt, »der Verlag könne einen Knaller wie das Jugendbuch damals nun gut gebrauchen« (Lottmann: Der Geldkomplex, 92). Weitere Verrechnungsangebote zwischen Romanfigur, Autor des entsprechenden Romans und journalistischem Autor unterbreitet der Text, wenn schließlich auch der Vorgängerroman *Zombie Nation* der aktuell sprechenden Instanz zugerechnet wird (vgl. ebd., 163 f.) und zugleich die Rede ist von »einem Blog, den ich auf taz.online führte« (ebd., 136).

Besagter Blog vereint die verschiedenen Elemente von Lottmanns Poetik bereits im Titel *Auf der Borderline nachts um halb eins*: Erstens lässt er sich verstehen als intertextuelle Anspielung auf einen bekannten Reeperbahn-Schlager und -Film, zweitens kann er als Referenz auf die Reeperbahn als heterotoper Raum gelesen werden, also als ein Raum, der den geltenden Normalitäts-Vorstellungen zumindest zeitweise enthoben scheint, drittens schließlich lässt er sich als Anspielung auf das Borderline-Syndrom und seine metaphorische Übertragung auf Schreibprinzipien des New Journalism deuten (vgl. dazu auch Kreknin 2014, 319 f.). Auch hier publizierte Texte – etwa ein offener Brief an die Bundeskanzlerin – finden sich in Lottmanns späteren Romanen wieder, unterschieden allein dadurch, dass der Text im Blog unter dem Namen »Joachim Lottmann« publiziert wird, in *Der Geldkomplex* dagegen mit »Johannes Lohmer« unterschrieben ist (vgl. Lottmann: Der Geldkomplex, 144–146; ders.: Offener Brief an Angela Merkel).

Die Form eines Blogs erlaubt so nicht nur eine relativ schnelle, auch auf tagesaktuelle Ereignisse reagierende Publikationsfrequenz, die Serialität seiner Beiträge birgt auch das Potential für eine nochmals **erhöhte Verweisdichte**, die schließlich erst im Gesamtwerk ihre volle Wirkung entfaltet. Erst dann wird es auch möglich, bestimmte Verschiebungen erkennen zu können: »Selten präsentieren sich die Fehler innerhalb der Lottmann'schen Welt deutlich greifbar innerhalb nur eines Beitrags, was eine gründliche Lektüre der mehreren hundert Einträge erfordert, um einen aussagekräftigen Katalog der Verschiebungen erstellen zu können« (Kreknin 2014, 333). Somit muss Lottmanns Text-Welt als eine in hohem Maße erschriebene und **variationsreiche Welt** gelten, deren brüchiger Zusammenhalt durch die gleichwohl variierbare Zentralfigur Lottmann/Lohmer/Jolo gewährleistet ist.

Fragt man abschließend nach dem Sinn dieses Spiels mit autofiktionalen Elementen, kann die vorläufige Antwort lauten, dass über die skizzierten Verfahren eine Selbstpoetik entworfen wird, die es ermöglicht, zwischen ›alltagsweltlichen‹ Sprecher-Instanzen und vermeintlich ›fiktionalen‹ Konfigurationen nahtlos hin- und herwechseln zu können. Darüber gelangt Lottmann in seinem Werk zu einem Wirklichkeitsbegriff und **Subjektivationsmodell**, das ›Fakt‹ und ›Fiktion‹ (oder ›Leben‹ und ›Literatur‹, um es in den traditionell gegenübergestellten Begriffen zu sagen) nicht notwendig als Gegensätze betrachtet, die von der einen oder anderen Seite her zu ihrem jeweiligen Gegenüber hin überschritten werden können, sondern die von theoretischer Warte aus gesehen als ein und dasselbe bzw. als ein letztlich nicht klar trennbares Welterfassungs- und -erschaffungsmodell vorgestellt werden.

Hinweise darauf finden sich immer wieder in poetologisch lesbaren Passagen in Lottmanns eigenen Texten wie etwa in *Unter Ärzten*, wenn der Erzähler kaum zufällig in einer psychiatrischen Therapiesitzung (vgl. Kreknin 2014, 316) angibt, er wolle eine »künstliche, eben erzählbare Struktur in meine Existenz« bringen (Lottmann: Unter Ärzten, 194). Bezogen auf die Frage nach der Selbstpoetik Lottmanns liegt damit insgesamt ein Modell vor, das einerseits grundsätzlich auf einer **narrativen Erschaffung der Existenz** fußt, und dabei andererseits mit einem idiosynkratischen

Wahrheitsbegriff arbeitet, der innerhalb dieses narrativen Kosmos Gültigkeit besitzt, von anderen aber umso häufiger in Frage gestellt wird.

Anschaulich wird dies etwa in einem Auftritt Lottmanns in der österreichischen Talkshow *Willkommen Österreich* (Folge 26 vom 17. 01. 2008), in der der Moderator das Gespräch mit der Feststellung einleitet, Lottmann sei bekannt dafür zu lügen. Nach dieser paradoxen Ausgangssituation – schließlich gibt es von nun an keine Möglichkeit mehr, zu überprüfen, ob der zum Antworten aufgeforderte Lottmann die Wahrheit spricht oder nicht – ergreift Lottmann die »Gelegenheit, ein epistemisches Modell seiner Existenz zu entwerfen« (Kreknin 2014, 340), indem er angibt, für ihn sei, was er sage, »die Wahrheit«, wobei er allerdings präzisiert: »eine **höhere Wahrheit**« (Lottmann zit. nach der auf http://www.willkommen-oesterreich.tv/ zugänglichen Videoaufzeichnung des Auftritts). Gefragt danach, wie denn beispielsweise Reportagen über Städte, in denen Lottmann niemals gewesen sei, zustande kämen, führt Lottmann aus:»Es ist ja alles vermittelt, und ich schreibe ja keine Fantasy, sondern ich schreibe über Orte, über die ich wahrscheinlich schon als Baby, oder ich weiß nicht wann, in der Grundschule... also irgendwie Informationen unbewusst habe sammeln können – Vorurteile [...], Klischees, Liebenswertes, Verdichtetes, Kollektives« (ebd.).

Während man hier eine Anlehnung an Paradigmen des New Journalism und der Popliteratur erkennen kann, zieht Lottmann an dieser Stelle einen anderen Begriff heran, indem er sein Vorgehen nämlich als Ausdruck des **Borderline-Syndroms** beschreibt. Ungeachtet der Frage, inwieweit Lottmanns Feststellungen aus medizinischer Sicht triftig sind oder nicht, können sie als literarisches Modell dafür begriffen werden, dass »Fiktivität und Fiktionalität [...] keine Ausschlusskriterien für Wahrheit per se« (Kreknin 2014, 319) sind. In literaturwissenschaftlichen Begriffen könnte man den dabei zum Einsatz kommenden **(postmodernen) Ironiebegriff** in Anlehnung an den romantischen Ironiebegriff mit Kreknin als den einer *Ironia entis* bestimmen, d. h. einer Ironie, die ironische und zugleich eigentliche (und in diesem Sinne ›wahre‹) Aussagen produziert, weil ein außerhalb dieses Sprechmodus angesiedelter Anhaltspunkt fehlt (vgl. ebd., 343).

Lottmanns Vorgehensweise besteht also darin,»dass er Elemente der Alltagswirklichkeit in einem fiktionalen Modus *verdoppelt und vervielfacht*, ohne dass sie dadurch fiktiv werden würden« (ebd.; Hervorh. im Original). Dies wird zu einem Topos, der in kaum einem Beitrag über den Schriftsteller ausgespart bleibt: »Mit Joachim über seinen Wirklichkeitsbegriff reden?«, wird der in Lottmanns Romanen gleichfalls häufig aufgerufene Holm Friebe in einem Interview zitiert: »Er schüttelt den Kopf: ›Das ist, als wolle man ein Interview mit Tom Kummer faken. Alles Teil der Lottmann'schen Verschleierungstaktik‹« (Tittel 2004). Lottmanns Vorgehen als Autor ist damit gekennzeichnet durch eine »solipsistische Selbstermächtigung« (Kreknin 2014, 350), womit schließlich auch auf die eminente Bedeutung des von Lottmann organisierten **Zeichenapparats** (und damit implizit eines der Kern-Elemente von Pop-Poetiken) hingewiesen ist. Die Beobachtung des Journalisten Gerrit Bartels, dass es sich »[b]ei der Gegenwart, die Lottmann im Blick hat, [...] nur um einen sehr, sehr kleinen Ausschnitt unserer Gegenwart [handelt]«, nämlich »die pure Lottmann-Gegenwart« (Bartels 2012) ist daher zutreffend in genau der Hinsicht, dass die so beschriebene Gegenwart in erster Linie eine textuelle ist.

Dieses Vorgehen erzeugt nicht nur bei Rezensenten bisweilen (milde) Irritation – der darüber in Gang gesetzte Topos wird auch fortgeschrieben von einigen Schriftstellerkollegen, allen voran dem in Lottmanns Werk stets wiederkehrenden Rainald

Goetz (wobei aber auch Aussagen von Goetz im Rahmen einer autofiktional organisierten Poetik gelesen werden müssen). Der »Meister des paranoischen Hyperrealismus himself« (Goetz: loslabern, 109) löst bei Goetz jedoch keineswegs allein Bewunderung aus, sondern vor allem Angst: »Ich hatte eine unfassbare ANGST vor Joachim Lottmann« (ebd., 110; Hervorh. im Original). Die von Goetz wie von vielen anderen beschriebene »**Angst, Figur zu werden**« (ebd.; ähnliche Stellen finden sich schon in *Abfall für alle*) greift Lottmann gern selbst auf: »Früher hatten die Leute immer eine Reserve gegen mich gehabt, [...] da sie angeblich Angst hatten, ich schriebe über sie. Was natürlich Quatsch war. Ich dachte mir immer alles aus, es *klang* nur so abgeguckt« (Lottmann: Die Jugend von heute, 32; Hervorh. im Original).

Gefürchteter noch als die verzerrte oder negative Darstellung aber ist Lottmanns Praxis des ›**Totlobens**‹ (vgl. Lottmann: totgelobt), im Zuge derer er Schriftstellerkolleg/innen oder andere Personen des öffentlichen Lebens so lange mit Lob überschüttet, bis dieses Lob nurmehr als ironische Geste verstanden werden kann. Beliebtes Ziel dieser Vorgehensweise ist u. a. Christian Kracht, der in den 1990er Jahren »mit einer Kopie von ›Mai, Juni, Juli‹ triumphal als Begründer der deutschen Popliteratur gefeiert wurde« (Lottmann: Meine Abenteuer in der Wirklichkeit), wie Lottmann scheinbar wohlwollend anmerkt – um zugleich bei zahlreichen weiteren Gelegenheiten den »geniale[n] Kracht« zu rühmen, der »das beste deutsche Buch der Neunziger geschrieben« habe (Lottmann: Deutsche Einheit, 174; vgl. auch ebd., 224 u. 296f.). Noch drei Bücher später preist Lottmann »mein großes Vorbild, den Mann, der mich zum Schreiben gebracht hatte: Old Kracht« (Lottmann: Der Geldkomplex, 236).

So bleibt letztlich nicht ganz zufällig ein großer Teil der Lottmannschen Namensnennungen auf Autor/innen bezogen, die ihrerseits im Rahmen von Pop-Paradigmen angetreten sind (unklar bleibt, ob auch die Parteinahme für Benjamin von Stuckrad-Barre ein echtes Sympathiebekenntnis ist oder demselben Muster des ›Totlobens‹ folgt; vgl. Lottmann: Mein Leben mit Stuckrad-Barre), was nicht zuletzt als weiterer Beleg für die These von Popliteratur als Verweishandlung gelten kann – als Verweishandlung, die in dieser Ausformung durchaus **selbstreferenziell geschlossen** sein kann und darüber wohl nur diejenigen erreicht, die die entsprechenden feuilletonistischen Diskussionen ohnehin verfolgt haben.

Weiterführende Literatur

Die Forschungslage zu Joachim Lottmann ist bislang vergleichsweise überschaubar. Erste Ansätze mit Bezugnahme auf Pop-Aspekte finden sich bei Drügh (2001). Theoretisch anspruchsvoll und ausführlich beschäftigt sich dann Kreknin (2014) mit dem Aspekt der autofiktionalen Selbstpoetik in Lottmanns Werk.

5.6 | Benjamin von Stuckrad-Barre

5.6.1 | Kurzzeitiger ›Star‹ der deutschen Popliteratur

Wenn es einen Autor gibt, für den das Label des ›Popliteraten‹ in den 1990er Jahren und darüber hinaus exemplarisch zutrifft, dann ist dies wohl in erster Linie Benjamin von Stuckrad-Barre (geb. 1975). Ausschlaggebend sind dafür einerseits Stuckrad-Barres vorrangig ab Ende der 1990er Jahre erscheinenden Romane, Feuilletonsammlungen und Gesellschaftsreportagen, die sich immer wieder **popkulturellen Phänomenen und Inszenierungen** der Gegenwart zuwenden und sich auch strukturell von diesen beeinflussen lassen. Darüber hinaus aber hat Stuckrad-Barre auch mit der öffentlichen Darbietung seiner Literatur für Aufsehen gesorgt, indem er traditionelle Präsentationsformate durchbricht und durch einen offensiv-medialen Außenauftritt ersetzt: Zahlreiche CD- und Fernsehproduktionen – darunter eine Literaturshow auf dem Musiksender MTV – flankieren das literarische Werk, seinen Lesungen in Clubs und Konzerthallen werden nicht selten »popkonzertähnliche Züge« (Paulokat 2006, 163) bescheinigt, und seine zeitweilig starke Präsenz in Talkshows machen Stuckrad-Barre bekannt wie kaum einen zweiten deutschen Autor der ausgehenden 1990er Jahre.

Dabei bedient sich Stuckrad-Barre von Beginn an einer **Vielfalt von Produktions- und Auftrittspraxen**, die ausdrücklich nicht auf die Herausgabe literarischer Werke im engeren Sinne beschränkt sind, sondern eine den Büchern im Umfang nahezu gleichwertige, konzeptionell untermauerte, inter- und multimediale Parallelproduktion darstellen (vgl. Karpenstein-Eßbach/Eßbach 2010). Ebenso deutlich ist aber auch zu erkennen, dass Stuckrad-Barre mit dieser Herangehensweise polarisiert. Insbesondere der Debütroman *Soloalbum* aus dem Jahr 1998 ruft in der zeitgenössischen Rezeption starke Reaktionen hervor. In einer vielzitierten Kritik urteilt etwa der *Spiegel*, dass *Soloalbum* zu einem »kaum verschlüsselten autobiographischen Pamphlet gegen die Dummheit und die Langeweile seiner Umwelt geraten« sei: »Kaum ein Feindbild, das Stuckrad-Barre ausläßt, kein Klischee, auf das er nicht einprügelt« (Anonymus 1998, 209). Neben der bereits hier aufscheinenden Engführung von Autor und Erzähler, die in der Folge nicht selten zu affektiven Verwechslungen führt, wird die öffentliche Kritik an Stuckrad-Barre vor allem auch durch dessen offensive mediale **(Selbst-)Vermarktung und -inszenierung** befeuert (vgl. Tillmann/Forth 2001), die die ökonomische Dimension dieser Inszenierungen ausdrücklich mit einplant und auch ausschöpft. Am bekanntesten dürfte in dieser Hinsicht die Fotokampagne für das Bekleidungsgeschäft Peek & Cloppenburg im Herbst 1999 sein, die Stuckrad-Barre zusammen mit dem Schriftstellerkollegen Christian Kracht in übermütiger Pose auf Fahrrädern zeigt (s. die Abbildung in Baßler 2002, 116 f.).

Tatsächlich zeichnen sich bereits an diesen Schlaglichtern und punktuellen Rezeptionsdokumenten zentrale Züge von Stuckrad-Barres Schaffen ab: Er verfolgt eine rhetorisch häufig scharfe (Stil-)Kritik und greift dabei zurück auf **vorgefundene Versatzstücke und Sprachformen** aus Medien und milieuspezifischen Öffentlichkeiten, die als Material für die literarische und feuilletonistische Bearbeitung dienen. Ergänzt wird dieses Vorgehen durch die entsprechende In-Szene-Setzung von Werk und Person, die ihrerseits ein durchaus affirmatives Verhältnis zu Aspekten wie Konsum, Medien, Vermarktung etc. anzeigt. Eingerahmt von zahlreichen inhaltlichen und formalen Bezugnahmen auf die Popkultur, kann Stuckrad-Barres Arbeit so leicht in den Mittelpunkt genau jener Diskussionen rücken, die um die Jahrtausendwende vermehrt unter der Bezeichnung ›Popliteratur‹ geführt werden und nicht selten an bereits bekannte Diskussionen aus den 1960er Jahren erinnern. Auch Stuckrad-Barre selbst greift schließlich den ins Spiel gebrachten Begriff auf, modifiziert die seiner Ansicht nach wenig aussagekräftige Bezeichnung im Hinblick auf seine eigene Herangehensweise aber zugleich:

»Nicht Popliteratur, sondern allenfalls **Literatur-Pop**. Ich benutze die ästhetischen Mittel des Pop, Pop ist Referenzrahmen und stilbildendes Subthema, und das wiederum ist ein Abbild der Realität von Kultur hierzulande. Von Politik, von Fernsehen, Werbung, Sprache. Also muss es sich niederschlagen in zeitgenössischer Literatur« (Stuckrad-Barre in Philippi/Schmidt 1999).

Bilden die Pop-Vorstöße der 1960er Jahre so generell den lang nachwirkenden Hintergrund, der Pop als »Referenzrahmen und stilbildendes Subthema« erst denkbar werden lässt, ist der spezifischere **Bezugsrahmen** für Stuckrad-Barres Äußerungen aber ein anderer: Nicht primär die 1960er Jahre, wie sie in der publizistischen Kritik häufig als Kontrastfolie herangezogen werden, sondern die popkulturellen, popjournalistischen und schließlich popliterarischen Impulse der 1980er Jahre und ihre Ausläufer in das Folgejahrzehnt prägen jene Akteure, die schließlich gegen Ende der 1990er Jahre unter der schon kurz darauf schlagwortaft gewordenen Bezeichnung ›Popliteratur‹ figurieren (vgl. Rauen 2010 b, 1 u. 124).

Zentral ist hierbei wiederum die **Traditionslinie** einer »durch Punk und New Wave verkörperte[n] Gegengegenkultur« (Frank 2004, 278), in deren Tradition auch Stuckrad-Barre sich indirekt stellt, wenn er im Hinblick auf die offensive Inszenierung seiner selbst angibt, das »Pop-Prinzip« bestünde für ihn im »vorgaukeln, behaupten, verfälschen, täuschen. [...] Es gibt ja nichts anderes als die Oberfläche« (Stuckrad-Barre in Philippi/Schmidt 1999). Mit Aussagen wie diesen schließt Stuckrad-Barre einerseits formal an aus den 1980er Jahren bekannten Maximen wie die der ›subversiven Affirmation‹ und der ›Oberflächlichkeit‹ an und zeigt generell eine Bevorzugung von »Beobachtungsformen zweiter Ordnung« (Rauen 2010 b, 184), die den Blick »von ›den Sachen selbst‹ auf die entsprechenden Diskussionszusammenhänge« (ebd., 185) lenkt. Gleichzeitig kann aber auch eine markante Verschiebung konstatiert werden: Während der älteren »Pop-Intelligentsia« (Frank 2003 b, 218) um Diedrich Diederichsen und andere die Strategien einer ironischen Bejahung des Bestehenden und die Hinwendung zur Künstlichkeit bis zu einem gewissen Punkt als effektive Mittel für die (›glamouröse‹) Kommunikation eines emanzipatorischen Anspruchs galten, sehen sich viele Pop-Autoren der späten 1990er Jahre mit einem »Funktionsverlust« (vgl. Rauen 2010 b, 153) des entsprechenden Paradigmas konfrontiert.

In der **Feststellung einer ubiquitär gewordenen ›Ironie‹** – ohne dabei selbst zu ›unironischen‹ Sprechweisen zurückkehren zu können oder aber der von der älteren Pop-Kritik (wieder) aufgestellten »Forderung nach Explizierung politisch moralischer Kriterien« (ebd., 188) Folge zu leisten – situieren sich ihre Texte stattdessen in einer heiklen Zwischenstellung, die in Stuckrad-Barre einen ihrer zeitweilig prominentesten Vertreter findet. Wenngleich im wissenschaftlichen Diskurs oftmals eher pauschal in eine ›Verfallsgeschichte‹ popliterarischer Schreibweisen eingefügt (vgl. etwa Ernst 2001, 72–75; Ullmaier 2001, 41; Seiler 2006, 277), erscheint Stuckrad-Barres Werk in dieser Lesart durchaus vielschichtiger als zunächst häufig angenommen.

Wendet man sich vor diesem Hintergrund Stuckrad-Barres Werkbiographie zu, kann man mit Dirk Frank **drei Phasen** mit »jeweils unterschiedlichen Text- und Inszenierungsstrategien« voneinander abgrenzen:

»*Soloalbum* von 1998 [...] steht hierbei für die erste Phase, in der er [Stuckrad-Barre, A. M.] als Schriftsteller reüssiert, indem er eine bestimmte Form popkritisch-polemischer Schreibstrategien mit durchaus aufklärerischem Impetus verbindet. Phase zwei wäre dann dadurch bestimmt, das eigene öffentliche Image in den Mittelpunkt seines Medienschaffens zu stellen. Die dritte Phase, mit dem Buch *Deutsches Theater* von 2001, wäre durch eine Hinwendung zu mikrosozialen Inszenierungsformen gekennzeichnet« (Frank 2011, 37).

Lenkt man den Blick auf Stuckrad-Barres **biographischen Werdegang**, ist der starke Fokus auf mediale Strategien und Inszenierungen, der die Werk-Phasen prägt, nicht überraschend. Zu Stuckrad-Barres beruflichen Stationen ab Mitte der 1990er Jahre zählen Anstellungen bei Plattenlabels und als Musikredakteur beim *Rolling Stone*. Kurzzeitig ist Stuckrad-Barre auch als Mitarbeiter bei den »Berliner Seiten« der *Frankfurter Allgemeinen Zeitung* und beim *jetzt-Magazin* der *Süddeutschen Zeitung* tätig, also Feuilleton-Ablegern mit dezidiertem Popkultur-Schwerpunkt, die damit auch Nährboden für Stuckrad-Barres spätere Betätigungsfelder sind. Hervorzuheben ist als weiterer Einfluss auch Stuckrad-Barres frühere Tätigkeit als Autor für die Harald-Schmidt-Show, deren »Thematisierung der Diskursroutinen des Medienalltags« (Rauen 2010b, 87) unmittelbar anschlussfähig ist an Stuckrad-Barres eigenes Werk, sei es im Hinblick auf die journalistisch-literarische Frühphase oder auf die stärker auf das Feld der Reportage verlegten späteren Arbeiten wie *Deutsches Theater* und *Auch Deutsche unter den Opfern* (2010).

Stuckrad-Barres Schreibpraxis trennscharf in ein ›literarisches‹ und ein ›journalistisches‹ Werk zu unterteilen, scheint allerdings wenig zielführend, da sein Ansatz viel eher von den pragmatischen Anforderungen der jeweiligen Publikationsorte beeinflusst ist als von einem kategorialen Gattungsgedanken. Die »**Transgressionsbewegung**«, die für Stuckrad-Barres schriftstellerische Praxis im Bezug auf ihre inter- und multimedialen Strategien festgestellt wurde (vgl. Karpenstein-Eßbach/Eßbach 2010, 343), ließe sich damit auch auf die Ebene literarischer Gattungen ausdehnen: »Es geht um Längen da«, kommentiert Stuckrad-Barre selbst den für ihn wenig aussagekräftigen Unterschied zwischen journalistischem und literarischem Schreiben (Meinecke u. a. 2007, 385). Die dabei entstehenden **Engführungen, Verdopplungen und Unschärfen**, die die beobachtete ›Wirklichkeit‹ wie auch die Autorperson betreffen, müssen deshalb ebenso als konstitutive Bestandteile von Stuckrad-Barres Werk gesehen werden (vgl. Deupmann 2010). Entlang des Werkes wäre nun zu zeigen, wie sich die so skizzierten Elemente im Einzelfall realisieren.

5.6.2 | Literarisch-journalistisches Frühwerk: *Soloalbum* und *Remix*

Stuckrad-Barres im engeren Sinne literarisches Werk beschränkt sich bislang auf nur zwei Romane: seinen 1998 erschienenen Debütroman *Soloalbum* sowie den im Folgejahr erscheinenden Band *Livealbum*. Markant an der Erzählanlage von *Soloalbum* ist vor allem dessen radikale Öffnung für Alltags- und Gegenwartsphänomene und seine Anknüpfung an jugendkulturelle Lebenswelten. »Seit Katharina weg ist (3 Wochen und 2 Tage), habe ich große Schwierigkeiten, den Betrieb hier aufrecht zu erhalten« (Stuckrad-Barre: Soloalbum, 15), lautet die vom Ich-Erzähler formulierte Ausgangssituation des Romans, über die der Text zwar einerseits Erzählelemente des Adoleszenzromans aufruft, sich kurz darauf aber umso vehementer in einem popkulturell codierten, häufig als postmodern apostrophierten Verweisraum situiert (vgl. Wagner 2007, 381–418). Liebeskummer und damit verbundenes häusliches Debakel sind denn auch als die »einzige[n] epische[n] Element[e] des Romans« (Baßler 2002, 102) identifiziert worden, die den binnennarrativen Ausschlag dafür geben, »munter die diversen deutschen Lust- und Kulturmilieus [zu] durchmustern, von der Galerieszene zur Studentenparty, vom Plattenladen bis zur Cocktailbar« (Winkels 2005, 151).

In der Tat kann man hier die zentrale Thematik und narrative Struktur von *Soloalbum* erkennen: Das emotionale Chaos des Erzählers bildet den Auftakt für eine **Folge von Alltagsbeobachtungen** und häufig beißende Urteile des Erzählers angesichts der scheinbar unerträglichen ästhetischen Zustände seiner Umwelt. Ob das »Kleinbürgerfaszinosum« (Stuckrad-Barre: Soloalbum, 124) des Pauschalurlaubs oder linke Studierende, **Musikgeschmack, Milieuspezifika oder Mediensprache**: Sie alle bilden willkommene Objekte für den über die Mechanismen habitueller Abgrenzungsgesten wohlinformierten Kommentar des Erzählers, der sich seinerseits in einer unentschiedenen Zwischenstellung befindet, von der aus er vornehmlich die Urteile anderer einer mitunter ätzenden Kritik unterzieht, in Ansätzen aber auch den eigenen unsicheren Standpunkt mitreflektiert. Gespickt mit zahlreichen Zitaten und Anspielungen aus Popmusik, Konsumindustrie und Fernsehen, finden sich in *Soloalbum* überdies zahlreiche Elemente, die zeigen, wie es der Roman geschickt anstellt, auch auf textueller Ebene die »ästhetischen Strukturen des Pop zu übernehmen« (Paulokat 2006, 217). Mitvoraussetzung dafür ist, dass sich die »geschilderte Handlung fast ausschließlich im öffentlichen Raum ab[spielt]« (Jung 2002a, 148) – Erzählmaterial sind somit nicht in erster Linie die privaten Emotionen und psychologischen Reflexionen des Erzählers, sondern der Zeichenvorrat und die »Oberfläche« (ebd.) der umgebenden Welt.

Wohl an kaum einem anderen popkulturellen Gegenstand ließen sich die unterschiedlichen Aufladungen und Semantisierungsmöglichkeiten so anschaulich illustrieren wie an dem der Musik. **Popmusik** spielt in diesem Sinne für Stuckrad-Barres Produktionsästhetik eine tragende Rolle: Elemente und Verweise aus der Welt der Popmusik sind zum einen auf vielfache Weise paratextuell in Stuckrad-Barres Werk integriert – so beziehen sich etwa die Titel mehrerer Buch- und Tonträgerveröffentlichungen wie *Soloalbum*, *Livealbum*, *Remix* und *Liverecordings* oder *Bootleg* auf gängige Bezeichnungen der Plattenindustrie (vgl. auch Jürgensen/Kaiser 2014, 233–236). Popmusik dient zum anderen auch innerhalb der Texte (und in entscheidendem Maße auch in *Soloalbum*) als »Gliederungshilfe«, als »Metapher für zwischenmenschliche Beziehungen«, zur Kennzeichnung der »Figurencharakteristik«, als »Stimmungsbarometer« und als »Manifestation des Widerspruchs zwischen Individualismus und Suche nach Gemeinschaft« (Jung 2002a, 149). »Und ich komme nicht los von Katharina, einfach nur, weil sie meine bisher erfolgreichste Platte war, am längsten in den Charts, im Herzen und auf Tour« (Stuckrad-Barre: Soloalbum, 202), lautet noch gegen Ende des Romans die programmatische Einlassung des Erzählers, dessen ›Solo‹-Auftritt ihm in der Zwischenzeit reichlich Gelegenheit zur Materialsammlung für den Textkorpus gegeben hat.

Liest man die Musikverweise in *Soloalbum* als »**Paradigma für bestimmte Lebenshaltungen**« (Appen 2004, 158), ist schließlich auf einen spezifischeren, popdiskursiven Aspekt des Romans verwiesen. Während in den Augen des Erzählers vor allem Indie- und Britpop-Bands wie Pulp, Blur, Supergrass oder Ash Anklang finden, fällt die Liste der abzulehnenden Gruppen und Stile nicht nur länger, sondern auch umso deutlicher aus: Zwischen »Weltmusikscheiß« (Stuckrad-Barre: Soloalbum, 22) und »Akademieschnöselelektrodreck« (ebd., 74) sind es vor allem Künstler wie Bryan Adams, Pearl Jam, die Rolling Stones oder Genesis, die dem Erzähler als unerträglich gelten. Der »Unerträglichkeit des Rock« (Appen 2004, 158) und der Ablehnung der Vertreter des ›Authentischen‹ und ›Gegenkulturellen‹, die sich in diesem Geschmackskanon ausgedrückt findet, steht auf der anderen Seite eine Hinwendung zur **Pop-Ästhetik** und zu Gruppen wie den Pet Shop Boys und vor allem Oasis gegenüber, die für den Erzähler in *Soloalbum* die zentrale geschmackliche Bezugsgröße bilden. Gelten erstere aufgrund ihres dezidiert an Idealen des Künstlichen orientierten Auftretens häufig als Paradebeispiel für Pop-Paradigmen, lässt sich die Verehrung des Erzählers für die Britpop-Band Oasis auf andere, aber verwandte Weise erklären: Oasis zitieren mit ihrem Auftreten und ihrer Musik zwar Rockgeschichte, »glauben [aber] nicht an Rock als Gegenkultur« (ebd., 161); sie »rocken ohne Rock-Ideologie« (ebd., 166). Dergestalt wiederum einer spezifischen **Zitat-Tradition** verschrieben, werden sie für den Erzähler ästhetisch wieder akzeptabel, ja vermögen es sogar, ihn zu einem Moment der Ekstase hinzureißen – eine Ekstase, die im Pop-Paradigma jedoch immer auch problematisch erscheint und deshalb einer spezifischen rhetorischen Einfassung bedarf. Als Besucher auf einem Oasis-Konzert, so die letzte Szene des Buches, fasst der Protagonist die prekäre Spannung zwischen unmittelbarem Genuss und distanzierter Beobachtung in Worte:

»Männerbündelei, die gerade noch in Ordnung geht, das erleben wir hier. Nicht wie bei den Toten Hosen, wo gewölbte Witzshirts über Jeans quellen und der Wurmfortsatz der Bundeswehr uns das Fürchten lehrt. Das Klischee der ›Jungs‹ wird von Oasis durch groteske Übersteigerung der Anfechtbarkeit enthoben« (Stuckrad-Barre: Soloalbum, 243).

Die in *Soloalbum* vertretene Geste ließe sich damit auch als eine ›**postmoderne**‹ **Form des Fan-Seins** bezeichnen, die sich aus einer »paradox wirkende[n] Spannung zwischen ›rockistischen‹ und popaffinen, postmodernen Elementen« (Rauen 2010 b, 147) speist, oszillierend zwischen den Polen von »Verabsolutierung« und »Relativierung« (ebd., 149). Der Oasis-Titel *Definitely Maybe*, laut Erzähler »der beste LP-Titel aller Zeiten« (Stuckrad-Barre: Soloalbum, 245), bringt diese Ambivalenz deutlich auf den Punkt. An zahlreichen Stellen der Erzählung wird so die Frage nach möglichen (Handlungs-)Optionen zwischen begeisterter Setzung und ironischer Abstandnahme aufgeworfen und im Modus des ›Definitely Maybe‹, der Unbedingtheit und Vorbehaltlichkeit im selben Atemzug postuliert, zugleich ansatzweise beantwortet (womit auch die scheinbar apodiktischen Wertungen des Erzählers gegenüber anderen als Teil dieses Verfahrens erkennbar werden). Auch nach dem Oasis-Konzert liegt die Selbstrelativierung folglich nicht fern, wenn nämlich schon kurz nach der Euphorie des Augenblicks die Lieblingsstücke auf der After-Show-Party »jetzt wieder in echt, nämlich vom Band« (ebd.) erklingen.

Als unmittelbare erzählerische Konsequenz der so gestellten Diagnose können deshalb die Beobachtungen und Kommentierungen der Umwelt des Erzählers gelten, wobei Stuckrad-Barre die (vermeintlich) hyper-genaue Lesbarkeit der Umgebungszeichen durch seinen Protagonisten unmittelbar in ein spezifisches **Textverfahren** übersetzt, das statt der Geste des Erzählens auf die des Aufzählens setzt. Eine so aufgefasste Popliteratur, die an historisch in vielfacher formaler Variation ausgebreitete Verfahren des »Zitieren[s], Protokollieren[s], Kopieren[s]« und »Inventarisieren[s]« (Schumacher 2003, 13) anschließen kann, unterscheidet sich insofern von klassischen narrativen Mustern, als sie »dezidiert nicht mit Spannungsbögen und anderen starken Erzählmustern« (Baßler 2002, 185) arbeitet, sondern stattdessen auf »vielfältige Verfahren der Katalogisierung und Listenbildung« setzt, die den »Import und die Verarbeitung bereits existierender, längst enzyklopädisch aufgeladener Wörter, Redeweisen, diskursiver Zusammenhänge und Vorstellungskomplexe in die Literatur« (ebd., 186) vorantreiben. Am Beispiel Stuckrad-Barres hat insbesondere Moritz Baßler für diese Form des ›Imports‹ die Formel des »Sammeln[s] und Generieren[s]« (ebd., 96) geprägt. **Sammeln und Generieren** meint in diesem Zusammenhang, noch nicht literarisierte Elemente des Alltagslebens in einen literarischen Kontext zu stellen und damit dem »kulturelle[n] Archiv« zuzuführen (ebd., 95; knapp zusammenfassend vgl. auch Baßler 2003 a; für eine aktuelle Wiederaufnahme dieses Gedankens an weiteren Beispielen vgl. Baßler 2015). Flüchtige Äußerungen, Medienzitate, Musikdiskurse und die äußere Erscheinung der Umwelt bilden das Material, aus dem der Roman sein Grundgerüst gewinnt. Die darauf aufbauenden Beobachtungen weisen dann zumeist die charakteristische Tendenz auf, statt konventioneller Beschreibungspassagen **paradigmatische Kataloge** bestimmter Situationen aufzustellen:

> »[V]om Automatenraum aus gucke ich natürlich immer mal unauffällig rein in die Geschäftsräume, und da sieht es in den meisten Banken immer noch so aus wie in den Filialen, die in ›Aktenzeichen XY ungelöst‹ immer so schön dramatisch überfallen werden – hässlicher Teppich, Falschholzmöbel im ›Servicebereich‹, komische Wandtäfelung, eine angiuerte Wanduhr mit Datumsanzeige, und irgendwo lehnt ein Papp-Ehepaar, das für Bausparen wirbt, dazu überall Grünpflanzen, in Hydrokultur-Tonkügelchen« (Stuckrad-Barre: Soloalbum, 50).

Der schon hier sich andeutende Katalog der Situation ›Schalterraum‹ und der ihr als zugehörig erachteten, teilweise in bemerkenswerter Konkretion aufgeführten Elemente (»Hydrokultur-Tonkügelchen«), zudem bereits in in Relation gesetzt zu einem medialen ›Vor-Bild‹ (den Studio-Nachbauten von Bankschaltern in der Sendung ›Aktenzeichen XY ungelöst‹), kann als exemplarisch gelten für das in *Soloalbum* eingesetzte Textverfahren. An anderen Stellen nimmt dieses Verfahren dann stärker listenhafte Struktur an: »Ich sammel die nackten Girls aus der Bild-Zeitung. Die grotesken Textpassagen trage ich in Tabellen ein« (ebd., 41), lautet die programmatische Ansage des Erzählers, der die zu den jeweiligen Pin-Up-Bildern gehörigen schlüpfrigen Texte der *Bild*-Zeitung in ihre seriell immer wieder aufs Neue betexteten Rubriken zerlegt und die Variablen dieser Textbausteine als isolierte Vokabeln auflistet: »Grund für die Nacktheit: [...] beim Ballwechsel mit knackigem Tennislehrer ordentlich ins Schwitzen gekommen« (ebd., 44). In einer solchen **Rubrizierung von Elementen** aus vorliegenden Texten sieht Baßler das »Herzstück aller popliterarischen Verfahren« (Baßler 2002, 102). Insbesondere der »Thesaurus der medialen Gegenwart« (ebd., 95) bietet dem Erzähler dafür einen reichhaltigen Fundus, dessen Formelhaftigkeit er im Verwerfen »eklige[r] Musikjournalisten-Attribute« reflektiert: »Ehrlichkeit, echtes Songwriting [...], eher eine Albumband als ein Single-Act, Erfolg durch touren, touren, touren, eine absolute Liveband« (Stuckrad-Barre: Soloalbum, 220). Wird der literarische Text so einerseits zu einem »Hypermedium der Beobachtung von Medien und Mediennutzungen« (Karpenstein-Eßbach/Eßbach 2010, 353), treibt die Verzeichnung entsprechender Formeln allerdings zugleich auch das Entstehen des eigenen Textes voran, der dann eben nicht mehr allein sammelnd tätig ist, sondern aus den aufscheinenden Regelmäßigkeiten der beobachteten Paradigmen zugleich neue Textpassagen ›generieren‹ kann.

Augenfällig wird dies vor allem in dem Band **Remix**, einer im Jahr 1999 erschienenen Sammlung feuilletonistischer Texte aus den Jahren 1996 bis 1999. Dort heißt es zu dem kurzen, »Rolling Stones« betitelten Text einleitend: »Ich war nicht beim Konzert der Rolling Stones, erzähle aber trotzdem gerne, wie es dort war«, woraufhin der Feuilletonist Stuckrad-Barre in einem **Patchwork von Medienphrasen** – ob ›gesammelt‹ oder ›generiert‹ lässt sich nun schon nicht mehr mit letzter Sicherheit sagen – davon kündet, wie die »dienstälteste Rockband« es geschafft habe, »sich treu zu bleiben, ohne sich Neuem zu verschließen« (Stuckrad-Barre: Remix, 160). Nicht weniger treffend liest sich eine entsprechende Simulation von »Gottschalks Moderationszettel«: »Johannes B. Kerner, liebe Schwiegermütter, wo bleibt er denn, noch hinten in der Torwand, vielleicht mit den Spice Girls, mein lieber Johannes, oh, ja isses denn die Möglichkeit, da hat er die Mel B. im Schlepptau, B&B – das paßt ja. Servus, Johannes! (Riesenapplaus) Finger weg, Mel, der Johannes ist vergeben!« (ebd., 228).

Nach ähnlichem Muster verfährt auch der Text »Dr. Katja Kessler«, der sich als Fortschreibung der in *Soloalbum* tabellarisch vorgeführten Paradigmenzerlegung der Aktfoto-Texte aus der *Bild*-Zeitung wie zugleich auch als Hommage an ihre Autorin Katja Kessler lesen lässt (»Lutsch, lutsch, flutsch. Katja (29) ist gelernte Zahnärztin, aber anders als den meisten Männern reicht ihr Löcher-Stopfen allein nicht aus«; ebd., 46). In dem darauf folgenden Porträt hebt Stuckrad-Barre jedoch mit durchaus kulturkritischem Einschlag hervor, dass Kessler die auf sexistische Klischees reduzierte Frauendarstellung der *Bild*-Zeitung durch ihre Textbausteine »ins Bizarre« (ebd., 48) steigere und dem Format so in Wahrheit eine kritische Note verleihe. Wieviel Subversivität man dieser Handlung zugestehen will, mag umstritten bleiben, denn immerhin kann die entsprechende Rubrik vom verantwortlichen Blatt wohl problemlos als selbstironischer Kommentar zur eigenen Praxis gewendet werden. Genau in dieser **ambivalenten Stellung** aber positionieren sich sowohl Kessler wie auch Stuckrad-Barre: Eine gewisse Plakativität nicht scheuend, können die entsprechenden Einlassungen als kritischer Kommentar gelesen werden, ohne jedoch das Format im Ganzen zu verwerfen und eine Kritikposition *außerhalb* der bespielten Arenen zu beziehen (vgl. dazu auch Baßler 2002, 97–101; vgl. dagegen kritisch Mertens 2003, 211) – eine Doppelposition, wie sie ganz ähnlich auch für Stuckrad-Barres spätere Mitarbeit beim Berliner Boulevardblatt B. Z. vermerkt wurde (vgl. Porombka 2010).

Einen spezifischen Anschluss an Pop-Programme erhalten diese Verfahren wiederum dadurch, dass insbesondere in *Soloalbum* der Beobachtungsfokus durchaus nicht beliebig gewählt ist, sondern in der Adaption einer ›gegengegenkulturellen‹ Pop-Ästhetik ähnlich wie viele Vorläufer aus den 1980er Jahren eine besondere **Angriffsfläche in den Nachfahren 68er-Generation** bzw. im linksalternativen Milieu findet. Dessen mal konkret beobachtete, häufiger aber paradigmatisch ›generierte‹ Geschmacksvorlieben und Wertesysteme werden einerseits der gewohnt-routinierten Stil-Kritik unterzogen (»Scheiß Pearl Jam findet sie ›superintensiv‹ [...]. Harald Schmidt ist ein Nazi [...]«; Stuckrad-Barre: Soloalbum, 32). Andererseits kann die Erzählinstanz selten auf einen fixen Gegenstandpunkt verweisen. Begreift man die erzählerisch vorgeführten Affekte nicht in erster Linie als ernsthafte politische Konfrontation oder ›Stildiktat‹ des Autors, sondern als Ausdruck einer als problematisch empfundenen Kommunikationssituation und eine Beobachtung von Distinktionsmechanismen, dann kann man die in *Soloalbum* vorgeführte Konstellation, wendet man sie auf den außerliterarischen Bereich, soziologisch als mittelbaren Effekt der postmodernen Gesellschaft beschreiben.

Die »Habitus-Kämpfe« (Jaumann 2009, 191), die Thema einer Reihe popliterarischer Texte um die Jahrtausendwende sind, führen so hinein in ein Paradox: »**Stil**

[...] **erzeugt nicht mehr Kommunikation«** (ebd., 192), sondern trage nunmehr oftmals zu einer »verschärften Vereinzelung der Individuen« bei: »Indem Pop in seiner allgemeinsten Definition als bedeutungstragende Oberfläche ubiquitär wird, setzt er die durch ihn ermöglichten Identitätsangebote einem verschärften Pluralisierungsdruck aus« (ebd.). Dieser »Funktionsverlust« (Rauen) popkultureller Abgrenzungsgesten wird auch Thema des von Joachim Bessing herausgegebenen Bandes *Tristesse Royale* (1999), einem Gemeinschaftsprojekt unter Beteiligung auch von Benjamin von Stuckrad-Barre. In *Soloalbum* lässt er sich aber zugleich auch als Möglichkeit einer wie auch immer **brüchigen Selbstkonstitution** lesen, bei der sich die jugendkulturelle Normenfindung in »mikrologische Ebenen« verlagert (Köhnen 1999, 345). Wie brüchig dieses Modell tatsächlich ist, zeigt sich an einem unvermutet offenen Selbstkommentar des Erzählers, der beim Besuch einer Designausstellung die eigene Pose wie auch die der anderen als solche enttarnt:

»Sie trinken alle wahnsinnig schnell und reden behende, dabei ganz bestimmt Unsinn, das muß ich mal schutzbehaupten. Denn ich verstehe nichts. Ich stelle mich zu einer Gruppe und höre 5 Minuten zu. Sie werfen mit Namen, Erlebnissen, Meinungen rum, in einem Tempo, in einer Codiertheit, die mich nicht einen Satz, nicht einen einzigen, begreifen läßt« (Stuckrad-Barre: Soloalbum, 238).

Deutlich spürbar tritt an dieser Stelle eine gewisse Ratlosigkeit auf den Plan, da alle Kommunikation derartig misslingt. Nach der pop-diskursiv herleitbaren Ablehnung konkreter Rebellion und dem Durchspielen der Sackgassen der Ironisierung und anderer Alternativvorschläge, wie sie allesamt auch Themen der Gesprächs-Performance in *Tristesse Royale* bilden (s. dazu ausführlicher Kap. 5.10.1), findet sich der einstweilig gewählte Ausweg mit *Soloalbum* aber bereits angedeutet: Neben den vorgestellten Listenverfahren und Paradigmenbildungen als zeitweilig originellen und mitunter auch durchaus provokativen literarischen Mitteln im Angesicht einer teilweise auch weiterhin an Werten wie Autonomie, Tiefensemantik oder Überzeitlichkeit sich ausrichtenden Literaturkritik (vgl. Steier 2009), kann dieser Ausweg vor allem im »Sprung in die Inter- und Multimedialität und der Entwicklung von flüchtigen Stilen der Performanz« (Karpenstein-Eßbach/Eßbach 2010, 352) gesehen werden, wie Stuckrad-Barre sie im Weiteren pflegt und entwickelt.

5.6.3 | Autor und Erzähler als »Mitarbeiter der Unterhaltungsindustrie«: *Livealbum*

Deutlich wird dies vor allem in *Livealbum* (1999), einer semi-fiktionalen Verarbeitung der realen Lesereise im Anschluss an *Soloalbum*, die manchen Kommentator dazu veranlasst, von einer »Produkt- und Marketing-Trias von Publikation, Lesereise und medialer Vermarktung« (Feulner 2010, 349) zu sprechen. Das dabei entstehende »Beziehungsgefüge zwischen Literatur und Medien« (Karpenstein-Eßbach/Eßbach 2010, 354) schließt nicht nur die »Zweit- oder Mehrfachverwertung von Texten« (ebd.) ein, es umfasst ausdrücklich auch die mehrfach verschachtelte Selbstinszenierung Stuckrad-Barres als öffentlicher Person, die in *Livealbum* ihren sprechenden Ausdruck findet. Die wiederkehrende Frage, ob Stuckrad-Barres Bücher autobiographisch seien oder nicht, wird in *Livealbum* denn auch explizit thematisiert und in der Schwebe gehalten: »Ist ihr Buch autobiographisch? Falsche Antwort Nummer 1: Ja. Falsche Antwort Nummer 2: Nein« (Stuckrad-Barre: Livealbum, 185). Als »Mitarbeiter der Unterhaltungsindustrie« (ebd., 184) spielt Stuckrad-Barres Erzähler somit in *Livealbum* mit der Autorrolle wie zuvor mit Medien- und Sprachklischees, wobei die so dargestellte »›**Verstrickung‹ des Autors, seine Heteronomisierung**« (Feulner 2010, 348) hinsichtlich ihrer Tragfähigkeit durchaus kritisch eingeschätzt wird: Zwar ließe *Livealbum* sich durchaus als »Künstlerroman« (ebd., 351) lesen, allerdings spare es »den gesamten Themenkomplex des künstlerischen Produktionsprozesses und die Ebene des Werkdiskurses völlig aus« und zeichne stattdessen das »Zerrbild eines Künstlers, der fern jeglicher Autonomie ausschließlich in heteronomen Situationen vorgeführt wird« (ebd., 352). Wendet man diese Kritik ins Positive, könnte man in *Livealbum* allerdings auch eine Tendenz zum Autofiktionalen erkennen, die die mediale Spiegelung des Ichs produktiv mit in den Text einspeist und so möglicherweise unter Aspekten gelesen werden kann, die bislang erst vereinzelt methodologisch gründlich untersucht wurden (vgl. ohne Bezug zu Stuckrad-Barre, aber mit Beispielen aus dem weiteren Umfeld popliterarischen Schreibens etwa Kreknin 2014). Nimmt man hingegen die rein rhetorische Ebene in den Blick, müssen sich Stuckrad-Barres Schilderungen in *Livealbum* den Vorwurf gefallen lassen, »die immer gleichen sprachlichen Strategien ein[zusetzen]« (Feulner 2010, 354) – ein Einwand, der in der Tat nicht aus der Luft gegriffen scheint angesichts von Passagen wie der folgenden: »Wie sieht es denn aus. Wie sehe ich denn schon wieder aus. Wie sehen denn die anderen aus. Wie sieht es denn mit meinem Getränk aus. Das sieht doch schon besser aus« (Stuckrad-Barre: Livealbum, 35).

Ihren vorläufigen Höhepunkt findet diese ›Verstrickung‹ und Mehrfachverwertung in einem Band wie ***Transkript*** (2001), der als Abrundung der im Zuge von *Livealbum* sowie dessen Nachfolger *Blackbox* (2000) betriebenen Einschreibungen von Person und Werk gelten kann. *Transkript* stellt in diesem Sinne die vollständigste ›Wiedereinspeisung‹ bereits bestehender Werkelemente und unterschiedlicher Medienformate dar. Der Band enthält die nachträgliche Verschriftlichung verschiedener Leseabende der *Blackbox*-Tournee, inklusive einer Abschrift der erfolgten CD-Einspielungen, Versprecher, Zwischenrufe etc. Im Ergebnis erscheint diese Anstrengung wohl eher unter konzeptionellen Gesichtspunkten interessant, wenngleich manche Anordnung durchaus vielschichtige ›**Rückkopplungseffekte**‹ aufscheinen lässt, wie etwa im Kapitel »Rockliteratur«, das einen Auftritt Stuckrad-Barres beim Rock am Ring-Festival zum Thema hat und in der Reihung von zugrundeliegendem Liveauftritt, Textabfassung, Erstveröffentlichung, Lesung, Aufzeichnung sowie nochmaliger Transkribierung eine beachtliche Kette von Übersetzungs- und Vermittlungsverfahren durchläuft (vgl. Stuckrad-Barre: Transkript, 42–54; für den Text vgl. Stuckrad-Barre: Remix 2, 161–171).

Wo diese Verfahren zunehmend selbstbezüglich erscheinen, bedarf es einer ›Neupositionierung‹ – und genau diese, so wird apostrophiert, leitet Stuckrad-Barre mit dem bereits im Jahr 2000 erschienenen Band ***Blackbox*** ein, der sowohl den Bruch mit bisherigen Strategien wie auch ihre Fortführung andeutet. Neben den weiterhin akribisch verzeichneten »Tropismen des Medienalltags« (Maus 2000) und Selbstfiktionalisierungen liegt der wohl signifikanteste Zug von *Blackbox* wiederum im Paratext, wie einige Kommentatoren anhand von Parallelen zur Image-Arbeit der Beatles konstatieren: Was den Beatles im Übergang von der »Sgt. Pepper's Lonely Hearts Club Band«-LP zum »Weißen Album« eine »**Strategie der Selbstverkunstung im Populären**« (Jürgensen/Kaiser 2014, 240) war, wird Stuckrad-Barre nun gleichsam ebenfalls zur »kunstindizierende[n] Bildverweigerung« (ebd., 242), indem er mit dem charakteristisch schwarzen Umschlag von *Blackbox* einerseits die ›Bilderflut‹ eindämmt, sich andererseits aber auch »der für die Popindustrie charakteristischen

Strategien der Aufmerksamkeitserzeugung« bedient (ebd.). Ähnlich wie bei den Liverpooler Pop-Strategen das »Spiel von Verweigerung und Präsenz« eine »Distanzierung vom Pop« bedeutete, »ohne mit seinen Regeln grundlegend zu brechen« (ebd.), stellt demnach auch *Blackbox* mitnichten eine vollständige Abstandnahme von Pop-Strategien dar. Vielmehr inszeniert Stuckrad-Barre »mit seinen Performances durchaus immer noch Pop(literatur), aber sozusagen anderen, zugleich selbstreflexiven und polymedialen ›Pop‹« (ebd., 244).

5.6.4 | Die Inszenierung der Öffentlichkeit in *Deutsches Theater* und weiteren Texten

Gattungstheoretisch gesehen, operiert Stuckrad-Barre an der Grenze von Literatur und Journalismus. Während *Remix* nicht zuletzt in seinem Zugriff auf Sprache allerdings weitgehende Ähnlichkeiten zu *Soloalbum* und auch *Livealbum* aufweist und praktisch in dieselbe Phase fällt, zeichnet sich in der Folgezeit eine Verschiebung in zweierlei Hinsicht ab: Einerseits zeigt sich Stuckrad-Barre zwar weiterhin sprachbewusst und -spielerisch, gibt seinen Texten aber einen deutlich gelasseneren, weniger selbstbezüglichen Ton, andererseits bringt sich dieser Ton seit der Jahrtausendwende praktisch nur noch im **Kurzformat** zum Ausdruck, wovon beinahe alle seitdem veröffentlichten Texte Stuckrad-Barres zeugen. Allein die größeren, zumeist konzeptionell gerahmten Bände *Deutsches Theater* (2001), *Festwertspeicher der Kontrollgesellschaft. Remix 2* (2004) und *Auch Deutsche unter den Opfern* (2010) versammeln über 160 solcher zuerst oftmals in Zeitungen und Zeitschriften veröffentlichten Texte, die den Fokus ein weiteres Mal auf die Themen Öffentlichkeit und Inszenierung legen.

»Idee meines Buches ist eine **Beschreibung all der Bilder, die wir selbst täglich füreinander inszenieren** und die wir vorgesetzt bekommen«, beschreibt Stuckrad-Barre in einem Gespräch mit Walter Kempowski und Adriano Sack im Jahr 2002 den Hintergrund von *Deutsches Theater* (Stuckrad-Barre: Deutsches Theater, 361), dessen »Leitthese« (Paulokat 2006, 146) sich ganz ähnlich wie in den vorangegangenen Veröffentlichungen schon am Titel ablesen lässt. Tatsächlich wird das Buch eingeleitet mit programmatischen Zitaten von Erving Goffman, Thomas Bernhard und Gerhard Schröder, ehe es sich in zahlreichen Beiträgen u. a. dem Boulevardjournalisten Franz Josef Wagner, einer Buchpräsentation Gregor Gysis oder der Formel 1-Boxenberichterstattung von RTL widmet, kurz: öffentlichen Inszenierungen in Serie, die zum Gegenstand von Stuckrad-Barres Reportagen werden.

Für diese Beobachtungen erfährt *Deutsches Theater* nicht nur eine generell anerkennendere Aufnahme in der Kritik (im Jahr 2013 erhält Stuckrad-Barre schließlich sogar den Deutschen Reporterpreis), stellenweise wird ihm explizites Lob auch unter Pop-Gesichtspunkten zuteil. So gilt der Band einigen wissenschaftlichen Kommentatoren als »umformatierte Wiederaufnahme« (Schumacher 2003, 43) des *Trivialmythen*-Projekts von Renate Matthaei aus dem Jahr 1970. Ausgangspunkt der Anthologie sind, so kann man Matthaeis Vorwort entnehmen, die »›Bilder‹ des Konsums, mit denen Fernsehen, Film, Illustrierte, Zeitung, Mode, Sport oder Beatshow unser Gehirn füttern« (Matthaei: Trivialmythen, 7). Diese Bilder zapften der Literatur einerseits »ständig Energie ab«, führten ihr aber auch ebenso konstant »neues poetisches Material zu« (ebd.). In *Deutsches Theater* nun sehen einige Kommentatoren eine ebensolche »**Verdopplung und Distanzierung der ›Künstlichkeit unseres Mili-**

eus«« (Schumacher 2003, 43), die im Detail zwar mit anderen Mitteln operiere, generell aber eine vergleichbare Grundhaltung aufweise.

Ganz ähnlich verfährt auch die im Jahr 2010 erschienene Textsammlung *Auch Deutsche unter den Opfern*. Als lose Fortsetzung von *Deutsches Theater* lesbar, bildet der Band einen »weiteren Versuch, dieses Land zu begreifen« (Stuckrad-Barre: Auch Deutsche, 141), wobei es ein weiteres Mal um konkrete Inszenierungspraktiken an realen Orten geht. Im Zentrum des Interesses stehen diesmal verstärkt **Politikerbeobachtungen**, eine Tendenz, die sich parallel auch in Stuckrad-Barres seit 2010 vermehrt verfolgten TV-Formaten wie *Stuckrad Late Night* zeigt. Ob auf »Frank-Walter Steinmeiers Sommerreise«, bei »Cem Özdemirs Kulturwahlkampf« oder auf der Fahrt »Mit Angela Merkel im Rheingold-Express«, stets befindet Stuckrad-Barre sich dabei auf der Suche nach Momenten, in denen das Gegenüber einmal »nicht im Bühnenmodus« (ebd., 232) ist – wenngleich auch in diesen Momenten, wenn sie denn einmal auftreten, sogleich der Aspekt der Inszenierung von Authentizität mitschwingt, »da wir nun schon mal in so schöner Beckmann-Stimmung sind« (ebd.).

Um eine Klage über den Verlust ungebrochener Momente scheint es Stuckrad-Barre allerdings nicht zu gehen. Entscheidend bleibt das Motiv einer mehrstufigen **De- und Re-Fiktionalisierung**, das als zentrales Merkmal von Stuckrad-Barres Arbeit hervorgehoben werden kann. So macht Helmut Dietl in seinem Vorwort zu *Auch Deutsche unter den Opfern*, ausgehend vom Konzept der literarischen Reportage, schließlich auch den instruktiven Lesevorschlag, die vorgestellten Texte probehalber als »fiktive, mehr oder minder erfundene Geschichten« zu lesen: »Sänger heißen *Lindenberg*, Friseure *Walz* und Minister *Steinmeier* oder gar *Westerwelle*. Allein die Namensgebung ist ein onomatopoetisches Meisterwerk« (ebd., 12). Nicht zufällig übernimmt Stuckrad-Barre dabei häufig die Rolle des Besuchers (vgl. März 2004). Stuckrad-Barres Texte nach der Jahrtausendwende ließen sich damit als oszillierende Schwebekonstrukte lesen, die nicht auf die Aufdeckung einer ›wahren‹ Identität hinter dem schönen oder unschönen Schein abzielen, sondern einen Wechsel zwischen unterschiedlichen Inszenierungsebenen und beobachteten Oberflächen ermöglichen.

5.6.5 | ›Text gewordene Polaroids‹: Halbwertszeit und Bildungspotentiale von Pop

Fasst man die Text- und Autorstrategien Stuckrad-Barres zusammen, kann man feststellen, dass die »ostentative Bejahung der Oberfläche, das Sich-Einschreiben in popkulturelle Verweisungszusammenhänge wie überhaupt der Wille zu einer marktbezogenen Selbstdarstellung« aus Perspektive der Autorinszenierung zunächst »adressiert häretische Brüche mit jenen Authentizitätsvorstellungen [darstellen], die man mit der Generation der 68er assoziiert« (Jürgensen/Kaiser 2014, 233). Darüber hinaus aber werden diese Brüche begleitet von einer Reihe komplexer Adaptionen popkultureller Strategien der Aufmerksamkeitserzeugung und der Selbstfiguration (vgl. Niefanger 2004) wie auch der formalen Übertragung popkultureller Produktionsästhetiken auf die Textgestaltung. Im Zuge dessen finden sich bei Stuckrad-Barre durchaus auch sprachkritische Züge, die allerdings zumeist eingelagert sind in eine spielerisch-unterhaltende, das Erzählsubjekt nicht völlig deterritorialisierende Schreibweise. Konstitutiv bleibt dabei durchgehend die Bezugnahme auf vorliegendes Material.

Aus heutiger Perspektive und im Lichte eines zunehmend multimedial geöffneten Feuilletons und seiner Themen erscheinen die »kleinen inter- und multimedialen performativen Kunststücke« (Karpenstein-Eßbach/Eßbach 2010, 358) Stuckrad-Barres, die um die Jahrtausendwende einige Gemüter erregen konnten, vergleichsweise harmlos. Gerade deshalb sind sie im Rückblick vielleicht umso bemerkenswerter, bieten sie doch eine Momentaufnahme von Funktionsmechanismen der Mediengesellschaft. Die verschiedentlich aufgeworfene **Frage nach dauerhafter Tragfähigkeit und literarischer Halbwertszeit** solcher Strategien und aus ihnen hervorgegangener Texte ist in der Vergangenheit aufgrund der »Kurzlebigkeit der Referenzbeziehungen« (Jung 2002a, 155) zwar oftmals verneint worden, doch könnte gerade im Historischwerden von zuvor hochaktuell wirkenden Texten die Möglichkeit liegen, vom ihrem unmittelbaren Zeithorizont zu abstrahieren und stattdessen einen analytischen Blick auf die Texte und ihre Beobachtungsleistung einzunehmen.

Einem solchen Kanonisierungsgedanken stünde auf der anderen Seite eine Auffassung von Popliteratur als zu »Text gewordene[n] Polaroids« gegenüber, »die mit der Zeit verblassen und ersetzt werden müssen«, wie Jörgen Schäfer eine Interviewaussage von Stuckrad-Barre aus dem Jahr 1999 zitiert (vgl. Schäfer 2003b, 77). In diese Richtung deutet auch eine weitere Aussage Stuckrad-Barres, wenn er einige Jahre später – in indirekter Anspielung auf Rolf Dieter Brinkmann und auf dessen Vorbemerkung zu *Westwärts* – den nahezu obsessiven Drang zu einem kontinuierlichen Nachlegen artikuliert: »Meine Aufgabe, Aufgabe für jede Kunst, jeden Pop, ist das **Weitermachen, weitermachen, weitermachen**. Da hat man echt sonst verloren. Und wieder einen Text hinstellen und noch einen, was anderes erwarte ich nicht von mir, tatsächlich nicht« (Stuckrad-Barre in Meinecke u. a. 2007, 395).

Ganz so schnell ›verblassend‹ wie hier angedeutet scheint Stuckrad-Barres Arbeit hingegen nicht, bedenkt man etwa die in verschiedenen Texten immer wiederkehrenden Bezugnahmen auf einen Autor wie Walter Kempowski (Stuckrad-Barre: Remix 2, 35–47; Deutsches Theater, 344–357), der in seinen Arbeiten gleichfalls eine Art chronistischen Anspruch verfolgt. Mit den Hinweisen auf Brinkmann, Kempowski und andere nimmt Stuckrad-Barre also auch literaturgeschichtliche Einschreibungen vor und rückt ›Kunst‹ und ›Pop‹ – wie im obigen Zitat – auch rhetorisch in eine Nähe zueinander. Dieser Engführung könnte überdies eine bereits in *Remix* vorgelegte **literaturdidaktische Anregung** zur Seite gestellt werden, die in Analogie zur Pop-Begeisterung junger Rezipienten eine Lanze auch für die Literatur bricht: »[I]m besten und anzustrebenden Fall ist ja Literatur eben keine strenge Frühsport-Disziplin, sondern eine Welt, die nach einmaliger Verführung selbst zu locken versteht« (Stuckrad-Barre: Remix, 246), heißt es in dem Beitrag »Literaturkanon«. Dort plädiert Stuckrad-Barre dafür, die in Bezug auf das Musikinteresse häufig schon vorliegende, »gerade in jungen Jahren eichhörnchengleiche Sammelwut zu nutzen« (ebd., 247) und das analytische und genealogische Interesse auch für den literarischen Bereich zu wecken:

»Übergeben die Eltern einem mit glänzenden Augen ihre Sgt.-Pepper-LP, bedankt man sich und geht Thunderdome X hören. Oder so. Wenn aber Noel Gallagher die Beatles überall kniefallend erwähnt […], man selbst wiederum Noel und Oasis verehrt, dann wird man automatisch auch nach den Beatles Ausschau halten. Zur Not auch im elterlichen Plattenschrank. Dann geht es nicht mehr um Abgrenzung gegenüber Vorgesetztem oder -ten, dann geht es um Leidenschaft. Und die kann alles. Als konstruktive Anleitung, als ein Aufgleissetzen sollten Deutschlehrer ihre Aufgabe begreifen« (ebd., 248).

Pop(-musik) wird in diesem Fall als genuines **Bildungsmedium** aufgefasst, ebenso wie durch die Analogie zur Literatur die potentielle Übertragbarkeit begeisternder ›Pop-Erlebnisse‹ auf die individuelle Lesebiographie angedeutet wird. Vergleichbar explizite Aussagen oder Kommentare zum Thema Pop finden sich in jüngerer Zeit dagegen nur noch selten aus Stuckrad-Barres Feder. Nach *Auch Deutsche unter den Opfern* scheint er sein Schaffen vorerst auf die TV-Bühne verlegt zu haben. Hier gälte es nun, die entsprechenden Formate – wie stellenweise auch bereits geschehen – analog zu den Texten näher auf ihre Verfahren hin zu untersuchen und eventuelle Parallelen, Weiterführungen oder Brüche mit Blick auf Stuckrad-Barres Gesamtwerk herauszuarbeiten.

Weiterführende Literatur

Eine einflussreiche und leicht zugängliche Deutungsfolie für Stuckrad-Barres Textverfahren insbesondere in *Soloalbum* und *Remix* liefert Baßler (2002). Appen (2004) fokussiert kenntnisreich und textsensitiv die Rolle der Musik in Stuckrad-Barres früher Prosa. Wer sich umfassend über alle Facetten von Stuckrad-Barres Werk bis einschließlich *Remix 2* sowie seine Rezeption informieren möchte, findet bei Paulokat (2006) reichhaltiges Material. Stärker auf das Problem der Ironie zugeschnitten sind die Ausführungen bei Rauen (2010b). Einen sachlich argumentierenden Überblick über Stuckrad-Barres Schaffen aus intermedialer Perspektive bieten Eßbach/Karpenstein-Eßbach (2010).

5.7 | Christian Kracht

5.7.1 | Der Entzug des Autors

Ähnlich wie Benjamin von Stuckrad-Barre (s. Kap. 5.6) betritt auch Christian Kracht (geb. 1966) Mitte der 1990er Jahre die literarische Bühne, als er 1995 – und damit drei Jahre vor Stuckrad-Barres *Soloalbum* – mit dem Roman *Faserland* debütiert und nachträglich zum »Gründungsphänomen« des »Literatur-Pop« (Baßler 2002, 110) erklärt wird. Zwar weist schon Baßler darauf hin, dass *Faserland* sich auf Ebene des Textverfahrens wesentlich traditionellerer literarischer Mittel bediene als etwa *Soloalbum*, doch finden sich zugleich viele Anhaltspunkte, die Kracht zunächst situativ im Popliteratur-Zusammenhang verorten und dafür sorgen, dass er Ende der 1990er Jahre zusammen mit Autoren wie Benjamin von Stuckrad-Barre und anderen als **Aushängeschild der neueren Popliteratur** galt.

Hervorstechendes (Bild-)Zeugnis im zeitlichen Kontext ist auch hier das oft zitierte Werbebild mit Benjamin von Stuckrad-Barre für eine Bekleidungskette, das beide Autoren weithin »gesichtsprominent« (Döring 2009, 191) macht – und ähnlich wie im Fall Stuckrad-Barres ein erster Hinweis darauf ist, dass auch Kracht einerseits die ›traditionelle‹ Autoreninszenierung als »Schriftsteller mit Füllfederhalter im Mund vor dem Bücherregal« (Kracht in Philippi/Schmidt 1999) ablehnt, während er das inszenatorische Potential in der Folgezeit andererseits aber auf eigenwillige Weise selbst auf die Spitze treibt. Als Teilnehmer des »Popkulturellen Quintetts«, das in dem Gesprächsband *Tristesse Royale* (1999) auftritt, greift Kracht um die Jahrtausendwende zudem bereits länger bekannte Pop-Themen wie die Pop/Rock-Unterscheidung oder die Idee des »Re-Modeling« auf (s. auch Kap. 5.10.1).

Diese Rückgriffe auf einem tradierten Themen- und Ideenbestand zeigen, dass Krachts Verbindung zum Popdiskurs nicht allein situativ begründet ist, sondern auf der genauen Kenntnis einer ideengeschichtlich komplexen Pop-Tradition fußt. Ihre Grundlegung findet diese Kenntnis in Krachts **Herkunft aus dem Zeitgeist- und Popjournalismus** der späten 1980er und frühen 1990er Jahre und den damit verbundenen ästhetischen Paradigmen, die Kracht schließlich auch auf sein späteres Erzählwerk überträgt. So gibt Kracht in Interviews an, dass »[d]as Sprechen über Inhalte [...] zum Scheitern verurteilt« sei, dagegen »das Sprechen um der reinen Unterhaltung willen [...] noch möglich: Vortäuschen, verstecken, Unsinn erzählen, das sind alles Mechanismen, die noch gut funktionieren« (Kracht in Amend/Lebert 2000; vgl. auch Rauen 2010b, 124).

Anders als Stuckrad-Barre verhält sich Kracht zum Pop-Begriff jedoch wesentlich defensiver und ausweichender, wenn er bereits ein Jahr zuvor in knapper Weise feststellt, er habe »keine Ahnung, was das sein soll: Popliteratur« (Kracht in Philippi/Schmidt 1999). Derartige **Abstandnahmen gegenüber begrifflichen Festlegungen** führen sogar so weit, dass Kracht »heute seine Texte lieber nicht unter dem Begriff ›Pop‹ versammelt wissen will« (Gleba/Schumacher 2007, 198), wie die Herausgeber einer Anthologie mit Pop-Texten vermerken. Auf diese Weise aber gewinnt Kracht gerade durch seine in unterschiedlichen Konstellationen vollzogenen **Ausweichbewegungen** eine »irritierende Präsenz« (Schumacher 2009, 187). Das Verharren im Uneindeutigen, die nicht weiter verfolgte Andeutung in Interviews oder das anlässlich jeder Neuveröffentlichung aufgeführte Katz-und-Maus-Spiel mit einer Literaturkritik, »die mit dem unauflösbaren Gewebe von Literatur und Autorfigur im Fall Krachts nicht zurechtkommt« (Lorenz 2014b, 7), gehören zu den charakteristischen Kennzeichen von Krachts Autorpoetik.

Krachts Autorfigur, so kann man Lorenz weiter folgen, kommuniziert dabei in höchstem Maße »asymmetrisch«, werde in ihren Posen »nie fassbar« und könne sich »stets darüber entziehen, dass ja alles augenzwinkernd gebrochen, zitiert und *so* nicht gemeint war« (ebd., 9; Hervorh. im Original). Auf dieser Grundlage entwickelt Kracht ein durchaus idiosynkratisch zu nennendes, gezielt verrätselndes Programm, das sich mit einer Vorliebe für »Semiotiken des Uneindeutigen« (Geer 2012, 199) und einer »Lust am Spiel« (ebd., 213) oftmals einer eindeutigen Zuordnung entzieht. Da die Zuschreibungen im Falle Krachts immer wieder Anlass zu Debatten gegeben haben und keineswegs immer selbsterklärend sind, soll am Beispiel dieses Autors ein exemplarischer Blick auch in die Forschungsdiskussion geworfen werden, um nachzuzeichnen, mit welchen Argumenten Kracht jeweils im Pop-Zusammenhang verortet wird.

5.7.2 | Literarischer Journalismus: Krachts *Tempo*-Anfänge und Reisereportagen

Ähnlich wie Benjamin von Stuckrad-Barre hat auch Christian Kracht einen journalistischen Hintergrund, namentlich als Volontär und Redakteur bei der Zeitschrift *Tempo*, in der er zwischen 1991 und 1995 rund 40 Texte publiziert – zumeist Comic-, Buch- und Musikrezensionen, aber auch erste Reportagen, aus denen sich teilweise auch Themen späterer Veröffentlichungen ableiten. Nach der Arbeitsphase bei *Tempo* und parallel zu den dann umgesetzten Buchveröffentlichungen schreibt Kracht in der Folge in Zeitungen und Zeitschriften wie dem *Spiegel* (1994–1998), der *Welt am Sonntag* (1999–2000) und nach der Jahrtausendwende auch in der *Frankfurter Allgemeinen Zeitung* sowie in der von Kracht und Eckhart Nickel realisierten eigenen Zeitschrift *Der Freund* (2004–2006). Soweit erfassbar, lässt sich Krachts journalistisches Œuvre damit auf mindestens 130 Texte beziffern, viele dieser Texte erschienen im Nachhinein auch in Büchern wie *Der gelbe Bleistift* (2000) oder *New Wave. Ein Kompendium 1999–2006* (2006).

Gerade Krachts *Tempo*-Phase muss für den popliterarischen Zusammenhang als besonders bedeutsam gelten, finden sich im Konzept der Zeitschrift und in Krachts Beiträgen für sie doch einige der zentralen Paradigmen des Popjournalismus (und damit der späteren Popliteratur) bzw. des in diesem Zusammenhang häufiger genannten New Journalism wieder. Wie der New Journalism in den 1960er Jahren (s. Kap. 2.3.1), bedient sich auch der von Kracht betriebene ›**New New Journalism**‹ einer Mischung aus Fakten und Fiktionen und setzt damit einen Kontrapunkt zur »rational-nüchternen Sprache eines rein auf Nachrichtenvermittlung konzentrierten Journalismus, bei der kritische Reflexion und manipulierte Imagination fast nahtlos ineinander übergehen« (Ruf 2009, 57).

Als beispielhafte Illustration, die zwar nicht aus Krachts *Tempo*-Zeit stammt, aber dennoch in einem Kontinuum zu dieser gesehen werden kann, kann die von Kracht selbst (in einem Interview mit der Zeitschrift *Gala*) kolportierte Anekdote über seine Entlassung als Indien-Korrespondent des *Spiegel* gelten. Seine Entlassung nämlich sei dem Umstand geschuldet, dass Kracht es in seiner Funktion als Korrespondent unterlassen habe, das Magazin im Jahr 1997 vom Tod Mutter Theresas zu informieren, obwohl ihm die Information bekannt gewesen sei. Zu einer – so Bernhard Pörksen – »**Schlüsselgeschichte**« im Hinblick auf Krachts journalistische Tätigkeit werde diese Episode aus drei Gründen: Erstens sei sie »gewollt originell«; zweitens erscheine ihr »Wahrheitsstatus […] unsicher«; drittens aber illustriere sie nicht zuletzt über diese beiden Eigenschaften genau das, wovon sie berichte, und damit »zentrale Merkmale des deutschsprachigen New Journalism: radikale Subjektivität, notfalls unter Verzicht auf thematische Relevanz, ein Aktualitätsbegriff, der sich nicht allein über die Zeitdimension definiert, die dominante Präsenz des Autors, des journalistischen Ichs« (Pörksen 2004, 307 f.).

Mit seiner Vergangenheit bei *Tempo* gilt Kracht daher auch Pörksen als »idealtypische[r] Vertreter eines subjektiven Journalismus« (ebd., 308), der in seinen Kritiken und Berichten für *Tempo* überdies viele am künstlichen Paradigma des Pop-Denkens ausgerichtete Geschmacksvorlieben artikuliert, wie etwa in einer Rezension des Pet Shop Boys-Albums *Behaviour* aus dem Jahr 1990 (vgl. dazu auch Hecken 2011 b, 259 ff.). Generell findet man in dem journalistischen Umfeld, in dem Kracht sich bewegt, ein starkes **Interesse für Konsum, Mode und Äußerlichkeit**, das gegen die von der Vorgängergeneration propagierten Werte der ›Innerlichkeit‹ und der ›Tiefe‹ gestellt wird. Während in der damit zusammenhängenden Präferenz für das Referentielle und Künstliche eine Parallele zu bereits in den 1980er Jahren kursierenden Geschmacksvorlieben aufscheint (s. Kap. 5.4), erscheinen Kracht diese Strategien und Vorlieben jedoch schon bald als schal und abgenutzt, woraufhin es jedoch nicht zu einem generellen Kurswechsel kommt, sondern eher zu einer Potenzierung dieser Strategien im Sinne stetig neu hinzugefügter Wendungen (s. auch Kap. 2.1.6).

Als Produktionsprinzip bleibt die Vorliebe für Zitat und Verweishaftigkeit so ein durchgehendes Merkmal aller seit Mitte der 1990er Jahre publizierten Texte Krachts. Davon zeugen auch Krachts für verschiedene journalistische Organe geschriebenen und später auch in Buchform veröffentlichten **Reisetexte**. Statt im herkömmlichen Sinne ein Interesse für Kultur und Menschen der (oftmals nicht einmal wirklich) bereisten Länder zu suggerieren, stößt man etwa in **Ferien für immer. Die angenehmsten Orte der Welt** (1998, zusammen mit Eckhart Nickel) auf bisweilen manieristisch erscheinende Kurzbeiträge über Hotels und Bars rund um den Globus, und statt persönlicher Einfühlung oder gängigem touristischem Vokabular präsentiert Kracht den Leser/innen in seinen Texten oftmals einen »bizarren Strauß vermeintlich unnützer Informationen und Beobachtungen« (Bessing 2000, 14). Diese Perspektive spiegelt das Konzept, dem Krachts Reisetexte zugeordnet wurden: »Krachts Reisereportagen zeugen von der Unmöglichkeit, in fremden, meist asiatischen Ländern, wirklich exotische und abenteuerliche Erfahrungen zu machen«, stellt Dirk Frank fest; der »postmoderne Reisende« werde dabei zum »Meta-Reisenden« (Frank 2004, 284).

Krachts Reisetexte handeln so weniger vom Reisen als solchem als vom **Diskurs des Reisens**. Natürlich kann man Krachts Texten sehr wohl Informationen über die beschriebenen Länder entnehmen. Stärker noch als auf die ›Wirklichkeit‹ der bereisten (oder imaginierten) Länder aber scheinen sich Krachts Reisetexte auf sich selbst bzw. auf andere Texte über das Reisen zu beziehen. Paratextuell markiert wird dies schon durch die Widmung des Bandes, der »[d]en großen Reisenden gewidmet [ist], die es besser gemacht haben: Wilfried Thesiger, Peter Fleming, Ella Maillart, Evelyn Waugh, Annemarie Schwarzenbach. Es war eben eine andere Zeit« (Kracht/Nickel: Ferien für immer, o. S.). Hier geht es allerdings weniger um das genuine Zurückwünschen einer ›heroischen‹ Zeit, wie sie mit den Namen der allesamt zu Beginn des 20. Jahrhunderts geborenen Abenteurern und Reiseschriftstellerinnen evoziert werden könnte, als darum, den eigenen Text als »**unendliche[n] Verweiszusammenhang**« (Biernat 2004, 189) zu kennzeichnen.

5.7.3 | Das Romanwerk: Von *Faserland* bis *Imperium*

5.7.3.1 | *Faserland*

Blickt man auf Krachts Romanerstling *Faserland* aus dem Jahr 1995, stechen diese selbstreferenziellen Bezüge allerdings zunächst weniger hervor. Ganz im Gegenteil erscheint der Text vielen Rezensenten als überaus triviales, scheinbar ohne größere Überlegung und ohne größeres erzählerisches Talent hingeschriebenes Protokoll der Wirklichkeit, vermittelt durch die Augen eines namenlosen, bindungsschwachen Ich-Erzählers, der sich auf eine von Nord nach Süd verlaufende **Fahrt durch Deutschland** begibt. Dabei unternimmt es der Erzähler, mit einem gezielt oberflächlich wirkenden Duktus von den Geschehnissen oder vielmehr noch von der ihn umgebenden Dingwelt zu berichten. Davon kann schon die mittlerweile vielzitierte Anfangsszene einen Eindruck vermitteln:

> »Also, es fängt damit an, daß ich bei Fisch-Gosch in List auf Sylt stehe und ein Jever aus der Flasche trinke. Fisch-Gosch, das ist eine Fischbude, die deswegen so berühmt ist, weil sie die nördlichste Fischbude Deutschlands ist. [...] Also, ich stehe da bei Gosch und trinke ein Jever. Weil es ein bisschen kalt ist und Westwind weht, trage ich eine Barbourjacke mit Innenfutter. Ich esse inzwischen die zweite Portion Scampis mit Knoblauchsoße, obwohl mir nach der ersten schon schlecht war. Der Himmel ist blau. Ab und zu schiebt sich eine dicke Wolke vor die Sonne. Vorhin hab ich Karin wiedergetroffen. Wir kennen uns noch aus Salem, obwohl wir damals nicht miteinander geredet haben, und ich hab sie ein paar mal [sic] im Traxx in Hamburg gesehen und im P1 in München« (Kracht: Faserland, 13).

Bereits aus dieser Passage erfährt man eine ganze Menge: Angefangen beim saloppen, manchmal auch etwas unbeholfenen Sprachgestus des Erzählers, dessen falsche Pluralbildung von »Scampis« (statt »Scampi«) ihn überdies nicht als den intelligentesten ausweist, über eine auffallende Häufung von Markennamen (Jever, Barbourjacke) bis hin zu möglichen sozialen Verortungen (Schulbesuch in Salem, Verkehren in Nobeldiskotheken verteilt über die Republik), zeichnet der Absatz auf knappem Raum das Bild eines etwas zu bemüht locker wirkenden, sich **widersprüchlich verhaltenden Protagonisten** (er isst weiter, obwohl ihm schlecht ist), der nichts anderes tut, als seinen gegenwärtigen Aufenthaltsort zu beschreiben. Dehnt man die Interpretation noch etwas aus, mag man vielleicht so etwas wie eine dunkle Vorahnung herauslesen (eine Wolke schiebt sich vor die Sonne), die den weiteren Erzählverlauf beeinflussen könnte. Primär aber dominiert zunächst der Eindruck von Unmittelbarkeit und mithin Gegenwärtigkeit.

Die so geschilderte Ausgangssituation von *Faserland* gehört wohl zu den mittlerweile bekanntesten der deutschen Gegenwartsliteratur, und in ihr finden sich bereits zahlreiche Elemente wieder, die Krachts Ruf als ›Popliterat‹ begründet haben. Die Rezeption *Faserlands* als einem definitiven Schlussstrich unter die vergangenheitsbewältigende Nachkriegsliteratur, an deren Stelle nun die Ausbreitung einer kulturellen Phänomenologie der 1990er Jahre getreten sei (die sicherlich in Ansätzen auch vertreten ist), verdanke sich in diesem Fall aber einer durchaus »selektiven Lektüre«, wie Moritz Baßler (2002, 115) schon hervorgehoben hatte. Zwar nimmt der Roman mit der einfachen Lesbarkeit, der reichhaltigen Nennung etwa von Markennamen und Personen des öffentlichen Lebens sowie seiner generell auf die wahrnehmbare Seite der Welt bezogenen Grundhaltung viele Diskussionspunkte vorweg, die immer wieder als typisch für popliterarische Verfahren genannt worden sind, allerdings übersehe eine solche Lesart, dass man *Faserland* auch als »geschlossene[n], traditionell durchgeführte[n] Problemroman« (ebd., 114) lesen könne.

Umso erstaunlicher erscheint daher, dass ähnlich wie später im Fall Stuckrad-Barres schon bei *Faserland* oftmals die Erzähleraussagen eindeutig dem Autor zugeordnet werden. Die Weltsicht des Protagonisten, so heißt es in vielen zeitgenössischen Kritiken sinngemäß, entspräche im weitesten Sinne derjenigen Krachts (vgl. Jannidis 2002, 552 f.), zumal dieser mit dem Protagonisten einige biographische Stationen zu teilen scheint. Erzähltechnisch betrachtet, lassen sich hingegen schon über die Form Hinweise gewinnen, die den häufig vorgenommenen »**biografistische[n] Kurzschluss**« (Werber 2009, 19), die Gleichsetzung zwischen Autor und Erzähler bzw. der durch sie jeweils angesprochenen Adressaten, aushebeln (vgl. dazu auch Schmid 2007, 177).

Deutlich wird dann zumal, dass die mit »colloquialen Einschränkungspartikeln« (Döring 1996, 231) gespickte Rede des Erzählers, der sich oft nicht ganz sicher ist, »ob ich mich da richtig ausgedrückt habe« (Kracht: Faserland, 15), durch und durch Ergebnis einer geschickten Konstruktion ist. Diese Erzählerkonstruktion, die den **Effekt eines simplen Erzählertypus** erzeugen soll, enthält aber zugleich Hinweise, die ihre Konstruiertheit als solche erkennen lassen. Die Fehlgriffe des Erzählers beschränken sich nämlich keineswegs nur auf falsche Pluralbildungen, auch lässt Kracht seinen Erzähler im Brustton der Überzeugung zahlreiche andere fragliche Urteile fällen – weithin bekannt ist mittlerweile die Szene, in der der Erzähler feststellt, dass »Walther von der Vogelweide« und »Bernard [sic] von Clairvaux […] beides mittelalterliche Maler« sind: »das weiß ich« (ebd., 67). Kracht generiert so in *Faserland* einen unzuverlässigen Erzähler, dessen Verlässlichkeit zusätzlich durch anhaltenden

Alkoholkonsum getrübt wird, im Zuge dessen es zusehends zu einer Dissoziation seiner Selbstwahrnehmung wie auch seiner Umweltwahrnehmung kommt (vgl. ebd., 14 f., 24, 27, 33, 66, 75, 77 u. v. m.).

Verkompliziert wird die Lage freilich dadurch – und hier liegt ein spezifisches Merkmal popliterarischer Texte, das von vielen Kommentatoren hervorgehoben wurde –, dass die angenommene »Deckung von Erzähler- und impliziter Autorposition« (Jannidis 2002, 555) im Text auf der einen Seite dekonstruiert, auf der anderen Seite jedoch vielfach durch Paratexte und auktoriale Kontexte befördert und auf den empirischen Autor ausgedehnt wird. Auf diese Weise wird – so Jannidis – in der Schwebe gehalten, ob Kracht seinen Erzähler durch dessen Fixierung auf die kulturelle ›Oberfläche‹, auf Markenartikel und Äußerlichkeiten kritisiert, oder aber auch Kracht selbst vergleichbare ›dandyistische‹ Vorlieben habe. Was erzähltheoretisch einerseits unumstritten scheint – die in einem Roman vorgebrachten Äußerungen von Erzählern und Figuren sind zu trennen von der Haltung des Autors –, erfährt so im Fall der Popliteratur eine **intendierte Verkomplizierung und Vorbehaltlichkeit**, die Kracht als markanten Zug seiner Autorpoetik durchgehend pflegt (vgl. dazu etwa Krachts historisierende Kommentare in Poschardt 2009, auf die im nächsten Moment wieder der Rückzug ins Uneindeutige folgt). Eine klar identifizierbare Meta-Position, von der aus Kracht Aussagen über das eigene Werk trifft, wird somit bewusst vermieden.

Bei all dem finden sich in *Faserland* aber auch Stellen, die den Text manifest in eine Relation zu Pop-Diskussionen insbesondere der 1980er Jahre setzen. Hierzu zählen vor allem die Passagen, die den Protagonisten in scheinbar beiläufiger Auseinandersetzung mit den Themen und Theoremen dieses Diskurses zeigen, wobei sie bei aller vordergründigen Abwertung und trotz des proklamiertem Halbwissens des *Erzählers* zugleich auf die fundierte Kenntnis der entsprechenden Zusammenhänge durch den *Autor* schließen lassen. Liest man *Faserland* auf diese Weise, blitzt hinter der Zeichnung des Protagonisten als ›wohlstandsverwahrlostem‹ Snob, der dem im Nebenjob taxifahrenden Studenten ein »dickes Trinkgeld« gibt, »damit er in Zukunft weiß, wer der Feind ist« (Kracht: Faserland, 30), zunächst der ›**gegengegenkulturelle**‹ **Affront** der 1980er Jahre auf, mit dem die Erben der Alternativgeneration brüskiert werden sollten (s. auch Kap. 5.2. u. 5.4). Allerdings bleibt es nicht allein bei dieser Haltung (die ja durch die offene Vorführung des Protagonisten als beschränkt und unzuverlässig bereits in Frage gestellt ist), gilt doch der Argwohn des Protagonisten gerade auch jenen Geschmackszirkeln und Publikationsorganen, die man gemeinhin mit dem intellektuellen deutschen Popdiskurs assoziiert (s. auch Kap. 3.4). Auf einem Vernissagen-Besuch mit seinen Bekannten Varna, Nigel und Alexander in Hamburg kommentiert der Erzähler den Kunst-Smalltalk mit folgenden Worten:

»Im Grunde haben diese Menschen nur nachgeplappert, was sie in diesen Heften, Texte zur Kunst hießen sie, glaube ich, gelesen hatten, und das, was in diesen Heften stand, war auch nicht besonders interessant. Jedenfalls rannte Varna immer auf diese Menschen zu, und man hatte das Gefühl, daß es ihr furchtbar peinlich war, vorher 34 Sekunden bei mir gestanden zu haben, weil ich rahmengenähte Schuhe trage und mich weigere, über Kunst zu diskutieren oder über irgendwelche Independent-Bands, die im Spex erwähnt werden, oder über den aufkeimenden Rechtsradikalismus, die braune Scheiße, wie Varna immer sagte« (ebd., 72).

Was zunächst aussieht wie die ›oberflächliche‹ Ablehnungspose des auf Äußerlichkeiten fixierten, sich apolitisch-distanziert gebenden, diskursverweigernden Protagonisten, der sein Distinktionsmerkmal stattdessen in »rahmengenähten Schuhen« findet, zeigt bei genauerer Betrachtung die Differenz von Autor und Erzähler: Der Erzähler »glaubt« immerhin nur, dass *Spex* und *Texte zur Kunst* die tonangebenden Organe der beobachteten Szene sind, während die Platzierung mit Blick auf die tatsächlichen Referenzen, die diese Nennungen aufrufen, als höchst bewusst gelten muss. Die ›Sprechakte‹ in *Faserland* unterliegen damit immer einer doppelten Struktur, die die Äußerungen des Erzählers noch einmal kommentiert und in der Schwebe hält.

Ebenso unerträglich wie die politisierten Diskussionsthemen seiner künstlerisch-subkulturell angehauchten Freunde erscheint dem Erzähler bereits zuvor die Vorliebe seines Freundes Nigel, »T-Shirts mit den Namen bekannter Firmen drauf zu tragen. Wen will er denn provozieren damit, habe ich ihn damals gefragt, und er hat gesagt: Linke, Nazis, Ökos, Intellektuelle, Busfahrer, einfach alle« (ebd., 31). Aus Thomas Meineckes produktiv gemeinter »Verweishölle« (s. Kap. 4 und Kap. 5.4) wird für Krachts Protagonisten so zunehmend eine »**Ironiehölle**«, wie es später in *Tristesse Royale* heißen wird, deren Strategien spätestens mit ironisch gemeinten, kapitalismusbejahenden T-Shirt-Aufdrucken zum Allgemeingut werden. Bereits *Faserland* gibt entsprechende Hinweise auf diese Haltung, denn anders als etwa in *Soloalbum* macht der Erzähler den beobachteten Zeichengebrauch nicht spielerisch im eigenen Text produktiv, sondern er stellt ihn vielmehr als kommunikative Sackgasse dar (vgl. Rauen 2010b, 137) – dem sich jedoch kaum ein positiv artikulierter Gegenentwurf anschließt. Ein so diffuser wie jedoch konsistent identifizierbarer Fluchtpunkt der Erzählung kann daher im **Motiv des Verschwindens** gesehen werden, das der Erzähler an mehreren Stellen artikuliert:

> »Ich ziehe das weiße Hemd an und binde mir die Krawatte um, sorgfältiger als sonst, mit einem Windsor-Knoten. Ich ziehe den Knoten fest, mit beiden Händen, und sehe dabei in mein Gesicht im Spiegel. Ich sehe nicht wirklich hin, nur so an die Ränder [...]. Die Mitte von meinem Gesicht, die will ich gar nicht mehr sehen, nur noch die Umrisse. Das geht natürlich nur, wenn man dabei die Augen zukneift, dann wird es so, daß die Mitte verschwindet« (Kracht: Faserland, 127f.).

Im äußeren Handlungsverlauf entspricht diesem Wunsch die geschilderte Reise von Sylt über Hamburg, Frankfurt, Heidelberg und München nach Zürich, wo Deutschland »auf einmal nicht mehr da ist« (ebd., 149). Offensichtlich ist dem Erzähler nicht nur an einem geographischen Abstand gelegen, sondern im übertragenen Sinne auch daran, einen »archimedischen Punkt außerhalb der Welt des Designs und der Lebensstile zu beziehen« (Frank 2003b, 226), der ihn von den damit verbundenen Zuschreibungsexzessen befreit. »Diese Wappen sind mir alle fremd, aber sie sind hübsch« (Kracht: Faserland, 152), konstatiert der Erzähler daraufhin scheinbar naiv, ehe er sich selbst in einem Traum imaginiert und sich dabei vorstellt, wie er seinen Kindern von Deutschland erzählt, dem »großen Land im Norden« (ebd., 152f.).

Verschiedentlich ist darauf hingewiesen worden, dass die Figur des Verschwindens – auch über *Faserland* hinaus – ein zentrales Motiv in Krachts Werk bildet (vgl. Glawion/Nover 2009), womit nicht nur thematisch-formale Elemente innerhalb seiner Texte gemeint sind, sondern die gesamte Selbstfiguration Krachts. Auch als Autor nämlich vollziehe Kracht »häufig genau das, was die Figuren in seinen Texten kennzeichnet: Er entzieht sich dem Blick, wendet sich ab, verschwindet. Und wie seine Figuren gewinnt er gerade dadurch eine irritierende Präsenz« (Schumacher 2009, 187). Befördert wird dieser Effekt etwa durch den gezielten Einsatz von Interviews, Kommentaren, Fotos und Webseiten, die allesamt das in den Texten angelegte Verweissystem weiter potenzieren und Kracht selbst als »Autorfiguration« (ebd., 190) fiktionalisieren.

Will man *Faserland* also in einem popliterarischen Kontext verorten, so müssen die eher offensichtlichen Anknüpfpunkte wie die exzessive Nennung von Marken etc. relativiert werden im Hinblick darauf, dass durch sie eben **keine vermeintlich affirmative Pose** bezogen wird, sondern vielmehr ein problematisches Verhältnis konstruiert wird. Zugleich aber vermeidet es Kracht durch auktoriale Autorenkontexte einerseits, durch die Erzählkonstruktion andererseits, eine klar benennbare Gegenposition zu formulieren. Das im Handlungsverlauf dargestellte ›Verschwinden‹ des Erzählers (der am Ende auf dem Zürichsee einem unbestimmten Schicksal entgegenrudert) ließe sich so sinnfällig auf die Autorposition übertragen, deren Spiel mit der Kategorie der Ironie so als ein Anschluss an popdiskursive Strategien gedeutet werden kann. Viele der Elemente, die am Beispiel von *Faserland* relativ ausführlich – wenngleich keineswegs erschöpfend – vorgestellt wurden, finden auf die eine oder andere Weise Niederschlag in Krachts weiterem Romanwerk.

5.7.3.2 | *1979*

Knüpft man an das markante Element der Bewegung in *Faserland* an, findet sich ein ähnliches Grundmuster auch im Nachfolgeroman *1979* (2001), wobei die Handlung den Protagonisten diesmal vom Teheran am Vorabend der Revolution über Umwege in ein chinesisches Arbeitslager führt. Auf den ersten Blick scheint *1979* so radikal verschieden von *Faserland*, präsentiert sich die Geschichte doch **scheinbar geradezu als ›Abrechnung‹ mit der westlichen ›Party-Dekadenz‹**. Der Roman nimmt seinen Ausgang zunächst ebenfalls in einer solchen Szenerie – der abermals namenlose, homosexuelle Erzähler befindet sich mit seinem Freund Christopher auf einer opulent-ausschweifenden Party in Teheran –, die Handlung zeigt aber schnell eine dramatische Wende: Christopher stirbt, und der Erzähler begibt sich auf Anraten eines geheimnisvollen Fremden auf eine Pilgerreise nach Tibet.

Auf dem Weg dorthin durchquert der Erzähler ein »karges und steiniges Hochplateau« (Kracht: 1979, 123), zu Essen bleibt ihm bald nichts mehr als ein »Knust Brot, den ich noch im Rucksack gefunden hatte« (ebd., 124), und auch die verbliebenen Insignien westlichen Wohlstands lösen sich im wahrsten Sinne des Wortes zusehends auf: »Die Berluti-Schuhe fielen langsam auseinander, ein paar Wochen würden sie wohl noch halten, aber dann war sicher Schluß. [...] Die besten Schuhe der Welt konnten also noch nicht einmal einen Monat in den Bergen überstehen, dachte ich [...]« (ebd., 127). Doch selbst in dieser Situation tauchen einige überraschende Referenzen auf: »Alles um uns herum sah aus wie im Lande *Mordor*« (ebd., 125; Hervorh. im Original), stellt der Erzähler bei seinem Gang durch die unwirtliche Berglandschaft fest, ehe er auf tibetische Pilger trifft, die ihm in ihren Steppmänteln und Stirnbändern »wie abgelehnte Komparsen aus *Star Wars*« (ebd., 142; Hervorh. im Original) vorkommen. Obwohl Setting und Handlungsverlauf die Abwesenheit popkultureller Verweise suggerieren mögen, werden somit selbst »**vermeintlich unpoppige Element[e] [...] comicartig-schrill inszeniert**« (Drügh 2007, 37) und sind codierte Hinweise auf Songs und Vorlagen auch weiterhin in reicher Zahl vorhanden.

Bei einer Lektüre, die gezielt auf derartige Elemente achtet, entpuppt sich *1979* so als literarische Bricolage, in die Vorlagen wie Tolkiens Fantasy-Welten oder George Lucas' Science-Fiction-Epen ebenso Eingang finden Robert Byrons *The Road to Oxiana* aus dem Jahr 1937. Aus diesem Grund gibt etwa Heinz Drügh zu bedenken, dass man in *1979* keineswegs eine vollständige Abkehr von popliterarischen Mustern sehen müsse, sondern vielmehr »eine weitere Karrierestufe der Popliteratur erreicht sehen« könne, insofern die scheinbar radikale Ablehnung popkultureller Zeichen diese noch immer in reichem Maße aufbewahre und »völlig selbstverständlich mit hochkulturellen Elementen« montiere (Drügh 2007, 45).

Für die scheinbar unterschiedslose Nebenordnung dieser Quellen wurde im Fall von *1979* häufiger der Begriff *camp* herangezogen (vgl. Drügh 2007). In allgemeiner Weise bezeichnet **camp** eine stilistisch überpointierte, ästhetisierte Wahrnehmung von Phänomenen einer Kultur ebenso wie, in produktionsästhetischer Hinsicht, die bewusst ›überambitionierte‹ Anverwandlung und Bejahung künstlerischer Ausdrucksformen in einer Art extravaganter Übersteigerung bestimmter Merkmale. »Camp is art that proposes itself seriously«, heißt es dazu in einem klassischen Essay von Susan Sontag, »but cannot be taken altogether seriously because it is ›too much‹« (Sontag 1964, 523). *Camp* ließe sich somit begreifen als genießender Sinn für die »Diskrepanz zwischen Intention und Ergebnis« (Roller 2002, 224), für die sowohl ein Objekt mit entsprechender Disposition wie auch ein für diese Spezifik empfänglicher Betrachter eine komplementäre Beziehung eingehen. Besondere Berücksichtigung findet – und hier liegt ein gewichtiger Unterschied zu den Ästhetizismen der Jahrhundertwende um 1900 – insbesondere der Bereich der populären Kultur und der Popkultur, deren Produkte losgelöst von ihrer vordergründigen Bedeutungsebene distanziert, aber eben nicht von vornherein ablehnend, als *ästhetisches* Phänomen wahrgenommen werden – wenngleich in der extravaganten Aneignung natürlich weiterhin ein Moment sozialer Distinktion mitschwingt.

Übertragen auf die Produktion literarischer Texte ließe sich dies als **Bruch mit traditionellen Gattungs- und Stilkonventionen** denken, da die Textelemente sowohl dem Bereich der Hochkultur wie auch dem Bereich des Populären entstammen können. Einen solchen Deutungsrahmen, der sich wiederum gezielt der politischen Auslegung des Romans als Kommentar zum krisenhaften Weltgeschehen kurz nach seiner Veröffentlichung im Herbst 2001 entgegenstellt, gibt Kracht in Bezug auf *1979* auch selbst vor:

> »Ich habe beim Schreiben immer laut lachen müssen, weil ich dachte, so einen Kitsch kann man jetzt nicht wirklich ernsthaft hinschreiben. [...] [A]lles ist so grotesk überhöht und camp, daß Sie sicher finden können, daß ›1979‹ schlecht sei, aber ernst und tragisch ist es nun wirklich nicht. Es ist eher ›light entertainment‹, würde ich sagen, im Sinne von Busby Berkeley, Blake Edwards oder Henry Mancini« (Kracht in Reents/Weidermann 2001).

Selbst der größte Schrecken wird bei Kracht so in ästhetizistischer Gelassenheit geschildert. Ablesen lässt sich dies etwa daran, dass der unterernährte Protagonist noch im chinesischen Arbeitslager die objektiviert-artifizielle Haltung zu seinem eigenen Körper nicht aufgibt, wenn er anmerkt, er sei »glücklich darüber, endlich *seriously* abzunehmen« (Kracht: 1979, 166; Hervorh. im Original) – eine Feststellung, die angesichts des geschilderten Martyriums gerade in ihrem scheinbar unbeteiligten Gestus umso nachhaltiger wirkt. Wie prekär der Grenzgang zwischen frivoler Ausgestaltung des Ernsten und ernstem Umgang mit dem Frivolen (wie er als weiteres Merkmal in Sontags *camp*-Bestimmung genannt wird; vgl. Sontag 1964) sein kann, zeigt sich bei der Engführung einiger Stellen: So erwähnt der Erzähler an einer auch poetologisch lesbaren Stelle scheinbar unbedarft, dass er auf seiner Wanderung zusammen mit einigen anderen Pilgern »ein Zeltlager, ein richtiges *Camp* auf[schlug]« (Kracht: 1979, 147; Hervorh. im Original), was freilich eine abgründige Wendung erhält, wenn er wenig später – nach wie vor in heiter-distanziertem Tonfall – davon berichtet, wie er nach seiner Verhaftung durch chinesische Polizisten in sein »erstes Lager« (ebd., 155) kommt.

Die **Engführung von Schrecken und Amüsement** hat Kracht oftmals in die Kritik gebracht. Allerdings sollte zugleich eingewandt werden, dass die so performierte Haltung nicht mit einem generellen Desinteresse an moralischen Fragen verwechselt werden sollte; vielmehr, so schlagen Sven Glawion und Immanuel Nover vor, ›tarne‹ ein Text wie *1979* seine »›ernste Erzählung, indem er sie in Zitaten erzählt« (Glawion/Nover 2009, 116). Wenngleich Beobachtungen wie diese den Deutungsraum des Romans gewiss nicht ausschöpfen, scheint für den Pop-Kontext gerade dieses Schwanken zwischen angedeutetem Engagement und dem scheinbaren Rückzug auf die literarische Selbstreferenz zentral.

Signifikant ist daher auch das Wiederaufgreifen des Motivs des Verschwindens, wie es schon in *Faserland* auftauchte. In *1979* ist es die Figur Mavrocordato, die – abermals poetologisch lesbar – ankündigt, sie führe jetzt »einen kleinen alchimistischen Trick vor« (Kracht: 1979, 110), woraufhin sie eine Überwachungskamera mit sich selbst kurzschließt. Den dadurch erzeugten, für die Figuren zu bestaunenden *mise en abyme*-Effekt beschreibt der Erzähler folgendermaßen: »Er drückte einen Schalter, und auf dem Monitor war jetzt der kleine Fernseher selbst zu sehen, in sich hundertmal gebrochen und verkleinert; er verlor sich in der Mitte des Bildschirmes im Unendlichen« (ebd., 111).

Ähnlich wie in *Faserland* gibt also auch *1979* widersprüchliche Signale: Der Vermutung, die Intention des Textes ziele ausschließlich auf die Darstellung einer ›Reinigung‹ der Figuren von ihrer ›westlichen‹ Dekadenz, stehen im selben Augenblick kompositorisch genau jene Verweise und Zitate gegenüber, gegen die sich die Geschichte auf Ebene der *histoire* angeblich richtet; es geschieht eine Art »re-entry der Unterscheidung in die Unterscheidung«, wie Rauen (2010b, 172) es ausdrückt. Wichtig scheint es schließlich mit Rauen festzuhalten, dass es sich beim **Einsatz von unzuverlässigen Erzählern oder Selbstreferenzen**, wie sie sowohl in *1979* als auch in *Faserland* vorkommen, jeweils »nicht um ein popspezifisches [...] erzählerisches Verfahren« (ebd., 140) handelt. Wohl aber handelt es sich bei den genannten Merkmalen um Techniken, die bestimmten Paradigmen und Grundideen des Popdiskurses um die Jahrtausendwende (diskursive Unfestlegbarkeit, Relativierung etc.) entgegenzukommen scheinen und dementsprechend in diesen Kontexten adaptiert werden.

Als mittelbarer Effekt dieser Unerkennbarkeitsstrategien kann daher auch die daraufhin keineswegs zur Ruhe kommende Diskussion gelten, nach der einige in Kracht weiterhin einen »Popliteraten par excellence« (Geer 2012, 196) erblicken, andere dagegen eine entsprechende Zuordnung bestreiten (vgl. Fanizadeh 2012; Vogel 2012). Interessant sind diese **rezeptionsgeschichtlichen Debatten**, da Kracht flexibel auf sie reagiert, mit ihnen spielt oder sie gleich zum Bestandteil seiner Werke werden lässt. Kaum zufällig jedenfalls versieht Kracht im selben Jahr, in dem er mit *1979* angeblich die Popliteratur beerdigt, die Taschenbuchausgabe der von ihm erstmals im Jahr 1999 herausgegebenen Anthologie *Mesopotamia. Ernste Geschichten am Ende des Jahrtausends* (mit Beiträgen u. a. von Benjamin von Stuckrad-Barre, Moritz von Uslar, Rebecca Casati, Alexander von Schönburg, Elke Naters, Rainald Goetz und Ingo Niermann) mit dem neuen Untertitel »Ein Avant-Pop-Reader« und hält so den Pop-Begriff auch explizit noch im Gespräch.

5.7.3.3 | *Ich werde hier sein im Sonnenschein und im Schatten*

Anlässlich der Veröffentlichung von *Ich werde hier sein im Sonnenschein und im Schatten* (2008), Krachts drittem Roman, wird dies umso deutlicher. »Man hat dem Schweizer Schriftsteller Christian Kracht alle möglichen Etiketten anzuheften versucht: Der ›Popliterat‹ hielt am längsten, war aber von Anfang an, seit ›Faserland‹ von 1995 also, verkehrt«, konstatiert im August 2008 ein Rezensent der *Frankfurter Allgemeinen Zeitung* (Rüther 2008). Einen Monat später findet ein anderer Kommentator sogar noch deutlichere Worte: »Dass er ein Popliterat sei, behaupten Flachköpfe immer noch gern, dabei hat er – zumindest in seinen drei Romanen – das komplette Gegenteil unternommen« (Krekeler 2008). Schon *Faserland* sei »nicht die Geburt der Popliteratur in Deutschland« gewesen, sondern ihre »Abtreibung« (ebd.). Spätestens aber mit *1979*, so ein Rezensent einige Jahre später, habe Kracht »wieder den Deckel drauf[gemacht]« auf die Popliteratur (Kämmerlings 2012).

Ich werde hier sein im Sonnenschein und im Schatten (2008) tut ein Möglichstes, genau diesen Eindruck zu erzeugen. Angelegt als »parahistorischer Roman« (Baßler 2010, 264), führt der Text als historisch kontrafaktischen Wendepunkt die Gründung einer »Schweizer Sowjetrepublik« durch Lenin an, der 1917 statt aus dem Schweizer Exil nach Russland zurückzukehren in der Schweiz die bolschewistische Revolution durchführt. Seitdem befindet sich die Schweiz im Krieg mit den sie umgebenden deutsch-englischen und italienischen Faschistenbündnissen, die sich auf der riskant verschobenen Weltkarte des Romantableaus finden. *Ich werde hier sein im Sonnenschein und im Schatten* spielt nicht nur in einem **kontrafaktischen Geschichtsverlauf**, sondern auch – geht man vom Jahr seiner Veröffentlichung aus – in der nahen Zukunft, erfährt man doch zu Beginn des Romans, dass der Krieg »nun in sein sechsundneunzigstes Jahr« ging (Kracht: Ich werde hier sein, 13). Ein solcher Geschichtsverlauf fordert seinen Tribut: Die Zivilisation existiert nur noch in Relikten, statt moderner Transportmittel und Medien kennt die Romanwelt wieder Telegraphenbeamte, Depeschen und berittene Soldaten. Die verbliebenen Reste der Zivilisation sind funktionslos in der Winterkälte konserviert: »Ein gepanzertes, ausser [sic] Gefecht gesetztes deutsches Automobil stand quer, man hatte es noch nicht weggeräumt« (ebd.).

Angesichts dieses **ausgesucht ›rauen‹ Settings** liegt die Vermutung nahe, dass auch die popkulturelle Verfeinerung und ihre Verweisketten endgültig Geschichte sind. Das allerdings ist keineswegs der Fall, finden sich doch auch in *Ich werde hier sein im Sonnenschein und im Schatten* zahlreiche intertextuelle Bezüge und Anspielungen. Eine der vielleicht markantesten dieser Referenzen ist zugleich eine der am besten getarnten und spielt in mittlerweile gewohnter Manier mit Leser- und Erzählerwissen. In einer verlassenen Waldhütte findet der Protagonist eine Reihe von Büchern, die »offensichtlich dem Studium von Insekten« dienten und deren Titel er daraufhin scheinbar unschuldig auflistet: »Die Titel sagten mir nichts, obwohl ich ein wenig Englisch verstand, ich merkte sie mir trotzdem: *The Reverend Keith Gleed's Entomology of Canadian Insects*, *The Grasshopper Lies Heavy* und *Butterflies – How to Catch, Prepare and Mount them*« (ebd., 68). Für den unvorbereiteten Leser kaum zu erkennen, schmuggelt Kracht hier in die Reihe (vermeintlich) insektenkundlicher Werke zugleich eine **verschlungene literarische Selbstreferenz** ein, verweist doch zumindest der Titel *The Grasshopper Lies Heavy* auf den ebenfalls parahistorischen Roman *The Man in the High Castle* (1962) von Philip K. Dick, in dem *The Grasshopper Lies Heavy* wiederum als fiktives parahistorisches Werk genannt wird.

Im Modus eines indirekten poetologischen Selbstkommentars findet sich der Vermittlungsaspekt sogar im Text selbst thematisiert, wenn an einer Stelle von den undurchschaubaren Bündnissen der inneren politischen Struktur der »Schweizer Sowjetrepublik« die Rede ist: »Die SSR hatte vieles erreicht, jedoch die **byzantinische Verflechtung**, die fast surreale Komplexität ihrer militärischen Allianzen und deren Schatten, der Scheinallianzen, und wiederum deren Schatten machten mich noch immer, nach all den Jahren, sprachlos« (ebd., 32). Mit dieser Optik fallen sofort weitere Details auf, darunter solche, die sich direkt als Kommentar zur früheren Diskussion um die Markenaffinität popliterarischer Texte lesen lassen: Scheint *Ich werde hier sein im Sonnenschein und im Schatten* auf den ersten Blick auch frei von Referenzen auf die Markenkultur, ist in der »gewachste[n] grüne[n] Jacke mit ansprechend kariertem Innenfutter« (Kracht: Ich werde hier sein, 115 f.) doch leicht die sprichwörtlich gewordene Barbourjacke aus *Faserland* zu erkennen, die Kracht nunmehr als ästhetische Selbstreferenz in seinen Text einbaut. Spielerische Ausweichmanöver wie diese gelten dann manchen Kommentatoren als Ausweis von Pop-Strategien. Pop im so aufgefassten Sinne wäre dann etwa mit Eckhard Schumacher »eine von mehreren Verfahrensweisen, [...] die nicht zuletzt dadurch gekennzeichnet ist, Definitionen permanent zu unterlaufen – gegebenenfalls auch in vermeintlich gegenläufige Richtungen« (Schumacher 2011, 65).

Zugleich aber belässt es Kracht nicht bei solch innerästhetischen Verweisen, sondern er integriert auf konsequente Weise vermeintlich ›reale‹ Begebenheiten in die literarischen Texte bzw. **verunmöglicht eine trennscharfe Unterscheidung zwischen Aussageebenen**, die einem ausschließlich ›faktualen‹ Sprechmodus verpflichtet sind, und solchen, die ausschließlich als ›fiktional‹ zu gelten haben. Deutlich wird dies, wirft man einen Blick auf den erratischen Mailwechsel zwischen Kracht und einer Repräsentantin der Deutschen Bank, der in dem journalistischen Kompendium *New Wave* (2006) enthalten ist. Dort ist die Rede von einem »Regisseur« namens »Mikhail Brashinsky« (Kracht: New Wave, 158), den Kracht auf einer Ausstellung in Russland getroffen habe. Zwei Jahre später taucht ein orthographisch leicht abgewandelter »Brazhinsky« in Krachts Werk wieder auf, nämlich im fiktionalen Kontext in der Rolle des gesuchten Konterrevolutionärs in *Ich werde hier sein im Sonnenschein und im Schatten*. Mit der Verunklarung des Wahrheitsgehalts von Aussagen, die in nicht direkt als fiktional markierten Kontexten stehen bzw. mit der unkommentierten Übernahme einzelner Elemente in ein fiktionales Werk stellt Kracht so sein gesamtes Schaffen unter eine **ästhetische Vorbehaltlichkeit**.

Daraus aber zu schließen, dass es in einem Roman wie *Ich werde hier sein im Sonnenschein und im Schatten* keinerlei Versuche mehr gebe, »sich in die Gegenwart einzufühlen oder diese gar zu kommentieren« (Geer 2012, 213), scheint gleichfalls etwas ungenau. Die Fabulation einer »Schweizer Sowjetrepublik« durch den aus der Schweiz stammenden Autor Christian Kracht kann sehr wohl auf bestimmte Aspekte der Schweizer Gegenwart bezogen werden und es zeigen sich **Bezüge zu Alltagswirklichkeit und Geschichte**. So gab es etwa zum Veröffentlichungszeitpunkt des Romans eine Schweizer Abstimmung über den Beitritt zum Schengen-Abkommen der EU, im Zuge derer fremdenfeindliche Plakatierungen in der Öffentlichkeit zu beobachten waren (vgl. Werber 2009, 19 f.). Mit der Hauptfigur des dunkelhäutigen »Kommissärs«, der im Roman immer wieder subtil diskriminiert wird (vgl. Kracht: Ich werde hier sein, 30), bettet Kracht so eine aus der zeitgenössischen Diskussion abzulesende, stilisierte ›Schweizer Furcht‹ vor Schwarzafrika in den Roman ein. Nicht zuletzt daran zeige sich, so Niels Werber, »wie systematisch Krachts fiktive Geschichte [...] auf das Archiv der Gegenwart bezogen ist« (Werber 2009, 21). Ähnliches lässt sich für das im Roman thematisierte »Réduit« feststellen, einer historischen Bergfestung, zu der zeitgleich eine Reality-Show im Schweizer Fernsehen geplant war. Den Roman mit Werber somit als »**Schweizer Gegenwartsroman**« (ebd., 25) zu bezeichnen, verfehlt den Punkt damit keineswegs, sondern stellt vielmehr den als ästhetisch reizvoll erfahrbaren Kontrast heraus, der sich aus dieser Anlage ergibt. Moritz Baßler geht sogar noch einen Schritt weiter und gibt an, dass sich in Krachts Roman

»die Möglichkeit eines neuen historischen Erzählens jenseits der realistischen Option ab[zeichnet], die Idee einer paralogisch-synthetischen Kunstwelt, die sich und uns dennoch nicht, wie die dominanten Fantasy-Welten, von den Diskursen der realen Geschichte und Gegenwart abschottet, sondern sie in etwas Neues, Artifizielles transformiert, um sie dann im Modus der Kunst zu bearbeiten« (Baßler 2010, 270).

5.7.3.4 | *Imperium*

Ganz nach diesem Muster lässt sich schließlich auch *Imperium* (2012), Krachts bislang letzter Roman, lesen. *Imperium* erzählt die Geschichte des Zivilisationsaussteigers August Engelhardt, einer historischen Figur des frühen 20. Jahrhunderts, die aus dem wilhelminischen Deutschland in das damalige Deutsch-Neuguinea auswandert, um dort auf einer einsamen Insel eine »Kolonie der Kokovoren« (Kracht: Imperium, 20) zu gründen, die all ihre Bedürfnisse durch die Kokosnuss-Frucht stillt. Diese historisch verbürgte Ausgangssituation dient Kracht als Folie für einen von der Kritik abermals kontrovers diskutierten Abenteuerroman, dessen virtuos mit Kolonialismus-Klischees durchsetzter Ton einige Kritiker zu der Vermutung veranlasst hat, Kracht kokettiere hier mit rechtslastigem Gedankengut (für die Dokumentation der Debatte vgl. Winkels 2013 a).

In der Tat entstammen viele der **Prätexte**, auf die sich Kracht in diesem Roman bezieht, dem »Repertoire der europäischen bzw. deutschen **Kolonialära**« (Pordzik 2013, 581), etwa E. M. Forsters *A Passage to India* (1924), und zweifellos bedient sich Kracht hier ausgiebig »politisch inkorrekter Epitheta« (ebd., 579), wie schon die Eingangsszene nahelegt, wenn von »dickleibigen Pflanzer[n]« die Rede ist, die auf der Schifffahrt in die Südsee von »barbusigen dunkelbraunen Negermädchen« träumen (Kracht: Imperium, 12). Allerdings erscheinen sie Engelhardt durchaus abstoßend, wie der Erzähler kurz zuvor wissen lässt: »Bläßliche, borstige, vulgäre, ihrer Erscheinung nach an Erdferkel erinnernde Deutsche lagen dort und erwachten langsam aus ihrem Verdauungsschlaf, Deutsche auf dem Welt-Zenit ihres Einflusses« (ebd., 11).

Ähnlich wie zu Krachts anderen Romanen ist auch hier festgestellt worden, dass der übernommene Kolonialstil mit postmodernen Elementen durchsetzt ist und »Äußerungs- und Kompositionssubjekt sich [...] deutlich auf Kollisionskurs befinden« (Pordzik 2013, 581). Aus diesem Grunde und angesichts der vehementen Debatte, die der Roman im deutschsprachigen Feuilleton ausgelöst hat, ist verschiedentlich darauf hingewiesen worden, dass für eine professionelle Einschätzung des Romans eine »Verlagerung des Blickwinkels vom Autor auf den Text, von der vermeintlichen Ideologie zu den beobachtbaren Schreib- und Erzählverfahren« nötig sei (Schumacher 2013, 130; ohne Bezug zu *Imperium*, aber ebenfalls mit expliziter Hinwendung zur Form-Seite des Werkes auch Werber 2014).

Schon die vermeintliche ›Realität‹ des Romans erweist sich bei einem genaueren Blick als höchst instabil, wie sich etwa an der Konstruktion einer Figur wie der des Gouverneurs Hahl ablesen lässt, dem laut Erzähler »in manchen Momenten ist […], als entgleite ihm die ohnehin recht brüchige Realität« (Kracht: Imperium, 210). In der Tat stößt man auf zahlreiche Textstellen, die dieses ›**Entgleiten‹ der Realität als narrativ verankert** ausweisen. Kennzeichnend ist, dass Kracht einerseits Elemente der historischen Figur August Engelhardt und seines Umfeldes verarbeitet und daher »[m]anches in diesem Roman […] mit dem historischen Geschehen überein[stimmt]«, vieles aber auch nicht« (Schumacher 2013, 132).

Johannes Birgfeld formuliert noch deutlicher, dass die »vom Roman entworfene Chronologie der Ereignisse […] in fast jedem Detail, soweit es auf realgeschichtliche, literaturgeschichtliche oder fiktionale Ereignisse zitierter Werke Bezug nimmt, so fehlerhaft [ist], dass es bemerkenswert ist« (Birgfeld 2012, 469). Damit ist keineswegs nur die Weiterschreibung der Lebensgeschichte Engelhardts am Ende des Romans gemeint, die ihn noch den Zweiten Weltkrieg unbeschadet in der Südsee überstehen lässt, während der historische Engelhardt bereits 1919 starb. Die erzählerische Freiheit betrifft vielmehr gerade jene Aspekte des Geschehens, die man auf den ersten Blick für korrekt halten könnte, die sich bei genauerer Betrachtung aber als **konsequent umarrangiert** entpuppen.

Die dem Roman attestierte ›Fehlerhaftigkeit‹ geht freilich nicht auf Schludrigkeit des Autors zurück, sondern muss als bewusst gewählter Kunstgriff zur ›Verschiebung‹ der ›Faktenlage‹ gelten, mithilfe derer es Kracht gelinge, den Weg zu einem »anderen Verständnis von Realität« (Schumacher 2013, 133) hin zu öffnen – einem Verständnis, das – ganz ähnlich wie in *Ich werde hier sein im Sonnenschein und im Schatten* angeklungen – per gezielter »Überlagerung von Fakten und Fiktionen […] einen geschärften Blick auf reale, historisch belegte Begebenheiten wie auf deren Verwicklung in Fiktionen und Projektionen« (ebd., 146) ermögliche. Für diese Lesart finden sich in *Imperium* durchaus nachvollziehbare, wenngleich manchmal etwas versteckte Hinweise: So lässt sich nicht nur rekonstruieren, dass Kracht im Roman historische Figuren mit fiktiven Figuren vermischt, auch übernimmt Kracht diese fiktiven Figuren »[o]hne dies auch nur in Ansätzen zu markieren« (ebd., 133 f.) aus anderen Quellen, wie im Fall des Kapitäns Christian Slütter, der eine Figur aus Hugo Pratts Comic *Corto Maltese – Eine Südseeballade* (1967) ist. Weiß man, dass Kracht zwei Bände der *Corto Maltese*-Reihe bereits 1992 bzw. 1993 für *Tempo* rezensierte, kann man an diesem Querverweis erneut den Arbeitsmodus Krachts erkennen, der sich in der Produktion von Texten stets auf die Rezeption entsprechender Vorlagen und ihre teilweise höchst eigenwillige Integration in das eigene Werk stützt (für entsprechende Nachweise vgl. Birgfeld 2012, 460 ff.) – angefangen beim Titelbild der Originalausgabe, das ein nicht nachgewiesenes, minimal abgewandeltes (Bild-)Zitat aus einem Comic von Frank Le Gall darstellt, bis schließlich hin zu Stil-, Gattungs- und Formzitaten.

An vielen Stellen liefert der Texte jedoch auch explizite Hinweise auf dieses Vorgehen, so etwa, wenn von einem »verrückten Zerrspiegel« (Kracht: Imperium, 139) die Rede ist oder davon, dass es Engelhardt bei einem Besuch des Verwaltungssitzes Herbertshöhe (der in Engelhardts Abwesenheit tatsächlich umgesiedelt wird) so vorkommt, als wenn »die Häuser, Palmen und Alleen auf höchst irritierende Weise verschoben zu sein schienen« (ebd., 146). Schon die heikle Anlage der Erzählinstanz gibt Anlass dazu, solche Verschiebungen zu antizipieren, finden sich doch auch hier signifikante Brüche. Zunächst und oftmals dominiert ein scheinbar souveräner auktorialer Erzähler, der in getragenem Ton über die Geschichte waltet (vgl. z. B. ebd., 139). In anderen Situationen aber ist von dieser Sicherheit nichts zu spüren, ja sie wird sogar explizit in Frage gestellt: »Ob Engelhardt dem Antisemiten selbst eine Kokosnuss auf den Kopf schlug oder ob Aueckens […] zufällig von einer herabfallenden Frucht erschlagen wurde […], verschwindet im **Nebel der erzählerischen Unsicherheit**« (ebd., 129 f.).

Was den einen als Beispiel **paralogischen Erzählens** gilt, lässt Krachts Texte für andere zu »Palimpseste[n]« (Schumacher 2013, 137) werden, die im Fall von *Imperium* deutlichen **Pastiche-Charakter** annehmen (vgl. ebd.; Birgfeld 2012) – ein Zug, den Kracht in seiner nicht veröffentlichten Dankesrede zur Verleihung des Wilhelm-Raabe-Literaturpreises auch selbst betont. Dort spricht Kracht von der »unermesslichen Angst« vor seiner Entlarvung als »Hochstapler«, wenn nämlich der Leser wüsste, dass bei ihm »alles immer geborgt ist, appropriiert, beeinflusst, gestohlen, kopiert« (zit. nach Schumacher 2013, 138; vgl. ähnlich auch Winkels 2013 b, 16). Der von Kracht ins Spiel gebrachte Pastiche-Begriff ist natürlich keinesfalls eine pop-exklusive Kategorie (und tatsächlich fällt der Begriff ›Pop‹ in den neueren Ausführungen auch immer seltener); er kann aber wiederum in gezielter Verdichtung mit anderen Merkmalen und ihrer spezifischen Kombination durchaus als Verfahren bezeichnet werden, das seinen Einsatz nicht zuletzt einem pop-affinen Hintergrund verdankt.

Von ›Pop‹ wäre im Fall Krachts deshalb in genau dem Sinn zu sprechen, in dem Kracht seine Texte konsequent als **Verweishandlungen** anlegt und darüber zugleich seine eigene Autorposition in höchstem Maße in ein Gewebe miteinander verbundener Zeichen auflöst und der Interpretation entzieht (s. hierzu auch Kap. 4.1 u. 4.2). Wenngleich so das zeichenhafte Element mitunter die Oberhand zu gewinnen scheint, schließen einige Kommentatoren die Möglichkeit eines darüber vermittelten ernsten Anliegens nicht aus, insofern die zahlreichen sich überlagernden Schichten der Erzählung eine Auseinandersetzung mit verschiedenen »kulturelle[n] Modi der Selbstreflexion« anregten (Birgfeld 2012, 476): »*Imperium* wäre damit […] komisches Pastiche und moralische Geschichtsreflexion in einem« (ebd., 477).

5.7.4 | Praktiken der Irritation: Krachts Kollaborationen mit anderen Künstlern

Betrachtet man die Verschränkung von realweltlichen Bezügen und ihrer ästhetisch extravaganten, ambivalenten Präsentation, wie sie *Imperium* und die anderen Romane Krachts kennzeichnet, überrascht es nicht, dass sich Kracht ähnlicher Mittel auch in seinen Kollaborationen mit anderen Autoren und in verschiedenen weiteren Publikationsprojekten bedient, die er parallel zu seinem Romanwerk verfolgt. Eines der herausstechenden und umstrittensten dieser Projekte bildet die Veröffentlichung *Five Years* (2011), einem aus 500 E-Mails bestehenden, von der Kritik kontrovers aufgenommenen Briefwechsel zwischen Christian Kracht und dem amerikanischen Künstler David Woodard aus den Jahren 2004 bis 2007.

Während der Band einerseits als Künstlerbriefwechsel lesbar ist, im Zuge dessen zahlreiche von Krachts während dieser Periode initiierten Projekten angesprochen werden und die Leser/innen die Entstehung gemeinsamer Textentwürfe verfolgen können, so liegt die Provokation in dem beständigen, wenngleich **selbstreflexiven Flirt mit totalitären Ideologien** und daran geknüpften Unternehmungen, etwa einer anvisierten Reise nach Nueva Germania, einer Ende des 19. Jahrhunderts von deutschen Auswanderern mit antisemitischem Hintergrund gegründeten Kolonie im Hinterland Paraguays. Krachts und Woodards Faszination für extreme Gesellschaftsentwürfe bezieht sich jedoch nicht ausschließlich auf utopische oder dystopische Räume, sondern auch auf die konkret vorzufindenden Realisierungen auf diesem Planeten, die dann freilich **in einem gezielt ambivalent-affirmatorischen Duktus besprochen** werden. Wiederholt ist in diesem Sinne von der »DPRK« (Kracht/Woodard: Five Years, 7), der ›Demokratischen Volksrepublik Korea‹ und ihrem »DEAR LEADER« (ebd., 118) die Rede.

Äußerungen wie diese müssen in direktem Verhältnis zu einer weiteren, in *Five Years* ebenfalls an mehreren Stellen erwähnten Veröffentlichung Krachts gelesen werden, nämlich dem Bildband *Die totale Erinnerung. Kim Jong-Ils Nordkorea*, den Kracht im Jahr 2006 zusammen mit Eva Munz und Lukas Nikol herausgibt. Statt einer distanziert-kritischen Bestandsaufnahme nordkoreanischer Lebensbedingungen finden die Leser/innen dort offensiv das Gegenteil dargestellt. Gerade in der scheinbaren Affirmation der »gigantische[n] Installation« (Kracht u. a.: Die totale Erinnerung, 7) Nordkorea aber sehen manche Kommentatoren die Absicht verwirklicht, eine Faszination für eine allumfassende Ästhetisierung mit einer **subversiven Komponente** zu unterlegen. »›In Nordkorea scheint ein Zustand erreicht (wenn auch als ›Staatsdystopie‹), der in ästhetizistischen Strömungen häufig herbeigesehnt wurde: Die Abspaltung der Oberfläche vom authentischen Kern der Dinge – die absolute Uneigentlichkeit« (Huber 2009, 226). Indem aber die dabei vorzufindende visuelle Inszenierung dieser ›Staatsdystopie‹ von Kracht und seinen Mitautoren weitgehend **dekontextualisiert und in Form ›absoluter‹ Bilder ausgestellt** wird, erzeuge diese Rahmung einen indirekt kritisch lesbaren Bruch in der Wahrnehmung, die sich aber jeglichen direkten Kommentars enthält. Auch Krachts scheinbar überraschte Kommentare zu den negativen Reaktionen auf das Buch werden in diesem uneindeutigen Modus geäußert: »David, it appears people are truly offended by the book« (Kracht/Woodard: Five Years, 198).

Für mindestens ebenso große, wenngleich weniger offensichtliche Verwirrung sorgt in diesem Sinne auch das Magazin **Der Freund**, eine von Kracht zusammen mit Eckhart Nickel zwischen 2004 und 2006 herausgegebene, von vornherein auf acht Ausgaben hin konzipierte Zeitschrift. Ähnlich wie in den vorgestellten Beispielen folgt auch das Konzept von *Der Freund* einer umfassenden Ästhetisierungsstrategie und unterläuft sowohl auf der Ebene der formalen wie auch auf der Ebene der inhaltlichen Gestaltung die Erwartungen an die konventionalisierten Paradigmen einer Zeitschrift (vgl. Baßler 2009). So finden sich in der im kommerziellen Axel-Springer-Verlag herausgegebenen, komplett bild- und werbefreien Zeitschrift mehrheitlich sehr lange Textbeiträge zu einer heterogenen Ansammlung von Themen, die in ihrer unkommentierten Nacheinanderschaltung beim Leser den Eindruck einer merkwürdigen, wenngleich präzise komponierten Unstimmigkeit hinterlassen.

Sowohl *Five Years* wie auch *Die totale Erinnerung*, *Der Freund* und das von Kracht gemeinsam mit Ingo Niermann veröffentlichte Buch *Metan* (2007), eine phantastisch-konspirative Erzählung über die anstehende ›Methanisierung‹ der Erde, wurden deshalb unter dem *camp*-Begriff rezipiert, insofern ihnen allen eine radikal ästhetisierende Einstellung zugrunde liegt. Teilweise wird darin sogar ein genuines Mittel zur literarischen Erkenntnis und Kritik gesehen. Diese Auffassung wird allerdings keineswegs von allen Kommentatoren geteilt, und so liegt ein Konsens über Krachts Werk in weiter Ferne – was vielleicht zugleich als Merkmal der Deutungsoffenheit gelten kann, die Krachts Texten eignet.

Weiterführende Literatur

Einen gut informierten Einblick in zahlreiche Aspekte von Krachts Werk geben die Beiträge in Birgfeld/Conter (2009). Rauen (2010 b) beschäftigt sich unter popdiskursiver und erzähltheoretischer Perspektive vor allem mit den ersten beiden Romanen Krachts und untersucht sie im Hinblick auf ihre Erzählerkonstruktion. Für die jüngeren Texte Krachts und insbesondere für *Imperium* legt Schumacher (2013) einen instruktiven Lektürevorschlag vor. Eine avancierte Diskussion des Krachtschen Ironiebegriffs – ebenfalls am Beispiel von *Imperium* – bietet Pordzik (2013). Eine Erfassung der literarischen und journalistischen Texte Krachts sowie ein kommentierter Überblick über die wissenschaftliche Sekundärliteratur finden sich schließlich in der Bibliographie von Lorenz (2014 a).

5.8 | Sibylle Berg

Sibylle Berg, 1962 in Weimar geboren, ist Schriftstellerin, Dramatikerin, Zeitgeistkritikerin, Publizistin, Dozentin für Dramaturgie an der Züricher Hochschule der Künste und Teil des Regiekollektivs »Berg & Förster«. Sie schreibt Romane, Essays, Glossen, Reisereportagen, Künstlerporträts und Theaterstücke; arbeitet als Autorin für Zeitschriften (wie *Allegra, Marie Claire* oder *Magazin*) und Zeitungen (z. B. *DIE ZEIT, Stern, Frankfurter Allgemeine Zeitung*); produziert Hörspiele (etwa für den NDR oder WDR) und Hörbücher (u. a. zu ihrem Roman *Sex II*); schreibt Kolumnen (für *Spiegel Online* oder die *Neue Züricher Zeitung*) und twittert erfolgreich mit ihrem Account »Kaufe nix, ficke niemanden«, der über 38.000 Follower hat. Ihre Romane und Theaterstücke wurden bisher in über dreißig Sprachen übersetzt.

Die Haltung der Texte von Berg ist distanziert, misanthropisch und nicht sentimental. Es wird nicht psychologisiert und pädagogisch interveniert. Sie verfasst Reflexions- und Kolumnenprosa bzw. literarische Bestandsaufnahmen – mechanisch, zugleich aber temporeich und drastisch-humoresk inszeniert. Ihr Ton ist lakonisch bis schnoddrig. Die eigenwillige Interpunktion gibt den Texten einen eigenen, abgehackten Rhythmus und fordert die Leser/innen zur genauen Lektüre heraus.

In der Gegenwartsliteratur sind es v. a. die Werke von Michel Houellebecq, die eine bemerkenswerte inhaltliche und formale Nähe zu den Arbeiten von Berg aufweisen. Im Kontext der Popliteratur trifft dies wesentlich auf Rolf Dieter Brinkmann zu. Darüber hinaus lassen sich zahlreiche Bezüge zu den Texten von Thomas Bernhard feststellen.

Meyhöfer (1997, 38) schreibt zu Sibylle Bergs (1997) erstem Roman *Ein paar Leute suchen das Glück und lachen sich tot*: »Lauter **Katastrophengeschichten** erzählt die Autorin in ihrem Debüt. Und was könnte komischer sein als das Unglück?«. Ihr literarisches Programm wird damit treffend auf den Punkt gebracht. Berg schildert das Leben schonungslos als einen bitter-bösen und zugleich traurig-komischen **Non-Stop-Horror-Trip der Sinne und Empfindungen** sowie als eine Aneinanderreihung von persönlichen Niederlagen und Katastrophen. Den Rahmen hierzu bildet die apokalyptische Zuversicht, dass die Menschheit sowieso untergehen wird.

Es gibt bei Berg keinen moralischen oder ideologischen Überbau, keine höchsten Werte und keine Utopie vom richtigen Leben. Auf der **Suche nach dem Glück** verpasst man sein Leben. Jeder jagt immer fremdbestimmten Ideen vom großen Glück und wahrem Leben hinterher. Die Antwort auf die Frage, was die richtigen Ideen und Werte für ein wahres Leben sind, lässt die Autorin konsequent offen. Sie schreibt nicht, um die Welt zu verbessern oder zu therapieren. Es geht auch nicht darum, ihren Leser/innen einen Spiegel vorzuhalten, um Selbsterkenntnisprozesse auszulösen. Sie ist keine Sinnagentin, sondern lässt ihre Figuren und Leser, aber auch sich selbst, lieber in Sinnwüsten sitzen – rastlos, ratlos, orientierungslos. Alles ist immer zum Scheitern verurteilt, und alle Figuren ihrer Romane scheitern zwangsläufig bei ihrer Suche nach dem Glück, der Liebe, Respekt, Fürsorge, Aufmerksamkeit, Mitleid, Anteilnahme, dem wahren Leben, zwischenmenschlicher Anerkennung, persönlicher Identität, dem Sinn des Lebens und am Glauben, dass ihnen ein besonderes Leben zusteht. Hierbei fragen sich die Figuren, »ob es Menschen gibt, die sich nicht die meiste Zeit ablenken müssen, um nicht vor Langeweile zu sterben« (Berg: Ein paar Leute, 67). Das Personal ihrer Texte wartet unentwegt auf irgendein Gefühl; es wünscht sich ein ordentliches Problem und rätselt, wie das Leben sein soll. Eine Veränderung ist für es nur vorstellbar als Suche nach etwas Neuem, ohne zu wissen, was das konkret sein könnte.

Die Welt als Wille und Vorstellung konfligiert beständig mit der literarischen Wirklichkeit, die den Willen und die Vorstellung desillusioniert. In ihrem dritten Roman *Amerika* (1999, 47) liest man hierzu passend: »Gefühle und Erlebnisse blieben kleiner als die Vorstellung von ihnen.« Das Leben ist eine permanente Enttäuschung und endet für viele ihrer Figuren tödlich.

Eine gewisse **Wollust am literarischen Mord** an den narzisstisch-larmoyanten sowie parodistisch verzerrten Figuren kann nicht geleugnet werden. Der gewaltsame Tod ist das symbolische Urteil über ihre Lebensmodelle. Die Figuren selbst werden von der Autorin zumeist nur modellhaft angelegt und kaum individuell gekennzeichnet. Sie werden so zu Stellvertretern von allgemein bekannten Lebensmodellen. Die literarische Bedeutung besteht darin aufzuzeigen, dass die Suche nach dem Glück und nach sich selbst prinzipiell nur gelingen kann, wenn sie eigensinnig bestimmt und individuell gekennzeichnet ist. Berg zeigt in ihren Texten, dass das alltägliche Scheitern hierbei die Normalität darstellt, verbindliche Orientierungen nicht existieren. Die Figuren, die Handlungen und die Schauplätze der Werke von Berg sind insgesamt Symbole für ihre Lamentationen. Aus dieser Perspektive weisen ihre Arbeiten eine große Nähe zum Werk von Thomas Bernhard auf.

Eine Ausnahme von der literarischen Ermordung ihres Personals findet sich etwa in *Amerika*. Die Form des Buches ist die eines Kitschromans, der einen Kitschroman imitiert. Dabei darf niemand sterben. Im Gegenteil. Das Glück muss an den Figuren kleben. Es bleibt fraglich, ob das ihr Leben besser macht. Das Romanpersonal stolpert umher im Land der unbegrenzten Möglichkeiten, in dem alle Wünsche erfüllt werden oder bereits Wirklichkeit sind, durch ein **Leben voller Klischees**: Die abermals unglücklichen Figuren erleben im gelobten Land den Himmel auf Erden. Massenmedial fabrizierte Glücksvorstellungen produzieren bei ihnen Sehnsüchte und Wünsche vom richtigen Leben (u. a. Reichtum, Schönheit, Erfolg oder Liebe), die die Figuren für ihre eigenen halten und deren vermeintliche Erfüllung sie in Amerika erleben. Die im Roman gewährte Kompensation ihrer Glücks- und Sinndefizite zeigt sie als das, was sie sind: total banal.

Die Grundhaltung der Autorin bleibt somit auch ohne die massenweise Ermordung ihrer Figuren gleich: »Aber hier leben, Nein Danke!« Dieser Song-Titel von Tocotronic kann als Motto bei der Rezeption der Wirklichkeiten dienen, die in allen

Texten von Berg dargestellt werden. Nach der Lektüre wünscht sich der Leser, lieber wunschlos zu sein. Glück als Ziel des Lebens erscheint nicht mehr als begehrenswert. Zumindest nicht die Glücksvorstellungen, um die es in *Amerika* und in den anderen Texten geht.

Meyhöfers (1997, 38) interpretativer Bezug zum Aphorismus »In nuce« von Adorno (1997, 255) in ihrer Auseinandersetzung mit dem Berg-Debüt ist mit Blick auf das Vorausgehende unpassend: »Hoffnung ist am ehesten bei den Trostlosen.« Hoffnung und Trost sind keine Zustände, die man in den Texten von Berg findet. Die Trostlosen bleiben trostlos und für die Hoffnungslosen wird keine Hoffnung ermöglicht. Eine **traurige Endlos-Havarie**. Besonders deutlich wird dies an der optimistischsten ihrer Figuren, dem Hermaphroditen Toto aus ihrem Roman *Vielen Dank für das Leben* (2012). Aus jeder Anfeindung und Feinseligkeit, die ihm auf seiner Reise durch Ost- und Westdeutschland entgegengebracht werden, zieht er immer noch etwas Positives. Die im Roman präsentierte Bestandsaufnahme des Gemeinen und Hässlichen sowie der Seelenlosigkeit und Niedertracht lässt ihn auf seiner Suche nach dem Guten, Schönen und Wahren nicht innehalten. Gerade an der Positivität von Toto wird deutlich, dass auch der größte Optimismus in einer niederträchtigen Welt nichts ausrichten kann.

Viele ihrer Roman-Figuren verbinden Selbstmitleid und die Unfähigkeit, einen klaren Gedanken zu fassen. Das »wird immer gleich alles so kompliziert, wenn man denkt« (Berg: Ein paar Leute, 126), wie die Roman-Figur Tom in *Ein paar Leute suchen das Glück und lachen sich tot* beim Versuch denkt, sein Leben zu ändern, und dafür ins Ausland fährt. In seiner Auto(r)biographie *Der Keller* formuliert Thomas Bernhard (1998, 106) eine Überlegung, mit der das beschriebene Dilemma der Berg-Figuren zusammengefasst werden kann:

»Die Menschen sind, wie sie sind, und sie sind nicht zu ändern, wie die Gegenstände, die die Menschen gemacht haben und die sie machen und die sie machen werden. [...] Es sind immer wieder nur Menschen mit ihren Schwächen und mit ihrem körperlichen und seelischen Schmutz an jedem neuen Tag. Es ist gleich, ob einer mit seinem Preßlufthammer oder an seiner Schreibmaschine verzweifelt.«

Berg bleibt hierbei konsequent: **Verzweiflung ist das, was bleibt**, und verzweifeln muss jeder am Ende. Ein Ende ist hierbei nicht in Sicht, sondern es werden nur Wege aufgezeigt, sich in dieser Welt einzurichten: »Alles kann dir genommen werden, dauernd. Wenn du dich wohl fühlst, wenn du vergisst, dass Leben Demütigung heißt, gerade dann kommt es und schlägt zu, der Tod, das Schicksal, Gott, das Böse«, wie die resignierte Erzählerin im Roman *Der Mann schläft* (2009, 279) betont. Einsamkeit, Hoffnungslosigkeit, Verzweiflung und Schmerz bleiben bei ihr zurück – ohne Fluchtmöglichkeit oder temporäre Kompensation. Sie dachte, sie hätte mit ihrem Mann das Glück gefunden – eine unaufgeregte, wohltemperierte Liebe. Doch verschwindet er nach dreieinhalb gemeinsamen Jahren beim Urlaub auf einer kleinen Insel im südchinesischen Meer, als er mit einer Fähre ans Festland fährt, um eine Zeitung zu kaufen. Er kehrt nicht mehr zurück. Zum Glück, denn Glück und Liebe sind bei Sibylle Berg konsequent auf der Flucht vor ihrer Erfüllung.

5.8.1 | Roman

Einen exemplarischen Einblick in die Romanwelten von Berg ermöglicht ihr Episodenroman *Sex II* aus dem Jahr 1998. Zu diesem Roman erschien 1998 bei PolyGram die Hör-CD *Sex II – Booktrack*, auf der die Autorin Passagen aus ihrem Buch liest, eingebunden in einen traurig-schönen Soundtrack, der die Abgründigkeit und Ausweglosigkeit des Romans in Hörkulissen überführt. Dazu werden u. a. Songs von Phillip Boa & The Voodooclub (»The Laughing Moon«), Element of Crime (»Und Du wartest«), Rosenstolz (»Kleiner Prinz«), Rammstein (»Seemann«) oder Cancer Barrack (»Beischlaf mit 60 kg Hackfleisch«) verwendet. Als Motto des Romans und der Hör-CD kann folgende Passage dienen:

> »Wer gerne lebt, hat einen Dachschaden. Wer das Leben liebt, hat einen Dachschaden. Das Leben ist so schön, sagen die Bekloppten, man muß es nur genießen, sagen sie. Bekloppte sitzen in Irrenanstalten. Sie sind gemeingefährlich, mit ihrem Hang zum Lügen, zum Verschleiern, Nicht-Hinsehen. Nicht hinsehen wollen. Die Anstalten sind voll. Mit Leuten, denen der ganze Mist zuviel wurde. Die das Schöne sehen und alles andere aussperren. Das kostet einen Zwangsjacke und Elektroschocks. Recht so, raus mit dem kranken Gehirn« (Berg: Sex II, 136 f.).

In *Sex II* geht es um **Menschen in einer Großstadt**, um Perverse, Mörder, Kinderschänder, Einsame, Verzweifelte, Kranke und andere liebenswerte Gestalten: »Niemand braucht die Stadt, sie taugt nur zum Krankmachen, Aidsmachen, Junkmachen, zum Neiden, zum Töten taugt die Stadt, denn was soll wachsen inmitten von Dreck« (ebd., 7). Die Stadt erschöpft die Menschen und schöpft sie aus. Das Stadtbild von Berg weist eine Nähe zu dem von Rainer Werner Fassbinder (Der Müll, 679) auf, das er in seinem Theaterstück *Der Müll, die Stadt und der Tod* aus dem Jahr 1975 entwirft: »Das Bildnis ist bezaubernd schön, die Stadt, die sich dem Untergang geweiht.« Die Stadt wird bei Fassbinder und Berg zum Sinnbild des Untergangs und der narzisstisch-grandiosen Selbstüberschätzung des Menschen.

Wie wird die urbane Wirklichkeit in *Sex II* erlebt und beschrieben? Die über dreißigjährige Ich-Erzählerin, »[n]ormal schlechte Kindheit, normal aussehend, normal alleine, normal übersättigt« (7), berichtet die Geschichte der großen Stadt und ihrer Bewohner/innen. Bewusstseinserweiternde Drogen sind daran Schuld, dass sie durch alle Wände hindurch und in alle Menschen hineinblicken kann, »als würde einer einen Vorhang öffnen« (ebd., 12). Und dahinter: der ganz normale **Wahnsinn der Großstadt**. Die Ich-Erzählerin reflektiert allerdings bewusst die Subjektivität ihrer Stadt-Blicke und richtet ihre Kritik damit zugleich gegen sich selbst – ein Stilmittel, das Berg in allen ihren Texten verwendet: »Ich wohne in einer Scheißstadt und kann alles auf sie schieben. Mich davon ablenken, daß ich genauso bin wie sie. Verdorben, kaputt, krank [...]« (ebd., 10).

In *Sex II* wird die Stadt weder namentlich benannt noch topographisch eingegrenzt: »Eine Großstadt wie alle, alle gleich« (ebd., 51). Gerade an den großen Städten kann beobachtet werden, wie sich die Vision vom *global village* erfüllt: »[B]ald [wird] die ganze Welt nur noch aus einer großen Stadt bestehen« (ebd., 9). Für Berg sind die populäre Kultur und die Medien als Inbegriff von Vermassung und Nivellierung wesentlich für diese Entwicklung verantwortlich. Die drastische Darstellung urbaner Verwahrlosung folgt aus dieser Perspektive.

Auf ihrem Weg durch die Stadt erblickt die Ich-Erzählerin zum Alltag gewordene Szenen des Grauens: »[A]uf den Straßen der normale Großstadtscheiß. Baulärm, Verkehrslärm, Menschenlärm, Bananenschalen, Omas sterben, der Mist eben, der macht, daß du dir auch ohne Drogen wie ein Irrer vorkommst [...]« (ebd., 61). Die Stadt wird von ihr als ein **riesengroßer Müllhaufen** wahrgenommen. Die Stadt ist voller Dreck und stinkt vor lauter Dreck. Inmitten des Dickichts der Stadt bei Berg erscheint die »Kirche [...] wie ein Saurier« (ebd., 80) und veranschaulicht so die anachronistische Bedeutung übergeordneter Sinnzusammenhänge und einer allgemeinverbindlichen Moral. Die Stadt ist die Personifizierung des *anything goes*, das die Figuren in *Sex II* mustergültig vorleben.

Spricht Barthes (1988, 207) noch relativ nüchtern von der »Erotik der Stadt«, womit er meint, dass »die Stadt der Ort der Begegnung mit anderen« sei, möchte man den Bewohnern der Berg-Stadt lieber nicht begegnen. Es ist durchgehend von den Leiden, der Trauer, der Hoffnungslosigkeit, der Verzweiflung, der Frustration, dem Sadismus, der Perversionen der Charaktere die Rede; überall nur gescheiterte oder scheiternde Existenzen, ohne Identität, bloße Rollenspieler und Funktionsträger, ferngesteuert, frei von Gefühl. Wie soll es an »dem Ort, der den Ausschuss eines Landes versammelt« (Berg: Sex II, 9), auch anders sein?

Die Menschen dieser Stadt sind naturgemäß Singles: »Die Menschen in einer großen Stadt [leben] alleine. Das ist Gesetz. Die Stadt zwingt die Menschen, depressiv und einsam zu sein« (ebd.). Um ihrer Einsamkeit kurz zu entfliehen und sich der Illusion von Lebendigkeit hinzugeben, wird Zuflucht beim Sex gesucht:

> »Wir sind in das Hurenviertel gelangt, Männer schlurfen über das Trottoir, ihre Schwänze hängen müde in den Hosen, sie schleichen herum, suchen nach etwas, das sie ficken können, [...] um mal kurz irgendwo zu sein. [...] Das Leben reduziert auf kurze Samenergüsse, verkrampfte Orgasmen, für ein bisschen Lebendigkeit. [...] Große Städte. [...] Die Straßen, die Häuser, die verschissenen Grünanlagen, neben Hundekot, im Hundekot, fickende Paare überall« (ebd., 147).

Eine verwandte Szenerie erlebte Brinkmann (Rom, Blicke, 292 f.) vor den Mauern eines Friedhofs in Rom und auf den Straßen, die er nach seinem Friedhofsbesuch entlanggeht:

> »Der Boden gefleckt direkt an der Mauer, [...] voller Kondome – die ganze Außenmauer entlang, davor parken sie abends mit ihren Kleinwagen und sitzen in dem Blechgehäuse eingezwängt [...]: Körperknäul, die sich plump bewegen, und das Sperma spritzt in die Gummihäute [...]. Und weiter die schlaffen Gummihäutchen der Kondome, in denen das Sperma fault, Hundescheiße und [...] Cellophanschnipsel der Kondomverpackung. [...] Man watet durch die vollgespritzten Gummihäute«.

In der Berg-Stadt sind es entsprechend Geschlechtskrankheiten, die die Menschen verbinden, und keine Gefühle oder irgendeine Form zwischenmenschlicher Anerkennung. Die Menschen sind eigentlich keine Menschen, sondern vielmehr zu Maschinen bzw. Diskursen mutiert, die ihr **Leben nur nach stereotypen Mustern** gestalten können. Dennoch gibt es immer wieder die stets scheiternde Suche der Figuren nach Individualität, um so dem Seriellen ihrer Persönlichkeit zu entkommen. Dies verdeutlicht zugleich, dass die Stadt alles andere als ein Ort ist, an dem sich extravagante Lebensstile oder interessante Persönlichkeiten herauskristallisieren können. Diese Diagnose bringt auch Brinkmann (Rom, Blicke, 163) mit Blick auf Rom zum Ausdruck: »Da fuhr ich durch die Gegend, in denen Menschen lebten. Wie lebten sie? Wie Menschen, aber dann doch nicht wie Menschen, sondern wie Automaten, die von Menschen zu Automaten gemacht worden waren.«

Die einzigen Handlungsstimuli in *Sex II* sind Gier, Geld und Sex. In der Berg-Stadt gibt es auch keine Spur mehr vom klassischen intellektuellen Charakter des großstädtischen Lebens; ebenso ist sie weit davon entfernt, eine Hochburg von Kultur,

Kunst oder Schöngeistigem zu sein: »Kultur ist etwas, das andere machen, ist etwas, das die Menschen in der Stadt von ihrer Unfähigkeit ablenkt, ihr Leben mit sich zu füllen. Ist Ablenkung vom Dreck. Ist, um sie in der Stadt zu halten, zu vernichten, in der Stadt, die Menschen« (Berg: Sex II, 7 f.).

In *Sex II* wird die Stadt zum All-Ort und Nicht-Ort. Sie ist austauschbar sowie kulissenhaft und gibt den Stadtgängern **keine Orientierung** im urbanen Raum – ebenso wenig für ihr Leben. Dabei werden kaum prototypische, sondern vorwiegend **assoziative Stimmungsbilder** entworfen. Ihre Textstadt wird als gesichtsloser Ort des Privaten inszeniert, der als subjektive Projektionsfläche dient, als Stadt, die nur noch Kopfgeburt ist. Was bleibt, ist eine global-urbane Stadtlandschaft mit Ikonen gesichts- und referenzloser Identität.

Ihr Text veranschaulicht eindringlich, wohin der Uniformitätswahn, mit dem die Vision vom *global village* eng verbunden ist, führen kann. Das Stadt-Bild von Berg ist v. a. die Beschreibung eines krankmachenden, menschenverachtenden, zum Selbstmord treibenden, Sinnlichkeit erstickenden, Differenzen nivellierenden, Geist, Kreativität, Innovation und Individualität auslöschenden Panoramas. Sie decouvriert bzw. diffamiert die urbane Wirklichkeit als gewaltiges Simulationsszenarium, in der Lebendigkeit und Fortschritt, Utopien und Visionen sowie individuelle und kollektive Lebensentwürfe lediglich inszeniert und reproduziert werden, ohne ihnen eine Qualität zu geben, die sich von vorgegebenen Mustern befreit.

Es gibt in ihrem Text **keinen Ausgang aus der selbstverschuldeten Unmündigkeit**. In *Sex II* werden ausschließlich Wahrnehmungen der Ich-Erzählerin thematisiert, wodurch der Akzent vom Objekt (d. h. der Stadt) auf das Subjekt der Wahrnehmung (der individuellen Befindlichkeit der Ich-Erzählerin) zu einem bestimmten Zeitpunkt an einem bestimmten Ort verlagert wird. Der beschriebene Stadtraum wird dabei erst durch die Blicke der sie betrachtenden Figuren konstituiert und lässt eine Textstadt entstehen, die bewusst kein detailgenaues Abbild von konkreten städtischen Vorbildern ist. Der Stadtblick der Ich-Erzählerin lässt sie aber nicht zu einem Subjekt werden bzw. sich als Subjekt der Handlung begreifen, da sie sich kaum von den sie umgebenden Stadträumen unterscheiden kann, sie ist ihnen gegenüber distanzlos. Die Abgrenzung von Innen (Individuum) und Außen (Welt/Umwelt) gelingt nicht mehr, Stadtlandschaft (Umwelt) und psychische Disposition (Individuum) lassen sich kaum noch voneinander unterscheiden, sie bedingen sich wechselseitig.

Es sind also v. a. **innere Landschaften**, die in *Sex II* beschrieben, auf die Stadt projiziert werden und diese strukturieren. Es handelt sich bei *Sex II* um Begriffs- bzw. Reflexionsprosa, nicht wirklich um beschreibende oder erzählende Texte – das gilt für jeden Text der Autorin. Der Inhalt gleicht einem **Gedächtnisprotokoll**, welches durch das Innere der Erzählerin strömt. Die Schilderungen der Ich-Erzählerin sind Extrapolationen privater Erfahrung, die nicht auf universelle Verallgemeinerungsmöglichkeit zielt: »Alles ist subjektiv und falsch natürlich«, wie Thomas Bernhard (1991, 147) betont. Seinen Ich-Erzähler in *Der Untergeher* lässt er daraus eine grundlegende Erkenntnis formulieren:

»Wir handeln ungerecht [...] und mit der mir schon immer zum Verhängnis gewordenen Ungerechtigkeit und Ungenauigkeit, mit einem Wort Subjektivität, die ich selbst immer gehasst habe, vor welcher ich aber niemals sicher gewesen bin. [...] Wir schildern und beurteilen Menschen immer nur falsch, wir beurteilen sie ungerecht und schildern sie niederträchtig, [...] in jedem Fall, gleich, wie wir sie schildern, gleich wie wir sie beurteilen« (Bernhard: Untergeher, 213 f.).

Somit ist jede Schilderung, ob positiv oder negativ, wirklichkeitsverzerrend und -entstellend, rein fiktiv und zur Repräsentation empirischer Gegebenheiten, die es in diesem Verständnis nicht geben kann, unfähig, d. h. Realität und Fiktion werden ununterscheidbar. Damit hebt sich aber der kritische Gestus nicht auf, denn gerade die Subjektivität der Kritik ermöglicht allererst die Frage nach dem Objekt und dem Subjekt der Kritik neu zu stellen und somit den Standpunkt der Kritik stets in anderen Perspektiven zu betrachten.

Trotz aller vermeintlichen Universalität der Schilderungen von Berg ist es gerade die radikale Ichbezogenheit ihrer Ausführungen in *Sex II*, die den Anspruch auf Wahrheit und Verbindlichkeit ihrer Aussagen bewusst relativiert. Es geht Berg um den Versuch einer radikal individuellen Sinnes- und Sinnkonstitution, die einerseits keine andere übergeordnete Kategorie mehr gelten lässt, andererseits auch kein anderes Interesse mehr kennt. In *Sex II* werden allerdings keine souveränen oder autonomen Subjekte entworfen, sondern das Subjekt (die Ich-Erzählerin) wird stets in Frage gestellt.

Die Stadt-Blicke in *Sex II* sind **Erkundungen der Wirklichkeit im Medium Literatur** und keine Sozialreportagen. Sie können als Kritik an urbanen, sozialen und kulturellen Wirklichkeiten gelesen werden, die die von der Erzählerin beschriebenen Zustände nicht auch explizit in historischen, politischen oder soziologischen Kategorien erklären wollen. Makrostrukturelle Deutungsansätze für ihre urbanen Zustandsbeschreibungen, wie etwa die Wirklichkeit u. a. als Auswirkung der Massen- und Popkultur, ist bewusst zu individuell und allgemein gehalten, um auf Verallgemeinerbarkeit zu zielen. Es handelt sich bei ihrem Stadt-Bild vielmehr um eine **individuelle Psychogeographie**.

Gibt es eine Moral von *Sex II*? Bleibt der Text bei der liebvoll-lustvollen Destruktion von allem und jedem stehen? Oder kann man nach der Lektüre den Song »Trrrmmer« von Die Sterne singen: »Wir hatten Sex in den Trümmern / Und träumten / Wir fanden uns ganz schön bedeutend [...]«?

Die Literatur ordnet und zerreißt die Welt zugleich. Durch sie wird zuallererst Welt erschrieben. Und Schreiben engagiert uns in die Wirklichkeit, lässt uns in sie einsteigen und sie fortschreiben: »Schreiben heißt, den Sinn der Welt erschüttern, eine indirekte Frage in ihr aufwerfen, auf die zu antworten der Schriftsteller wie in einem letzten Aufschub sich untersagt« (Barthes 1967, 11). Diese Offenheit von Texten für eine nie endende Interpretation kann aus der Perspektive von Barthes als Aufforderung zur permanenten Re-Lektüre literarischer Wirklichkeiten aufgefasst werden.

Zu einer Re-Lektüre laden die Romane von Berg allerdings nicht ein. Der Leser ist froh, wenn Schluss ist. Nicht nur, weil alle Romane die immer gleichen Geschichten immer wieder erzählen, wenn auch jedes Mal immer wieder etwas anders. Bei der Lektüre erzeugt die strukturelle Negativität vielmehr einen Überdruss. Die Zustände in den Romanwelten von Berg sind nicht auszuhalten, aber auch nicht auszublenden. Sie skizzieren zu viel vertraute Alltäglichkeit und alltägliche Abgründigkeit. Zudem gehören Antworten ebenso wenig zum literarischen Programm von Berg wie Lösungsvorschläge für die dargestellten Probleme. Die ästhetische Intention der Autorin, wenn man überhaupt davon sprechen kann, besteht in der **Darstellung von Drastik**, dem überdeutlichen Blick auf das Unangenehme und in der daraus resultierenden Irritation. Dies verbindet ihr ästhetisches Programm mit einer Überlegung von Adorno (1997b, 253 f.): »Aufgabe von Kunst heute ist es, Chaos in die Ordnung zu bringen. Künstlerische Produktivität ist das Vermögen der Willkür im Unwillkürlichen.«

Wenn man die Welt als chaotisch erlebt, warum sollte sie dann literarisch geordnet und nicht vielmehr das Chaos exzessiv literarisch gestaltet werden? Die Ordnung in den Texten von Berg besteht daher konsequent im Entzug der Ordnung und im Ausbleiben von Glück sowie Hoffnung. Die Drastik in ihren Romanen ist Selbstzweck und verweist permanent nur auf sich selbst, ohne sich zu überschreiten. Die Autorin ist **keine Kulturpessimistin, Misanthropin oder Melancholikerin**, weil sie dafür zumindest eine Perspektive auf ein richtiges Leben besitzen müsste, das als Kontrastfolie zu ihrem literarischen Destruktionsgestus dient. Diese Perspektive existiert nicht. Die Bewertung der Werke von Berg in der Rezension von *Der Mann schläft* (2009) durch Kristina Maidt-Zinke (2009) ist darum komplett verfehlt:

»Das ist Sibylle Berg, wie wir sie kennen, die Expertin des Ennui, die Kassandra des Klamaukzeitalters, die einzige unbeirrbare Propagandistin des Vanitas-Gedankens in der neueren deutschsprachigen Literatur. Die aber nie verleugnet, dass ihre schwarzgalligen Diagnosen des Niedergangs und der Vergeblichkeit nur die Kehrseite der Sehnsucht nach dem Schönen und Guten, Freundlichen und Menschlichen sind.«

Was bei Berg als Leseeindruck bleibt, ist Drastik. Wozu das gut ist, das weiß niemand – auch die Autorin nicht. Also: »Fragen Sie [nicht] Frau Sibylle« (vgl. Berg 2013). Die Autorin hat, wie ihr Romanpersonal und ihre Leser, auch keine Antworten parat.

5.8.2 | Kolumne

Hubert Spiegel (1997, 42) weist in seiner Besprechung des Debütromans von Berg darauf hin, dass der Roman als Roman nicht richtig funktioniert und eher einen Kolumnenstil darstellt: »In den besseren dieser Szenen schreibt sie kolumnenlang im Kolumnenton über Kolumnenthemen: Magersucht und Liebeskummer, Bürofrust und Urlaubsabenteuer. Das mag der Konfektion in Magazinen und Illustrierten weit überlegen sein, aber im Arzneischränkchen der deutschen Gegenwartsliteratur ist es nicht gerade ein Wundermittel.« Rückblickend auf die letzten achtzehn Jahre ihres Schaffens besitzt diese Kritik in einer Hinsicht nach wie vor Gültigkeit: Der thematische Fokus und der literarische Stil der Berg-Texte ist überzeugender in Kurzformaten, wie etwa in Kolumnen oder Essays. Ihre Romane sind, weil sie sich alle um die immer wieder gleiche Darstellung von Drastik drehen, inhaltlich und formal redundant.

Exemplarisch wird hier eine *Spiegel Online-Kolumne* (»Fragen Sie Frau Sibylle«) vorgestellt (vgl. hierzu Kleiner/Schulze 2013b). Diese widmet sich einem der Lieblingsthemen von Sibylle Berg: dem Weltuntergang. Seit Januar 2011 schreibt sie eine wöchentliche *Spiegel Online*-Kolumne. Ihre Kolumne steht neben Texten von einigen bekannteren oder weniger bekannteren Medienfiguren, denen jeweils im Stil meinungsstarker US-Weblogs bestimmte Rollen, Themen und Argumentationstraditionen zugeordnet sind: zwischen prononciert links (Jakob Augstein – »Im Zweifel links«), posiert konservativ (Jan Fleischhauer – »Der schwarze Kanal«), gesellschafts-, kultur- und medienkritisch (Georg Diez – »Der Kritiker«), ökonomisch (Wolfgang Münchau – »Die Spur des Geldes«) und netzpolitisch-propagandistisch (Sascha Lobo – »Die Mensch-Maschine«). Die Drastik der Kolumnen von Berg werden im Unterschied zu den Romanen durch das spielerisch-journalistische Genre der Kolumne gerahmt – und in ihrer Provokation dadurch abgemildert.

Die **Kolumne** ist per se **das literarische Genre repressiver Toleranz**. Nichtsdestotrotz nutzt Berg diese Publikationsumgebung auf eine Weise, die hin und wieder überrascht sowie die alltäglichen Denkfiguren und Weltbilder herausfordert. Bildet literarische Drastik das Zentrum ihrer Romanwelten, so nutzt die Autorin ihre Kolumnen und Essays bedingt zum literarischen Experimentieren. Am 4. August 2012 schreibt sie unter dem Titel *Der Tod hat doch was Gutes* (2012):

»Warum irgendetwas machen, außer am perfekten Ort zu liegen, mit den zwei für mich perfekten Menschen, ein wenig Rauschgift einzunehmen, um den Schmerz erträglicher zu machen, der am Morgen und am Abend besonders traurig macht in diesen unklaren blass blauen Stunden. Es gibt für mich nichts mehr zu tun. Ich bin nicht geeignet zur Weltrettung.«

Offenbart sich hier im Unterschied zu den Romanen ein anderer Gestus in ihrem Schreiben? In der radikalen Rücknahme aller Handlungsintention? Im Entzug alles Aktivismus? Eine **Utopie im Untergang**? Berg schreibt über die letzten Momente eines imaginierten, friedlichen und glückvollen Weltendes:

»Wasser aus dem Rasensprenkler, das wollte ich unbedingt, es gehört zu meinem Traum, das leise Zischen des Geräts und der Geruch von Wasser auf Gras in der Hitze. Das war ein schönes Leben. Freundlich verabschiedet sich das Hirn von allem Negativen, es speichert angenehme Orte, Bücher, Tiere, Kinder, schöne Kunst, und jetzt ist es schon wieder Abend geworden. Im Fernsehen wird jeden Abend heruntergezählt. Noch vier Monate und 13 Tage. Man sieht Menschen an Lagerfeuern sitzen, sie tanzen, haben ihre Freunde und Familien um sich versammelt. [...] Es ist der Idealzustand einer friedlichen, feiernden Weltbevölkerung. Ein Umarmen Verfeindeter, ein Sich-aneinander-Schmiegen, der Wegfall aller sozialen und sexuellen Schranken, wozu waren die eigentlich noch mal gut« (ebd.)?

Während in den folgenden Monaten des Jahres weltweit die medialen Imaginationen eines Weltunterganges zum Jahresende angstlustvoll zunehmen, nimmt Berg diese Imagination für einen Kolumnenmoment ernst. Sie schreibt das Weltende wirklich und erfindet sich ein besseres. Just als Kolumnisten wirft sie sich nicht schützend hinter die besserwisserische Fratze der geschickt ihre eigene Ahnungslosigkeit camouflierenden Stilistin; vielmehr glaubt sie, für eine Online-Kolumne lang, diese vermeintliche exotische Prophezeiung. Und sie wirft sie auf die Leser/innen zurück:

»Ein lachend Sterbender. Keiner ruiniert die Umwelt in seinen letzten Monaten, mordet, prügelt sich, selbst die schwer Drogenabhängigen halten inne, um ein paar wache Momente zu erleben. Sie alle starren in die Sonne, fühlen sich so klein, wie sie es immer waren. Die Menschen begreifen endlich ihre Sterblichkeit und verhalten sich entsprechend friedlich und rührend. Die kleinen Menschen, auf dem kleinen Planeten, der vielleicht bald im freien Fall ins Universum gleitet. Vielleicht aber auch nicht« (ebd.).

Es ist ein Überraschungsangriff, wie Berg hier schreibt. Die Süffisanz und der knochenbrechende Sarkasmus, in bittern Momenten nur Zynismus, den die Leser womöglich erwartet hätten, sie bleiben hier aus. Berg sabotiert ihre eigene Kolumne. Und indem sie dies tut, nimmt sie die Leser/innen mit in ein gänzlich gewandeltes Kontinuum veröffentlichter Texte: Nicht mehr die gern beworbene Eigenschaft der Meinungsstärke ziert diesen Text – sondern eher eine Imaginationskraft. Man glaubt der Autorin ihren Wunsch nach einem milden, einverständigen Ende: »Prost auf den Untergang« (Berg: Wie halte ich das nur alles aus, 24). Ein Ende, das keiner todesgetriebenen, dunklen Hollywoodmechanik folgen mag, sondern geradezu an **empfindungstrunkene Idyllen** erinnert. Unaufhörliche *establishing shots*, die nichts etablieren, aneinandergereihte Plansequenzen, die keinen Plan erfüllen. Die Leser/innen genießen das folgenlose Innehalten: Lange Einstellung aller Handlung.

Es ist eine Schönheitssucht, ein **Wille nach Milde**, der hier einsetzt – im deutlichen Unterschied zu ihren apokalyptischen Romanwelten. Es sind Überraschungen, die die Autorin bereitet und die womöglich mehr provozieren als vermeintlich kalkuliertes Hacken in die üblichen Wunden des öffentlichen Diskurses, das Berg mindestens ebenso gerne in ihrer Kolumne praktiziert in Sachen Gender, Machtverhältnisse, Skandalisierungen und Begehrensbewirtschaftung. Diese Wunden schmerzen weiterhin als Einwanderungsbehörde, Unsterblichkeit, Demonstration, Politiker, Rauschgift, Fernsehen, soziale und sexuelle Schranken, Drogenabhängige, auch in diesem kurzen Text; doch sind sie nahezu vernarbt, erheben sich in ein Reich der Fiktion und Imagination, das so radikal kaum in einer Kolumne durchgehalten wird – sondern üblicherweise am Ende dann doch wieder ins Ironische, Metaphorische und gänzlich Uneigentliche zurückgenommen wird. Ganz zart geschieht dies auch hier. Doch kann ein letzter, nahezu ausschließlich aus Partikeln bestehender, prädikatsloser Satz wie »Vielleicht aber auch nicht« kaum gegen die imaginative Wucht der vorangegangenen Erzählung bestehen. Er ist unmittelbar erkennbar als Konzession an Redaktionsstil und Kolumnengepflogenheit. Ironischerweise hebt dieser Satz nur sich selbst auf. Die Härte der unendlichen Mildheit vor dem universellen Exitus, sie bleibt allein bestehen – **drastisch romantisch** und drastisch kitschig. Eine unendlich süße Horrorvision. Grauenvoller und beklemmender – zugleich punktuell überraschender – als jedes katastrophenactionfilmhafte Ausfabulieren der weltweiten Zerstörungen im Untergang.

Durch eben diese radikale Entsagung vordergründiger Machtgesten und Handlungsobsessionen vollführt Berg ihren textlichen Überraschungsangriff, ein souveräner Kampfsportgriff der Kraftumlenkung auf die Leserimagination. Der Leser steht vor diesem Text, ist auf sich zurückgeworfen und stolpert in seine eigene überschießende Erwartung hinein. Und doch schreibt Berg in *Der Tod hat doch was Gutes*: »Es liegt mir nicht, meine Ideen durchzusetzen, ich misstraue ihnen zu stark.« Damit sabotiert sie sich selbst und kehrt zur Grundhaltung ihres Schreibens zurück, denn anscheinend wird sich nichts jemals ändern.

5.8.3 | Ausgang geschlossen!

Ende neu – und das immer wieder vom Neuen. Was tun? Was bleibt? Die Antworten auf diese Fragen hat Sibylle Berg schon am Ende von *Ein paar Leute suchen das Glück und lachen sich tot* ihrer Figur Vera in die Gedanken geschrieben, als sie allein an ihrem Geburtstag in Venedig ist:

»Dann trinkt Vera wieder Milchkaffee. Auf einem Boot fahren drei Särge vorbei. Vera trinkt ihren Kaffee, sieht von den Särgen weg, in die Sonne. Und denkt sich. Schön blöd, einfach zu sterben. Worum es geht, ist doch einfach nur, etwas zu lieben. Und wenn es Milchkaffee und Zigaretten sind. Es ist egal, was einer liebt. Und einfach so zu sterben, ohne noch einen Milchkaffee getrunken zu haben, ist ganz schön blöd. Und dann biegt das Boot mit den Särgen um die Ecke, und Vera vergisst ihre Gedanken. Sie trinkt einfach ihren Kaffee und raucht« (Berg: Ein paar Leute, 180).

Vera ist am Ende die Einzige, die das Romangeschehen überlebt. Sie erstarrt zum Bild der stoischen Genügsamkeit purer Existenz – und erlebt dabei vielleicht **eine nicht emphatische Glücksempfindung**. Eine vergleichbare Haltung findet sich auch im essayistischen Werk der Autorin:

»Die Menschen und ich, wir sind egoistische, kleine Idioten, aber es ist traurig, sich von der Spezies zu verabschieden, von der Welt zu verabschieden, in der wir doch immer noch an den wenigen warmen Abenden, da die Sonne durch das Blade-Runner-Wetter dringt, in der Abendsonne sitzen und es nach Gras riecht« (Berg: Wie halte ich das alles nur aus, 9).

Der eigentliche Realitätssinn besteht auch hier in der bedingungslosen Hingabe an das unveränderliche Untergehen und im passiven Aushalten der Zeit, die bleibt.

Weiterführende Literatur

Weitere Prosaarbeiten von Berg: *Das Unerfreuliche zuerst. Herrengeschichten* (2001), *Ende gut* (2004), *Die Fahrt* (2007), *Der Tag als meine Frau einen Mann fand* (2015). - Weitere Kolumnen sind nachzulesen in *Gold* (2000). - Zu den *Theaterarbeiten* u. a. Berg (*Vier Stücke*) – zahlreiche weitere Theaterstücke wurden (zumeist als E-Book) im Rowohlt Theaterverlag veröffentlicht.

5.9 | Popliteratur am Rande

›Popliteratur am Rande‹ wird zumeist von Post-Punk-Literatur-Performern verfasst, denen Literatur zu wenig ist. Es handelt sich dabei um Autoren, die keine besondere Aufmerksamkeit durch die Literaturwissenschaft und Literaturkritik sowie vom Feuilleton und Boulevardjournalismus erhalten. Diese Autoren sind Musiker, Performance-Künstler, Journalisten, Schauspieler, Clubbetreiber oder Literaturwissenschaftler; zu ihren Produktionen gehören Platten, Hörspiele oder Theaterstücke; sie kuratieren Ausstellungen oder sind als Veranstalter tätig. Ihre Texte gehören nicht zum literarischen Kanon, sie besitzen Kult-Charakter in ihren Szenen oder erlangen saisonale Aufmerksamkeit in den Medien, wie z. B. *Verschwende Deine Jugend* (2001), Jürgen Teipels Doku-Roman über den deutschen Punk und New Wave. Sie zeichnen sich durch Sozialrealismus, eine dezidierte (linke) politische Haltung, einen starken Individualismus und ironisch sowie **kritisch distanzierten Bezug zu den Werten der bürgerlichen Gesellschaft** aus, zumeist mit Selbstironie zum eigenen Lebensentwurf. Als ›Popliteratur am Rande‹ findet sie nur selten Eingang in literaturwissenschaftliche Diskussionszusammenhänge und wird nicht umfassend journalistisch rezipiert.

Sie wird von Autoren geschrieben, die subkulturell sozialisiert sind, v. a. im Punk und New Wave. Von besonderer Bedeutung ist hierbei der sog. Post-Punk, d. h. ein Musikstil, der v. a. und zuerst in England Ende der 1970er bzw. Anfang der 1980er Jahre aus dem Punk hervorging und diesen in verschiedenen alternativen Musikstilen (etwa New Wave, Independent oder Alternative) weiterentwickelte. Für diese Autoren ist **D. I. Y.** (*Do It Yourself*) die bedeutsamste kulturelle Lebens-, Produktions- und Distributionsform. Die Bedeutung von Eigenverlagen ist für diese Autoren ebenso hoch wie die von Fanzines für die Szenekommunikation, Szenevernetzung und Selbstorganisation. Das Ziel besteht darin, eine produktive **Unabhängigkeit vom Mainstream-Literaturbetrieb** durch alternative Publikations- und Vertriebsstrukturen zu erreichen (vgl. Müller 2014). Das Gleiche gilt für das gegen die Musikindustrie gerichtete *Do It Yourself* von Punk und New Wave. Diese Musikkulturen, teilweise in Verbindung mit avantgardistischer Kunst, sind die Vorbilder, an denen sich die ›Popliteratur am Rande‹ orientiert.

Die subkulturelle (Musik-)Sozialisation bestimmt bei diesen Autoren die Haltung zur Literatur und ihre literarische Produktionspraxis. Ihre Rezeption von Punk und New Wave wirkt sich unmittelbar auf ihr Schreiben aus. Daraus entsteht kein eigenes literarisches Genre, wie z. B. Punk-Literatur. Es findet sich vielmehr eine Punk-Ästhetik in der Literatur wieder, so spielen etwa Manifeste und Collagen eine besondere Rolle gegenüber stringent erzählender Prosa. ›Popliteratur am Rande‹ stellt keine einheitlich fassbare, programmatisch in sich geschlossene Bewegung dar, sondern eher ein (loses) Netzwerk von Autoren. Sie ist zur bedeutendsten Punk-Phase 1976/77 entstanden, hatte ihre Hochphase in den 1980er sowie 1990er Jahren und erschöpfte sich zu Beginn der 2000er Jahre (zur Popliteratur der 1970er bis 1980er Jahre s. Kap. 5.2). Seit den frühen 2000er Jahren gibt es entsprechend einige Versuche, die ›Popliteratur am Rande‹ als literarische Erinnerungskulturen zu historisieren. Einflussreich ist in diesem Kontext etwa *Subkultur Berlin 1979–1989* (Müller 2014).

Literarisch stehen die in diesem Kapitel behandelten Autoren in der Tradition der kultur- und gesellschaftskritischen US-amerikanischen sowie britischen Underground-/Beat-Literatur-Szene seit den 1950er Jahren, die in den u. a. von Weissner, Tsakiridis, Brinkmann, Rygulla oder John herausgegebenen **Anthologien** rekonstruiert wurde. Diese Szene kritisiert das Konformitätsverhalten der Massengesellschaft und reagiert darauf mit einer individualistischen Haltung (s. hierzu Kap. 4).

Die Subkultur-Rezeption verbindet die ›Popliteratur am Rande‹ mit deren Werten und Ausdrucksformen (vgl. u. a. Büsser 2003). Ausgehend v. a. von diesen Szenen findet eine neue ästhetische Direktheit und Drastik (vgl. Dath 2005), verbunden mit einem ironisch-provokanten Gestus, Einzug in die deutsche Popliteratur. Zum Zusammenhang von Musik und Literatur betont Ullmaier (2001, 88): »Hatte Punk / New Wave die besten literarischen Momente – weil fast jeder mit Musikprojekten reüssierte – in den Songs, so wuchs mit dem Erkalten auch des Punk-Ausbruchs alsbald der Drall zum reinen Text.« In Anthologien wie *Amok / Koma* (Ploog/Pociao/ Hartmann 1980), die den Übergang zwischen Beat-/Pop-Literatur und der neuen Szene darstellt, in *Geniale Dilletanten* (Müller 1982) oder *Rawums* (Glaser 1984) findet sich eine repräsentative Auswahl der frühen Autoren und Texte dieser Szene: so, neben den Herausgebern selbst, u. a. Kiev Jaguar Stingl, Ralf Rullmann, Alexander von Borsig, Frieder Butzmann, Bodo Morshäuser oder Joachim Lottmann. Bei Autoren wie z. B. Blixa Bargeld (Einstürzende Neubauten), Gudrun Gut (Malaria!) oder Wolfgang Müller (Die Tödliche Doris) verschwimmen zudem die Grenzen zwischen Musik und Literatur. Glaser (1984, 13 f.) betont in seinem »Exposé« zur Anthologie *Rawums*: »360 Songtexter: 361 die ersten Schreibenden zum Ende der literarisch hinsiechenden 70er; 362 denen der Kragen platzt: 363 Rawums. [...] 440 Das beste Buch des Jahres '81 ist eine Schallplatte: 441 ›Monarchie und Alltag‹ von Fehlfarben.« Der Ausdruck ›Rawums‹ markiert in dieser Anthologie die subversive Bedeutung des Wortes ›Pop‹ im Sinne von Knall bzw. Stoß (s. Kap. 3).

Die Musik wird in ihrer textlichen und ästhetischen Form sowie durch ihre eigensinnige Stilkommunikation zum Leitbild des Schreibens und der Selbstinszenierung der Autoren. Dies gilt auch für den Film und die bildende Kunst dieser Zeit. Dadurch trägt ›Popliteratur am Rande‹ zu einer Ausdifferenzierung der Literatur und des Literaturbetriebs bei. Sie wird (Szene-spezifisch) stilprägend:

»480 Musikjournalisten sprechen vom Stil der Zeit, 481 dem ›Spiel mit allen verfügbaren Stilen‹. 490 Die Literaturkritik ist orientierungslos und wedelt mit ein paar verbleibenden -keiten und -ismen nach allen Seiten. [...] 510 Auch in der Literatur wollen lange eingedämmte Eigenschaften wieder glasklar zum Ausdruck kommen. 520 Ungebremst von ameisenhaft durcheinanderkrabbelnden Bedenken; 521 selbstsicher. 530 Adrenalintreibend, 531 störend und ungehalten. 540 Schnittig, 541 schräg, 542 witzig. 550 Treffend. 560 Strategien zwischen rabiater Ablehnung und offensiver Affirmation werden erprobt« (ebd., 15 f.).

Glaser fasst wesentliche Stilelemente von **Punk und New Wave** zusammen, die vorbildlich für die neue literarische Bewegungen sind. Diese sind Störer des offiziellen

Kulturbetriebs und konfrontieren ihn mit dem, was er als dominante Kultur ausschließt – ebenso wie diese Musikkulturen gegen die Musikindustrie opponieren. Der offizielle Kulturbetrieb wird hierbei als Ausdruck der Entfremdung aufgefasst:

»Die Post-Punk-Szene verhielt sich in dieser Zeit künstlerischen Experimenten gegenüber sehr offen. Dort herrschte eine große Neugier, völlig im Gegensatz zur sich als professionell verstehenden, kommerziell wirtschaftenden Galerieszene. Im offiziellen Kunstbetrieb hatten meist nur sehr anpassungswillige und -fähige junge Künstler und Künstlerinnen eine Chance wahrgenommen zu werden. Funktionierten sie nicht so, wie der Betrieb es von ihnen erwartete, brachten sie der Galerie keine Rendite, dann folgte schnell ihre Entsorgung« (Müller 2014, 21 f.).

Punk und New Wave bewirken aus der Perspektive der in diesem Kapitel vorgestellten Autoren die bedeutsamsten kulturellen Veränderungen und Innovationen seit Ende des Zweiten Weltkrieges in Deutschland. In *Rawums* werden aber sogleich auch Bedenken laut, dass diese Neuerungen nur von kurzer Dauer sein könnten. Stilprägende, subversive (pop-)kulturelle Bewegungen besitzen in dieser Sicht eine kurze Wirkungszeit, bevor sie durch den (literarischen, akademischen, journalistischen, kulturindustriellen etc.) Betrieb vereinnahmt werden und ihre Durchschlagkraft verlieren: »450 Hupps, 451 schon werden Magisterarbeiten geschrieben: 452 ›Punk – 453 Versuch der künstlerischen Realisierung eines neuen Lebensgefühls‹. 460 Akademiker basteln sich ihre eigene Untergangsstimmung, 461 sie erörtern wieder einmal ›Das Ende der Literatur‹« (Glaser: Explosé, 15).

Die Verweigerung von definitiven Bezeichnungen, aber auch das affirmative Spiel mit ihnen, soll diese eindeutige literaturwissenschaftliche sowie journalistische Einordnung erschweren. »682 wir schreiben längst die Post-Wave-Ära; 683 außerdem ist nicht wichtig, 684 wie das heißt« (ebd., 17). Der produktive Verweigerungsgestus konnte allerdings, wie Müller (2014, 31 f.) resümiert, weder in der Literatur noch in der Kunst vor umfassender **Vereinnahmung** schützen:

»Im Jahr 2008 warb die Autofirma Honda mit dem Slogan ›Vernunft ist der neue Punk‹. Rationalität wird somit kombiniert mit der Art von Freiheit und Grenzüberschreitung, für die ›Punk‹ nunmehr steht. [...] Ebenso unvorstellbar war es in den Achtzigern, dass dereinst konservative oder neoliberale Medien und Politiker Ehrenpreise an junge zeitgenössische Künstler verleihen würden, an deren Brust sie zuvor Attribute wie ›Punk‹, ›Anarchist‹, ›Rebell‹ oder ›Umstürzler‹ geheftet hatten – und zwar gänzlich ironiefrei. [...] Und ›Punk‹ wurde zum Synonym für die Erneuerungs- und Integrationskraft eines sich verstärkenden, als alternativlos bezeichneten Turbokapitalismus. Bald darauf verteilten Ultrakonservative und Neoliberale Kunstpreise an ›Anarchisten‹ und ›Rebellen‹, lobpreisten ruppig performende Schauspieler und Musiker in Machoposen als ›Punks‹. [...] Die Reinszenierung der Gesten und Codes der Achtziger wurden von kommerziell wirtschaftenden Galerie und dem Kunsthandel zu aufregenden, aktuell neuen Popkultur erklärt.«

Diesen Ausverkauf und den daraus resultierenden musikalischen, kulturellen und literarischen Bedeutungsverlust von Punk beklagen fast alle Autoren der ›Popliteratur am Rande‹, die in der Entstehungsphase beteiligt und in den Szene-Anthologien präsent sind. Diese Anthologien unterscheiden sich von den klassischen literarischen Anthologien darin, dass sie eine wilde Ansammlung von Bildern, Kurzprosa, Zeichnungen, Songtexten, Text-/Bild-Collagen, Manifesten, Zeichnungen usw. sind. Sie orientieren sich hierbei ästhetisch und inhaltlich an Fanzines.

Punk und New Wave kommen literarisch hauptsächlich als Sujet durch die Rezeption und Subkultur-Sozialisation der Autoren vor sowie als Attitüde. Äußerst selten jedoch als Dokumente authentischer Szene-Literatur. Büsser (2003, 154 ff.) bezeichnet den mit zahlreichen Fotografien bestückten Roman *Die besoffene Schlägerei* von

Kiev Jaguar Stingl (1984) als authentische Punk-Literatur, in Abgrenzung zu den Romanen *Irre* von Rainald Goetz (1983) und *Autobigophonie* von Françoise Cactus (1996), der Sängerin und Schlagzeugerin von *Stereo Total*, in denen Punk nur als Referenzkultur bzw. Rezeptionserlebnis und Attitüde auftauchen, die selbst aber keine Punk-Literatur, also in Form und Inhalt Punk sind. Büsser (ebd.) und Ullmaier (2001, 123 f.) kritisieren in diesem Zusammenhang die Lesung des Textes *Subito* (1986) von Goetz 1983 in Klagenfurt beim Ingeborg Bachmann-Preis: das Aufschneiden der Stirn mit einer Rasierklinge sei nur ein äußerst konventioneller Versuch, den Punk-Gestus in den traditionellen Literaturbetrieb zu überführen, um diesen zu schockieren. Der Text selbst stelle kein Dokument authentischer Punk-Literatur dar. Ein stilistisches und inhaltliches Pendant zum Punk-Roman von Stingl sehen beide hingegen in Goetz' Techno-Roman *Rave* (s. Kap. 5.3.3). Außer Acht lassen Büsser und Ullmaier, dass auch die Texte der Anthologie *Geniale Dilletanten* (Müller 1982) diesen Anspruch an Punk-Literatur erfüllen.

Büsser betont weiterhin, dass Punk und New Wave musikalisch sowie literarisch einen Bezug zum Verständnis künstlerischer Avantgarden der ersten Hälfte des 20. Jahrhunderts aufweisen (vgl. dazu Bürger 1974):

»Schockästhetik, die Forderung nach einer Aufhebung der Grenzen von Kunst und Leben, manifesthafte Artikulationen und Ausdrucksformen, bei denen Konzepte und Ideen dezidiert wichtiger als das Handwerk waren, wenn nicht sogar gewollt gegen handwerkliches Musikertum gerichtet. Zwischen Spott, Witz, Desillusion, Agit-Prop und Nihilismus pendelnd, formal aber immer mit einem Hang zum Dilettantismus oder Antikünstlertum, stehen Punk und New Wave vor allem dem Dadaismus nahe« (Büsser 2003, 150; vgl. hierzu auch Marcus 1996).

Die Bezugnahme auf die künstlerische Avantgarde besitzt bei Büsser v. a. eine legitimierende Funktion, d. h. sie stellt den Versuch dar, die ›Popliteratur am Rande‹ diskursfähig zu machen. Bezeichnenderweise verfasste einer der bedeutendsten Trash-Autoren und wichtigsten Stimmen der sozialkritischen Gegenwartsliteratur, Enno Stahl (1997), seine Doktorarbeit zur *Anti-Kunst und Abstraktion in der literarischen Moderne (1909–1933)*.

5.9.1 | Social Beat, Slam Poetry, Trash

Social Beat, Slam Poetry und Trash sind drei einflussreiche Schreibverfahren der ›Popliteratur am Rande‹. Social Beat, Slam Poetry und Trash grenzen sich deutlich ab von Popliteratur-Autoren wie Christian Kracht (s. Kap. 5.7), Benjamin von Stuckrad-Barre (s. Kap. 5.6) mit ihren Leitthemen Mode, Schönheit, Sexualität, Drogen, Stil, Individualität und lustvollem Leiden am Leben, der Welt und/oder der Kultur – Themen, die u. a. affektiert, blasiert, überheblich-distanziert, interessenlos, zynisch, ironisch oder jugendlich naiv dargestellt werden. Die Suche nach einer Positionierung in und Identifikation mit der Welt, der Gesellschaft, der Kultur oder der Gegenwart zielt bei Autoren wie Kracht und Stuckrad-Barre nicht auf einen subkulturellen Differenz- und Abgrenzungsgestus, eine Suche nach dem richtigen Leben im falschen. Vielmehr geht es erstens um eine mögliche große Affirmation der aktuellen Waren-, Medien-, Marken-, Mode-, Stil- und Haltungswelt; dies zweitens verbunden mit dem Festhalten an einem nostalgischen, dekadent-dandyhaften Schönheitsideal, das wiederum als Differenz- und Abgrenzungsgestus fungiert. Diese Form der Popliteratur wurde als eine Literatur des Spektakels inszeniert und zum Konjunkturthema. Medienhype, Personenkult, Empörungs-/Spottwellen, Stellvertreter-Kämpfe u. v. m. bestimmten dabei die Auseinandersetzung.

Im Unterschied zu dieser Literatur sind die Subkultur und der Underground der bedeutsamste kulturelle Ort der Social-Beat- und Trash-Literatur sowie von Slam Poetry. Ihr Ziel besteht in der Subversion der offiziellen Literatur ihrer Zeit sowie in der Kritik der leitenden gesellschaftlichen, kulturellen und medialen Verhältnisse.

»Slam Poetry, auch Spoken-Word-Poetry, ist Live-Literatur, Literatur für die und auf der Bühne, Social Beat meint vornehmlich ein literarisches (Untergrund-)Netzwerk, Trash einen Schreibstil. Das hat zur Folge, dass natürlich jemand, der Trash schreibt, zum Social-Beat-Kontext gehören und seine Texte performerisch zur Aufführung bringen, also Slam Poetry betreiben kann. Es gibt personelle Schnittmengen, die Autoren und Multiplikatoren betreffend, die in den einzelnen Bereichen tätig waren und sind. [...] [D]er Umkehrschluss, dass alles ein und dasselbe sei, trifft keinesfalls zu: Natürlich existieren eine ganze Anzahl hervorragender Live-Dichter, die nichts mit Trash und erst recht nichts mit Social Beat zu tun haben, Trash-Literaten, die nie auf einem Poetry-Slam in Erscheinung getreten sind und so weiter« (Stahl 2003, 258).

5.9.1.1 | Social Beat

Seit Ende der 1980er Jahre gibt es in Deutschland konkrete Bemühungen um die Erneuerung einer genuinen Underground-Literatur, die eine Nähe zur (amerikanischen und deutschen) Beat-Literatur der 1950er und 1960er Jahre besitzt und für die u. a. der Begriff ›Social Beat‹ geprägt wird. Kreiert wird dieser Begriff anlässlich des ersten Social-Beat-Festivals »Tötet den Affen«, das vom 5.-8. August 1993 in Berlin-Prenzlauerberg im *Schokoladen* stattfindet und von Jan André Dahlmeyer und Thomas Nöske veranstaltet wird. Kerenski (1998, o. S.) beschreibt Social Beat als subkulturell, realistisch, gegenwartsbezogen, subjektiv, wild und subversiv:

»Der neue Beat ist eine literarische / künstlerische Ausdrucksweise an der Peripherie des Kulturbetriebs. Er scheißt auf utopische Entwürfe, schöngeistiges Geschwätz und tote Worte im leeren Raum. Was zählt, ist die Wirklichkeit, das Hier und Jetzt, die Verbindung kultureller, politischer & gesellschaftlicher Fragen. [...] Seine Jünger [...] sind niemals objektiv, immer parteiisch [...], sie schreien wild und wüst gegen das Überkommene [...], ihre Schreibweise ist der Sauerstoff eines neuen ästhetischen Klimas. [...] Der neue Beat ist eine Reise in wunderliche Räume, ein Trip in die Tiefe unserer Wahrnehmungsfelder, ein Ritt auf E.«

Social Beat ist eine Leerformel, die jeder, der sie verwendet, mit (immer wieder neuem) Inhalt füllt und dadurch verändert. Der Begriff kann nicht auf einen gemeinsamen Nenner gebracht werden.

Auch für die Social-Beat-Szene sind Anthologien zentrale Publikationsorgane. In diesem Kontext gibt es ebenso Verweise auf literarische Vorgänger aus den 1960er Jahren, wie etwa im Fall von *Kaltland Beat* (Kerenski/Stefanescu 1999), das sich inhaltlich und formal an *Acid. Neue amerikanische Szene* (Brinkmann/Rygulla 1969) orientiert, um die aktuelle Social-Beat-Szene zu dokumentieren. Das Vorwort wurde von Peter O. Chotjewitz verfasst, der bereits *Acid* seinerzeit in der FAZ besprochen hatte. Diese Kontinuität und Verbindung lässt sich auch mit Blick auf die Gründung der »Gruppe 60/90« belegen, »die sich zum Ziel setzte, Vertreter der älteren Beat-Literatur (wie Hadayatullah Hübsch, Jürgen Ploog und Carl Weissner) mit jüngeren Mitstreitern zusammenzubringen« (Hoffmann 2006, 338).

Die **Leitthemen** in den Social-Beat- und Slam-Poetry-Texten sind: Alltag, (v. a. linke vs. konservativ-bürgerliche, regressive) Politik, Drogen, Alkohol, Sex, Gender-verhältnisse, Rassismus, Unterschicht, Arbeitslosigkeit, Illegalität, Konsumkritik, Krankheit, erfolgloses Künstlertum, Kommunikation, Kritik der bürgerlichen Gesellschaft und ihrer Werte, Individualismus, Stadtkultur, urbane Hässlichkeit und städtische Randbezirke, Populär- und Popkultur, gesellschaftliche Entfremdung und der Kultur-/Literaturbetrieb (vgl. Ernst 2013, 423–473). Beispielhaft für einen Social-Beat-Text ist die folgende Passage aus *Brennender Schnee. Die fahrt der Pranksters ostwärs* von HEL (1999, 212):

»I / Tom hat Ken in der kiste besucht / Hat ihm erzählt der bus ständ vor Richards haus / Voll mit stoff bis unters dach / Und sie könnten los fahren käme er erst hier raus / Lautsprecher dreißig meilen weit / Könnten verkünden die hirnstimmen drin / Auch ein Kühlschrank mit acid voll / Sei eingebaut: also steh auf und mach hin / Junge: zurück in den osten / Wollen hinab in Behemoths herz / Wo er am tropf seiner meineide hockt / Wo der zinsgeigerzähler die zukunft tickt / Wo Marys alter zuhälter zockt / friedlich tierchen / Sie hatten ihn zweimal mit shit erwischt / Das FBI hat ihn aufgemischt / Wir türmten aus Redwood City / Brennender Schnee [...]«.

Die Social-Beat-Texte basieren auf einem Underground-, Subversions-, Gegenkultur- und Widerstandsverständnis von Popkultur, teilweise aber auch auf einem klassischen Avantgardeverständnis mit Bezug etwa auf Dadaismus und/oder Futurismus (vgl. z. B. Bert Papenfuß in Ullmaier 2001, 137). Die Social-Beat-Szene, bestehend aus einem **losen Netzwerken von Autoren, Aktivisten und Künstlern**, wendet sich vergleichbar der deutschen Beat- und Pop-Literatur-Szene der 1960er Jahre gegen den etablierten Literaturbetrieb: »*Social Beat heißt einfach nur: Der Underground lebt*« [Hervorh. im Original], wie Klaus Wegener alias *ET ZETERA* betont (zit. n. Ullmaier 2001, 134). Eine Verbindung besteht allerdings zwischen der Popliteratur eines Kracht oder Stuckrad-Barre und Social Beat, Slam Poetry und Trash, sie besteht in ihren **gegenwartsdiagnostischen Kompetenzen** und ihrer Funktion als Gegenwartsarchive (vgl. Schumacher 2003; Baßler 2002).

Social-Beat-Texte verstehen sich aber weniger als literarische Texte, sondern als gesellschaftliche bzw. gesellschaftskritische Äußerungen, die darauf abzielen, die formale Ausgestaltung der Texte als Beurteilungskriterium nicht länger zu beachten. Darum kann Social Beat als eine Art **Kommunikationsguerilla** (vgl. Kleiner 2005) bezeichnet werden:

»Bei Social Beat handelt es sich um eine engagierte Literatur, die kompromisslos und radikal in Sprache und Inhalt die Wirklichkeit wider-spiegelt. [...] Bei Social Beat geht es um das Hier und Jetzt und um die Unmöglichkeit zur Utopie. [...] Social Beatler sind nicht die großen Denker oder Intellektuellen, ich würde sie eher als Realisten mit einem Touch Idealismus bezeichnen. Sie sind keine Schriftsteller im herkömmlichen Sinne [...]. Wir haben uns gesagt, wenn die Menschen nicht zur Literatur kommen, dann geht die Literatur zu den Menschen. Social Beat ist überall – es wird gelesen an den herkömmlichen Orten, in Kneipen, Hallen, Diskos, auf der Straße oder in Unterführungen ... Bei Social Beat ist der Autor mitten im Publikum« (Kerenski 1998, o. S.).

5.9.1.2 | Spoken Word Poetry und Poetry Slam

Anfang bzw. Mitte der 1990er Jahre kommen in Deutschland durch Spoken Word Poetry und Poetry Slams (vgl. u. a. Papenfuß 1993; Neumeister/Hartges 1996) noch weitere Formen der **Live-Literatur**, also Literatur für und auf der Bühne, hinzu, die eine direkte Nähe zur (amerikanischen und deutschen) Beat- und Undergroundliteratur/-kultur der 1950er und 1960er Jahre sowie zum Social Beat besitzen bzw. in denen Social Beat stattfand. Diese Formen von Popliteratur werden auch plakativ als »**AußerLiterarische Opposition**« (Schönauer 1997) bezeichnet. Diese Opposition besitzt zumindest drei Leitthemen: erstens den Widerstand gegen die Hegemonialkultur, zweitens literarisch-politische Experimente mit Bezug zur 1968er-Generation und drittens verstehen sie sich, in kritischer Anlehnung sowie Abgrenzung zur Verwendung dieses Begriffs in den 1960er und 1970er Jahren, als Alternativliteratur. Durch prominente Spoken-Word-Poetry-Akteure wie den US-amerikanischen Musiker (u. a. Spermbirds, Steakknife) und Autor Lee Hollis kamen zudem **Hardcore-Einflüsse** in die ›Popliteratur am Rande‹.

Bei Poetry Slams handelt es sich um moderne Autoren-Wettlesungen in Bars, Kneipen, Cafés usw. vor Publikum, bei der zumeist Gedichte und kürzere Prosatexte vorgetragen werden. Eine – zumeist spontan gewählte – Jury oder das Publikum geben Punkte und küren schließlich einen Sieger. Bei Poetry Slams stehen zumeist die Performance und die Stimmung des Publikums im Vordergrund, weniger die Textqualität oder ästhetische Fragestellungen. Im Unterschied zum Social Beat und zur Slam Poetry stellen Spoken Word Poetry und Poetry Slams, wie Stahl (2003, 262) betont, »kein originäres *Text*-Genre [dar], sondern ein zeitgenössisches **Veranstaltungs- und Auftritts-Genre**« [Hervorh. im Original]. Es handelt sich hier um spektakuläre, aufmerksamkeitsökonomisch erfolgreiche Literaturaufführungsshows bzw. um modische Literaturevents.

Der erste deutsche Poetry Slam fand am 10. 12. 1993 in Köln im *Rhenania* statt und wurde vom Kölner KRASH Verlag, der seit 1988 von Enno Stahl betrieben wird, veranstaltet: »Die Erste Deutsche Literaturmeisterschaft: Dichter in den Ring!« Die international ersten Poetry Slams fanden 1986 in Chicago statt (organisiert von Mark Smith). Der ästhetische Eigensinn von Poetry Slam und Slam Poetry besteht v. a. in der **Performativität dieser Literatur**, die unabdingbar an die Körperlichkeit des Autors gebunden ist und daher als Text, als Hörbuch oder in einer Video-Dokumentation diese Besonderheit der Live-Performance verliert. Das gilt auch für einen großen Teil der Social-Beat- und Trash-Texte, weil bei diesen Schreibverfahren die Oralität das entscheidende ästhetische Kriterium ist. Stahl (2003, 271) lässt mit seiner Behauptung, diese Oralität werde »auch im schriftlich fixierten Textkorpus realisiert, nicht erst in der Aufführungswirklichkeit des Slams«, außer Acht, dass Texte nicht die Stimme des Autors und seine Performativität transportieren können. Texte limitieren und transformieren den ästhetischen Eigensinn dieser Text-Aufführungen.

Eine wesentliche Pop-Qualität besteht in der Performativität des Live-Erlebnisses und der dabei stattfindenden Interaktion zwischen Autor und Publikum. Eine traditionelle Autoren-Lesung lebt allein von der Performativität des Textes und der Aura des Autors – eine schlechte Vortragskompetenz verhindert allerdings das Gelingen dieser Lesungen. Eine Pop-Lesung ist ein multimediales Event, in dem die *catchyness* der Inszenierung dominiert, bei der vom Autor Entertainer-Qualitäten erwartet werden und die ihre eigene Medialität oder ihre mediale Verwertung von Anfang an adressiert, d. h. ihre potentielle CD- oder Filmwerdung. Dieser Aspekt spielt beim Poetry Slam eine geringere Rolle als etwa bei Lesungen von Autoren wie Benjamin von Stuckrad-Barre oder Rainald Goetz. Dies galt etwa schon für die *Star Club*-Lesung von Hubert Fichte aus dem Jahr 1966, bei der er Teile aus seinem Underground-Roman *Palette* (1968) vortrug und dabei von der Beat-Band *Ian & the Zodiacs* begleitet wurde.

Für die US-amerikanische Slam-Kultur stellt Stahl (ebd., 259) eine politische Bedeutung heraus, die »von Multikulturalität geprägt« sei und »als Interessenvertretung für bestimmte ›Communities‹« verstanden werden könne. Die Slam-Kultur ist hier ein Sprachrohr für ethnische Minderheiten oder anderweitig gesellschaftlich marginalisierte Bevölkerungsgruppen, wie z. B. Homosexuelle, Obdachlose oder Arbeitslose. Im Unterschied zu den USA konnte die Bedeutung von Hip-Hop und Rap in Deutschland jedoch nicht vergleichbare Qualität gewinnen, darin offenbart sich eine signifikante Differenz der beiden Slam-Kulturen:

»Als Artikulationsmöglichkeit für marginalisierte Gruppen war Slam Poetry in den USA von Anfang an eng mit den Vortragsformen des Rap verknüpft, der ja ebenfalls als spezifische Ausdrucksform sozial benachteiligter Gruppen entstanden war. Da die Rap-Musik jedoch längst ein Teil der Massenkultur geworden war, als die Poetry Slams in Deutschland Mode wurden, fehlte ihr hier von Anfang an der gegenkulturelle Impuls. Stattdessen wirkte sich die Bindung an den Rap und an verwandte Musikformen dahingehend aus, dass bei Poetry Championships [...] solche Texte bevorzugt wurden, die [...] ›hiphop-nah [...] bis hiphop-tauglich‹, in jedem Fall aber ›tanzbar‹ waren. Die Poetry-Slams wurden so zu einem typischen Spaßgesellschafts-Event« (Hoffmann 2006, 344).

5.9.1.3 | Trash-Literatur

Neben der Social-Beat- und Slam-Poetry-Szene entwickelt sich die sog. Trash-Literatur, die stärker auf Literarizität Wert legt und mehr als reiner Sozialrealismus sein will (vgl. Stahl 2003, 258). Enno Stahl (1999, 161), als Autor und Verleger (KRASH Verlag) einer der wesentlichen Protagonisten der Trash-Szene, bezeichnet Trash-Literatur als eine Vereinfachung von Literatur:

»DEF.: ›trash‹, ›trashstories‹_, literatur aus abfall, aus fundstücken, junk-lit., die die welt als gegebene hinnimmt + sie nicht in vorgeblicher kunsthaftigkeit darzustellen (zu simulieren) versucht. ›trash stories‹ – das sind geschichten, die aequivalent zu ebensogenannter musik unpraetentioes + direkt, hart + unmittelbar am lebenspuls berichten, was ist. was uns so passiert. in diesen naechten. oder nicht-naechten, in diesen staedten, die immer groeszer werden + so fast ganz + gar ohne menschliche identifikationsmoeglichkeiten. ›trash‹ als klarer abgleich der lebenstatsachen, naturalismus pur, ungekuenstelter stil – praktisch nur das, was passiert« (zur Trash-Literatur vgl. die Texte in der von Stahl 1996 herausgegebene Anthologie *German Trash*).

Diese **Vereinfachung von Literatur** führt bei der Trash-Literatur zu einer komplexen literarischen Verdichtung der Alltagssprache und der Alltagswahrnehmung, die gegen die Grenzen der Rekonstruktion der Erlebniswirklichkeit in der Textwirklichkeit anschreibt. Trash-Texte versuchen dabei, der Alltagssprache und der Alltagswahrnehmung einen musikalischen Rhythmus zu geben, einen Rhythmus, der sich v. a. an der Punk-, Hardcore- oder Alternative-Rock-Musik orientiert. Die literarische Sprache soll musikalisch subvertiert werden. Die Inhalte der Texte beziehen sich auf die Gegenwart und den Alltag. Historische Rückblicke, die Beurteilung der Gegenwart aus historischer Perspektive, historische Genealogien oder Nostalgie sind der Trash-Literatur fremd: »Vermutlich wird es sich weniger um psychologisierende Erzählungen handeln, kaum um längere Reflexionen, eher um Versuche zur Konkretion, die eine Deutung der sozialen Lebensumstände abgeben soll, reduziert auf den Punkt gebracht« (Stahl 2003, 270).

Die Adressaten der Trash-Literatur sind weder der Hochkultur-Literaturbetrieb noch die Literatur-Kritik, sondern primär diejenigen, die sich an den Orten aufhalten, an denen die Trash-Literatur entsteht, bzw. die Protagonisten dieser Texte sind.

Trash-Literatur versteht sich als ein Gesprächsangebot bzw. als ein gemeinsamer Dialog mit ihren Leser/innen über die Gegenwart. Sie verhandelt gesellschaftlich sowie medial marginalisierte Themen und Lebensentwürfe, d. h. das kollektive Übersehene und Überlesene in der alltäglichen Wirklichkeit. Als Modus des Schreibens in der Gegenwart und über die Gegenwart spricht Stahl (1999, 162) in bewusster Opposition zum Sozialrealismus von »ultra-realismus« oder »supra-realismus«, ohne beides aber als konkrete Definitionen zu verstehen:

»heiszt das, gute ›trash-lit.‹ muss selbst erlebt sein? [...] sagen wir so: es muss sich jedenfalls so anhoeren, als sei es (so) geschehen. [...] man kann nie 1 geschichte so schreiben, wie sie ›wirklich‹ passiert ist. Man kann sie so schreiben, dass sie wirkt, wie wirklich passiert. man muss sie so schreiben, wie sie nicht passiert ist, damit sie so wirkt, wie wirklich passiert. am ende steht so oder so immer nur 1 version, 1 fiktion – niemals die realitaet«.

Der Unterschied im Umgang mit der Gegenwart als literarisches Thema in der Trash-Literatur und der Popliteratur eines Kracht oder Stuckrad-Barre besteht v. a. darin, dass letztere ihren Fokus auf die Oberfläche der Gegenwart (Marken, Medien, Befindlichkeit etc.) legt und höchstens ironisch bricht. Die Gegenwart wird hierbei lediglich verdoppelt. Der konsequente Gegenwartsfokus der Trash-Autoren versteht sich als subversive Affirmation, die einerseits zu einer Kritik an der Oberfläche der Gegenwart beitragen soll. Das gesellschaftliche Marginalisierte wird hier zum Leitthema. Andererseits möchte Trash-Literatur zur Ausweitung der Möglichkeiten der Wirklichkeit beitragen. Stilistisch wird dies v. a. durch traumatische, halluzinogene, nicht-naturalistische und montagehafte Schreibverfahren erzeugt.

Zu den Trash-Autoren zählt Stahl (2003, 269 ff.) u. a. Matthias Baader Holst, Peter Wawerzinek, Stan Lafleur, Philipp Schiemann, Ulrich Bogislav, Laabs Kowalski, Jan Off, Jaromir Konecny. Ein gutes Beispiel für einen Trash-Text ist *1 abgefuckter Laden* aus den frühen Trash-Texten von Stahl (1992, 76), die in *Trash Me!* versammelt sind:

»Die Musik dröhnt laut & stark, beschwört Rituale, die längst nicht mehr gelten. Die Kanten vor der Theke machen trotzdem mit: saufen Schnäpse & schmeißen die Gläser in hohem Bogen direkt ins Spülwasser. 1 dicker Mann placiert sich neben mir, äugt auf die Schiebetür, die 1 Stück weit aufsteht. Äugt & versucht dann, sich durchzuzwängen. Geht nicht. Rüttelt an der Tür, versucht sie weiter aufzuschieben. Geht auch nicht. Er kommt nicht raus, wegen seinem dicken Bauch. Trotzdem bleibt er neben stehen. Schaut die Tür an, als hoffte er auf ihr Mitleid: daß sie sich von selber öffne. Vor mir schlüpft winselnd 1 Straßenköter zwischen Beinen durch: Ich sehe direkt in sein Arschloch. Die Männer an der Theke würfeln um Runden, aber warum hier? & nicht in der Bahnhofskneipe?? Ich hau ab: draußen die seit Ewigkeiten gleiche Unterführung. Es ist klar: Dieser Ort hat abgewirtschaftet & es läuft nie mehr was ab.«

Performatives Schreiben bestimmt die Trash-Texte von Stahl. Stahl (1997) beschreibt diese als »High-Speed-Prosa im Steno-Stil«, die stilistisch ein Pendant zur unmittelbaren Artikulation des Denkens, Sprechens und Handelns im Alltag erzeugen und sich zumeist einer auktorialen Erzählhaltung verweigern. Das Gefühl der Unmittelbarkeit seiner Texte wird u. a. durch die Verwendung von erlebter Rede und Umgangssprache erzeugt. Eine Dynamisierung der Lektüre verursacht u. a. »die Ersetzung von ›und‹ durch das Kürzel ›&‹« und »überträgt die Hektik des erzählten Geschehens auf die Wahrnehmung des Lesers« (Hoffmann 2006, 375; vgl. auch die vertiefende Analyse von Hoffmann 2006, 374–376 zu PEEWEE ROCKS). Diesen Leseeindruck verstärkt auch die Verwendung der Doppelpunkte, die mehrere Ereignisse oder Gedanken simultan miteinander verbindet.

Die eigenwillige Rechtschreibung und Zeichensetzung veranschaulichen seine betont subjektive Schreibweise, »die einen nahtlosen Übergang zwischen der Wiedergabe der Wiedergabe sprachlicher Äußerungen und dem Bewusstseinsstrom der einzelnen Figuren ermöglicht« (ebd.). Stahl erzählt konsequent aus der Perspektive der Wahrnehmung der einzelnen Figuren, wie sein Text *1 abgefuckter Laden* verdeutlicht. Im Vordergrund steht die Darstellung einer figural-fiktiven Wirklichkeitswahrnehmung, die sich aus der Vermittlung von innerem Erleben und äußeren Ereignissen ergibt, ohne beide aus der Position des auktorialen Erzählers zu deuten. Die Deutung des Geschehens obliegt dem Leser.

Die zuvor angesprochene stilistische Dynamisierung der Lektüre wird in *1 abgefuckter Laden*, aber auch in den anderen Trash-Texten von Stahl durch ein immer wieder kurzfristiges Innehalten bzw. Einhalten beim Lesen konterkariert, das als Effekt der performativen Textgestaltung wie ein Stottern der Sprache wirkt. Der Leser muss sich erst im Text zurechtfinden und sich auf seine Eigensinnigkeiten einlassen, um ihn aneignen zu können. Jede performative Eigensinnigkeit lässt den Leser zunächst bei der Lektüre innehalten, weil sie seine alltäglichen Sprach- und Lesegewohnheiten irritieren. Die Trash-Texte von Stahl wollen die Leser nicht primär unterhalten, sondern zu einer intensiven Auseinandersetzung herausfordern und einen virtuellen **Dialog** mit ihnen führen. Die betonte Subjektivität seiner Texte aber verhindert hierbei einen Konsens.

5.9.1.4 | Zusammenfassung: Social Beat, Poetry Slam, Trash

Der gemeinsame Ausgangspunkt der Social-Beat- und Trash-Autoren sowie der Slam-Poeten besteht in der Betonung der **Einfallslosigkeit der deutschen Literatur zu Beginn der 1990er Jahre**. Daraus ergibt sich für diese Autoren die Notwendigkeit, die deutsche Gegenwartsliteratur grundlegend zu subvertieren (vgl. Stahl 2003, 258; Ybz in: Schönauer/Kerenski 1998, 6). Die adressierte Veränderung der deutschen Zustände erfolgt sowohl literarisch als auch institutionell. In diesem Kontext spielt die Gründung von alternativen Verlagen (etwa KRASH, gegründet 1988; *Ariel*, gegründet 1993; KILLROY *media*, gegründet 1995) und Institutionen (z. B. die Social-Beat-Festivals *Tötet den Affen*, 1993; *Der Affe schlägt zurück*, 1994; *Affenterror*, 1998) eine zentrale Rolle.

Die zuvor betonte D. I. Y.-Kultur von Punk und New Wave spiegeln sich hier wieder, ebenso die engen Bezüge zwischen musikalischer und literarischer Subversion: »Und wie in den 70ern der Punk den Rockpop von der Bühne fegte, verschaffte sich hier die unabhängige Literaturszene eine Stimme im etablierten Kulturbetrieb« (Ybz in: Schönauer/Kerenski 1998, 6).

Die Entwicklung der deutschen Popkultur ist, ebenso wie in der Popmusik, auch in den popliterarischen Schreibverfahren Social Beat, Slam Poetry und Trash ästhetisch und inhaltlich abhängig von den Stilschöpfungen aus Amerika (und England). Anders als Punk (musikalisch und ästhetisch) haben Social Beat, Slam Poetry und Trash die deutsche Gegenwartsliteratur nicht nachhaltig verändert oder eine große literarische Öffentlichkeit erreicht – im Unterschied etwa zur Beat-/Pop-Literatur der 1960er Jahre. Zu Beginn der 1990er Jahre hatten sich die Stilschöpfungen und Themensetzungen der Beat-/Pop-Autoren fest im Literaturbetrieb etabliert und besaßen somit kein literarisches sowie kulturelles **Subversionspotential** mehr.

Social Beat, Slam Poetry und Trash stellen Fortschreibungen, Wiederholungen sowie Aktualisierungen der Beat-/Pop-Literatur der 1950er und 1960er Jahre dar, sie beziehen sich auf Topoi und Topografien des Untergrunds, sind aber keine stilistischen und inhaltlichen Neuschöpfungen. Bedeutsam ist für diese drei Schreibverfahren, dass sie sich bewusst von der (anglo-amerikanischen sowie deutschen) Beat-/Pop-Literatur der 1950er und 1960er Jahre distanzieren. Punk sowie New Wave werden als die relevanten neuen Traditionslinien angeben. Nicht mehr die Selbstbeobachtungsfalle der literarischen Tradition bestimmt ihren Versuch der Konstitution einer neuen bzw. anderen deutschen Literatur, sondern aus der Musik- und Subkultur-Rezeption sollen neue Texte für neue Zeiten entstehen. Die Kritik an der deutschen Beat-/Pop-Literatur der 1950er und 1960er Jahre besteht darin, dass sich diese zu sehr an den anglo-amerikanischen Vorbildern (stilistisch und inhaltlich) abgearbeitet habe und zu wenig darin investierte, eine selbstbestimmte, deutsche literarische Tradition auszubilden, die sich als multikulturell vielstimmig versteht.

Literatur als Medium der Kritik bleibt für viele Autoren, literarisch allerdings in deutlich veränderter Form, auch nach ihrer Social-Beat-, Slam-Poetry- und Trash-Zeit von großer Bedeutung, wie im Folgenden an Enno Stahl gezeigt wird.

5.9.2 | Enno Stahl

Enno Stahl, 1962 in Duisburg-Rheinhausen geboren, ist der vielseitigste Autor und Akteur im Kontext der ›Popliteratur am Rande‹. Er ist Schriftsteller, Journalist, Literaturwissenschaftler, Literaturkritiker, Verleger, Herausgeber, Hörspielautor, Performance-Künstler, Kurator und Veranstalter. Seit Mitte der 1980er Jahre veröffentlicht er Prosa, Lyrik, Essays, Romane und Kritiken. Seine Arbeit bleibt bisher im Hochkultur-Literaturbetrieb und bei der Literaturkritik (ebenso in der Literaturwissenschaft) randständig. Er veröffentlichte ein umfangreiches und differenziertes literarisches Werk und ist mit seinen kontinuierlichen literarischen, literaturkritischen und literaturwissenschaftlichen Veröffentlichungen an prominenten Medienorten bzw. in einflussreichen Medien präsent (etwa FAZ, *Die Zeit*, WDR, *Deutschlandfunk*). Er erhielt zahlreichen Preise und Stipendien (u. a. *Preis der Schwartzkopff Buchwerke*, 2004; *Hörspielstipendium der* NRW *Filmstiftung*, 2008), trat bei vielen Lesungen und Performances auf und konzipierte und organisierte Veranstaltungsreihen wie etwa »Lesebühne am Brüsseler Platz« (Köln, 2005–2011) oder »Literaturclub Düsseldorf« (Düsseldorf, 2011–2014) sowie erfolgreiche Ausstellungen, u. a. »Popliteraturgeschichte(n) 1965–2007: Texte, Schriften, Bilder, LAUT!Dichtung« (Heinrich-Heine-Institut Düsseldorf, 2007) oder kulturelle Großveranstaltungen, z. B. »Pop am Rhein. Ausstellungen, Filme, Konzerte, Literatur« (Düsseldorf, Köln, Bonn, 2007–2008). Zusätzlich publizierte er literaturhistorischen Arbeiten zur Rhein-Region, so z. B. das *Kölner Autorenlexikon* (2 Bde., 2000) oder *Literarisches Leben am Rhein* (3 Bde., 2008).

Eine bemerkenswerte Kontinuität im Werk von Stahl seit den frühen 2000er Jahren, also nach seiner Trash-Phase, die sich von Mitte der 1980er bis Mitte/Ende der 1990er Jahre erstreckt, besteht darin, dass die Reflexion über die **literarische Kritik des Neoliberalismus** und die **Konzeption eines neuen sozialen Realismus** seine Leitthemen sind – und zwar literarisch und literaturwissenschaftlich. Gleichzeitig ist dies ein Thema, das sein gesamtes Werk bestimmt – von der Trash-Phase (zu den bereits erwähnten Texten vgl. v. a. noch Stahl Veröffentlichungen *Affenmaschine, 2 Reisen, Living Poetry, Piratebrut,* PEEWEE ROCKS) bis zur Gegenwart. Die Leitbegriffe hierzu sind u. a. Autonomie, Engagement, Haltung, anti-kapitalistisch, anti-kanonisch, gesellschafts-, kultur-, medien- und konsumkritisch, konfrontativ, produktions- und wirkungsästhetisch.

Zwei Arbeiten Enno Stahls behandeln diese Leitthemen repräsentativ: zum einen seine literaturwissenschaftliche Aufsatzsammlung *Diskurs-Pogo* (2013) und zum anderen sein Roman *Winkler, Werber* (2012). Literatur und Literaturwissenschaft bzw. Literaturkritik stellen eine spannungsreiche Interdependenz im Werk von Stahl dar. Literaturwissenschaft sowie Literaturkritik besitzen für Stahl die Funktion, literarische Texte für das Publikum zu vermitteln. Seine Literatur besitzt für ihn eine ästhetische und analytische Funktion, sie begreift sich als Weiterentwicklung des klassischen literarischen Realismus und Sozialrealismus.

Die Formen der Kritik, die Stahl in *Diskurs-Pogo* diskutiert, spiegeln sein Selbstverständnis als Autor wieder. Zudem skizziert er hier seine Pop-Poetik und sein Verständnis von Produktionsästhetik. Im Zentrum von *Diskurs-Pogo* steht die Frage, wie gegenwärtig eine sozial relevante realistische Literatur möglich ist. Dies verbunden mit der radikalen Kritik an der sozialen Belanglosigkeit eines Großteils der deutschen Gegenwartsliteratur (Stahl bezieht sich auf den Zeitraum von 2000 bis 2013). Eine These von Peter Hacks (1984, 33) ist für Stahl leitend: »Gegenstand der Kunst ist die Wirklichkeit, erfahren durch eine Haltung.« Nur Literatur mit einer konkreten (sozial-politischen) Haltung hat für ihn die Chance, mehr zu sein als ein literarischer Saison-Trend, bei dem Unterhaltung und Verwertung dominieren; Stahl spricht von »kommerziell begrenzter Wirksamkeit«, die Narration über das Soziale darf nicht, wie er betont, zur reinen Medienerzählung verkommen: »Massenarbeitslosigkeit ist kein Pop« (Diskurs-Pogo, 24). Der von Stahl (ebd., 114 f.) adressierte analytische Realismus der Literatur geht darum von Wertungsdispositiven aus:

»Prinzipiell muss man das polymorphe Bild, als das sich unsere Gegenwart darbietet, wenn nicht verstehen, so doch subjektiv deuten lernen, subjektiv heißt hier auch: intentionell. [...] Auch belletristische Autoren unterlegen ihren Selektionsprozessen bewusst oder unbewusst ein Wertungsdispositiv, das von ihrem Erkenntnisinteresse und ihren Wirkungsabsichten geleitet ist. Da wir hier über Literatur sprechen, kann hier von Wahrheit nicht die Rede sein, aber von Haltung oder der Wahrheit einer Haltung. [...] Aus dieser Haltung erfolgt die literarische Darstellung, die somit eine (vom Autor interpretierte/analysierte) Version der gesellschaftlichen Realität anbietet, ›Objektivität‹ kann insofern nur in Bezug auf die Erfüllung des eigenen Wertungsdispositivs hin verlangt werden. [...] Der Begriff ›analytisch‹ [...] hebt ab auf eine analysierende, zergliedernde Betrachtung der Gesellschaft, durchaus auf der Basis empirischer Untersuchungen, empirischen Materials, das sogar in den literarischen Korpus mit einfließen kann«.

Für Stahl muss Literatur entsprechend einen gesellschaftlichen Standpunkt finden, weil sie in der exklusiven gesellschaftlichen Lage ist, öffentlichkeitswirksam zu sprechen und etwas zu Gehör zu bringen. Sie kann und sollte keine reine Abbildung herrschender Verhältnisse sein, sondern »zu einer Dokumentation waltender historisch-politischer Prozesse gelangen. Das erlaubt ihr beispielsweise, psychologische Dispositionen von Charakteren zu zeichnen, die konkret von Deregulierung und Globalisierung betroffen sind. Was bedeutet für den Einzelnen der Verlust des Arbeitsplatzes« (ebd., 38)?

Literatur besitzt für Stahl eine weltvermittelnde sowie welterschließende Funktion und hat die Aufgabe, die »Bedingungen und Bedingtheiten der heutigen Gesellschaft nachzeichnen, soziale Verhältnisse und Machtpotenziale« (ebd.). Die Gegenwart soll literarisch mitgestaltet und zum integralen Bestandteil des Literatur-Kosmos werden – gerade in ihrer vernetzten und verstrickten Komplexität. Literatur solle die Gegenwart, v. a. die sozialen Verhältnisse sowie Machtgefüge, schildern und in kritischer Verantwortung deuten – ohne Utopie. Literatur soll an der Gegenwart partizipieren und dadurch partizipativ werden. Stahl (ebd., 21) verwendet in diesem Kontext den Begriff »**analytischer Roman**«:

»Ein analytischer Roman kann angesichts des verfügbaren Formenreichtums, der Vielfalt gängiger Genres und literarischer Techniken, leicht auf aktuelle ökonomische, juristische, biologische, physikalische Fakten, also artfremde Materialien zurückgreifen und diese integrieren. Damit kann bei sachgemäßen Umgang ein hohes Maß an Authentizität, das heißt an detailgetreuer Wiedergabe bestimmter Realitätsbereiche, erreicht werden.«

Den analytischen Roman zeichnet zudem aus, dass er sich der Wissenschaften bedient, um seine Analysetiefe zu steigern. Stilistisch ist bei einem analytischen Roman nicht die Form das Entscheidende, sondern das, was sie leistet.

Stahl kritisiert an der deutschen Gegenwartsliteratur, dass sie ignorant und inkompetent an der sozialen Realität vorbeischreibt. Der in ihr zum Ausdruck kommende Vitalismus der Oberflächen wirke mit Blick auf die deutschen Zustände zynisch und lenke von einer umfassenden Auseinandersetzung mit ihr ab. Das betrifft aus der Perspektive von Stahl v. a. die für ihn **brennendsten Themen der Gegenwart**: Arbeit, Arbeitslosigkeit, Sozialabstieg, Armut, Isolation, Identitätsverlust, »biopolitische Folgen makroökonomischer Prozesse« (ebd., 90), Angstkulturen als psychische Kollektiverfahrungen und New Economy.

Die Adressaten seiner Kritik an der sozialen Erlebnis- und Erfahrungslosigkeit der deutschen Gegenwartsliteratur sind, neben den Autoren der neueren Popliteratur, u. a. Maxim Biller, Juli Zeh, Karen Duve, Judith Hermann oder Tanja Dückers: »Man kennt alles, hat aber kaum etwas selbst erlebt, eine Tendenz, die sich im Erzählton der jüngeren Generation immer stärker manifestiert« (ebd., 34). Die Thematisierung des eigenen Lebens und die Erstellung von Generationsporträts sind wichtiger als die Auseinandersetzung mit der Realität. Die Welt beginnt beim Ich(-Erzähler) und endet genau dort. Die deutsche Gegenwartsliteratur verleiht, nach Stahl, somit den sozial Minderprivilegierten keine Stimme, sondern bringt diese vielmehr durch ihr Ausblenden zum Verschwinden:

»Die deutschsprachige Gegenwartsliteratur ist das Sprachrohr einer bürgerlichen Mitte, deren Anteil an der realen Gesellschaftsstruktur fortwährend schmilzt. Literatur, ja Kultur allgemein, wird in Deutschland weitgehend von Menschen produziert, vermarktet und rezipiert, die aus wohlsituierten Verhältnissen stammen. [...] Das gilt für Autorinnen und Autoren ebenso wie für ihr Gegenüber in Lektorat und Feuilleton, die das Geschriebene für bare Münze, für *die* Realität an sich, nehmen, da sie aus ein und demselben Privilegienghetto kommen und sich schlicht nichts anderes vorstellen können und wollen. Die Funktions- und Entscheidungsträger des Betriebs bewegen sich in einem hermetischen Teilsystem. Das soziale Themen, Arbeits- und Obdachlosigkeit, Drogen, Integrationsprobleme u. Ä. von Lektoren und Agenturen ausgesondert werden, ist daher nur zu verständlich« (ebd., 36; Hervorh. im Original).

Ausnahmen zu der von Stahl kritisierten Pop- und Gegenwartsliteratur stellen in den letzten Jahren u. a. Ingo Schulze, Georg M. Oswald, Kathrin Röggla, Rainald Goetz, Joachim Zelter, Norbert Niemann, Dietmar Dath oder Jan Brandt dar – oder Lyriker wie z. B. Björn Kuhligk, Monika Rinck und Ulf Stolterfoht. Texte dieser Autor/innen können nach Stahl durchaus als analytische Literatur bezeichnet werden, die soziale Strukturanalysen und literarische Tiefenanalysen der Gegenwart vorlegt.

Analytische Literatur versteht Stahl als engagierte Literatur, bei der es nicht um politische Agitation geht, sondern, mit Heinrich Böll (1985, 30) gedacht, um die Wiedergewinnung einer »Ästhetik des Humanen«. Analytische Literatur muss hierbei aufzeigen, wie Individualität bzw. eine eigene Identität angesichts des Drucks gesellschaftlicher Determination zurückgewonnen oder ausgebildet werden kann. Hierzu muss der Autor »in die Tiefe der sozialen Wahrheit seiner Figuren« (ebd., 99) gelangen, sie als gesellschaftliche Gewordene in der Erzählung herausarbeiten.

Stahls **Romane** befinden sich ästhetisch und analytisch durchweg auf der Höhe seiner programmatischen Überlegungen. Bemerkenswert ist in diesem Kontext u. a. seine Trilogie zur Kritik am entfesselten sowie unmenschlichen Neoliberalismus der Gegenwart: *2 PAC AMARU HECTOR* (2004), *Diese Seelen* (2008) und *Winkler, Werber* (2012) – sein früher Roman PEEWEE ROCKS (1997) behandelt bedingt auch diese Thematik.

Winkler, Werber erzählt die krisenhafte Geschichte des erfolgreichen 49-jährigen Senior-Werbetexters Jo Winkler, der seit 1991 in der renommierten Kölner Werbeagentur »Gold Reklamen« arbeitet. Besitzer der Agentur ist der Biedermann Werner Johst, ein DDR-Flüchtling, der die Firma seit der Wende 1989 erfolgreich betreibt. Der Großteil der Handlung spielt auf dem Betriebsausflug der Firma: eine Dampferfahrt auf dem Rhein. Erzählt wird die Geschichte in Form eines inneren Monologs ausschließlich aus der Perspektive von Winkler. Der Leser ist dadurch permanent gefordert, die Wahrnehmungen von Winkler anzunehmen oder zu problematisieren.

Stahl legt mit seinem Roman ein »**Psychogramm der Krise**« (Klappentext) vor, das die Pathologien der neoliberalen Gegenwart aufdeckt. Dies gelingt aufgrund der dichten und materialreichen Beschreibungen der Figur Winkler, seiner Arbeitswelt, des Habitus seines Milieus und seiner Interaktionsrituale. Beim Aufenthalt während des Betriebsausflugs in Bonn beschreibt Winkler etwa das Scheitern der Idee einer sozialen Marktwirtschaft und damit des sog. Rheinischen Kapitalismus (vgl. Albert 1992) an ihrer Geburtsstätte:

»Bundesfinanzministerium [...] Da haben sie in den Fünfzigern die soziale Marktwirtschaft ausgekungelt. Ausgekungelt, aber nie umgesetzt. Diese VWL-Vorlesung. Um die ökonomischen Strukturen des Spätkapitalismus besser zu begreifen. Wie hieß der noch? Diese, diese Theorie, staatliche Interventionen und Korrekturen, um die Marktwirtschaft sozial abzufedern, schönes Gedankengebäude, gelebter Katholizismus, in der Praxis ein gespielter Witz, konnte gar nicht klappen, Wirtschaft und Moral, das passt nun mal nicht zusammen. [...] Und heute? Ein Haifischbecken, Vernichtungswettbewerb, für Sozialkacke ist kein Platz, am Ende werden zwei, drei Trusts die Welt beherrschen [...]. Von den Versicherungen ganz zu schweigen. Und Bio-Milch natürlich. [...] Weil sie sich die Öko-Hansel gleich zu Anfang kaufen, gut für Image, fairer Handel, faire Welt, müssen sie nicht mal für bezahlen, die Ökos schmeißen sich von ganz allein dem globalen Business an den Busen [...]« (Stahl 2012, 63 f.).

Die ästhetische Figur Winkler wirkt zutiefst unsympathisch. Er lebt isoliert, daran ändern auch seine Ehe und seine Affäre nichts. Er ist ein radikaler Individualist, Verantwortung empfindet er nur für sich selbst, soziale Unproduktivität etwa in Form von Faulheit, Langsamkeit, Hässlichkeit und Alter lehnt er ab. Hinzu kommen zahlreiche andere Ressentiments u. a. gegen Arbeitslose, Ostdeutsche, Feministinnen, Beamte, Politiker oder Mütter mit Kinderwagen. Von seinem Lebensmodell abweichende Lebensentwürfe kann er nicht akzeptieren und er steckt voller Aggressionen gegenüber seinen Mitmenschen. Frauen tritt er zumeist sexuell instrumentalisierend gegenüber, z. B. nach beruflichen Misserfolgen, ansonsten unsentimental und indifferent. Nur auf Sex als Entspannungshandlung möchte er nicht verzichten.

Andere erfolgreiche Businesstypen setzen ihn hingegen unter Konkurrenz- und Leistungsdruck. Sie sind letztlich die einzig relevante Menschengruppe, die für ihn von authentischem Interesse ist. Nur durch seine Arbeit erhält Winkler seine Identität und stellt den Mustertypen eines funktionsfähigen und flexiblen Marktsubjekts dar, das den Verhältnissen gegenüber affirmativ ist. Seine linke Vergangenheit als KBW- und Grünen-Mitglied hat er lebensweltlich und ideologisch komplett abgelegt. Sie haben keine Bedeutung mehr für seine Gegenwart, auch nicht aus einer nostalgischen Perspektive. An eine Veränderbarkeit der Welt glaubt er nicht mehr, auch wenn er die Aporien der Gegenwart deutlich erkennt und benennt:

»Gesetzesänderung, Reform, Gelaber, heißer Brei, die Interessenvertreter äußern ihre Interessen, die Politiker skizzieren das Mögliche [...]. Alle am Gängelband der großen Bosse [...]. Siemens oder so hat ein Finanzvolumen wie Nordrhein-Westfalen. Da willst Du gegen anstinken? Na, dann mal happy Begräbnis« (ebd., 35).

Das Wissen um die Krise(n) des Neoliberalismus führt bei ihm zu höheren Leistungen, nicht aber zum Nachdenken über die Möglichkeiten der aktionistischen oder politischen Veränderung der Gegenwart. Winkler lebt ein letztlich fatales Arrangement mit der Gegenwart aus einer vermeintlich sicheren Position des gesellschaftlich erfolgreichen (Arbeits-)Subjekts vor. Sein Prinzip, wonach sich Leistung lohnt, und jeder nur so hart arbeiten muss wie er kann, um Arbeitsplatzsicherheit zu erlangen, kommt im Verlauf der Handlung stark ins Schwanken. Dies wird in seinen Reaktionen auf die ersten Gerüchte einer Fusion der Firma mit einer anderen Agentur und Firmenproblemen deutlich. Die nahende Katastrophe will Winkler mit allen Mitteln ausblenden – seine Kollegen haben diese hingegen fest im Blick und orientieren ihr Handeln daran.

Eine Persönlichkeitsentfaltung diesseits der Arbeit ist daher irrelevant. Sein drohendes Herausfallen aus der Ordnung der Leistungsfähigkeit wird ihm durch seine deutlich jüngere Kollegin Aggi vor Augen geführt: Sie hält sich körperlich topfit für die Anforderungen des Turbo-Kapitalismus. Regelmäßige Panikattacken und das immer häufigere Ausbleiben von Kreativität sind die Folgen. Medikamenten- und Alkoholmissbrauch sowie Ausstiegsphantasien sind hierauf die dysfunktionalen Reaktionen.

Am Ende des Betriebsausflugs – die Dampferfahrt auf dem Rhein »als Verkörperung der Dynamik des Kapitalismus« (Solty 2013, 10) – erfährt er, dass seine Firma pleite ist. In der Wirtschaftskrise der Gegenwart scheitert Winkler als Repräsentant neoliberaler Subjektivität und damit als Mitverantwortlicher der Krise beruflich und persönlich. Am Ende des Romans wird er von den Zuständen seiner Zeit (Verlust der Arbeit etc.) zum wahrscheinlichen Freitod in den Rhein getrieben. Der Ich-Verlust wird hier zum Symbol für das Scheitern eines Lebens- und Weltmodells in dem sich das kapitalistische System gegen seine eigenen Systemrepräsentanten wendet.

Diese Seelen (2008) erzählt Geschichten aus der neoliberalen Gegenwart, die sich um das individuellen Scheitern der handlungsleitenden Figuren, so etwa Robert, Tess, Jürgen oder Mika, drehen. Dieses Scheitern, wie z. B. der Verlust der Arbeit oder das unerfüllte Begehren, ein Medienstar zu werden, verdeutlicht die beständige Bedrohung des Einzelnen durch die gesellschaftlichen Verhältnisse der Gegenwart sowie die Unmöglichkeit individueller Sinnstiftung bzw. Veränderbarkeit der Zeitsituation.

2 PAC AMARU HECTOR (2004) ist ein **trauriger Revolutionsroman**, der die Möglichkeiten des politisch motivierten Umsturzes des Turbo-Kapitalismus, hier repräsentiert durch den deutsch-japanischen Konzern »Telematics«, mit dessen eigenen Mitteln beschreibt. Der charismatische Führer der Widerstandsgruppe »Rheinische Bewegung Tupac Amaru«, Hector Pandotero, ist kein funktionsfähiges Marktsubjekt des Neoliberalismus, sondern zeichnet sich durch eine haltungsvolle politische Individualität aus. Die Gruppe nimmt während der Weihnachtsfeier des Konzerns auf einer mittelalterlichen Burg im Rheinland mehrere Hundert Mitarbeiter als Geiseln gefangen. Diese politische Aktion scheitert allerdings, weil sie von Hector, um seinen Forderungen aufmerksamkeitsökonomischen Nachdruck zu verleihen, als eine Art popkultureller Akt inszeniert wird, woraus die Medien ein kalkulierbares Medienspektakel machen. Hiermit weist Stahl auf die Dysfunktionalität des Zusammenhangs von Pop und Politik (vgl. Kleiner/Schulze 2013a) hin. Er kritisiert den sensationslüsternen Zynismus der Medien, für den menschliche Schicksale austauschbar sind und der diesen Schicksalen indifferent gegenübersteht. Moralische Perspektiven oder politische Programme bietet Stahl am Ende seines Romans konsequent nicht an. Er fordert den Leser vielmehr zu einem schonungslosen Blick auf die Orientierungslosigkeit des Einzelnen in der Gegenwart und auf seine Ohnmacht hinsichtlich der Möglichkeiten zur Veränderung der Gegenwart bzw. auf ihre Ausweglosigkeit heraus. Hierzu dient die schonungslose Darstellung der Abgründigkeit des Denkens und Handelns aller relevanten Akteursgruppen, d. h. vom Konzern, von der Widerstandsgruppe, von den Medien und der Politik, die keine Identifikation zulässt. Es gibt kein Außen mehr, kein Drinnen und Draußen mehr.

5.9.3 | Jürgen Teipel

Jürgen Teipel, 1961 in Kulmbach geboren, ist Journalist (z. B. für *Spex*, *Rolling Stone*, *Spiegel*, *Zeit*) sowie Schriftsteller und war u. a. Herausgeber des Punk-Fanzines *Marionett*, Konzert-Veranstalter (u. a. Malaria, Abwärts, Die Toten Hosen), Tourneebegleiter und DJ. Für die Auseinandersetzung mit der ›Popliteratur am Rande‹ ist ausschließlich Teipels Bestseller *Verschwende Deine Jugend* (2001) von Bedeutung. Den Ausgangspunkt zu dieser Dokumentation der deutschen Punk- und New Wave-Szene stellt die Rezension von Teipel zur Punkgeschichte *Please Kill Me* von McNeil/McCain (2011) dar, die 1997 in der *Berliner Zeitung* erschien. Das Anliegen von Teipel besteht darin, die Bedeutung von Punk und New Wave zur Ausbildung einer eigenen deutschen Popkultur herauszuarbeiten.

Für *Verschwende Deine Jugend* führte Teipel drei Jahre lang Gespräche mit hundert Protagonisten des deutschen Punk und New Wave. Die Rekonstruktion von Teipel bezieht sich auf den Zeitraum von Anfang der 1970er Jahre bis 2001 und ausschließlich auf die **Düsseldorfer, Hamburger und Berliner-Szenen**. In den Interviews tritt Teipel nicht als Fragesteller auf und kommentiert bis auf sein Vorwort keine Szene-Erzählung. Hieraus resultiert eine eindrucksvolle Individualität, Vielstimmigkeit und multiperspektivische Erinnerungsarbeit. Zu Wort kommen Mitglieder von Bands wie z. B. DAF (u. a. Gabi Delgado, Robert Görl), Palais Schaumburg (u. a. Holger Hiller), Fehlfarben (u. a. Peter Hein), Der Plan (u. a. Frank Fenstermacher), Abwärts (u. a. Frank Z), Die Krupps (u. a. Jürgen Engler), KFC (u. a. Tobias Brink), S. Y. P. H. (u. a. Thomas Schwebel) oder Einstürzende Neubauten (u. a. Blixa Bargeld); über Punk sozialisierte Künstler wie Ben Becker oder Markus Oehlen; Szene-nahe Schriftsteller, u. a. Thomas Meinecke oder Peter Glaser; Szenewirtinnen wie Carmen Knoebel (»Ratinger Hof«); Musikjournalisten wie etwa Diedrich Diederichsen (*Sounds*) u. v. m.

Leitthemen der Interviews sind u. a. die eigene (lebensweltliche und diskursive) Sozialisation und Persönlichkeitsentwicklung mit und im Punk sowie New Wave, der Zusammenhang und die Unterschiede zwischen der anglo-amerikanischen und deutschen Musikszene, Punk und New Wave im Spannungswelt zwischen Lebens-

sowie Erlebenskultur und künstlerischer Avantgarde, die (linke bzw. radikal-linke) politische Meinungsbildung (RAF, Studentenbewegung etc.), der Protest gegen die bestehende bürgerliche Ordnung der Wirklichkeit, Gender-Verhältnisse; Szene-Orte und Szene-Medien, der Zusammenhang von Sexualität, Alkohol, Drogen und Kreativität. Pop erscheint hier, auch in der Form von Punk und New Wave, wiederum als ein Ort des Kampfes um Bedeutung und Deutungshoheit (s. Kap. 3).

Die rückblickende Bewertung des deutschen Punk und New Wave fällt ambivalent aus. Punk wird z. B. als große existentielle Enttäuschung erfahren: »[Franz Bielmeier:] Punk war ja überhaupt kein Halt. Es war das Gegenteil. Und als sich das für mich rausgestellt hat, war ich stinksauer. Über Jahre hinweg. Ich habe diese ganze Szene fieser empfunden als meine Jobs beim Straßenbau, wo ich extra hingegangen bin, um möglichst weit weg zu sein von dem, was ich kenne« (ebd., 345). Im Gegensatz dazu wird aber auch auf die intrinsische Notwendigkeit der Vergänglichkeit von Punk und deren Weiterentwicklung in andere kulturelle Artikulations- und Handlungsformen hingewiesen, um die Punk-Idee am Leben zu halten: »[Moritz R®:] Ich finde es wichtig, dass Punk auch schnell wieder vorbei war. Weil das auch die eigentliche Botschaft war. Dass es nur gut ist, wenn es frisch ist. Aber wenn man bereit ist, sich weiterzuentwickeln und sich mit anderen Dingen zu beschäftigen, kann man heute auch auf andere Weise subversiv sein. So wie die Hacker. Das ist für mich eine adäquate Weiterentwicklung von Punk« (ebd., 353).

Es gibt aber auch Stimmen, die rückblickend die gesamte Szene als großen Schwindel und als Inszenierung von Unaufrichtigkeit bezeichnen: »[Jürgen Engler:] Diese ganze Szene bestand vor allem aus Lug, Trug und Fassade. Sich selber was vorlügen – und vor allen Dingen anderen« (ebd., 355). Und es gibt Positionen, die immer noch am Punk-Spirit im Verständnis der 1970er und frühen 1980er Jahre festhalten und alle Weiterentwicklungen als belanglos betrachten. Szene-Authentizität wird hierbei nicht als kontingente Wahlgemeinschaft, sondern als welt- und persönlichkeitsbildende Haltung aufgefasst:

»[Peter Hein:] Ich habe an ›No Future‹ geglaubt. ›I don't care‹ war auch wichtig. Nur weil ich ›I don't care‹ gesagt habe, bin ich ja immer noch da, wo ich heute bin. Nur deshalb ist ja nichts aus mir geworden. Weil mir das alles egal ist. Sonst hätte ich ja Karriere machen können. Sowohl bei Rank Xerox als auch mit Fehlfarben. Ich will ja bei Xerox auch nichts werden. Ich werde da auch nichts. Das ist ja die ›I don't care‹-Attitüde. Mir egal, ob das im Nachhinein so gesund ist oder nicht. I don't care! Kehren tut der Müllmann. Ich doch nicht. Es gibt Sachen, die egal sind. Ich finde mich auch nicht verbittert. Ich finde halt einfach nur alles scheiße. Moderne Musik kann ich nicht ab« (ebd., 361).

In gleicher Weise wie *Verschwende Deine Jugend* entstand zwölf Jahre später sein Interviewband *Mehr als laut. DJ's erzählen* (2013) über die Erlebniswelten von Techno-DJ's. Auch hier soll die Geschichte einer eigenen deutschen Popkultur, wie bei Punk und New Wave, rekonstruiert werden in der intimen Vielstimmigkeit der Szene-Protagonisten. Zu Wort kommen u. a. DJ Hell, Hans Nieswandt, Miss Kittin, Stella Stellaire, Acid Maria oder DJ Koze. Das Ziel ist es, ein intimes Zeitdokument zur Clubkultur durch das bewährte Aus-dem-Nähkästchen-Plaudern-Konzept vorzulegen. Die Musik tritt dazu in den Hintergrund. Teipel beschränkt sich auf 20 Interviews. Die Einzelinterviews formt er als Gesprächsmontage wieder zu einer zusammenhängenden Dokumentation. Eine zu *Verschwende Deine Jugend* vergleichbare erzählerische Dramaturgie gelingt Teipel jedoch nicht. Jeder Gesprächspartner reflektiert seine persönlichen Erfahrungen exzessiver Partynächte. Die Themen sind entsprechend vielfältig: Drogenerlebnissen; ewiges Reisen; Ästhetik des Fehlers als kreativer Akt; Auflegen als erzählerisches Zentrum; oder DJ's als Party-Dienstleister. Die Schattenseiten der DJ-Existenz kommen ebenso ausführlich zu Wort: Häufig ist von Angst, Egozentrik, Einsamkeit oder Depression die Rede. Die Gesprächsmontagen werden als psychologische Beobachtungsskizzen eingesetzt, durch die das soziale Gefüge einer Techno-Party aus der Perspektive der Party-Protagonisten rekonstruiert wird. Im Unterschied zu *Verschwende Deine Jugend* wird in *Mehr als laut* aber kein genuiner Beitrag zum Selbstverständnis der elektronischen Tanzmusik in Deutschland geliefert.

5.9.4 | D. Holland-Moritz

Detlev Holland-Moritz, 1954 in Solingen geboren, ist Germanist und seit Anfang der 1980er Jahre als Schriftsteller und Textperformer tätig. Seitdem beeinflusst er die subkulturelle Literatur-Szene von (West-)Berlin mit und ist auch in deren zentralen Szene-Dokumenten, etwa in *Geniale Dilletanten* (Müller 1982), als Autor vertreten. Holland-Moritz ist Gründungsmitglied des Vereins »perspektive literatur berlin e. V.« (2004), der aus seiner Zusammenarbeit mit »perspektive. hefte für zeitgenössische literatur« (Graz) entstand, und betreibt zusammen mit Ralf B. Korte und Uwe Warnke den Literatursalon »TEXT TOTAL« (2003). Seine Texte sind zudem Grundlage für Film-Drehbücher, wie z. B. bei *Die Langdon Connection* (1997) oder *Der Staub der Stadt* (1997).

Zwei Aspekte sind kennzeichnend für das Werk von Holland-Moritz: Einerseits seine multimedialen Leseperformances bzw. die Bedeutung von Live-Literatur sowie eine Schriftsprache, die sich so nah, wie es Texten möglich ist, an der gesprochenen Sprache orientiert und aus Schrifttexten Klangtexte macht – einen Eindruck gibt die Audio-CD *Und immer parallel zur Venus* (2001); andererseits seine zumeist **nostalgischen, subjektiven sowie detailverliebten Szenechroniken**, die er in vier Büchern dokumentiert und in denen er durch die Erinnerungsarbeit Parallelwelten zur hegemonialen Ordnung der Alltagswirklichkeit entwirft, wesentlich mit Blick auf die (West-)Berliner-Subkultur(en): *Lover's Club* (2002), *Fan Base Pusher* (2008), *war jewesen* (2009) und *Promoter* (2011).

Die Suche nach den Ideen der vergangenen Subkulturen und künstlerischen Avantgarden in der jeweiligen Textgegenwart soll die progressiven Kategorien dieser Populär- und Popkultur in die Lektüregegenwart re-importieren, um sie in den gegenwärtigen Leserwirklichkeiten potentiell wieder zu beleben, zumindest aber, um sie langfristig erinnerbar zu halten. Insofern besitzen seine Szene-Chroniken einen durchaus utopischen Charakter. Stilistisch stellen sie einen literarischen Mash-Up dar: u. a. reihen sich in diesen Chroniken Alltagswahrnehmungen an die Erinnerungsprosa des Erzählers; kurze, kritisch-rezensionsartige Auseinandersetzungen mit Literatur, Kunst, Fernsehen, Filmen, Politik, Lebenswelt, Zeitgeist, Lifestyle, Mode oder Sexualität werden collagenartig mit Zeitungslektüren verbunden, Diskurs-Passagen fungieren als Ausgangspunkt von Pop-Analysen.

Einen exemplarischen Einblick in seine Szene-Chroniken bietet *Lover's Club*. Holland-Moritz führt den Leser hier in die Welten der Gegen- bzw. Subkulturen der 1970er Jahre, in der aus seiner Perspektive Rock 'n' Roll musikalisch den Ton angab. Er zeigt, wie Popgeschichte als (Selbst-)Bildungsgeschichte in einer autobiographischen Poperzählung konstituiert und kommuniziert sowie re-inszeniert und dadurch beim Schreiben (re-)aktualisiert wird. Als konstitutive Voraussetzung für das legitime Schreiben über Pop erscheint in *Lover's Club* ein latenter Existentialismus und Sensualismus des Pop-Lebens und Pop-Erlebens. Holland-Moritz versteht **Pop als Medium der Revolution**, des Widerstands, des Protests und des Aufbruchs.

Der Erzähler scheitert allerdings fortwährend beim Versuch, das popkulturelle Leben und Erleben existentiell einzuholen, das seine **Gegenkultur-Helden**, wie z. B. Musiker (etwa Jim Morrison und die Doors, Alice Cooper, Rolling Stones, Velvet Underground, Eric Burdon & The Animals, Iggy and The Stooges) oder Literaten (u. a. William S. Burroughs, Jack Kerouac, Allen Ginsberg, Rolf Dieter Brinkmann, Walter Serner) ihm lebensweltlich sowie in ihren Produktionen vorlebten und das von Wissenschaftlern theoretisch nobilitiert wurde (z. B. von Rolf Schwendter, Herbert Marcuse, Theodore Roszak).

Lovers Club, der Name einer ehemaligen Diskothek in Köln, steht für die Erinnerung eines Local Hero der Gegenkultur in der Solinger Provinz. Holland-Moritz schreibt in der dritten Person, um eine Distanz zwischen dem empirischen Ich und dem Subjekt des Textes zu schaffen. Rockmusik und die Rituale der Gegenkultur erscheinen dem Erzähler als Versprechen auf »ein Fest der Freude« (Holland-Moritz: Club, 7), als Autorität, Orientierung, Selbstfindungs- und -verwirklichungsreisen sowie als »Break on through« (The Doors) zu einer anderen Wirklichkeit (*Psychedelic Revolution*). Rockmusik ist ein notwendiger, integraler Bestandteil der provinziellen Landschaft, ein erfrischender Wind, der in der Enge die Weite immerhin erahnen lässt.

Als Medien der Revolution gegen die herrschenden, regressiven Verhältnisse fungieren für die Solinger Post-Hippie- bzw. Post-68er-Jugend, Drogen, Alkohol, Musik, Sex, Kino und Bücher. Hierdurch sollte der Weg zur vermeintlich wirklichen Wirklichkeit eröffnet, die Welt des Scheins überwunden und ins Sein vorgedrungen werden: »Wollten sie nicht alle dieses Einswerden mit dem Himmel und der Hölle, Geborgenheit, Freunde, das Allumfassende bis hin zur Todesnähe« (ebd., 8).

Zum wiederkehrenden Arsenal der gegenkulturellen Rituale und Situationen gehören: Szenezugehörigkeit, Nächte an Baggerseen, Outsider- und Underground-Romantik, Neue Sinnlichkeit/Sensibilität, Kiffen, Trips, Sexgeschichten, härtere Drogen (v. a. Heroin), erste Drogentote, Selbstmorde, Rock 'n' Roll-Authentizismus, Funktionsverweigerung, Coolness und Landkommunen. Wichtig war hier die Distanz zur Esoterik der Posthippies und dem Handeln linker Aktivisten.

Weiterhin gehören zur gegenkulturellen Lebenswelt des Local Hero zwei Aspekte: zum einen das Spannungsfeld von Urbanität und Natur. Die Stadt ist die Gegenwelt zur Provinz, der Ort, an dem sich Wirklichkeit ereignet und erfahrbar ist – zumeist als Inszenierung, die Veräußerlichung erfordert. Die Natur ist wiederum die Gegenwelt zur Stadt, die Kontemplation und Verinnerlichung ermöglicht sowie mit teilweise mystischer Ursprünglichkeit verbunden wird, als Ort der Rettung, Reinigung oder Erneuerung. Zum anderen die Club Culture sowie andere pop-/gegenkulturellen Orte, an denen Pop-/Gegenkultur live und in Echtzeit erfahrbar ist, ob als Disco, Pub oder Konzertort (u. a. *Ratinger Hof*, Düsseldorf; *Lovers Club*, Köln; *Op d'r Eck*, Düsseldorf; *Stonns Fout*, Düsseldorf; *Creamcheese*, Düsseldorf; *Big Pub*, Remscheid; *Mums*, Solingen; *Dortmunder Westfalenhalle*; *SO 36*, Berlin-Kreuzberg).

Der gegenkulturelle Lebensentwurf, den der Erzähler in *Lovers Club* memoriert, ist allerdings daran gescheitert, dass alle Bezugssysteme (Musik, Filme, Drogen, Sex, Literatur, Theorie etc.) kein authentisches und/oder alternatives Leben bzw. ein Mehr an Wirklichkeit ermöglichten, sondern lediglich als Muster bzw. vorgefertigte **Ich-Schablonen**, die aus gegenkulturellen **Wir-Utopien** geronnen sind, nachgelebt und nicht in die jeweiligen Lebenswelten integriert werden konnten. Bildende Emanzipation war hierbei nicht möglich, weil diese subkulturellen Bezugsysteme zudem Hierarchieverhältnisse etablierten, (Welt- und Selbst-)Erklärungen anboten, aus denen keine transformatorischen (Selbst-)Bildungsprozesse resultierten.

Lover's Club beschreibt einen zirkulären Verweisungszusammenhang zwischen dem Außen (Selbstbildung mit und durch Popmusik sowie Popkultur) und dem Innen (Psychologie sowie Seelenleben des Individuums, die/das durch die Aneignung von Pop-Wissen und der Internalisierung von Pop-Werten mitgeformt wird), der Oberfläche (Beschreibung der Konstitution der Identität des Individuums, die konstitutiv popkulturell bestimmt ist) und der Tiefe (Selbsterkenntnis durch popkulturelle Angebot, v. a. aber durch Popmusik, und Selbstauslegung durch den Text).

In diesem Verweisungszusammenhang kommt es zu permanenten Interdependenzen zwischen dem individuellen und sozialen Pop-Gedächtnis, dem Alten und Neuen der Popmusik sowie Popkultur, durch die beide Gedächtnisse allererst ihre genuine Ausprägung erhalten, Popmusik und Popkultur stets dynamische und sich verändernde Wirklichkeiten darstellen.

Geordnet wird dieser Verweisungszusammenhang einerseits durch das empirische Ich, dessen Name auf dem Buchdeckel steht. Insofern stellt *Lover's Club*, ebenso wie die anderen Szene-Chroniken von Holland-Moritz, einerseits die Archäologie eines individuellen Pop-Gedächtnisses dar. Andererseits werden die Erzählungen durch das Subjekt des Textes mitbestimmt, das auto(r)biographisch in die Erinnerungsarbeit eingreift, d. h. gelebte (Pop-)Geschichte verändert. Die Aktualität und Performativität der beschriebenen Erfahrungen und Erlebnisse können nur aus der Erinnerung (re-)konstruiert werden. Zudem müssen sie der Form und Intention der Erzählung angepasst werden. Gerade durch die eigensinnige Themenwahl und Darstellungsform gewinnt der Text seine Originalität, die die Bedingung der Möglichkeit ist, dass der Einblick in Pop-Wirklichkeiten anschlussfähig und differenziert vermitteln kann sowie als Speichermedien für Pop-Wissen die Möglichkeit bietet, dieses zu konservieren und kommunizieren. Die Individualität der Rede über die eigene Geschichte mit und durch Pop besitzt darüber hinaus den Vorteil großer Unmittelbarkeit, Lebensweltlichkeit und Detailvielfalt, durch die es möglich wird, unterschiedlichste Aspekte der Popmusik- und Popkulturgeschichte zu entdecken, die sich nur selten dem Diktat des Allgemeinen unterordnen. Das sind Aspekte, die systematisierende und verallgemeinernde Popgeschichtsschreibungen nicht bieten können, weil sie immer das Idealtypische der Pop-Geschichte herausarbeiten müssen. Pop-Geschichte ist aber zunächst und zumeist die Geschichte ihrer Fans und Rezipienten, die polymorph und polyvalent mit Pop umgehen.

Die Frage, ob die **auto(r)biographische Pop-Erzählung** einen objektiven Wahrheitsgehalt oder eine überindividuelle Bedeutung besitzt, stellt sich vor diesem Hintergrund nicht mehr. Die Entscheidung für oder gegen eine auto(r)biographische Pop-Geschichte wird genau so getroffen wie die für oder gegen einen Popsong, nämlich etwa durch die Geschmackspräferenzen des Lesers/Hörers, sein Pop-Wissen oder das Identifikations- sowie Wiedererkennungspotential des Textes/Songs. Letztlich handelt es sich bei aller auto(r)biographischen Erinnerungsarbeit stets um auto(r)biographische Erinnerungskonstruktionen und Aufführungen von Selbstbildungsprozessen.

5.9.5 | Jan Off und Rocko Schamoni

Diese Aspekte treffen auch, allerdings in ironisch gebrochener und nicht nostalgischer Form, auf zwei weitere prominente Post-Punk-Autoren zu: Jan Off (2003) und Rocko Schamoni (2004). Jan Off, 1967 in Braunschweig geborgen, ist Trash- und Punk-Autor. Er wurde zuerst in der Social-Beat- und Slam-Poetry-Szene bekannt. 2001 gewann er die deutschen Poetry Slam Meisterschaften in Düsseldorf. Im Zeitraum von 1996 bis 2014 veröffentliche er über fünfzehn Bücher und einige Spoken Words-CDs (wie z. B. *Don't mess around with Harald Juhnke*, 1999; *Im Kessel der Enthusiasten*, 2001).

Rocko Schamoni, 1966 in Lütjenburg geboren, ist als kreatives Multitalent u. a. als Musiker, Schriftsteller, Hörbuchautor, Theaterproduzent, Moderator (u. a. »Viva 2«), Clubbetreiber (»Golden Pudel Club«, Hamburg) sowie Labelbetreiber (»Pudel Produkte«) tätig sowie Mitglied beim Komik-Ensemble »Studio Braun«. Innerhalb der ›Popliteratur am Rande‹ ist Schamoni der bekannteste, erfolgreichste und meist rezipierte Autor.

Vorkriegsjugend (Off 2003) und *Dorfpunks* (Schamoni 2004) sind, im Unterschied zu der schwermütigen und desillusionierten Erinnerungsarbeit in *Lover's Club*, »**Punk-Entertainment**« (Menke 2010, 76). Anders als bei *Verschwende Deine Jugend* (Teipel 2001) wird hier nicht die Geschichte des Punk von Szene-Stars rekonstruiert, also offizielle Geschichten der Bewegung erzählt. Vielmehr stehen in den beiden Romanen die Geschichten der individuellen Aneignung von Punk durch zwei Jugendliche in den 1970er und 1980er Jahren im Vordergrund. In *Dorfpunks* besitzt im Vergleich zu *Vorkriegsjugend* »das Wissen über den zeitlichen Verlauf der Pop- und Subkultur« (Menke 2010, 65) eine größere Bedeutung für die Handlung – und zwar hinsichtlich der Erinnerungsselektionen und der Bewegungsinterpretation vom Standpunkt der Erzähler-Gegenwart aus. Beide Romane vermitteln durch ihre intim-individuellen Sozialisationsgeschichten; das trifft auch für *Lover's Club* zu, einen lebensweltlicheren Eindruck in das Punk-Leben und Punk-Erleben, als dies die reflektiert-artifiziellen Szenerückblicke in *Verschwende Deine Jugend* vermögen. Zeitbilder werden hier über »stilisierte biographische Bericht[e]« (ebd., 62) vermittelt, die Formen »*distanzierter Authentizität*« (ebd., 67; Hervorh. im Original) darstellen.

Vorkriegsjugend (Off 2003) lässt den Leser teilhaben an der **jugendlichen Selbsterschaffung** von vier Freunden in der Kleinstadt Braunschweig, die Punk als Lebens- und Kulturform für sich entdecken. Der Roman beginnt am Ende, d. h. am Abend des ersten Konzertes ihrer Band, das grandios scheitert. Dieses Scheitern veranlasst den Ich-Erzähler zu einer zentralen Entscheidung: »Und das war der Moment, in dem ich nicht nur die Band verließ, sondern endgültig beschloss, mich der Poesie zuzuwenden« (ebd., 18).

Das Interesse an Punk beginnt zufällig durch einen Plattenfund, den Sampler »Soundtracks zum Untergang« mit Bands wie Hass, Störtrupp oder Offensive Herbst 87 (ebd., 19 ff.). Die lebensverändernde Wirkung der Musik und der Punkkultur stellt sich bei ihm sowie seinen Freunden unmittelbar ein. Der Punk-Slogan *No Future* wird zu ihrem Lebensmotto. Die Freunde denken sich: Wenn es schon keine Zukunft gibt, warum sollte man sich dann nicht auch allem anderen verweigern und als Teil einer eigensinnigen Jugendkultur die Welt für sich neu erfinden und nach eigenen Regeln regellos leben. Diese eigene Welt spielt sich größtenteils im Park um den Lesepavillon, in den Jugendzimmern, der Schule und in einem Club ab. Mit sympathischer ironischer Distanz berichtet der Ich-Erzähler von den hierarchisch geordneten Ritualen der Vollblut-Punkwerdung, wie z. B. die Pflicht für neue Punks bzw. Punks in der Ausbildung, den älteren Punks Zigaretten und Alkohol zu organisieren. Die explizit-unmittelbare Darstellung der Peinlichkeiten, des Scheiterns und der Glücksmomente des Ich-Erzählers lädt den Leser zudem ein, sich mit ihm zu schämen, mit ihm zu lachen und mitzufeiern.

Die **Erzählhaltung ist Punk-orientiert**: schnoddrig und selbstironisch, direkt und vital, nicht sonderlich (selbst-)reflexiv. Gleichwohl ist für Off die distanzierte Authentizität seiner Erzählung von Bedeutung, denn er berichtet von der »goldenen Epoche« (ebd., 10) des Punk in den frühen 1980er Jahren, in der Punk-Sein nicht hauptsächlich eine Modeerscheinung darstellt wie in der Gegenwart der 2000er Jahre, sondern eine konsequente Haltung und ein riskantes Lebensprogramm erfordert.

Dorfpunks (Schamoni 2004) schildert die Erinnerung des autobiographisch angelegten Ich-Erzählers an seine **Jugend als Dorfpunk** im Zeitraum von 1976 bis 1986 im kleinen, fiktiven Ort Schmalenstedt in Schleswig-Holstein. Die Erzählung thematisiert seine Subkultur-Biographie im Alter von 12 bis 22 Jahren. Wie für die Szene-Protagonisten in *Verschwende Deine Jugend* (Teipel 2001) ist auch für den Protagonisten von *Dorfpunks* die englische Punkwelle das entscheidende Sozialisationserlebnis – als Freiheitsversprechen und zur eigensinnigen Identitätsbildung:

»Kurz vor meiner Konfirmation schnitt ich mir die Haare mit einer Nagelschere ab. Mein Entschluss war klar: Ich musste Punk werden. Ohne eigentlich etwas darüber zu wissen – es gab da zwei Bravo-Artikel und die vage Ahnung, wie cool man als Punk sein würde –, fällte ich diese Lebensentscheidung. Ich war vierzehn. Meiner Mutter liefen stumme Tränen über die Wangen, als sie meine neue Frisur sah. [...] Dazu trug ich alte Schlafanzughosen, Bundeswehrstiefel und zerrissene T-Shirts. Ich war ein Schandfleck für unser Dorf. Die anderen Dorfjungs verstanden mich nicht. Ich selber fand mich schön und aufregend. Ich fand mich neu und wild, hart und modern. Weit vor allen anderen auf dem Berg, auf dem nur sehr wenige standen« (Schamoni: Dorfpunks, 48).

Die Leitthemen des Romans, die mit der Sozialisationsgeschichte des Ich-Erzählers auch die »ästhetischen Hinter- und Beweggründ[e] des Punk« (Menke 2010, 64) vermitteln, sind: Eine glorreiche Punksozialisation auf dem Land, die als zumeist riskanter und bedeutsamer beschrieben wird als die in der Stadt, in der Subkulturen zur Alltagswahrnehmung gehören; Punk als historisch bedeutsamste Jugendkultur gerade in Abgrenzung zu Hippies, zum Glam- oder Hardrock; Punk als Mittel der Opposition gegen die kleinbürgerliche Landbevölkerung, die Landjugend, die Schule und die eigenen Lehrer-Eltern. Verbunden damit ist der Stolz auf das Anderssein, also darauf, in der Selbstwahrnehmung exklusive sozial a-soziale Subjekte zu sein als Beispiel für eine gelingende Selbsterschaffung im Anders-sein bzw. Adoleszenz in der Desintegration. Hierzu bedarf es einer Schock-Ästhetik durch Kleidungsstil und Musik, v. a. wiederum in Angrenzung zur Mode und Musik der 1970er Jahre. Zum coolen Mannwerden gehören Alkohol, Prügeleien und Begehrenskulissen als Weg aus den Unsicherheiten und Frustrationen der Pubertät. Schließlich ist noch die Aneignung des »Spezialwissen[s] einer Sekte« (Schamoni: Dorfpunks, 55) notwendig, die Flüchtigkeit der Punkkultur, eine Bandgründung als Beispiel für gewollten Dilettantismus (vgl. Müller 1982), lebensweltliche und ästhetische Offenheit, d. h. alles zu verwenden und miteinander zu verbinden, was zur Konstitution einer eigensinnigen Identitätskultur und Ästhetik beiträgt sowie »Freude an eine[r] Sinnauflösung« (Schamoni: Dorfpunks, 125).

Weiterführende Literatur

Zu Social Beat vgl. u. a. die Anthologien *Downtown Deutschland* (Adelmann 1992) und *Asphalt Beat* (Adelmann/Rox 1994). - Zu Punk vgl. u. a. Marcus (1996); O'Hara (2001), McNeil/McCain (2011), Meinert/Seeliger (2013). - Zur Berliner Subkultur der 1960er bis 980er Jahre vgl. u. a. Sander/Christians (1969), Roehler (2015). - Zur Dialektik und Dysfunktionalität von Pop & Subversion vgl. u. a. literarisch Faldbakken (2005), populärkulturwissenschaftlich Kleiner (2013).

5.10 | Weitere Pop-Autor/innen seit den 1990er Jahren

5.10.1 | Ende der 90er Jahre

Blickt man zurück auf die Pop-Diskussionen der ausgehenden 1990er Jahre, lässt sich eine Gruppe von Autoren ausmachen, denen so etwas wie eine initiale Wirkung zugeschrieben werden kann und denen in der Folgezeit viel Aufmerksamkeit zukommt. Neben den in diesem Band bereits ausführlicher behandelten Autor/innen (s. Kap. 5.3–5.8) sind hier vor allem Andreas Neumeister, Alexa Hennig von Lange, Elke Naters, Florian Illies, Rebecca Casati, Moritz von Uslar sowie die in dem Band *Tristesse Royale* vertretene Autorengruppe zu nennen. Im Feuilleton werden diese teilweise auch ökonomisch erfolgreichen Autor/innen metaphorisch als ›Enkel‹ der bislang häufig als dominierend wahrgenommenen Schriftsteller/innen der Nachkriegsliteratur besprochen. Blickt man auf ausgewählte Protagonist/innen dieser Autorengruppe, fällt es dennoch **schwer, ein einheitliches Bild zu zeichnen**. Immerhin aber lassen sich einige Verbindungslinien ziehen, nicht zuletzt über die Anstellungsverhältnisse einiger Autor/innen.

5.10.1.1 | Rebecca Casati, Elke Naters

Mit dem Aufkommen neu gegründeter (und einige Jahre später teilweise auch wieder eingestellter) Ressorts und Ableger größerer Tageszeitungen wie dem *SZ-Magazin*, dem *jetzt-Magazin* (beide *Süddeutsche Zeitung*) oder den »Berliner Seiten« der *Frankfurter Allgemeinen Zeitung* betritt eine ganze Reihe von Autor/innen die publizistische Bühne, die im Rahmen ihrer journalistischen Tätigkeit bereits zu popkultur-affinen Themen arbeiten, darüber teilweise neue Kollaborationen ins Leben rufen und schließlich auch beginnen, unter dem Begriff ›Popliteratur‹ rezipierte Bücher zu schreiben.

Rebecca Casati (geb. 1970), u. a. Autorin des *SZ-Magazins*, veröffentlicht im Jahr 2001 ihren Debütroman *Hey Hey Hey*. Bereits zwei Jahre zuvor gibt Casati zusammen mit **Moritz von Uslar** (geb. 1970), ebenfalls Mitarbeiter des *SZ-Magazins*, die Kolumnensammlung *Wie sehen Sie denn aus?* heraus. Von Uslar, der bereits in den frühen 1990er Jahren bei dem Magazin *Tempo* volontierte, war ebenso wie Casati an dem von Elke Naters und Sven Lager initiierten **Netzliteratur-Projekt »am pool«** beteiligt, zu dessen zeitweiligen Beiträgern auch Goetz, Kracht, Neumeister und andere zählen. **Elke Naters** (geb. 1963) selbst debütiert bereits im Jahr 1998 mit dem Roman *Königinnen*, einer Schilderung des materialistischen Alltags der Protagonistinnen Gloria und Marie, die mit dezidiert oberflächlicher Wahrnehmung über die existentielle Leere ihrer Konsumgewohnheiten erzählen.

5.10.1.2 | Alexa Hennig von Lange

Die Autorin Alexa Hennig von Lange (geb. 1973), die zeitweilig auch als Drehbuchschreiberin für die Vorabendserie *Gute Zeiten, Schlechte Zeiten* tätig war und später als Autorin einer Reihe von Kinder- und Jugendbüchern erfolgreich ist, tritt um die Jahrtausendwende ebenfalls in Popliteratur-Zusammenhängen in Erscheinung. Ihr Roman *Relax* (1997) wird aufgrund seiner umgangssprachlichen, wenig psychologisierenden und moralisierenden, zudem lapidar verzeichnenden Erzählweise und seiner Konzentration auf die Feiergewohnheiten der zwei jungen Hauptcharaktere häufig der Popliteratur zugeschlagen. An der Wahrnehmung Hennig von Langes in den Medien lässt sich zudem ein weiteres Merkmal der **Vermarktung und Rezeption** popliterarischer Werke festmachen, sind doch in Hennig von Langes Fall die (durchaus gewollten und für Popliteratur und Popkultur konstitutiven) »mediale[n] Rückkopplungseffekte« (Frank 2003 a, 6) – ebenso wie bei manchen anderen Autoren – mitunter stärker als die »nachprüfbaren ästhetischen Eigenschaften« eines Textes (ebd.). So stellen die Fotos, die Hennig von Lange mit ihrem markanten Lockenkopf zeigen und häufig auch die Vorderseite ihrer Bücher zieren, oftmals ein mindestens ebenso intensiv diskutiertes Thema dar wie die Texte selbst.

5.10.1.3 | Andreas Neumeister, Kathrin Röggla

Ganz anders stellen sich dagegen die Texte von Andreas Neumeister (geb. 1959) dar, die in Pop-Zusammenhängen ebenfalls häufig genannt werden, wenngleich Neumeister kaum eine vergleichbare mediale Präsenz wie viele seiner Kollegen aufweisen konnte oder wollte. Der Grund für die Erwähnung Neumeisters im Pop-Kontext liegt ähnlich wie im Fall Meineckes stärker auf einer formalen Ebene, wird Neumeisters Texten – allen voran *Gut laut* von 1998 – doch vielfach bescheinigt, sich in ihrer Struktur an musikalische Muster anzunähern. Neumeisters emphatische Hinwendung zu einer »**musikspezifischen Materialästhetik**« (Büscher-Ulbrich 2011, 182) resultiert in einer Schreibweise, die über eine Reihe kürzerer Notate eine Rhythmisierung des Sprachmaterials selbst anstrebt und einzelne Textbausteine, ähnlich einem ›Sample‹ in der Musik, an verschiedenen Stellen immer wieder einsetzt und leicht variiert. Zwar bezeichnet das Erzähl-Ich sich selbst als »[m]usikbesessene[n] Kettenhörer« (Neumeister: Gut laut, 18), was sich allerdings weniger in inhaltlichen Bezügen niederschlägt als in den **Wiederholungs- und Variationsschleifen** der Textstruktur.

Parallel zu Goetz' *Rave* (s. Kap 5.3) und Stuckrad-Barres *Soloalbum* (s. Kap. 5.6) bildet *Gut laut* so die dritte Veröffentlichung innerhalb eines Jahres, die sich in emphatischer Weise mit dem Thema (Pop-)Musik auseinandersetzt und unter den genannten Beispielen wohl den **experimentellsten Zugriff** auf die Thematik hat. Diesen Zugriff behält Neumeister auch in seinen späteren Romanen wie *Angela Davis löscht ihre Webseite* (2002) oder *Könnte Köln sein* (2008) bei.

Ähnlich wie bei Neumeister erfolgt auch bei Kathrin Röggla (geb. 1971) der Zugriff auf das Material eher sprachexperimentell, wobei hier stärker ein mündlich-assoziativer und elliptischer Duktus dominiert. In den kurzen Kapiteln ihres Romans *Irres Wetter* (2000), der manchmal in Pop-Zusammenhängen genannt wird, mischen sich lose miteinander montierte Momentaufnahmen, die ausgehend von der thematischen und geographischen Klammer ›Berlin‹ Perspektiven auf das Leben in der Stadt um die Jahrtausendwende anbieten.

5.10.1.4 | Programmreflexionen um die Jahrtausendwende: *Tristesse Royale* und *Generation Golf*

Wesentlich weitere Verbreitung als die experimentellen Texte von Neumeister und Röggla finden um die Jahrtausendwende zwei weitere Veröffentlichungen, die sich in ganz anderer Weise auf die Gegenwart beziehen: *Tristesse Royale* (1999) und *Generation Golf* (2000), die beide als Formen der »Programmreflexion« (Baßler 2003 b, 124) gelesen worden sind, d. h. als Texte, die aus einer Meta-Position heraus die Bedingungen popliterarischen Erzählens einerseits reflektieren, andererseits aber zugleich als Paradigma für den eigenen Erzählvorgang nehmen.

Bei *Tristesse Royale* handelt es sich um einen transkribierten (und im Nachhinein durch den Herausgeber Joachim Bessing stark bearbeiteten) Gesprächsmitschnitt aus dem Hotel Adlon in Berlin, in dem sich 1999 die Autoren Joachim Bessing (geb. 1971), Christian Kracht, Eckhart Nickel (geb. 1966), Alexander von Schönburg (geb. 1969) und Benjamin von Stuckrad-Barre zusammengefunden haben, um ein »**Sittenbild unserer Generation**« zu zeichnen (Bessing: Tristesse Royale, 11). So hochtrabend dieser Anspruch klingt, so wird doch deutlich, dass es sich um ein in höchstem Maße performatives Projekt handelt, dessen vermeintliche Gültigkeit als Diagnose der Gegenwartskultur im selben Moment durch seine theatrale Grundanlage (Regieanweisungen, surreale Einschübe) sowie durch den bewusst ausgestellten Manierismus der Teilnehmer relativiert wird. In der allgemeinen Rezeption des Bandes überwiegen dagegen heftige Kritiken. Zusätzliche Nahrung finden diese Kritiken durch die paratextuellen Signale, die der Band enthält: Sowohl der Titel als auch das Autorenfoto des Rückumschlags, das die Adlon-Gruppe in Anzügen posierend zeigt, erzeugen aufgrund des vermuteten Snobismus der Gruppe starke »**Resonanzeffekte**« (Döring 2009, 185), wobei häufig übersehen worden ist, dass die Gruppe die »Bildwelt[en] des Dandys« (ebd., 188) ebenso zitiert und aktualisiert wie sie sie bricht.

Das Thema der Gespräche scheint dem **Vorwurf des dekadenten Schnöseltums**, der gegen den Band erhoben worden ist, vordergründig gerecht zu werden, ergeht sich die Gruppe doch vor allem in einer ausführlichen Stilkritik ihrer Umwelt. Im Zuge dessen kommt es zu einer regelrechten Durchforstung der ästhetischen Verfassung der Gegenwartskultur. Ähnlich wie schon bei einigen Vertretern der Vorgängergeneration der 1980er Jahre bilden auch hier »Authentizität, Sinnsuche und Problembewußtsein« (Schumacher 2002, 203) willkommene Angriffsflächen. Allerdings hat die »Neuauflage jenes Pop-Hedonismus« (ebd.), wie man ihn in *Tristesse Royale* erblicken kann, zugleich eine signifikante Verschiebung erfahren – denn die einst strategisch gesetzte »Affirmation von Stil, Künstlichkeit, Zitathaftigkeit und Oberflächlichkeit« (ebd.) ist mittlerweile so weit verbreitet, dass sie der Adlon-Gruppe nur noch als zitierbare Geste dienen kann, sie sich also in ihrer Kritik mithin selbst ironisiert. Die Themen **Authentizitäts- und Sinnverlust** bilden dabei einen immer wiederkehrenden Gesprächspunkt, dem aber keine feste Gegenposition entgegengestellt wird.

Während *Tristesse Royale* alle Werte in Frage stellt, herrscht zwar auch in *Generation Golf* eine gewisse Ratlosigkeit, allerdings wird hier sehr viel stärker an gruppenbildenden Merkmalskatalogen gearbeitet. Der von Florian Illies (geb. 1971) geprägte, nach Veröffentlichung des Bandes schnell zu weiter Verbreitung gekommene Begriff der ›Generation Golf‹ lässt sich als **Kunstbegriff für eine bestimmte Lebenshaltung** verstehen, die Illies im Leben der 1990er Jahre primär in der Gruppe der 20- bis 30-jährigen lokalisiert (s. Kap. 5.2.4). In *Generation Golf* erzählt Illies mit bemerkenswerter chronistischer Akribie entlang der Sozialisationserfahrungen dieser Generation gut zwei Jahrzehnte populärer Zeit- und Mediengeschichte. Popliterarische Qualität bekommt diese Erzählung, insofern Illies sie so umfangreich wie kaum anderswo als **Abfolge von Marken, Produkten und Werbezitaten** gestaltet.

Wie sehr Illies, zum Zeitpunkt des Erscheinens von *Generation Golf* hauptberuflich Redakteur der FAZ, sich dabei auf die popkulturelle Kompetenz seiner Leser/innen verlässt, zeigt sich daran, dass der Text Vergleiche anstellen kann, nach denen der »GTI [...] sich zum Golf [verhielt] wie die *Amica* zur *Brigitte*« (ebd., 54; Hervorh. im Original). Allerdings bleibt Illies nicht beim Blick auf das alters- und milieuspezifische Detail stehen, sondern weitet seine Diagnosen ins Allgemeine aus und landet darüber schließlich bei der **Bestimmung des Zeitgeists** der sprichwörtlichen ›Generation Golf‹ und ihrer Werthaltungen. Nach einer Kindheit und Jugend im ökonomischen Aufschwung sind die wirtschaftlich prosperierenden 90er Jahre der vorläufige Endpunkt der Entwicklung der ›Generation Golf‹ – sie bieten gleichsam die idealen Bedingungen zur Entfaltung von Eigenschaften wie **Genussorientierung und Markenbewusstsein**, über die sich die so bestimmte Generation definiere. Ähnlich wie in *Soloalbum* und stellenweise auch wie in *Faserland* (auf das sich Illies in seinem Text explizit bezieht) bilden auch hier die Vertreter der 1968er-Generation und ihre Ideale den Leitkontrast zur Lebensführung:

»[D]ie Abgrenzung gegen die Vorgängergeneration mit ihrer Moralhoheit war für uns früh eine entscheidende Lebensmaxime. Wir kannten ja relativ wenige von ihnen, die meisten waren, so glaubte ich, Gemeinschaftskundelehrer geworden oder hingen auf den RAF-Fahndungsplakaten in den Postämtern« (ebd., 177; vgl. auch ebd., 150, 155, 163).

Zugleich hat dies natürlich eine **Kehrseite**, denn die in Abgrenzung zu anderen hergestellte Gruppenidentität führt keinesfalls zu einer neuen Form von Gemeinschaft, sondern lediglich zu einer zum ›Normalfall‹ gewordenen Vereinzelung und zum Rückgang der Sorge um andere (vgl. ebd., 146). Noch die unterschwellige Besorgnis, die in diesem Befund mitschwingt, wird allerdings durch ein entsprechendes Werbeformat gefiltert:

»Nur eine Generation wie die unsrige konnte ein Parfüm ins Herz schließen, das den Namen Egoiste trägt. Der Werbespot wirkt wie eine Karikatur auf unsere Generation: In einem riesigen Grandhotel ließ Chanel 47 Topmodels gleichzeitig die Fensterläden öffnen und ›Egoist‹ schreien. Der selbstbewußte Egoismus als Gemeinschaftserlebnis« (ebd., 196).

5.10.2 | Markante Einzelprotagonist/innen und Gruppierungen seit der Jahrtausendwende

Verlässt man den unmittelbaren Kontext der 1990er Jahre, trifft man auf eine Reihe von Autor/innen, die zwar in unterschiedlichen kulturellen Feldern in den 1990er Jahren (und teilweise schon früher) aktiv waren, aber erst nach der Jahrtausendwende im Bereich der Literatur reüssieren.

5.10.2.1 | Wolfgang Welt

Zu einem der hervorstechendsten Akteure zählt hierbei der Autor Wolfgang Welt (geb. 1952), dessen Debütroman *Peggy Sue* zwar bereits 1986 erscheint, der aber erst mit der im Jahr 2006 erschienenen Sammelausgabe seiner Texte unter dem Titel *Buddy Holly auf der Wilhelmshöhe* als einer der »wichtigsten avancierten Popliteraten in Deutschland« (Ernst 2010, 61) nicht nur vom Feuilleton, sondern auch von der Literaturwissenschaft (wieder-)entdeckt wird (vgl. Stadthaus/Willems 2013). Inhaltlich setzt Welts autobiographisches bzw. autofiktionales Erzählprojekt (für diese Differenzierung vgl. Baßler 2013) bei den Erfahrungen an, die der mit dem Autor namensgleiche Ich-Erzähler als Musikjournalist im Ruhrgebiet Anfang der 1980er Jahre sammelt, wo er im Umfeld der gerade aufkommenden Stadtmagazine eine kurze Szene-Karriere durchlebt.

Kennzeichnend für alle Romane Welts ist die **beharrliche Konzentration auf das Alltagsleben** seines Erzählers und die finanzielle Mühsal der Existenzsicherung als Journalist, Autor und späterer Nachtwächter. Welts Romane, so jüngst ein Rezensent, glichen mitunter »Wimmelbilder[n]« aus dem 16. Jahrhundert, stürze man sich doch auch in Welts »kaleidoskopartige[n] Erzählungen« unmittelbar »ins Getümmel« einer Vielzahl vorkommender Figuren, ohne dass eine psychologische Tiefendimension angestrebt würde (Struck 2014). Leitmotivisch finden sich in Welts Texten immer wieder Hinweise auf den beharrlich verfolgten Wunsch, Schriftsteller zu werden. Ähnlich wie in Joachim Lottmanns Debütroman *Mai, Juni, Juli* (s. Kap. 5.5.1) bietet die **beredte Ankündigung des eigenen Schreibvorhabens** so auch Welt ein ums andere Mal einen Anlass zum Erzählen. Bisweilen finden darüber sogar medial vermittelte Anekdoten aus der Geschichte der Popliteratur Eingang in den Text:

»Im Sommer las ich in der WAZ, daß sich beim Ingeborg Bachmann-Preis ein Autor in die Stirne geritzt hatte. Obwohl mir der Name nicht bekannt war, wußte ich sofort, daß es sich um Müller-Schwefes Dr. Punk handelte. In Wirklichkeit hieß er Rainald Goetz. Das war sein Durchbruch in den Medien, wenn auch noch nicht beim Leser. [...] Und ich fragte mich, ob ich da auch eines Tages landen würde. [...] Aber erstmal mußte ich ein Buch schreiben, und dazu hatte ich jetzt keine Lust. Soll mal der Goetz absahnen, dann kann ich immer noch nachlegen« (Welt: Doris hilft, 31 f.).

Das in Aussicht gestellte ›Nachlegen‹ ist zu gleichen Teilen eingelöstes Versprechen wie notwendig unvollendetes Projekt, entspinnt sich Welts Geschichte doch gerade im nebensächlichen ›Daran-vorbei-Erzählen‹. Auf diese Weise kommt Welt letztlich doch ein erzählerisches Alleinstellungsmerkmal im jüngeren popliterarischen Feld zu.

5.10.2.2 | Kerstin Grether

Die Musikerin und Autorin Kerstin Grether (geb. 1975) hat ebenfalls einen musikjournalistischen Hintergrund. Bereits in den frühen 1990er Jahren macht Grether sich einen Namen als Autorin des Magazins *Spex*. Neben der Analyse weiblicher Acts im Pop-Geschäft und den dabei eingenommenen Rollen und Posen – von PJ Harvey und Britta bis zu Britney Spears und Christina Aguilera – setzt Grether sich auch aus theoretischer Perspektive mit den Entwicklungen im Pop-Sektor unter Gender-Gesichtspunkten auseinander. Eine Sammlung ihrer Texte für Zeitungen und Zeitschriften ist im Jahr 2007 unter dem Titel *Zungenkuß. Du nennst es Kosmetik, ich nenn es Rock 'n' Roll. Musikgeschichten 1990 bis heute* erschienen.

Grethers erster Roman **Zuckerbabys** (2004) knüpft unmittelbar an ihre journalistischen Themen an. Hauptfigur des Romans ist die Mediendesignerin Sonja, die von einer Karriere als Sängerin träumt und Kontakte zu der *riot grrrl*-Band Museabuse knüpft. Im Roman finden sich nicht nur zahlreiche Verweise auf Pop-Songs und ähnliches, thematisiert wird zugleich das Abgleiten der Protagonistin in eine schwere Magersucht und der Einfluss popkultureller Bildregimes auf das Individuum.

Zwar sind sich alle Protagonist/innen des Buches über die **Bildbearbeitungsroutinen der Medienbranche** im Klaren – immerhin arbeiten einige von ihnen selbst in dieser Branche und Sonjas Freundin, die Journalistin Allita, schreibt sogar eine Artikelserie zum Thema »Aussehensarbeit im Pop« (Grether: Zuckerbabys, 67) –, allerdings muss Sonja feststellen, sie sei »schon ganz verdorben in meinem Kopf von der vielen Hochglanzfotografie« (ebd., 65). Sonja nimmt das **Alltagserleben zunehmend durch einen medialen Filter wahr**, der ihr als Schema für den eigenen Gefühlsausdruck dient (vgl. ebd., 20). Auch die selbst verordnete Hungerkur präsentiert der Roman im steten Rekurs auf populäre Vergleichsmöglichkeiten. Zwar wirkt die Schale eines Apfels dann »so knackig wie der Po von Mariah Carey« (ebd., 138), allerdings muss die Protagonistin bald schon selber feststellen: »Ich bin ohne Puls am Puls der Zeit« (ebd., 183).

Was hier am Beispiel von Kerstin Grethers Debütroman nachgezeichnet wurde, ließe sich ausweiten auf viele weitere Texte (nicht nur von weiblichen Autorinnen), in denen die Konstruktion von Gender thematisiert wird oder die sich generell mit hegemonialen Rollenmodellen in der Popkultur auseinandersetzen. Dass der Zusammenhang von Popliteratur und Gender sowie verschiedene Formen der Weiblichkeitsinszenierung in den Medien bislang nur vereinzelt thematisiert und ausführlich analysiert worden ist, deutet auf einen **Nachholfbedarf innerhalb der Forschung** hin. Entsprechende Ansätze finden sich mittlerweile zu Popjournalistinnen wie Clara Drechsler, Tine Plesch, Sonja Eismann oder eben Kerstin Grether ebenso wie zu von Frauen geschriebener Popliteratur (vgl. Volkmann 2011). Neben Grether, die 2014 einen neuen Roman vorgelegt hat (*An einem Tag für rote Schuhe*), können hier etwa die Bücher von Silvia Szymanski (*Chemische Reinigung*, 1998), Françoise Cactus (*Abenteuer einer Provinzblume*, 1999), Claudia Kaiser (*Rocken & Hosen. Unterwegs mit meiner Band*, 2003) und Jenni Zylka (*Beat Baby, Beat*, 2004) genannt werden, die allesamt sowohl musikalische wie auch gender-spezifische Fragestellungen behandeln.

5.10.2.3 | Charlotte Roche

Als ehemalige Moderatorin des Musiksenders Viva II kann auch Charlotte Roche (geb. 1978) als Kennerin des Independent-Musikbereichs gelten. In ihrer literarischen Produktion spielt Insiderwissen aus Musikindustrie und popkulturellen Szenen jedoch eine geringe Rolle. Mit ihrem 2008 erschienenen Debütroman *Feuchtgebiete* knüpft sie stattdessen an eine andere (frühe) Tradition des Popdiskurses an: die des Schocks per **drastischer Darstellung intimer Vorgänge**, verbunden mit einem Diskurs über die Körperdarstellung und -wahrnehmung in der zeitgenössischen Popkultur. Hauptfigur des Romans ist die 18-jährige Helen, die mit einer beim Rasieren zugezogenen Analfissur auf der Station für Innere Medizin liegt und die Leser/innen Anteil haben lässt an den Praktiken und Phantasien im Umgang mit ihrem Körper. In der Darstellungs- und Ausdrucksweise setzt *Feuchtgebiete* dabei auf eine **kalkulierte Provokation**.

Entnervt von einem durch die familiäre und gesellschaftliche Sozialisation vermittelten Hygienezwang bringt Helen deutlich ihr Gegenprogramm vor: »Ich benutze mein Smegma wie andere ihre Parfümflakons. Mit dem Finger kurz in die Muschi getunkt und etwas Schleim hinters Ohrläppchen getupft und verrieben. Wirkt schon beim Begrüßungsküsschen Wunder« (Roche: Feuchtgebiete, 19 f.). Ob »Sexandenkenkaubonbons« aus getrocknetem Sperma unter den Fingernägeln (ebd., 26), Cunnilingus während der Menstruation (ebd., 109 f.) oder der Tausch von Tampons mit der Freundin (ebd., 112–114), *Feuchtgebiete* hält eine ganze Palette von Beispielen für diese Art der Drastik bereit.

Hinter den vordergründigen Effekten der Aufmerksamkeitslenkung (*sex sells*, Skandal und Ekel auch), die dem Roman eine enorme Medienaufmerksamkeit beschert haben und ihn nicht zuletzt zu einem Bestseller haben werden lassen, konnten die leiseren Zwischentöne des Romans zugleich eine **Diskussion über die ›keimfreie Modellierung‹ des weiblichen Körpers** anregen. Der Verbindungspunkt zum popkulturellen Bildarsenal liegt nah, findet sich doch auch dort eine Vielzahl von sexuellen Andeutungen (in Songs, Videos etc.), während kranke und schmerzende Körper häufig ebenso ausblendet werden wie konkret stoffliche, mit körperlicher Sexualität verbundene Faktoren wie Geruch und Geschmack.

5.10.2.4 | Helene Hegemann

Ganz ähnlich vom Hauch des Skandals umgeben ist der Debütroman einer weiteren jungen Autorin: Helene Hegemann (geb. 1992). In ihrem Überraschungserfolg *Axolotl Roadkill* (2010) spielen Drogen und Sex ebenfalls eine wichtige Rolle, den zentralen Diskussionspunkt ihres Romans bildete hingegen der Vorwurf, Hegemann habe in ihrer Schilderung der Berliner Techno- und Nachtlebenszene zahlreiche Passagen unmarkiert von anderen Autoren übernommen. Daraus entspinnt sich im Fall von *Axolotl Roadkill* eine kurzlebige, aber meinungsstarke Debatte über die Frage nach der Auslegung eines Begriffs wie ›geistiges Eigentum‹ und über die **Grenze zwischen intertextueller Aneignung und illegitimem Plagiat** (in einer späteren Auflage des Textes wurde daraufhin schließlich ein Quellenverzeichnis integriert, das übernommene und modifizierte Passagen ausweist). Eine der Vorlagen, die in Hegemanns Text zu identifizieren ist, ist der Roman *Strobo* eines bis dahin wenig bekannten Szene-Autors mit dem Schriftstellerpseudonym Airen, dessen Text im Zuge der Debatte noch einmal neu verlegt wurde. Blickt man in Hegemanns Text, wird dort schnell der Modus deutlich, in dem sie verfährt:

»O. k., wieder mal so ein Ringen mit dem Tod, die Fetzen angstgequälten Schlafes, mein von schicksalsmächtigen Orchestern erbebendes Kinderzimmer und all diese Einbrecherstimmen aus dem Hinterhof, die unausgesetzt meinen Namen schreien. [...] Früher war das alles so schön pubertär hingerotzt und jetzt ist es angestrengte Literatur« (Hegemann: Axolotl Roadkill, 9).

Die Beschreibung des gleichzeitig angsterfüllten und gleichgültigen Erwachens im »Ketaminloch« (ebd.) nach durchrauschter Nacht, das sie ihre 16-jährige Protagonistin Mifti zu Beginn des Romans erleben lässt, spickt Hegemann mit **Umgangssprache-, Werbe-, Musik- und Medien-Verweisen**:

> »[S]chalte RTL II ein und da läuft eine super Tiersendung. Die ist wie ein Wahnsinnsfernsehevent aufgelöst. [...] Ich kann entweder zu qualitativ hochwertigen Hardcorepornos wichsen oder zuerst auf die Fingernägel und danach in den Spiegel gucken. Meine Hautanhangsgebilde sind zu ineinander verkrusteten Ekzemen geworden und meine Wimpern brechen ab« (ebd., 10).

Zudem versieht sie ihren Text mit Hinweisen auf die intertextuelle Grundanlage des Buches, wenn die Protagonistin von ihrer »ausgeprägten Lesesucht« (ebd., 14) berichtet. Auch auf *Strobo* bzw. dessen Autor findet sich ein indirekter Hinweis, formuliert aus dem Mund von Miftis Bekanntem Edmond:

> »›Is it mixed by you? It's mixed like shit! Berlin is here to mix everything with everything, Alter!‹ ›Ist das von dir?‹ ›Berlin is here to mix everything with everything, Alter? Ich bediene mich überall, wo ich Inspiration finde und beflügelt werde, Mifti. Filme, Musik, Bücher, Gemälde, Wurstlyrik, Fotos, Gespräche, Träume [...], weil meine Arbeit und mein Diebstahl authentisch werden, sobald etwas meine Seele berührt. Es ist egal, woher ich die Dinge nehme, wichtig ist, wohin ich sie trage.‹ ›Es ist also nicht von dir?‹ ›Nein. Von so 'nem Blogger‹« (ebd., 15).

5.10.2.5 | Rafael Horzon

Auf ganz andere Weise mit Pop verbunden zeigt sich Rafael Horzon (geb. 1970), der im Jahr 2010 mit dem Text *Das weisse Buch* seinen literarischen Einstand gibt. Erzählt wird dort die Geschichte des erfindungsreichen, mit dem Autor des Buches namensgleichen Unternehmers »Rafael Horzon«, der in der späten Nachwendezeit in Berlin durch unkonventionelle Firmengründungen bekannt wird. Tatsächlich kann Horzon auf eine längere lebensweltliche Praxis im **Umfeld einer künstlerisch informierten Unternehmensboheme** zurückblicken, in der die Übergänge zwischen Nachtleben und Brotjob häufig fließend sind und deren Aktivitäten nun zum Gegenstand der nachträglichen Historisierung werden. Vermittelt durch die Augen eines naiv-schelmischen Ich-Erzählers, wird die literarische Behandlung eines kurzen Abschnitts der jüngeren Kulturgeschichte mit autobiographischen und fiktiven Elementen derart verwoben, dass kaum noch zu entscheiden ist, was tatsächlich stattgehabte Geschichte und was selbstbewusst in die Welt gesetzte Tatsache ist.

Mit einem Ausgangspunkt in der florierenden Bar- und Clubszene Mitte der 1990er Jahre formuliert der Erzähler daher programmatisch, sein Ziel sei eine »Neue Wirklichkeit« (Horzon: Das weisse Buch, 29). Weiter proklamiert der Erzähler, er wolle fortan »[i]nteressante Dinge tun, die keine Kunst sind« (ebd., 213) – nachdem er nämlich nach seinem Umzug in die Hauptstadt feststellen muss, dass »buchstäblich alle Menschen, die ich bis dahin in Berlin kennengelernt hatte, Künstler [waren]« und er »keinen Sinn mehr darin [sah], weitere Beweise dafür anzuhäufen, dass alles, was jemand zu Kunst erklärt, auch Kunst ist: Suppendosen, Staubsauger, Haie – alles war nur eine Variation der *Fontaine*, des Urinals, das Duchamp 1917 zu Kunst erklärt hatte« (ebd., 28; Hervorh. im Original).

Mit der Weigerung, ein Künstler zu sein, greift Horzon den bereits bekannten avantgardistischen **Topos der Anti-Kunst** auf, rahmt ihn aber insofern neu, als er in seinen weiteren Unternehmensgründungen zwar beständig mit Verweisen auf das Künstlerische operiert und entsprechende Assoziationsmöglichkeiten schafft, zu guter Letzt aber immer auf einen dezidert außerhalb des Systems Kunst angesiedelten Hintergrund verweisen kann (vgl. dazu bereits Horzon: Der Dritte Weg). Mit diesem **Muster von Annäherung und Durchstreichung** und der daraus resultierenden Unschärfe spielt Horzon bei der anschließenden Gründung von hybriden Geschäftskonstrukten wie der *galerie berlintokyo* (1996–1999), der *Wissenschaftsakademie Berlin* (1997–2007) oder dem Möbelgeschäft *Moebel Horzon*. Der direkte oder indirekte Verweis auf avantgardistische Gesten oder modernistische Kunstwerke zieht sich wie ein roter Faden durch Horzons Unternehmensgründungen und ihrer Darstellung in *Das weisse Buch*. Besonders deutlich wird dies etwa im Fall von »**Redesigndeutschland**« (vgl. Horzon: Das weisse Buch, 119 ff.), einem alle Lebensbereiche erfassenden Umgestaltungsprojekt im Geist der historischen Avantgarden.

Die Form, in der all dies vermittelt wird, entspricht Horzons schon auf lebensweltlicher Ebene verfolgter Strategie eines »Ineinanderaufgehen[s] von Ernst und Spiel« (Liebl/Düllo/Kiel 2005, 29), wie es auch als charakteristisch für die Praxis des ›Cultural Hacking‹ hervorgehoben worden ist: Im **Modus des Schelmischen** hat Horzons Erzähler einerseits die Möglichkeit, reale Vorgänge zu adressieren, und es ist ihm andererseits auch möglich, flexibel zwischen fiktionalen und referentiellen Ebenen hin- und herzuwechseln, ja diese letztlich sogar zu verschmelzen und eine autofiktionale Figur ›Rafael Horzon‹ zu erschaffen (vgl. insgesamt auch Menke 2014, 217–276). Das Spiel mit Textgattung (Roman/Unternehmerbiographie) und eigener Person sowie die widerstreitenden Hinweise auf lügende Figuren bei gleichzeitigen Authentizitätsbeteuerungen des Erzählers erzeugen so ein gewolltes Oszillieren zwischen ›Fakt‹ und ›Fiktion‹.

In Pop-Hinsicht hervorzuheben ist überdies Horzons Performanz von »unkonventionellem Wissen« und seine Fähigkeit zur »eigenwillige[n] Verknüpfung« (Geer 2012, 214) unterschiedlicher Wissensbereiche, die Nadja Geer (ohne expliziten Bezug auf Horzon) unter dem Begriff »**sophistication**« fasst. Die dichte intertextuelle Verweisstruktur des Textes, der ungenierte Hinweis auf die Übernahme einzelner Textbausteine aus anderen Publikationen (vgl. Horzon: Das weisse Buch, 95) und die Überaffirmation von Werbe- und Geschäftswelt (vgl. ebd., 140 f., 148) sind weitere Charakteristika, die Horzon in eine Pop-Tradition einschreiben.

In dieser Tradition lassen sich auch einige Arbeiten von **Ingo Niermann** verorten, der in bestimmten Projekten mit Horzon zusammengearbeitet hat und mit seinen zwischen Dokumentation und Fiktion schwankenden Titeln *Minusvisionen. Unternehmer ohne Geld* (2003) und *Umbauland* (2006) ebenfalls in ästhetisch-interventionistischer Weise auf die bestehende Wirklichkeit einzuwirken versucht. In jüngster Zeit kann in diesem Zusammenhang auch **Friedrich von Borries**' Buch- und Unternehmensprojekt RLF. *Das richtige Leben im falschen* (2013) genannt werden, das sich mit Formen der Aktion und der Tarnung unter den Bedingungen kapitalistischer Vereinnahmung von Protestpotentialen beschäftigt und popkulturelles Wissen mit Theorielektionen vereint.

5.10.2.6 | Weitere Autor/innen im Überblick (Dath, Schamoni, Strunk, Kamerun, Pollesch u. a.)

Ein weiteres Beispiel für die Verbindung von theoretischen Überlegungen und popkulturellem Hintergrundwissen findet man in den Arbeiten des Journalisten und Autors **Dietmar Dath** (geb. 1970). Dath war von 1998 bis 2000 Chefredakteur der Zeitschrift *Spex* sowie von 2001 bis 2007 Redakteur im Feuilleton der *Frankfurter Allgemeinen Zeitung*. Parallel dazu veröffentlicht Dath seit der Jahrtausendwende regelmäßig Bücher zu einer Vielzahl von Themen. Charakteristischerweise enthalten Daths Texte oft umfängliche philosophische, politische, naturwissenschaftliche und poetologische Exkurse, die er zusammen mit Überlegungen zu popkulturellen Phänomenen in seine Werke einflicht. Unter popliterarischen Gesichtspunkten kann man aus dieser ebenso umfangreichen wie heterogenen literarischen Produktion exemplarisch den Briefroman *Die salzweißen Augen. Vierzehn Briefe über Drastik und Deutlichkeit* (2005) hervorheben, der es sich vornimmt, die »schlecht ausgeleuchteten, peinlichen und fiesen Winkel« der »Kulturindustrie« zu untersuchen, die Daths Erzähler u. a. im pornographischen und im Splatter-Film sieht und zu deren Charakterisierung er den Begriff »Drastik« heranzieht (Dath: Die salzweißen Augen, 15).

Von **theoretischen Überlegungen** will der Erzähler angesichts dieses Sujets aber keineswegs lassen, gilt ihm die zu untersuchende Drastik doch als der »ästhetische Rest der Aufklärung nach ihrer politischen Niederlage« (ebd., 162). Damit ist bereits ein grundlegender Zug von Daths Werk illustriert: Ausgehend von oftmals nicht für ›theoriewürdig‹ befundenen Bereichen entwirft Dath in seinen Texten teilweise ausgreifende Genealogien und Ableitungen, die er seinen Leser/innen in unterschiedlichen Genres und Formaten präsentiert. Die Grenzen zwischen Roman und theoretisch-essayistischer Abhandlung, eigenen Sozialisationserfahrungen und kulturgeschichtlicher Analyse sind dabei fließend.

Als Feuilletonist dagegen hat Dath sich gegenüber den Begriffen ›Pop‹ und ›Pop-Literatur‹ mehrfach äußerst kritisch gezeigt und sich gegen die »gewöhnliche Nabelschauschreiberei mit öden Plattenanspielungen«, die unter dem Sammelbegriff ›Popliteratur‹ zu Popularität gelangt sei, verwahrt. Popliteratur, so Dath, könne »wenn überhaupt [...] nur entstehen [...], indem Literaten die **Arbeitsbedingungen der Kulturindustrie teilen** und das auch wissen« (Dath 2007, 84), woraufhin bei ihm die Namen Stephen King, William Gibson, *Perry Rhodan* und *Buffy, the Vampire Slayer* fallen. Als Filmkritiker der FAZ analysiert Dath weiterhin kulturindustrielle Produktionen und legt in regelmäßigen Abständen Rezensionen zu Action-Blockbustern wie *Avengers*, *Iron Man 3* und *Robocop* vor.

Mit den Themen Vermarktung und Kritik sowie mit dem Gegensatz von ›Nische‹ und ›Mainstream‹ beschäftigen sich – allerdings in einer deutlich zugänglicheren Weise – auch die seit der Jahrtausendwende vorgelegten literarischen Texte von **Rocko Schamoni**. Nach der semi-autobiographischen Verarbeitung seiner Punk-Vita in *Dorfpunks* (s. Kap. 5.9) bleibt Schamoni auch in seinen Folgeromanen wie *Sternstunden der Bedeutungslosigkeit* (2007) und *Tag der geschlossenen Tür* (2011) zentralen Eckpfeilern seines Schaffens verbunden. So finden sich dort weiterhin lose an die Autorenbiographie angelehnte Figuren mit subkultureller Verwurzelung, allerdings betont Schamoni nun häufiger die (schon in *Dorfpunks* sich abzeichnenden) Begrenzungen sub- und jugendkultureller Selbstentwürfe in der Gegenwartskultur.

Auch in Schamonis Produktionen für den **Theaterbereich** spielen diese Themen eine hervorgehobene Rolle. Zusammen mit Jacques Palminger und Heinz Strunk, der im Jahr 2004 mit dem semi-autobiographischen Roman *Fleisch ist mein Gemüse* ebenfalls einen popliterarisch rezipierten Roman vorgelegt hat, hat Schamoni unter dem Namen »**Studio Braun**« eine Reihe von Stücken realisiert, die oftmals zwischen überzeichnetem Klamauk und ernsthafter Ambition changieren. In Kommentaren zu den verfolgten Strategien stilisiert Schamoni – in Fragen der medienwirksamen Selbstinszenierung durchaus bewandert (vgl. Derlin 2012) – seine Position jedoch häufig im wahrsten Sinne des Wortes zu der eines ›underdogs‹, der den Institutionen des offiziellen Kulturbetriebs distanziert gegenübersteht. Angesprochen auf die Zusammenarbeit mit dem Hamburger Schauspielhaus, erwidert Schamoni etwa, dass dort »auch mal die Köter auf den Tisch springen dürfen« (Schamoni in Mahmoodi 2011). Das konstruierte Verhältnis zwischen ›Sub‹- und ›Hochkultur‹ fasst Schamoni als eines der zeitweiligen Annäherung:

»Wir haben das Gefühl, dass wir mit der Hochkultur Katz und Maus spielen – wer da die Katze und wer die Maus ist, kann sich jeder selber überlegen. Wir dringen in diese heiligen Hallen der Hochkultur vor, um darin herumzufuhrwerken und dann wieder zu verschwinden. Es gab bei uns nie die Absicht, sich dort fest einzurichten« (ebd.).

Auch andere Akteure mit ›subkulturellem‹ Hintergrund wie **Schorsch Kamerun**, Sänger der Band Die Goldenen Zitronen, sind mittlerweile seit mehreren Jahren im Theaterbereich aktiv. Mit weniger starker Anbindung an die ›Subkultur‹, dafür aber häufig mit pop-inspirierten Themen und Aufführungen, präsentiert sich das Theater von **René Pollesch**, dessen Stücke wie *Heidi Hoh arbeitet hier nicht mehr* (2003) ebenfalls in Pop-Kontexten verortet wurden.

Während die bisher in diesem Kapitel behandelten Autor/innen sich in ihrem Gesamtwerk oder in Teilen ihres Werkes vergleichsweise emphatisch mit popkulturellen Themen beschäftigen, finden sich auch Beispiele, wo dieses Verhältnis weniger stark ausgeprägt ist bzw. wo sich popkulturelle Versatzstücke seltener in den Texten wiederfinden. Dabei überwiegt häufig ein insgesamt entspanntes Verhältnis zum popkulturellen Zeichenkosmos, der nicht offensiv im Werk ausgestellt wird, sondern eher beiläufig Eingang darin findet.

Beispielhaft nennen ließe sich in diesem Zusammenhang etwa **Imran Ayata** (geb. 1969), dessen Debütroman *Mein Name ist Revolution* (2011) in einem transkulturellen Milieu angesiedelt ist, in dem Dissertationen über »postmigrantische Subjektformationen in Deutschland« (Ayata: Mein Name ist Revolution, 10) ebenso ihren Platz haben wie regelmäßige alkoholische Ausschweifungen des 35-jährigen Erzählers Devrim und seiner Freunde in einer der zahlreichen mit Namen genannten Berliner Bars und Clubs. Zwar kann bei der Erwähnung von Männern mit »Tocotronic-Frisuren« (ebd., 51) eine Kenntnis des damit aufgerufenen Paradigmas – etwa: Haar- und Kleidermode von Bands der ›Hamburger Schule‹ – hilfreich sein, die Kommunikationssituation des Textes baut jedoch nicht ausschließlich auf einer solchen Kenntnis.

Ähnlich wie in diesem Beispiel überwiegt auch in anderen Texten oftmals ein entspannter Umgang mit popkulturellen Versatzstücken. In **Sarah Schmidts** (geb. 1965) Roman *Eine Tonne für Frau Scholz* (2014) etwa kommen Youtube, Unheilig und Rammstein ganz selbstverständlich vor. Zugleich gibt die Erzählerin – eine Mutter mittleren Alters mit Sozialisation in den Spätausläufern der Alternativkultur – zu gleichen Teilen melancholisch wie selbstbewusst an, nicht mehr an der vordersten Front der Geschmacks- und Ausgehgrabenkämpfe agieren zu wollen.

Zu guter Letzt können Pop-Bezüge auch in gleichsam ›transzendierter‹ Form Eingang in literarische Texte finden, wie etwa in den Roman *Schimmernder Dunst über CobyCounty* von **Leif Randt** (geb. 1983). Zwar trifft man auch hier Freiberufler und Kreativarbeiter am Puls der Zeit, angesiedelt ist der Text allerdings in der utopischen Zukunftsstadt CobyCounty, einem Ort, an dem die Sonne in der städtischen Einkaufspassage durch »Milchglasfenster[ ]« scheint und »niemals« »blendet« (Randt: Schimmernder Dunst, 31). *Schimmernder Dunst über CobyCounty* lese sich, so einige Rezensenten, »wie ›Faserland‹ auf Soma« (Baßler/Drügh 2012, 61), und abgesehen von dem an vielen Stellen in der Tat vergleichbaren Tonfall finden sich viele Hinweise, die den Text rund um die »späten Jugendlichen« (Randt: Schimmernder Dunst, 26) Wim und Wesley als spielerischen Kommentar u. a. auf die Pop-Diskussionen der letzten Jahre ausweisen – und das nicht nur, weil man in CobyCounty die »School of Arts and Economics« besucht und dort »Kunstgeschichte seit 1995« sowie »Neues internationales Literaturmarketing« (ebd., 15) studieren kann.

Erweitert man von diesen **Beispielen aus der jüngsten Gegenwartsliteratur** den Blick, gelangt man schnell zu einer umfangreichen (und tendenziell stetig erweiterbaren) Liste von oftmals konventionell ›realistisch‹ erzählten Texten, die in verschiedenster Weise auf Pop-Versatzstücke Bezug nehmen. Ob Sven Regener oder Wolfgang Herrndorf, Oliver Uschmann oder Michael Kleeberg, ob Jörg Harlan Rohleder, Jens Friebe, Tino Hanekamp oder Marc Degens, ob Jan Brandt, Karen Duve, Linus Volkmann, Tex Rubinowitz, Jörg Albrecht, Wolfgang Frömberg, Christiane Rösinger oder Feridun Zaimoğlu, ob David Wagner, Thomas Brussig, Wladimir Kaminer, Nora Gantenbrink, Benjamin Lebert oder Ingo Schulze: All diese Namen sind mindestens einmal in Popliteratur-Diskussionen gefallen.

Weiterführende Literatur

Einen Überblick über zentrale Entwicklungslinien der Popliteratur der 1990er Jahre und darüber hinaus geben die Beiträge in Grabienski/Huber/Thon (2011). Dort werden sowohl gängige Binnendifferenzierungen und Historisierungsmodelle vorgestellt wie auch verschiedene methodologische Probleme bei der Rede über Popliteratur adressiert. Einen eher feuilletonistischen Einblick in neuere literarische Entwicklungen und Tendenzen im Pop-Sektor gibt der Beitrag von Baßler/Drügh (2012).

6 Schluss

Georg Christoph Lichtenberg erinnert sich in seinen *Sudelbüchern* an die Zeit seiner Kindheit um 1750: »In meinen Schuljahren, wo das Wort *populär* noch nicht so Mode war wie jetzt, glaubten wir, es hieße pöbelhaft oder so etwas« (1971, 186). Lichtenbergs Notiz macht deutlich, wie stark sich nicht nur die Wertschätzung, sondern auch die Bedeutung von Worten ändern kann. Vom gemeinen ›Pöbel‹ entwickelt sich die Wortbedeutung in der zweiten Hälfte des 18. Jahrhunderts zum positiv gemeinten ›Populären‹. Gerade bei politisch oder gesellschaftlich wichtigen Wörtern sind oftmals beträchtliche Bedeutungsverschiebungen zu verzeichnen – vor allem der Übergang von der ›Volks‹- zur ›Populärkultur‹ der Jahrzehnte nach dem Zweiten Weltkrieg spricht Bände.

Am Aufkommen von ›Pop‹ hat der deutsche Sprachraum zuerst gar keinen Anteil. ›Pop‹ dient im anglo-amerikanischen Sprachraum seit den 1920er Jahren als Kürzel für ›**popular**‹. Es ist deshalb verständlich, wenn auch von deutschsprachigen Autoren und Rednern ›Pop‹ und ›populäre Kultur‹ oftmals in eins gesetzt wird. ›Popkultur‹ dient hier zumeist lediglich als Synonym oder als Abkürzung für ›populär‹, wenn es um Kultur, Musik, Literatur etc. geht.

Mit dem Begriff ›Popliteratur‹ ändert sich das aber. Die Bücher vom Ende der 1960er Jahre, die zum ersten Mal unter der Bezeichnung ›Popliteratur‹ firmieren, sind nicht sonderlich populär. Die Popliteraten würden »an den Massen vorbeischreiben«, bemerkt 1970 ein linker Kritiker, weil sie seiner Einschätzung nach weder »spannend« noch »verständlich« erzählten. Nicht Teil der »Massen« ist für den Kritiker der typische Käufer der Popliteratur, sondern »irrsinnig schockierend aussehende Jünglinge mit Langhanshaaren und langen Pelzmänteln« sowie ihre »verworfen geschminkten Begleiterinnen«. Sie alle entstammten »den gleichen Gegenden Hamburgs an Elbe und Alster, wo reichlich Garten ums Haus steht«. Es seien diese rebellisch kostümierten Oberschichtkinder, die »vorzugsweise« in Sammelbänden wie den *Trivialmythen* blätterten (Röhl 1970, 53 f.).

Mit dem Wiederaufleben der Bezeichnung ›Popliteratur‹ ab der zweiten Hälfte der 1990er Jahre ändert sich an der kommerziellen Randständigkeit ihrer Autorinnen und Autoren nichts. Zwar gibt es wie schon Ende der 60er Jahre Titel, die vom Feuilleton zur Popliteratur gezählt werden und sich gut verkaufen – 1968/69 waren es Hubert Fichtes *Palette*, Rolf Dieter Brinkmanns *Keiner weiß mehr* sowie die Anthologie *Acid*, in den 90er Jahren zählen Christian Krachts *Faserland* und Benjamin von Stuckrad-Barres *Soloalbum* dazu –, es handelt sich aber jeweils um Ausnahmen. Das **Publikum der Popliteratur** bleibt weitgehend auf besonders interessierte literatur- und geisteswissenschaftliche Studenten und auf Angehörige des Literaturbetriebs (Redakteure, Lektoren, freie Autoren, Buchhändler) beschränkt; nur wenige Titel schaffen es auf die Lektüreliste von Gymnasien oder sprechen passionierte Hobbyleser und Akademiker anderer Fachrichtungen an.

›Popliteratur‹ kann nicht einmal als Synonym für ›**Bestseller**‹ herhalten; die Kreise, die sie lesen, haben nicht die Stärke, sie auf die vorderen Plätze der Buchverkaufslisten zu befördern. Das unterscheidet die Popliteratur von der Popmusik. Diese ist zwar in ihren ersten Jahrzehnten von 1950 bis 1980 überwiegend die Musik der

6 Schluss

Teenager und Twens – spricht also auch keine altersübergreifende Masse oder gar ein (mythisch) vereintes Volk an –, bringt aber viele Toppseller hervor.

Wenn ›Popliteratur‹ nun nach gängigem Sprachgebrauch nicht ›Bestseller‹, bezeichnet, was bleibt dann für ihre Bestimmung sinnvollerweise übrig? In diesem Band sind die wichtigen Definitionen und Merkmalsangaben bereits hinlänglich zur Sprache gekommen. Im Lauf der letzten 50 Jahre haben Rezensenten, Wissenschaftler, Verlagsmitarbeiter und Autoren eine Vielzahl solcher Bestimmungsversuche in Form von ›Popliteratur ist X‹ unternommen.

Solche **Nominaldefinitionen** geben Auskunft darüber, was der einzelne unter einem Begriff versteht. Sie sind erst einmal alle gleich gut und darum ohne Unterschied zu akzeptieren. Man weiß dann als Dritter über den jeweiligen Sprachgebrauch Bescheid; die Gefahr, aneinander vorbeizureden, ist gebannt. Nach einem halben Jahrhundert der Reden und Diskussionen über ›Popliteratur‹ hat sich eine gewisse Tradition herausgebildet, die man nicht einfach übergehen kann. Darum ist es ausgeschlossen, dass sich im literaturwissenschaftlichen wie feuilletonistischen Zusammenhang z. B. die Formel ›Popliteratur = (angestrebte) Bestseller‹ in absehbarer Zukunft durchsetzen könnte.

Was ist aber aus dieser anderen Tradition der ›**Popliteratur‹-Bestimmungen** tauglich? Vor allem die Ansätze, Popliteratur (a) auf eine Mitschrift, eine Mitstenographie des Gegenwärtigen oder (b) auf ein (ironisches, oberflächliches) Spiel mit Uneigentlichem oder (c) auf eine ›minoritäre‹ Sprache (s. Kap. 4.2) festzulegen, lassen viele wichtige Charakteristika aufscheinen, die bei der Analyse mancher popliterarischer Werke nützlich sind. Die Kriterien fallen aber jeweils so weit aus, dass sie auf zahlreiche Bände der modernen Literatur von Döblin bis Kafka oder von Arno Schmidt bis Thomas Bernhard anwendbar sind. All diese Autoren (mit Teilen ihres Gesamtwerks) unter ›Popliteratur‹ zu versammeln, lag uns jedoch fern.

Es bietet sich darum an, Popliteratur nicht in erster Linie mit den Mitteln literarischer Poetologie und Ästhetik zu bestimmen, sondern mit Blick auf andere Medien, Gattungen und Artefakte, die der Pop- und/oder Massenkultur zugerechnet werden:

1. **Mit Blick auf andere literarische, fiktionale Texte**, die üblicherweise als Teil der Pop- oder Massenkultur aufgefasst werden. Als Popliteratur firmiert dann jene Literatur, die sich in verstärktem Maß auf Themen, Verfahren und Genres folgender Sektoren bezieht: auf aktuelle Bestseller, die unter Genre-Titeln (Science-Fiction, Krimi, Chick-Lit, Mystery, Comedy usf.) oder als Serie (Harry Potter etc.) vermarktet und/oder primär rezipiert werden. Popliteratur ist nach dieser Bestimmung die teilweise, verfremdende Adaption solcher Bestseller und ihrer Genre-Ausprägungen.

2. **Mit Blick auf andere Gegenstände der Popkultur.** Als Popliteratur firmiert dann jene Literatur, die sich stark auf Sujets, Verfahren, Genres folgender Bereiche bezieht:
- auf Produkte der Massenmedien, die der Unterhaltung und dem Marketing dienen (Krimifilme, Werbung, Modestrecken, TV-Shows, Starreportagen, Charts, Social-Media-Angebote etc.);
- auf Artefakte der Popmusik im weiteren Sinne (z. B. Songs, Videos, T-Shirts, Performances, Autogrammstunden, Twitter-Accounts);
- auf Produkte, Thesen und Lebensstile kleinerer Szenen, die mit der Popkultur verbunden sind (Star-Trek-Blogs, Popdiskurs-Intellektuelle, Boygroup-Fans, Hipster usw.).

Wird mindestens Punkt (1) oder einer der unter (2) genannten Punkte erfüllt, wäre nach dieser Definition die Einordnung ›Popliteratur‹ gefordert. Themen und Redeweisen aus Popmusikszenen findet man z. B. in Benjamin von Stuckrad-Barres *Soloalbum*, Übernahmen aus TV-Sendungen, Werbung und Illustrierten in einigen von Rolf Dieter Brinkmanns Gedichten, eine Adaption des Genres Drogen-Krimi in Goetz' *Rave*, den Diskurs von Pop-Intellektuellen in fast allen Büchern Thomas Meineckes. Ohne Unterschied kommt ihnen darum gemäß der Definition der Titel ›Popliteratur‹ zu. Wenn jeweils für mehrere Kriterien positive Entsprechungen gefunden werden können – z. B. bietet Goetz' *Rave* neben der Adaption eines populären Genres auch popintellektuelle Diskurse sowie sprachliche und andere lebensweltliche Elemente einer Popmusikszene auf –, ist das der Einordnung natürlich nicht abträglich.

Ob das jeweilige popliterarische Werk implizit oder explizit eine kritische oder affirmative Stellung zum ausgewählten Bezugsobjekt einnimmt, ob es sich um ein Werk des Realismus, Formalismus, der fantastischen Zuspitzung etc. handelt, soll dabei bloß der **Binnendifferenzierung** innerhalb der Gattung ›Popliteratur‹ dienen, keineswegs aber zur Unterscheidung, ob es sich um Popliteratur handelt oder nicht. Nach unserem Definitionsvorschlag gibt es folglich die Möglichkeit kritischer, oberflächlicher, realistischer, fantastischer etc. Popliteratur. Zur Binnendifferenzierung können selbstverständlich ebenfalls die vorab genannten Kriterien benutzt werden: In zweiter Linie können Werke der Popliteratur also danach voneinander getrennt werden, ob sie z. B. stärker der Gegenwarts-Mitschrift oder der ›minoritären‹ Sprache (»kleine Literatur«) verpflichtet sind (oder beides zugleich zutrifft).

Mit diesen Kriterien an der Hand lassen sich nun auch die eingangs (Kap. 1.1) angeführten Zitate aus Werken, die von vielen der Popliteratur zugeordnet werden, **klassifizieren**. Wegen der verschiedenen Pop-Referenzen weisen bereits die isolierten, aus großen Roman-Zusammenhängen gerissenen Sätze auf die ›Popliteratur‹ im hier vorgestellten Sinn hin. Diese Referenzen findet man z. B. in den knappen Ausrissen aus den Büchern von Elfriede Jelinek (Beatles-»ringo«, »glänzende[r] star«), Christian Kracht (»Jever«), Benjamin von Stuckrad-Barre (»Monsterrave«; »im Hotel verwüsten wir beim frühabendlichen Fußballgucken ein Zimmer«) und Rainald Goetz (»Thema Sex, Freud, Kino«). Bei diesen Referenzen handelt es um Ausdrücke, die einer Werbung oder einer Schlagzeile entstammen könnten (»Monsterrave«; »Sex, Freud, Kino«), Rockmusikklischees (»im Hotel verwüsten wir beim frühabendlichen Fußballgucken ein Zimmer«), Markennamen (»Jever«), Illustrierten-Ausdrücke (»star«), Fan-Sprache (»ringo«, »Monsterrave«). Im Gegensatz dazu fallen die Sätze von Rolf Dieter Brinkmann und Christian Kracht in der Wortwahl unspezifischer aus (»Ketchup«, »irgendeinen Wüstenschnaps«).

Selbstverständlich können diese beiden letzten Zitate den Keim zur Popliteratur in sich tragen: Brinkmanns Gedichtpassage dient als Anlage einer fantastischen Werbung oder Werbe-Parodie; und Krachts Prosastelle führt als Kontrast zum anonymen Wüstenschnaps die westlichen Firmenbezeichnungen mit sich. Auch benötigt man etwa bei Goetz und Jelinek noch mehr Sätze, um sicher zu sein, welche Binnenunterschiede bei ihren Werken greifen, selbst wenn es bereits deutliche Signale für eine kritisch gemeinte Montage (Jelineks »nachgeschmack«) und eine ›minoritäre‹ Sprache gibt (Goetz' Verwendung des Szene-Ausdrucks ›rummachen‹ im Kontext einer »großen Studie«).

Dennoch ist bereits ein kleiner Ausschnitt oftmals ausreichend für die Popliteratur-Bestimmung, besonders bei deutschsprachigen Büchern, die vor dem Jahr 2000 veröffentlicht wurden. All die möglichen Verweise auf die Popkultur finden sich in dieser Zeit zumeist entweder gar nicht in literarischen Werken – oder gleich in der Mehrzahl, so dass vom einzelnen Abschnitt fast zwingend auf größere Partien geschlossen werden kann.

Erst seit dem Jahr 2000 zählen die genannten Möglichkeiten, sich auf Pop zu beziehen, zum häufiger genutzten Themenschatz und zum Instrumentarium von literarischen Werken allgemein, darum dient der einzelne Ausriss nicht länger als zuverlässiger Indikator. Wenn nur einzelne Passagen die aufgestellten Kriterien erfüllen, reicht das heute nicht mehr aus, um die Klassifikation ›Popliteratur‹ zu rechtfertigen. Nun müssen mindestens mehrere Kapitel oder Akte, viele Seiten oder Strophen herangezogen werden, um sicher zur Einordnung ›Popliteratur‹ zu gelangen.

Freilich löst die gestiegene Bedeutung der Pop-Referenzen für die gegenwärtige Literatur noch nicht alle Unterschiede zwischen den Werken auf. Verweise auf die Popkultur sind längst nicht so verbreitet wie z. B. die psychologische Darstellung literarischer Figuren. Von einer durchgehenden Methode heutiger deutschsprachiger realistischer Literatur, ihre Helden und Handlungen, ihre Erzählberichte und inneren Monologe, ihre Verse und Dialoge durch Slogans, Sujets, Sprachhaltungen, Termini und verfremdete Genrevorgaben der Popkultur zu charakterisieren und auszugestalten, kann keine Rede sein. Solange dies nicht der Fall ist, bleibt es sinnvoll, ›Popliteratur‹ gesondert auszuweisen.

7 Anhang

7.1 | Literaturverzeichnis

Primärliteratur

Adelmann, Ronald (Hg.): *Downtown Deutschland. Underground Anthologie*. Essen 1992.
Adelmann, Ronald/Rox, Isabel (Hg.): *Asphalt Beat*. Essen 1994.
Algarín, Miguel/Holman, Bob (Hg.): ALOUD. *Voices from the Nuyorican Poets Café, Henry Holt and Co.* New York 1994.
Artmann, Hans Carl: *Das suchen nach dem gestrigen tag oder schnee auf einem heißen brotwecken*. Olten/Freiburg 1964.
Ayata, Imran: *Mein Name ist Revolution*. Berlin 2011.
Barthelme, Donald: *Come back, Dr. Caligari*. Boston 1964.
Bauer, Wolfgang: *Magic Afternoon*. Köln 1969.
Behrens, Alfred: *Gesellschaftsausweis. SocialScienceFiction*. Frankfurt a. M. 1971.
Berg, Sibylle: *Ein paar Leute suchen das Glück und lachen sich tot*. Leipzig 1997.
Berg, Sibylle: *Sex II*. Leipzig 1998.
Berg, Sibylle: *Amerika*. Hamburg 1999.
Berg, Sibylle: *Gold*. Hamburg 2000.
Berg, Sibylle: *Das Unerfreuliche zuerst. Herrengeschichten*. Köln 2001.
Berg, Sibylle: *Ende gut*. Köln 2004.
Berg, Sibylle: *Die Fahrt*. Köln 2007.
Berg, Sibylle: *Vier Stücke: Helges Leben. Ein schönes Theaterstück/Schau, da geht die Sonne unter/Das wird schon. Nie mehr Lieben!/Wünsch Dir was! Broadwaytaugliches Musical*. Stuttgart 2008.
Berg, Sibylle: *Der Mann schläft*. München 2009.
Berg, Sibylle: *Vielen Dank für das Leben*. München 2012.
Berg, Sibylle: »S.P.O.N – Fragen Sie Frau Sibylle: Der Tod hat doch was Gutes. Eine Kolumne von Sibylle Berg«. In: *Spiegel Online* (vom 04. 08. 2012). http://www.spiegel.de/kultur/gesellschaft/sibylle-berg-ueber-den-weltuntergang-a-845079.html (aufgerufen am 26. 04. 2015).
Berg, Sibylle: *Wie halte ich das nur alles aus? Fragen Sie Frau Sibylle*. München 2013.
Berg, Sibylle: *Der Tag, als meine Frau einen Mann fand*. München 2015.
Bernhard, Thomas: *Der Untergeher*. Frankfurt a. M. 1983.
Bernhard, Thomas: *Der Italiener*, Frankfurt a. M. 1989.
Bernhard, Thomas: *Thomas Bernhard – Eine Begegnung. Gespräche mit Krista Fleischmann*. Frankfurt a. M. 1991.
Bernhard, Thomas: *Der Keller. Eine Entziehung*. Salzburg/Wien 1998.
Bessing, Joachim (Hg.): *Tristesse Royale. Das popkulturelle Quintett mit Joachim Bessing, Christian Kracht, Eckhart Nickel, Alexander v. Schönburg und Benjamin v. Stuckrad-Barre* [1999]. München ³2005.
Bienek, Horst: *Vorgefundene Gedichte. Poèmes trouvés*. München 1969.
Borries, Friedrich von: RLF. *Das richtige Leben im falschen*. Berlin 2013.
Brinkmann, Rolf Dieter: *Keiner weiß mehr* [1968]. Reinbek bei Hamburg 1983.
Brinkmann, Rolf Dieter: »Angriff auf das Monopol. Ich hasse alte Dichter« [in: *Christ und Welt*, 1968]. In: Uwe Wittstock (Hg.): *Roman oder Leben. Postmoderne in der deutschen Literatur*. Leipzig 1994, 65–77.
Brinkmann, Rolf Dieter: »Der Film in Worten«. In: Ders./Ralf-Rainer Rygulla (Hg.): *Acid* [1969]. Reinbek bei Hamburg 1983, 381–399.
Brinkmann, Rolf Dieter: »Die Lyrik Frank O'Haras« [1969]. In: Ders.: *Der Film in Worten*. Reinbek bei Hamburg 1982, 207–222.
Brinkmann, Rolf Dieter: »Notizen 1969 zu amerikanischen Gedichten und zu dieser Anthologie«. In: Ders.: (Hg.): *Silver Screen. Neue amerikanische Lyrik*. Köln 1969, 7–32.
Brinkmann, Rolf Dieter: »Über Lyrik und Sexualität«. In: *Streit-Zeit-Schrift* 7 (1969), H. 1, 65–70.
Brinkmann, Rolf Dieter: *Standphotos. Gedichte 1962–1970*. Reinbek bei Hamburg 1980.

Brinkmann, Rolf Dieter: »Fortsetzung« [1972]. In: Ders.: *Der Film in Worten*. Reinbek bei Hamburg 1982, 25–40.
Brinkmann, Rolf Dieter: *Westwärts 1&2*. Reinbek bei Hamburg 1975.
Brinkmann, Rolf Dieter: *Rom, Blicke* [1979]. Reinbek bei Hamburg 1997.
Brinkmann, Rolf Dieter: *Erkundungen für die Präzisierung des Gefühls für einen Aufstand*. Reinbek bei Hamburg 1987.
Brinkmann, Rolf Dieter: *Schnitte*. Reinbek bei Hamburg 1988.
Brinkmann, Rolf Dieter: *Briefe an Hartmut*. Reinbek bei Hamburg 1999.
Brinkmann, Rolf Dieter/Rygulla, Ralf-Rainer (Hg.): *Acid* [1969]. Reinbek bei Hamburg 1983.
Brock, Bazon: »Theater der Position. Eine dramatisierte Illustrierte«. In: *Theater heute*, Juli 1966, 59–64.
Brunner, Frank/Juhre, Armin/Kulas, Heinz (Hg.): *Wir Kinder von Marx und Coca Cola. Gedichte der Nachgeborenen. Texte von Autoren der Jahrgänge 1945–1955 aus der Bundesrepublik, Österreich und der Schweiz*. Wuppertal 1971.
Burroughs, William S.: *Naked Lunch*. Paris 1959.
Burroughs, William S.: »Die unsichtbare Generation« [1966]. In: Rolf Dieter Brinkmann/Ralf-Rainer Rygulla (Hg.): *Acid* [1969]. Reinbek bei Hamburg 1983, 166–174.
Burroughs, William S.: »Akademie 23 – Eine Entwöhnung« [1967/68]. In: Rolf Dieter Brinkmann/Ralf-Rainer Rygulla (Hg.): *Acid* [1969]. Reinbek bei Hamburg 1983, 363–367.
Cactus, Françoise: *Abenteuer einer Provinzblume*. Reinbek bei Hamburg 1999.
Casati, Rebecca: *Hey Hey Hey*. München 2001.
Chotjewitz, Peter O.: »Feuerlöscher für Aufgebratenes«. In: *Christ und Welt*, 08. 11. 1968, 15 u. 21.
Corso, Gregory/Höllerer, Walter (Hg.): *Junge amerikanische Lyrik*. München 1961.
Dath, Dietmar: *Die salzweißen Augen. Vierzehn Briefe über Drastik und Deutlichkeit*. Frankfurt a. M. 2005.
Di Prima, Diane: *Memoirs of a Beatnik* [1969]. San Francisco 1988.
Diederichsen, Diedrich: *Sexbeat* [1985]. Neuausg. Köln 2002.
Eckert, Svenja/Finke, Johannes (Hg.): *Der Lautsprecher*. Bd. 4: *Neus Land 2000*. Freiburg i. Br. 2000.
Ehrensperger, Serge: *Prinzessin in Formalin*. Düsseldorf 1969.
Faecke, Peter: »Als Elisabeth Arden neunzehn war«. In: »Lesebuch 1. Der Einbruch eines Holzfällers in eine friedliche Familie. Beispiele junger deutscher Autoren«. Redaktion Elisabeth Borchers. Gütersloh 1971, 59–63.
Faldbakken, Matias: *Macht und Rebel. Skandinavische Misanthropie II*. München 2005.
Fassbinder, Rainer Maria: »Der Müll, die Stadt und der Tod«. In: *Sämtliche Stücke*. Frankfurt a. M. 1991, 665–713.
Fichte, Hubert: *Die Palette* [1968]. Frankfurt a. M. 1978.
Frank, Dirk: *Popliteratur. Texte und Materialien für den Unterricht*. Stuttgart 2003.
Ginsberg, Allen: »Howl« [1955–56]. In: Ders.: *Collected Poems 1947–1985*. London u. a. 1995, 126–133.
Glaser, Peter (Hg.): *Rawums. Texte zum Thema*. Köln 1984.
Glaser, Peter: »Zur Lage der Detonation. Ein Explosé«. In: Ders. (Hg.): *Rawums. Texte zum Thema*. Köln 1984, 9–21.
Gleba, Kerstin/Schumacher, Eckhard (Hg.): *Pop seit 1964*. Köln 2007.
Goetz, Rainald: »Subito« [1983]. In: Ders.: *Hirn*. Frankfurt a. M. 1986, 9–21.
Goetz, Rainald: »Was ist ein Klassiker« [1983]. In: Ders.: *Hirn*. Frankfurt a. M. 1986, 22–25.
Goetz, Rainald: *Irre*. Frankfurt a. M. 1983.
Goetz, Rainald: »Gewinner und Verlierer« [1984]. In: Ders.: *Hirn*. Frankfurt a. M. 1986, 32–56.
Goetz, Rainald: *Kontrolliert* [1988]. Frankfurt a. M. 1991.
Goetz, Rainald: *1989* [1993]. 3 Bde. Frankfurt a. M. 1993.
Goetz, Rainald: »Ästhetisches System«. In: Ders.: *Kronos* [1993]. Frankfurt a. M. 2003, 367–401.
Goetz, Rainald: »Hard Times, Big Fun. Das Kapital des Glücks und seine Politik: Loveparade 1997« [1997]. In: Ders.: *Celebration. Texte und Bilder zur Nacht*. Frankfurt a. M. 1999, 203–235.
Goetz, Rainald: »Westbam: Die Ordnung der Ekstase« [zuerst in längerer Form erschienen als: Westbam: *Mix, Cuts & Scratches* (1997)]. In: Ders.: *Celebration. Texte und Bilder zur Nacht*. Frankfurt a. M. 1999, 99–130,
Goetz, Rainald: *Rave*. Frankfurt a. M. 1998.
Goetz, Rainald: *Abfall für alle. Roman eines Jahres*. Frankfurt a. M. 1999.
Goetz, Rainald: *Dekonspirationen* [1998]. Frankfurt a. M. 2002.
Goetz, Rainald: *Jeff Koons* [1998]. Frankfurt a. M. 2002.
Goetz, Rainald: *loslabern. Bericht Herbst 2008*. Frankfurt a. M. 2009.
Goetz, Rainald: *Johann Holtrop*. Berlin 2012.

Grether, Kerstin: *Zuckerbabys* [2004]. Frankfurt a. M. 2006.
Grether, Kerstin: *Zungenkuß. Du nennst es Kosmetik, ich nenn es Rock'n'Roll. Musikgeschichten 1990 bis heute.* Frankfurt a. M. 2007.
Grether, Kerstin: *An einem Tag für rote Schuhe.* Mainz 2014.
Hacks, Peter: *Essais.* Stuttgart 1984.
Handke, Peter: »Regeln für die Schauspieler«. In: *Theater heute*, Juli 1966, 16.
Handke, Peter: *Die Innenwelt der Außenwelt der Innenwelt.* Frankfurt a. M. 1969.
Hegemann, Helene: *Axolotl Roadkill* [2010]. Berlin ³2010.
HEL: »Brennender Schnee. Die fahrt des Pranksters ostwärts«. In: Boris Kerenski/Sergiu Stefanescu (Hg.): *Kaltland Beat. Neue deutsche Szene.* Stuttgart 1999, 212–215.
Hennig von Lange, Alexa: *Relax.* Hamburg 1997.
Hofmannsthal, Hugo von: »Ein Brief [1902]«. In: Ders.: *Ausgewählte Werke in zwei Bänden.* Bd. II: Erzählungen und Aufsätze. Frankfurt a. M. 1957, 337–348.
Holland-Moritz, Detlev: *Der Weg durch Gegenwelten und eine Bonus-Story.* Kassel 1995.
Holland-Moritz, Detlev: *Lovers Club. Eine Stimme aus dem Off.* Berlin 2002.
Holland-Moritz, Detlev: *Fan Base Pusher. Notizen aus der Peripherie.* Klagenfurt 2008.
Holland-Moritz, Detlev: *Promoter. Ein Magazin.* Klagenfurt 2011.
Holland-Moritz, Detlev/Wachter, Gabriela (Hg.): *war jewesen. West-Berlin 1961–89.* Berlin 2009.
Horzon, Rafael: *Der Dritte Weg.* Berlin 2002.
Horzon, Rafael: *Das weisse Buch.* Berlin 2010.
Hübsch, Paul-Gerhard: »1 klein wenig Realität«. In: *Akzente* 13 (1966), 386–391.
Hübsch, Hadayatullah (Hg.): *Social Beat D.* Berlin 1995.
Illies, Florian: *Generation Golf* [2000]. Frankfurt a. M. ¹⁰2003.
Jandl, Ernst: *Gesammelte Werke*, Bd. 1: *Gedichte*. Darmstadt/Neuwied 1985.
Jelinek, Elfriede: »Die endlose Unschuldigkeit«. In: Renate Matthaei (Hg.): *Trivialmythen.* Frankfurt a. M. 1970, 40–66.
Jelinek, Elfriede: *wir sind lockvögel baby!* [1970]. Reinbek bei Hamburg 1988.
John, Rolf Eckart (Hg.): *Mondstrip. Neue englische Prosa.* Frankfurt a. M. 1971.
Kafka, Franz: *Tagebücher 1910–1923.* Frankfurt a. M. 1973.
Kafka, Frank: *Briefe an Felice* [1967]. Frankfurt a. M. 1976.
Kaiser, Claudia: *Rocken & Hosen. Unterwegs mit meiner Band.* München 2003.
Kerenski, Boris/Stefanescu, Sergiu (Hg.): *Kaltland Beat. Neue deutsche Szene.* Stuttgart 1999.
Kerouac, Jack: *On the Road* [1957]. London 1962.
Kerouac, Jack: *The Dharma Bums* [1958]. New York 1971.
Kracht, Christian: [Rezension zu] »Behaviour« [von Pet Shop Boys]. In: *Tempo* 10 (1990), 146.
Kracht, Christian: *Faserland* [1995]. München ⁷2007.
Kracht, Christian: »Der Feind trägt Façonschnitt«. In: *Der Spiegel*, 07. 10. 1996, 248–254.
Kracht, Christian (Hg.): *Mesopotamia. Ernste Geschichten am Ende des Jahrtausends.* Stuttgart 1999.
Kracht, Christian: *1979* [2001]. München ³2006.
Kracht, Christian: *New Wave. Ein Kompendium 1999–2006.* Köln 2006.
Kracht, Christian: *Ich werde hier sein im Sonnenschein und im Schatten.* Köln 2008.
Kracht, Christian: *Imperium.* Köln 2012.
Kracht, Christian/Munz, Eva/Nikol, Lukas: *Die totale Erinnerung. Kim Jong-Ils Nordkorea.* Berlin 2006.
Kracht, Christian/Nickel, Eckhart: *Ferien für immer. Die angenehmsten Orte der Welt.* Köln 1998.
Kracht, Christian/Niermann, Ingo: *Metan.* Berlin 2007.
Kracht, Christian/Woodard, David: *Five Years. Briefwechsel 2004–2009. Band 1: 2004–2007.* Hannover 2011.
Kusz, Fitzgerald: *Wunschkonzert.* Gersthofen o. J.
Link, Heiner (Hg.): *Trash-Piloten. Texte für die 90er.* Leipzig 1997.
Lottmann, Joachim: »Helden für mehr als einen Tag«. In: *Spex* 08 (1986), 59.
Lottmann, Joachim: »Realitätsgehalt: Ausreichend«. In: *Spex* 11 (1986), 65.
Lottmann, Joachim: *Mai, Juni, Juli. Ein Roman* [1987]. Köln 2003.
Lottmann, Joachim: *Deutsche Einheit. Ein historischer Roman aus dem Jahr 1995.* Zürich 1999.
Lottmann, Joachim: »Mein Leben mit Stuckrad-Barre. Alle mal herhören. Letzte Durchsage: Joachim Lottmann erklärt die Popliteratur«. In: *Jungle World* Nr. 30, 16. 07. 2003. www.jungle-world.com/artikel/2003/29/11062.html (abgerufen am 23. 03. 2015).
Lottmann, Joachim: »Meine Abenteuer in der Wirklichkeit«. In: *tageszeitung*, 26. 02. 2003.
Lottmann, Joachim: *Die Jugend von heute* [2004]. Köln ²2004.
Lottmann, Joachim: *Zombie Nation.* Köln 2006.
Lottmann, Joachim: *Auf der Borderline nachts um halb eins: Mein Leben als Deutschlandreporter.* Köln

2007 [auch als gleichnamiger, seit 2007 kontinuierlich fortgeschriebener Blog: http://blogs.taz.de/lottmann (zuletzt abgerufen am 23. 03. 2015)].
Lottmann, Joachim: »totgelobt«. In: *Auf der Borderline nachts um halb eins: Mein Leben als Deutschlandreporter* [Weblog], 18. 09. 2007. http://blogs.taz.de/lottmann/2007/09/18/ totgelobt/ (zuletzt abgerufen am 23. 03. 2015).
Lottmann, Joachim: »Offener Brief an Angela Merkel«. In: *Auf der Borderline nachts um halb eins: Mein Leben als Deutschlandreporter* [Weblog], 12. 07. 2008. http://blogs.taz.de/ lottmann/2008/07/12/ offener_brief_an_angela_merkel/ (zuletzt abgerufen am 23. 03. 2015).
Lottmann, Joachim: *Der Geldkomplex*. Köln 2009.
Lottmann, Joachim: *Unter Ärzten*. Köln 2011.
Lottmann, Joachim: *Endlich Kokain*. Köln 2014.
Lottmann, Joachim: *Happy End*. Berlin 2015.
Matthaei, Renate (Hg.): *Trivialmythen*. Frankfurt a. M. 1970.
Meinecke, Thomas: »Neue Hinweise: Im Westeuropa Dämmerlicht 1981« [1981]. In: Ders.: *Mode & Verzweiflung*. Frankfurt a. M. 1998, 31–37.
Meinecke, Thomas: »Das waren die achtziger Jahre« [1986]. In: Ders.: *Mode & Verzweiflung*. Frankfurt a. M. 1998, 115–121.
Meinecke, Thomas: »Alles Mist. Thomas Meinecke über den Schwachsinn einer eigenständigen deutschen Popkultur«. In: *Spiegel Spezial* 2 (1994), 83.
Meinecke, Thomas: *The Church of John F. Kennedy*. Frankfurt a. M. 1996.
Meinecke, Thomas: *Tomboy* [1998]. Frankfurt a. M. ³1999.
Meinecke, Thomas: »Vorwort«. In: Ders.: *Mode & Verzweiflung*. Frankfurt a. M. 1998, 7–9.
Meinecke, Thomas: *Mode & Verzweiflung*. Frankfurt a. M. 1998.
Meinecke, Thomas: »Handlung lenkt ab«. In: *Spex* 10 (1999), 34. Zit. nach http://www.lesenamnetz.org/php/content.php?open=&mode=text&id= 15&pos= 89 (zuletzt abgerufen am 23. 03. 2015).
Meinecke, Thomas: »Ich als Text (Extended Version)«. In: Ute Christine Krupp/Ulrike Janssen (Hg.): *Zuerst bin ich immer Leser. Prosa schreiben heute*. Frankfurt a. M. 2000, 14–26.
Meinecke, Thomas: *Hellblau*. Frankfurt a. M. 2001.
Meinecke, Thomas: *Musik*. Frankfurt a. M. 2004.
Meinecke, Thomas: *Jungfrau*. Frankfurt a. M. 2008.
Meinecke, Thomas: *Lookalikes*. Frankfurt a. M. 2011.
Meinecke, Thomas: »Geradeaus Wilhelmsburg« [eine E-Mail-Korrespondenz mit Eckhard Schumacher]. In: Mark Greif u. a. (Hg.): *Hipster. Eine transatlantische Diskussion*. Berlin 2012, 171–187.
Meinecke, Thomas: *Ich als Text. Frankfurter Poetikvorlesungen*. Berlin 2012.
Müller, Wolfgang (Hg.): *Geniale Dilletanten*. Berlin 1982.
Müller, Wolfgang: *Subkultur Berlin 1979–1989. Freizeit*. Hamburg 2014.
Naters, Elke: *Königinnen*. Köln 1998.
Neumeister, Andreas: *Gut laut*. Frankfurt a. M. 1998.
Neumeister, Andreas: »Pop als Wille und Vorstellung«. In: Jochen Bonz (Hg.): *Sound Signatures. Pop-Splitter*. Frankfurt a. M. 2001, 19–26.
Neumeister, Andreas: *Angela Davis löscht ihre Webseite*. Frankfurt a. M. 2002.
Neumeister, Andreas: *Könnte Köln sein*. Frankfurt a. M. 2008.
Neumeister, Andreas/Hartges, Michael (Hg.): *Poetry! Slam! Texte der Pop-Fraktion*. Reinbek bei Hamburg 1996.
Off, Jan: *Vorkriegsjugend*. Mainz 2003.
Off, Jan: *200 Gramm Punkrock*. München 2008 [Neuauflage von *Vorkriegsjugend*].
Paetel, Karl O. (Hg.): *Beat! Die Anthologie*. Reinbek bei Hamburg 1962.
Papenfuß, Bert (Hg.): *Slam!Poetry. Heftige Dichtung aus Amerika*. Berlin 1993.
Pfeiffer, Alexander (Hg.): *Restlicht. Social Beat-Anthologie*. Wiesbaden 1995.
Ploog, Jürgen: *Cola-Hinterland*. Darmstadt 1969.
Ploog, Jürgen/Pociao/Hartmann, Walter (Hg.): *Amok / Koma. Ein Bericht zur Lage*. Bonn/Hamburg 1980.
Randt, Leif: *Schimmernder Dunst über CobyCounty*. Berlin 2011.
Roche, Charlotte: *Feuchtgebiete*. Köln 2008.
Roehler, Oskar: *Mein Leben als Affenarsch*. Berlin 2015.
Röggla, Kathrin: *Irres Wetter* [2000]. Frankfurt a. M. 2002.
Rygulla, Ralf-Rainer (Hg.): *Underground Poems. Untergrund Gedichte. Letzte amerikanische Lyrik*. Berlin 1967.
Rygulla, Ralf-Rainer: [Nachwort]. In: Ders. (Hg.): *Underground Poems / Untergrund Gedichte. Letzte amerikanische Lyrik*. Berlin 1967, 26–27.
Rygulla, Ralf-Rainer (Hg.): *Fuck you(!). Underground-Gedichte* [1968]. Frankfurt a. M. 1980.

Rygulla, Ralf-Rainer: [Nachwort]. In: Ders. (Hg.): *Fuck You(!). Underground-Gedichte* [1968]. Frankfurt a. M. 1980, 115–120.
Sander, Hartmut/Christians, Ulrich (Hg.): *Subkultur Berlin: Selbstdarstellung. Text-, Ton-, Bilddokumente. Esoterik der Kommunen, Rocker, subversiven Gruppen*. Darmstadt 1969.
Schamoni, Rocko: *Risiko des Ruhms* [2000]. Reinbek bei Hamburg 2010.
Schamoni, Rocko: *Dorfpunks*. Reinbek bei Hamburg 2004.
Schamoni, Rocko: *Sternstunden der Bedeutungslosigkeit*. Köln 2007.
Schamoni, Rocko: *Tag der geschlossenen Tür*. München 2011.
Schamoni, Rocko: *Fünf Löcher im Himmel*. München/Zürich ²2014.
Schönauer, Michael/Kerenski, Boris (Hg.): *Was ist socialbeat?* Asperg 1998.
Schönauer, Michael/Schönauer, Johannes (Hg.): *Social Beat/Slam! Poetry. Die Ausserliterarische Opposition meldet sich zu Wort*. Asperg 1997.
Schönauer, Michael/Schönauer, Johannes (Hg.): *Social Beat/Slam! Poetry. Band 2: Slammin' BRD »Schluckt die sprechende Pille«*. Asperg 1999.
Schönauer, Michael/Schönauer, Johannes (Hg.): *Social Beat/Slam! Poetry. Band 3: Free Styles vs. Slam*. Asperg 2001.
Schröder, Jörg (Hg.): *März-Texte 1*. Frankfurt a. M. 1969.
Spoerri, Daniel: *Anekdoten zu einer Topographie des Zufalls* [die übersetzten Partien sind im Original in den Jahren 1962/66 erschienen], mit dem Anekdotenallerlei von Emmett Williams, übersetzt und mit weiteren Anekdoten angereichert von Diter Rot. Neuwied und Berlin 1969.
Stahl, Enno: *Die Affenmaschine. 3 Erzählungen*. Köln 1988.
Stahl, Enno: *2 Reisen. Nachts. CopyCollage-Story*. Heidelberg 1989.
Stahl, Enno: *Trash Me! 51 trash-stories mit supplement: ›5 Kölner Str.‹*. Köln 1992.
Stahl, Enno: *Living Poetry. Performance-Textbuch*. Köln 1993.
Stahl, Enno: *Stete Geburten. Das fröhliche Wohnzimmer*. Wien 1994.
Stahl, Enno: *Piratebrut! Po/Lit.prose*. Köln 1994.
Stahl, Enno (Hg.): *German Trash*. Berlin 1996.
Stahl, Enno: *PEEWEE ROCKS*. Köln 1997.
Stahl, Enno: *(& noch) eine sizilianische Reise*. Klagenfurt/Wien 2000.
Stahl, Enno: *(kan)arische Enklaven*. Köln 2002.
Stahl, Enno: *Idioten*. Berlin 2003.
Stahl, Enno: *2PAC AMARU HECTOR*. Berlin 2004.
Stahl, Enno: *Diese Seelen*. Berlin 2008.
Stahl, Enno: *Heimat & Weltall*. Klagenfurt/Wien 2009.
Stahl, Enno: *Winkler, Werber*. Berlin 2012.
Stingl, Kiev: *Die besoffene Schlägerei*. Berlin 1984.
Strunk, Heinz: *Fleisch ist mein Gemüse. Eine Landjugend mit Musik*. Reinbek bei Hamburg 2004.
Stuckrad-Barre, Benjamin von: *Soloalbum*. Köln 1998.
Stuckrad-Barre, Benjamin von: *Livealbum. Erzählung*. Köln 1999.
Stuckrad-Barre, Benjamin von: *Remix. Texte 1996–1999*. Köln 1999.
Stuckrad-Barre, Benjamin von: *Blackbox. Unerwartete Systemfehler*. Köln 2000.
Stuckrad-Barre, Benjamin von: *Transkript*. Köln 2001.
Stuckrad-Barre, Benjamin von: *Deutsches Theater* [2001]. Erw. Neuausg. Köln 2008.
Stuckrad-Barre, Benjamin von: *Festwertspeicher der Kontrollgesellschaft. Remix 2*. Köln 2004.
Stuckrad-Barre, Benjamin von: *Auch Deutsche unter den Opfern*. Köln 2010.
Szymanski, Silvia: *Chemische Reinigung* [1998]. München 2002.
Teipel, Jürgen: *Verschwende Deine Jugend. Ein Doku-Roman über den deutschen Punk und New Wave*. Frankfurt a. M. 2001 [Erweiterte Neuausgabe Berlin 2012].
Teipel, Jürgen: *Ich weiss nicht*. Köln 2010.
Teipel, Jürgen: *Mehr als laut – Djs erzählen*. Berlin 2013.
text. zeitschrift für literaturen. Nummer 3–4, 1998: *Social Beat / Slam Poetry. Texte der 90er*.
Tsakiridis, Vagelis (Hg.): *Super Garde. Prosa der Beat- und Pop-Generation*. Düsseldorf 1969.
Tuschick, Jamal (Hg.): *Morgen Land. Neueste Deutsche Literatur*. Frankfurt a. M. 2000.
Veitch, Tom/Padgett, Ron: »Stern*schlinge« [1968]. In: Rolf Dieter Brinkmann/Ralf-Rainer Rygulla (Hg.): *Acid* [1969]. Reinbek bei Hamburg 1983, 182–189.
Weissner, Carl (Hg.): *Cut up. Der sezierte Bildschirm der Worte*. Darmstadt 1969.
Weissner, Carl: »Der Braille-Film«. In: Ders. (Hg.): *Cut up. Der sezierte Bildschirm der Worte*. Darmstadt 1969, 67–80.
Welt, Wolfgang: *Buddy Holly auf der Wilhelmshöhe. Drei Romane*. Frankfurt a. M. 2006 (*Peggy Sue*, 1986; *Der Tick*, 2001; *Der Tunnel am Ende des Lichts*, Erstveröffentlichung).
Welt, Wolfgang: *Doris hilft*. Frankfurt a. M. 2009.

Welt, Wolfgang: *Fischsuppe*. Ostheim/Rhön 2014.
Wintjes, Josef/Göhre, Frank/Degener, Volker W. (Hg.): *Screenreader. Texte und Dokumentationen der neuen deutschsprachigen Szene*. Bottrop 1971.
Wolfe, Tom: »Introduction«. In: Ders.: *The Kandy-Kolored Tangerine-Flake Streamline Baby*. New York 1965, XI-XVIII.
Wolfe, Tom: »Pop Writer of the Period – Tom Wolfe Talks to Michael Dean« [Interview in: *The Listener*, 19.02.1970]. In: Dorothy M. Scura (Hg.): *Conversations with Tom Wolfe*. Jackson/London 1990, 24–29.
Wolfe, Tom: »The New Journalism«. In: Ders./E. W. Johnson (Hg.): *The New Journalism* [1973]. London 1980, 13–68.
Wondratschek, Wolf: »Roman«. In: Ders.: *Ein Bauer zeugt mit einer Bäuerin einen Bauernjungen, der unbedingt Knecht werden will*. München 1970, 7–17.
Wondratschek, Wolf: »Die Rolling Stones«. In: *Akzente* 18 (1971), 234–237.
Wondratschek, Wolf: *Chuck's Zimmer* [1974]. Frankfurt a. M. 1976.
Zadek, Peter: *My Way. Eine Autobiographie 1926–1969*. Köln 1998.
Zylka, Jenni: *Beat Baby, Beat*. Reinbek bei Hamburg 2004.

Sekundärliteratur

Adorno, Theodor W.: »Negative Dialektik«. In: Ders.: *Gesammelte Schriften*. Bd. 6. Frankfurt a. M. 1997 a, 7–412.
Adorno, Theodor W.: »Minima Moralia. Reflexionen aus dem beschädigten Leben«. In: Ders.: *Gesammelte Schriften*. Bd. 4. Frankfurt a. M. 1997 b.
Albert, Michel: *Kapitalismus contra Kapitalismus*. Frankfurt a. M./New York 1992.
Amend, Christoph/Lebert, Stephan: »Christian Kracht im Gespräch: Der schlechteste Journalist von allen«. In: *Der Tagesspiegel online*, 01.07.2000. http://www.tagesspiegel.de/kultur/christian-kracht-im-gespraech-der-schlechteste-journalist-von-allen/151028.html (zuletzt abgerufen am 23.03.2015).
Anderson, Chester: »Notes for a New Geology« [1967]. In: Jesse Kornbluth (Hg.): *Notes from the New Underground. An Anthology*. New York 1968, 61–65.
Andre, Thomas: »Drogengroteske ›Endlich Kokain‹: Alle Nasen führen nach Berlin«. In: *Spiegel Online*, 10.04.2014. http://www.spiegel.de/kultur/literatur/joachim-lottmann-endlich-kokain-a-963634.html (zuletzt abgerufen am 23.03.2015).
Anonymus: »Music Biz Now R&B Punchy. Even Hillbillys Are Doing It«. In: *Variety*, 09.02.1955, 51 u. 54.
Anonymus: »Hillbilly on a Pedestal«. In: *Newsweek*, 14.05.1956, 37.
Anonymus: »Billige Plätze«. In: *Der Spiegel*, 11.11.1968, 191.
Anonymus: »Next: Indo-Rock« [in: *Oracle*, September 1966]. In: Albert Cohen (Hg.): *The San Francisco Oracle. Facsimile Edition. The Psychedelic Newspaper of the Haight-Ashbury 1966–1968*. Berkeley 1991, 3, 6, 8 u. 12.
Anonymus: »Amoklauf eines Geschmacksterroristen«. In: *Der Spiegel* Nr. 37, 07.09.1998, 209.
Appen, Ralf v.: »Kein Weg aus dem Dilemma von Rock und Ironie. Die Musik in den Schriften Benjamin v. Stuckrad-Barres«. In: Johannes G. Pankau (Hg.): *Pop, Pop, Populär: Popliteratur und Jugendkultur*. Bremen 2004, 153–166.
Arnold, Heinz Ludwig (Hg.): *Rainald Goetz* (= Text+Kritik, Nr. 190). München 2011.
Arnold, Heinz Ludwig/Jörgen Schäfer (Hg.): *Pop-Literatur* (= Text+Kritik, Sonderband X). München 2003.
Auerochs, Bernd: »Kanon«. In: Dieter Burdorf/Christoph Fasbender/Burkhard Moennighoff (Hg.): *Metzler Lexikon Literatur*. Stuttgart/Weimar 2007, 372–373.
Baacke, Dieter: *Beat – die sprachlose Opposition*. Weinheim/München 1968.
Bandel, Jan-Frederik/Hempel, Lasse Ole/Janßen, Theo: *Palette revisited. Eine Kneipe und ein Roman*. Hamburg 2005.
Bandel, Jan-Frederik/Kalender, Barbara/Schröder, Jörg: *Immer radikal, niemals konsequent. Der März Verlag – erweitertes Verlegertum, postmoderne Literatur und Business Art*. Hamburg 2011.
Bardacke, Frank: »Blow Their Minds« [1966]. In: Mitchell Goodman (Hg.): *The Movement toward a New America. The Beginnings of a Long Revolution (A Collage)*. New York 1970, 378–381.
Bartels, Gerrit: »Antiheldenplatz. Schwadroneur und Schelm: Der ewig potenzielle Erfolgsautor Joachim Lottmann sucht in ›100 Tage Alkohol‹ menschliche Nähe«. In: *Der Tagesspiegel*, 10.01.2012. Zit. nach http://www.tagesspiegel.de/kultur/lottmanns-roman-100-tage-alkohol-antiheldenplatz/6048788.html (zuletzt abgerufen am 23.03.2015).
Barthes, Roland: *Kritik und Wahrheit*. Frankfurt a. M. 1967.

Barthes, Roland: »Semiologie und Stadtplanung«. In Ders.: *Das semiologische Abenteuer*. Frankfurt a. M. 1988, 199–209.
Bartmann, Christoph: »Unaufhaltsame Lesererwartung nach dem Akt« [zu T. Meinecke: *Jungfrau*]. In: *Süddeutsche Zeitung*, 14. 10. 2008.
Baßler, Moritz: *New Historicism. Literaturgeschichte als Poetik der Kultur*. Tübingen 2001.
Baßler, Moritz: *Der deutsche Pop-Roman. Die neuen Archivisten*. München 2002.
Baßler, Moritz: »Sammeln und Generieren: aktuelle Archivierungsverfahren in Pop-Literatur und Kulturwissenschaft«. In: Reto Sorg/Walter Haug (Hg.): *Zukunft der Literatur – Literatur der Zukunft. Gegenwartsliteratur und Literaturwissenschaft*. München 2003 a, 155–165.
Baßler, Moritz: [Stichwort] »Pop-Literatur«. In: *Reallexikon der deutschen Literaturwissenschaft. Neubearbeitung des Reallexikons der deutschen Literaturgeschichte*. Bd. 3. Hg. von Jan-Dirk Müller u. a. Berlin u. a. 2003 b, 123–124.
Baßler, Moritz: *Die kulturpoetische Funktion und das Archiv. Eine literaturwissenschaftliche Text-Kontext-Theorie*. München 2005.
Baßler, Moritz: »*Der Freund*. Zur Poetik und Semiotik des Dandyismus am Beginn des 21. Jahrhunderts«. In: Alexandra Tacke/Björn Weyand (Hg.): *Depressive Dandys. Spielformen der Dekadenz in der Pop-Moderne*. Köln u. a. 2009, 199–217.
Baßler, Moritz: »›Have a nice apocalypse!‹. Parahistorisches Erzählen bei Christian Kracht«. In: Reto Sorg/Stefan Bodo Würffel (Hg.): *Utopie und Apokalypse in der Moderne*. München 2010, 257–272.
Baßler, Moritz: »Wolfgang Welts Welt. *Peggy Sue* im popliterarischen Feld der 1980er Jahre«. In: Steffen Stadthaus/Martin Willems (Hg.): *»Über Alles oder Nichts«. Annäherungen an das Werk von Wolfgang Welt*. Bielefeld 2013, 75–93.
Baßler, Moritz: »Definitely Maybe. Das Pop-Paradigma in der Literatur«. In: *Pop. Kultur und Kritik* 6 (2015), 104–127.
Baßler, Moritz/Drügh, Heinz: »Schimmernder Dunst. Konsumrealismus und die paralogischen Pop-Potenziale«. In: *Pop. Kultur und Kritik* 1 (2012), 60–65.
Benchley, Peter: »The Story of Pop« [in: *Newsweek*, 25. 04. 1966]. In: Steven Henry Madoff (Hg.): *Pop Art. A Critical History*. Berkeley u. a. 1997, 148–153.
Bennett, Andy/Kahn-Harris, Keith (Hg.): *After Subculture. Critical Studies in Contemporary Youth Culture*. Basingstoke/New York 2004.
Berger, Inge: »[Rezension zu] *Tränen sind immer das Ende* [von Akif Pirinçci]«. In: *Sounds*, 1981, H. 5, 59.
Bessing, Joachim: »Vorwort«. In: Christian Kracht: *Der Gelbe Bleistift*. Köln 2000, 13–19.
Biernat, Ulla: *»Ich bin nicht der erste Fremde hier«. Zur deutschsprachigen Reiseliteratur nach 1945*. Würzburg 2004.
Birgfeld, Johannes: »Südseephantasien. Christian Krachts ›Imperium‹ und sein Beitrag zur Poetik des deutschsprachigen Romans der Gegenwart«. In: *Wirkendes Wort* 62/3 (2012), 457–477.
Birgfeld, Johannes/Conter, Claude D. (Hg.): *Christian Kracht. Zu Leben und Werk*. Köln 2009.
Birnstiel, Klaus: »Bücher zu Schallplatten? Zu einer Schreibweise von Theorie in Literatur«. In: Ders./Erik Schilling (Hg.): *Literatur und Theorie seit der Postmoderne*. Stuttgart 2012, 93–106.
Blaseio, Gereon/Pompe, Hedwig/Ruchatz, Jens (Hg.): *Popularisierung und Popularität*. Köln 2005.
Bleicher, Joan Kristin: »›Sex, Drugs & Bücher schreiben‹. New Journalism im Spannungsfeld von medialem und literarischem Erzählen«. In: Dies./Bernhard Pörksen (Hg.): *Grenzgänger. Formen des New Journalism*. Wiesbaden 2004, 126–159.
Bleicher, Joan Kristin/Pörksen, Bernhard (Hg.). *Grenzgänger. Formen des New Journalism*. Wiesbaden 2004.
Böckelmann, Frank: *Die schlechte Aufhebung der autoritären Persönlichkeit* [1966]. Freiburg 1987.
Bohrer, Karl Heinz: »Neue panische Welt«. In: *Frankfurter Allgemeine Zeitung*, 04. 05. 1968 a.
Bohrer, Karl Heinz: »Dem Teufel folgt Beelzebub«. In: *Frankfurter Allgemeine Zeitung*, 15. 10. 1968 b.
Böll, Heinrich: *Heimat und keine. Schriften und Reden 1964–1968*. München 1985.
Bollenbeck, Georg: *Bildung und Kultur. Glanz und Elend eines deutschen Deutungsmusters*. Frankfurt a. M. 1996.
Bonz, Jochen/Büscher, Michael/Springer, Johannes (Hg.): *Popjournalismus*. Mainz 2005.
Bonz, Jochen: *Subjekte des Tracks. Ethnografie einer postmodernen/anderen Subkultur*. Berlin 2008.
Breger, Claudia: »Pop-Identitäten 2001: Thomas Meineckes *Hellblau* und Christian Krachts *1979*«. In: Paul Michael Lützeler/Stephan K. Schindler (Hg.): *Gegenwartsliteratur. Ein germanistisches Jahrbuch* 2 (2003), 197–225.
Bremer, Claus: »Und dennoch hat sich Bremer ganz köstlich amüsiert… Ein Brief«. In: *Theater heute*, Juli 1966, 15.
Bürger, Peter: *Theorie der Avantgarde*. Frankfurt a. M. 1974.
Büscher, Michael: »Vorwort. Zur Einführung«. In: Jochen Bonz/Michael Büscher/Johannes Springer (Hg.): *Popjournalismus*. Mainz 2005, 7–20.

Büscher-Ulbrich, Dennis: »The Soundtrack of Our Lives? Zur Funktionalisierung von Musik in der Popliteratur«. In: Olaf Grabienski/Till Huber/Jan-Noël Thon (Hg.): *Poetik der Oberfläche. Die deutschsprachige Popliteratur der 1990er Jahre*. Berlin u. a. 2011, 165–184.
Buselmeier, Michael/Schehl, Günter: »Die Kinder von Coca Cola«. In: *Kürbiskern* 1 (1970), 74–89.
Büsser, Martin: *Popmusik*. Hamburg 2000.
Büsser, Martin: »›Ich steh auf Zerfall.‹ Die Punk- und New-Wave-Rezeption in der deutschen Literatur«. In: Heinz Ludwig Arnold/Jörgen Schäfer (Hg.): *Pop-Literatur* (= Text + Kritik, Sonderband X). München 2003, 149–157.
Büsser, Martin (2004): *On the Wilde Side. Die wahre Geschichte der Popmusik*. Hamburg 2004.
CDU: »Mit der Jugend – Unser Land braucht einen neuen Anfang« [30. Bundesparteitag, 2.-5. November 1981, Stuttgart]. In: Peter Hintze (Hg.): *Die CDU-Parteiprogramme. Eine Dokumentation der Ziele und Aufgaben*. Bonn 1995, 171–200.
Clarke, John u. a. (Hg.): *Jugendkultur als Widerstand. Milieus, Rituale, Provokationen*. Frankfurt a. M. 1979.
Cohn, Nick: *A WopBopaLooBopAlopBamBoom. Pop from the Beginning*. London 1971.
Dahlmeyer, Jörg André: »Offener Brief an ›Der Spiegel‹«. In: *Der Störer* 6 (1995), 48.
Dath, Dietmar: »Der Pop und die Pest« [2003]. In: Ders.: *Heute keine Konferenz. Texte für die Zeitung*. Frankfurt a. M. 2007, 81–86.
Degler, Frank/Paulokat, Ute: *Neue Deutsche Popliteratur*. Paderborn 2008.
Deleuze, Gilles: *Kritik und Klinik*. Frankfurt a. M. 2000.
Deleuze, Gilles/Guattari, Félix: *Kafka. Für eine kleine Literatur*. Frankfurt a. M. 1976.
Deleuze, Gilles/Guattari, Félix: *Tausend Plateaus. Kapitalismus und Schizophrenie*. Berlin 1997.
Dencker, Klaus Peter: »Sprache als ornamentaler Protest. Drei Kapitel zum Vorverständnis der Pop-Literatur unter besonderer Berücksichtigung von Rolf Dieter Brinkmanns Gedichten«. In: Hermann Glaser (Hg.): *Jugend-Stil, Stil der Jugend. Thesen und Aspekte*. München 1971, 79–101.
Derlin, Katharina: *»Es muss eine Ambivalenz und ein Bruch her«: Formen und Funktionen der Selbstinszenierung bei Rocko Schamoni*. Marburg 2012.
Deupmann, Christoph: »Benjamin von Stuckrad-Barre«. In: *Metzler Autoren-Lexikon*. Hg. von Bernd Lutz und Benedikt Jeßing. Stuttgart/Weimar [4]2010, 749–751.
Diederichsen, Diedrich (1981): »[Rezension zu] *Wir Kinder vom Bahnhof Zoo* [von Ulli Edel]«. In: *Sounds* 5 (1981), 56.
Diederichsen, Diedrich: »Die neue Saison«. In: *Sounds* 7 (1982), 24–25.
Diederichsen, Diedrich: »Pop – deskriptiv, normativ, emphatisch«. In: *Rowohlt Literaturmagazin* 37 (1996), 36–44.
Diederichsen, Diedrich: »Ist was Pop?« In: Ders.: *Der lange Weg nach Mitte. Der Sound und die Stadt*. Köln 1999, 272–286.
Diederichsen, Diedrich: »Die Gegengegenkultur. 68 war Revolte, 77 war Punk – warum nur 68 zum Mythos wurde«. In: *Süddeutsche Zeitung*, 24./25. 02. 2001.
Diederichsen, Diedrich: *Über Popmusik*. Köln 2014.
Döring, Jörg: »›Redesprache, trotzdem Schrift‹. Sekundäre Oralität bei Peter Kurzeck und Christian Kracht«. In: Jörg Döring/Christian Jäger/Thomas Wegmann (Hg.): *Verkehrsformen und Schreibverhältnisse. Medialer Wandel als Gegenstand und Bedingung von Literatur im 20. Jahrhundert*. Opladen 1996, 226–232.
Döring, Jörg: »Paratext *Tristesse Royale*«. In: Alexandra Tacke/Björn Weyand (Hg.): *Depressive Dandys. Spielformen der Dekadenz in der Pop-Moderne*. Köln u. a. 2009, 178–198.
Drügh, Heinz J.: »Verhandlungen mit der Massenkultur – Die neueste Literatur(-wissenschaft) und die soziale Realität«. In: *Internationales Archiv für Sozialgeschichte der Deutschen Literatur* 26/2 (2001), 173–200.
Drügh, Heinz J.: »›…und ich war glücklich, endlich *seriously* abzunehmen‹. Christian Krachts Roman *1979* als Ende der Popliteratur?«. In: *Wirkendes Wort. Deutsche Sprache und Literatur in Forschung und Lehre* 57/1 (2007), 31–51.
Dunker, Axel: »›Alle tanzen, doch niemand kennt die Platten‹. Pastiche, Sampling und Intertextualität in Thomas Meineckes Roman ›Tomboy‹«. In: *Weimarer Beiträge* 52/1 (2006), 105–118.
Ernst, Thomas: *Popliteratur*. Hamburg 2001.
Ernst, Thomas: »Das Ruhrgebiet als Rhizom. Die Netzstadt und die ›Nicht-Metropole Ruhr‹ in den Erzählwerken von Jürgen Link und Wolfgang Welt«. In: Gerhard Rupp/Hanneliese Palm/Julika Vorberg (Hg.): *Literaturwunder Ruhr. Tagungsband der Stiftung Bibliothek des Ruhrgebiets Bochum, 30.-31. Oktober 2009*. Essen 2010, 43–70.
Ernst, Thomas: *Literatur und Subversion. Politisches Schreiben in der Gegenwart*. Bielefeld 2013.
Ernst, Thomas/Cantó, Patricia G./Richter, Sebastian/Sennewald, Nadja/Tieke, Julia (Hg.): *SUBversionen. Zum Verhältnis von Politik und Ästhetik in der Gegenwart*. Bielefeld 2008.

7.1 Literaturverzeichnis

Eßbach, Wolfgang/Karpenstein-Eßbach, Christa: »Benjamin von Stuckrad-Barre«. In: Fernand Hörner/Harald Neumeyer/Bernd Stiegler (Hg.): *Praktizierte Intermedialität. Deutsch-französische Porträts von Schiller bis Goscinny/Uderzo*. Bielefeld 2010, 341–359.

Fahrer, Sigrid: *Cut-up. Eine literarische Medienguerilla*. Würzburg 2009.

Fanizadeh, Andreas: »Die fabelhafte Welt des Christian Kracht« [zu C. Kracht: *Imperium*]. In: *tageszeitung*, 11. 02. 2012.

Fauser, Markus (Hg.): *Medialität der Kunst. Rolf Dieter Brinkmann in der Moderne*. Bielefeld 2011.

Feiereisen, Florence: »Identitäten im Remix. Literarisches Sampling im Fadenkreuz von Postmoderne und Postkolonialismus«. In: Evi Zemanek (Hg.): *Literatur der Jahrtausendwende. Themen, Schreibverfahren und Buchmarkt um 2000*. Bielefeld 2008, 281–294.

Feulner, Gabriele: *Mythos Künstler. Konstruktionen und Destruktionen in der deutschsprachigen Prosa des 20. Jahrhunderts*. Berlin 2010.

Fiedler, Leslie A.: »Das Zeitalter der neuen Literatur. Die Wiedergeburt der Kritik«. In: *Christ und Welt*, 13. 09. 1968a, 9–10.

Fiedler, Leslie A.: »Das Zeitalter der neuen Literatur. Indianer, Science Fiction und Pornographie: die Zukunft des Romans hat schon begonnen«. In: *Christ und Welt*, 20. 09. 1968b, 14–16.

Fiedler, Leslie A.: »Überquert die Grenze, schließt den Graben. Über die Postmoderne« [1969]. In: Uwe Wittstock (Hg.): *Roman oder Leben. Postmoderne in der deutschen Literatur*. Leipzig 1994, 14–39.

Fischer-Lichte, Erika: *Kurze Geschichte des deutschen Theaters*. Tübingen/Basel 1993.

Foucault, Michel: »Was ist ein Autor?«. In: Ders.: *Schriften zur Literatur*. Frankfurt a. M. 2003, 234–270.

Frank, Dirk: »Einführung in das Thema«. In: Ders. (Hg.): *Popliteratur. Texte und Materialien für den Unterricht*. Stuttgart 2003a, 5–33.

Frank, Dirk: »Die Nachfahren der ›Gegengegenkultur‹. Die Geburt der ›Tristesse Royale‹ aus dem Geiste der achtziger Jahre«. In: Heinz Ludwig Arnold/Jörgen Schäfer (Hg.): *Pop-Literatur* (= *Text+Kritik*, Sonderband X). München 2003 b, 218–233.

Frank, Dirk: »Generation Tristesse. Zum Verhältnis von Literatur und Journalismus in der jüngeren Popliteratur«. In: Joan Kristin Bleicher/Bernhard Pörksen (Hg.): *Grenzgänger. Formen des New Journalism*. Wiesbaden 2004, 267–303.

Frank, Dirk: »›Literatur aus den reichen Ländern‹. Ein Rückblick auf die Popliteratur der 1990er Jahre«. In: Olaf Grabienski/Till Huber/Jan-Noël Thon (Hg.): *Poetik der Oberfläche. Die deutschsprachige Popliteratur der 1990er Jahre*. Berlin u. a. 2011, 27–51.

Gallagher, Catherine/Greenblatt, Stephen J.: *Practicing New Historicism*. Chicago 2001.

Gebhardt, Richard: »Zur Rezeption der Cultural Studies in ›Spex. Magazin für ›Popkultur‹«. In: Lothar Mikos/Rainer Winter (Hg.): *Die Werkzeugkiste der Cultural Studies*. Bielefeld 2001, 175–200.

Geer, Nadja: *Sophistication. Zwischen Denkstil und Pose*. Göttingen 2012.

Geier, Andrea: »Poetiken der Identität und Alterität. Zur Prosa von Terézia Mora und Thomas Meinecke«. In: Evi Zemanek (Hg.): *Literatur der Jahrtausendwende. Themen, Schreibverfahren und Buchmarkt um 2000*. Bielefeld 2008, 123–137.

Geldzahler, Henry: [Vortrag auf dem Pop Art-Symposium des Museum of Modern Art, 13. 12. 1962]. In: Steven Henry Madoff (Hg.): *Pop Art. A Critical History*. Berkeley u. a. 1997, 65–67.

Gendron, Bernard: *Between Montmartre and the Mudd Club. Popular Music and the Avant-Garde*. Chicago/London 2002.

Glauser, Jürg/Heitmann, Annegret (Hg.): *Verhandlungen mit dem New Historicism. Das Text-Kontext-Problem in der Literaturwissenschaft*. Würzburg 1999.

Glawion, Sven/Nover, Immanuel: »Das leere Zentrum. Christian Krachts ›Literatur des Verschwindens‹«. In: Alexandra Tacke/Björn Weyand (Hg.): *Depressive Dandys. Spielformen der Dekadenz in der Pop-Moderne*. Köln u. a. 2009, 101–120.

Gleason, Ralph J.: »›Like a Rolling Stone‹« [1967]. In: Jonathan Eisen (Hg.): *The Age of Rock. Sounds of the American Cultural Revolution*. New York 1969, 61–76.

Gleba, Kerstin/Schumacher, Eckhard (Hg.): *Pop seit 1964* [mit Kommentaren der Herausgeber auf den Seiten 11–14, 17–24, 91–96, 192–203]. Köln 2007.

Goer, Charis: »Cross the Border – Face the Gap. Ästhetik der Grenzerfahrung bei Thomas Meinecke und Andreas Neumeister«. In: Heinz Ludwig Arnold/Jörgen Schäfer (Hg.): *Pop-Literatur* (= *Text + Kritik*, Sonderband X). München 2003, 172–182.

Goer, Charis/Greif, Stefan/Jacke, Christoph (Hg.): *Texte zur Theorie des Pop*. Stuttgart 2013.

Goldstein, Richard: »Introduction: First Person, Past Tense«. In: Ders.: *Reporting the Counterculture*. Boston 1989, XIII-XXI.

Göttlich, Udo/Gebhardt, Winfried/Albrecht, Clemens (Hg.): *›Populäre Kultur‹ als repräsentative Kultur. Die Herausforderung der Cultural Studies*. Köln 2010.

Grabienski, Olaf/Huber, Till/Thon, Jan-Noël (Hg.): *Poetik der Oberfläche. Die deutschsprachige Popliteratur der 1990er Jahre*. Berlin u. a. 2011.

Grasskamp, Walter: »›Pop ist ekelig‹. Einleitung« In: Walter Grasskamp/Michaela Krützen/Stephan Schmitt (Hg.): *Was ist Pop? Zehn Versuche*. Frankfurt a. M. 2004, 9–19.
Grasskamp, Walter/Krützen, Michaela/Schmitt, Stephan (Hg.): *Was ist Pop? Zehn Versuche*. Frankfurt a. M. 2004.
Greenblatt, Stephen: *Verhandlungen mit Shakespeare. Innenansichten der englischen Renaissance.* Berlin 1980.
Greenblatt, Stephen: »Grundzüge einer Poetik der Kultur«. In: Ders.: *Schmutzige Riten*. Frankfurt a. M. 1991, 107–122.
Greif, Stefan: »›You make me feel mighty real‹: Popdiskurse in Thomas Meineckes Roman ›Musik‹«. In: *Der Deutschunterricht* 63/3 (2011), 69–78.
Groß, Thomas: *Alltagserkundungen. Empirisches Schreiben in der Ästhetik und in den späten Materialbänden Rolf Dieter Brinkmanns*. Stuttgart/Weimar 1993.
Grossberg, Lawrence/Wartella, Ellen/Whitney, D. Charles: *Media Making. Mass Media in a Popular Culture*. Thousand Oaks 1998.
Guins, Raiford/Omayra Zaragoza Cruz (Hg.): *Popular Culture. A Reader*. Los Angeles u. a. 2005.
Hall, Stuart/Jefferson, Tony (Hg.): *Resistance through Rituals. Youth Subcultures in Post-War Britain*, London 1976.
Hall, Stuart: »Popular Culture, Politics and History«. In: *Popular Culture Bulletin* 1/3, 1978, 1–45.
Hall, Stuart/Whannel, Paddy: *The Popular Arts*. London 1964.
Hamilton, Richard: [Brief an Peter und Alison Smith, 16. Januar 1957]. In: Ders.: *Collected Words, 1953–1982*. London 1982 a, 28.
Hamilton, Richard: »For the Finest Art try – POP« [in: *Gazette*, Nr. 1, 1961]. In: Ders.: *Collected Words, 1953–1982*. London 1982 b, 42–43.
Hamilton, Richard: *Collected Words. 1953–1982*. London 1982.
Hartung, Harald: »Pop als ›postmoderne‹ Literatur. Die deutsche Szene: Brinkmann und andere«. In: *Neue Rundschau* 82 (1971), 723–742.
Hassan, Ihab: »Postmoderne heute«. In: Wolfgang Welsch (Hg.): *Wege aus der Moderne. Schlüsseltexte der Postmoderne-Diskussion*. Berlin 1988, 47–56.
Hebdige, Dick: *Subculture. The Meaning of Style*. London 1979.
Hecken, Thomas: *Theorien der Populärkultur. Dreißig Positionen von Schiller bis zu den Cultural Studies*. Bielefeld 2007.
Hecken, Thomas: *Pop. Geschichte eines Konzepts 1955–2009*. Bielefeld 2009.
Hecken, Thomas: »Abstraktes zur Theorie des Populären«. In: Christoph Jacke/Jens Ruchatz/Martin Zierold (Hg.): *Pop, Populäres und Theorien: Forschungsansätze und Perspektiven zu einem prekären Verhältnis in der Medienkulturgesellschaft*. Münster 2011 a, 31–44.
Hecken, Thomas: »Zeitgeistjournalismus und Literatur«. In: Daniela Gretz (Hg.): *Medialer Realismus*. Freiburg i. Br. u.a. 2011 b, 247–269.
Hegel, Georg Friedrich Wilhelm: *Phänomenologie des Geistes*. Hamburg 1988.
Heimböckel, Dieter: *Emphatische Unaussprechlichkeit. Sprachkritik im Werk Heinrich von Kleists. Ein Beitrag zur literarischen Sprachskepsistradition der Moderne*. Göttingen 2003.
Helms, Dietrich: »Auf der Suche nach einem neuen Paradigma. Vom System Ton zum System Sound«. In: Thomas Phleps/Ralf von Appen (Hg.): *Pop-Sounds. Klangtexturen in der Pop- und Rockmusik*. Bielefeld 2003, 197–228.
Hermand, Jost: *Pop international. Eine kritische Analyse*. Frankfurt a. M. 1971.
Hesper, Stefan: *Schreiben ohne Text. Die prozessuale Ästhetik von Gilles Deleuze und Félix Guattari*. Opladen 1994.
Hinz, Ralf: *Cultural Studies und Pop. Zur Kritik der Urteilskraft wissenschaftlicher und journalistischer Rede über ›Populäre Kultur‹*. Opladen 1998.
Hinz, Ralf: *Pop-Diskurse. Zum Stellenwert von Cultural Studies, Pop-Theorie und Jugendforschung*. Bochum 2009.
Hoffmann, Dieter: »6. Pop- und Beat-Literatur«. In: Ders.: *Arbeitsbuch Deutschsprachige Prosa seit 1945. Bd. 2: Von der Neuen Subjektivität zur Pop-Literatur*. Tübingen 2006, 328–376.
Holert, Tom/Terkessidis, Mark (Hg.): *Mainstream der Minderheiten. Pop in der Kontrollgesellschaft*. Berlin/Amsterdam 1996.
Höller, Christian: »Widerstandsrituale und Pop-Plateaus. Birmingham School, Deleuze/Guattari und ›Popkultur‹ heute«. In: Tom Holert/Mark Terkessidis (Hg.): *Mainstream der Minderheiten. Pop in der Kontrollgesellschaft*. Berlin/Amsterdam 1996, 55–71.
Höller, Christian: »Offene Blockaden – geschlossene Transfers. Anmerkungen zur deutschsprachigen Cultural-Studies-Rezeption«. In: Springerin (Hg.): *Widerstände. Kunst – Cultural Studies – Neue Medien. Interviews und Aufsätze aus der Zeitschrift springerin 1995–1999*. Wien/Bozen 1999 a, 173–181.

Höller, Christian: »Konsolidierungsschwächen. Zum anhaltenden Cultural Studies Boom«. In: *Texte zur Kunst* 35 (1999 b), 139–142.
Höller, Christian: »Pop Unlimited? Imagetransfers und Bildproduktion in der aktuellen ›Popkultur‹«. In: Ders. (Hg.): *Pop Unlimited? Imagetransfers in der aktuellen ›Popkultur‹*. Wien 2001, 11–27.
Horst, Eberhard: »Peter O. Chotjewitz / Die Insel«. In: *Neue Rundschau* 79 (1968), 511–514.
Huber, Till: »Im Herzen der Uneigentlichkeit. Überlegungen zu Christian Krachts Nordkorea«. In: Johannes Birgfeld/Claude D. Conter (Hg.): *Christian Kracht. Zu Leben und Werk*. Köln 2009, 223–237.
Huck, Christian/Zorn, Carsten: *Das Populäre der Gesellschaft: Systemtheorie und Populärkultur*. Wiesbaden 2007.
Hügel, Hans-Otto (Hg.): *Handbuch ›Populäre Kultur‹. Begriffe, Theorien und Diskussionen*. Stuttgart/Weimar 2003 a.
Hügel, Hans-Otto: »Einführung«. In: Ders. (Hg.): *Handbuch ›Populäre Kultur‹. Begriffe, Theorien und Diskussionen*. Stuttgart/Weimar 2003 b, 1–22.
Hügel, Hans-Otto: »Unterhaltung«. In: Ders. (Hg.): *Handbuch ›Populäre Kultur‹. Begriffe, Theorien und Diskussionen*. Stuttgart/Weimar 2003 c, 73–82.
Hügel, Hans-Otto: *Lob des Mainstreams. Zu Begriff und Geschichte von Unterhaltung und Populärer Kultur*. Köln 2007.
Jacke, Christoph: *Medien(sub)kultur. Geschichten, Diskurse, Entwürfe*. Bielefeld 2004.
Jacke, Christoph: »›Popkultur‹ als Seismograph. Über den Nutzen wissenschaftlicher Beobachtung von Pop«. In: Ders./Eva Kimminich/Siegfried J. Schmidt (Hg.): *Kulturschutt. Über das Recycling von Theorien und Kulturen*. Bielefeld 2006, 114–123.
Jacke, Christoph/Ruchatz, Jens/Zierold, Martin (Hg.): *Pop, Populäres und Theorien: Forschungsansätze und Perspektiven zu einem prekären Verhältnis in der Medienkulturgesellschaft*. Münster 2011.
Jakobson, Roman: *Poetik. Ausgewählte Aufsätze 1921–1971*. Frankfurt a. M./Berlin/Wien 1979.
Jannidis, Fotis: »Zwischen Autor und Erzähler«. In: Heinrich Detering (Hg.): *Autorschaft. Positionen und Revisionen*. Stuttgart/Weimar 2002, 540–556.
Jaumann, Michael: »Stil und Distinktion: soziologische Praktiken und Lektüren neuerer deutscher Popliteratur«. In: Thomas Taterka (Hg.): *Am Rande im Zentrum. Beiträge des VII. Nordischen Germanistentreffens, Riga 7. - 11. Juni 2006*. Berlin 2009, 185–196.
Jaumann, Michael: »Nur Gegenwart? Zeitdimensionen der Popliteratur bei Thomas Meinecke«. In: Elisabeth Wåghäll Nivre/Brigitte Kaute/Bo Andersson/Barbro Landén/Dessislava Stoeva-Holm (Hg.): *Begegnungen. Das VIII. Nordisch-Baltische Germanistentreffen in Sigtuna vom 11. bis zum 13. 6. 2009*. Stockholm 2011, 397–408.
Johnston, Jill: »The Artist in a Coca-Cola World« [in: *Village Voice*, Januar 1963]. In: Carol A. Mahsun (Hg.): *Pop Art. The Critical Dialogue*. Ann Arbor 1989, 41–47.
Jung, Thomas: »Die Geburt der Popliteratur aus dem Geiste von Mozart und MTV. Anmerkungen zu Benjamin von Stuckrad-Barres Roman *Soloalbum*«. In: Ders. (Hg.): *Alles nur Pop? Anmerkungen zur populären und Pop-Literatur seit 1990*. Frankfurt a. M. 2002 a, 137–156.
Jung, Thomas: »Von Pop international zu Tristesse Royal. Die Popliteratur zwischen Kommerz und postmoderner Beliebigkeit«. In: Ders. (Hg.): *Alles nur Pop? Anmerkungen zur populären und Pop-Literatur seit 1990*. Frankfurt a. M. 2002 b, 29–53.
Jürgensen, Christoph/Kaiser, Gerhard: »Abgrenzung, Re-Kombination, Neu-Positionierung – Strategien der Autorinszenierung in der Gegenwartsliteratur«. In: Sabine Kyora (Hg.): *Subjektform Autor. Autorschaftsinszenierungen als Praktiken der Subjektivierung*. Bielefeld 2014, 217–245.
Kämmerlings, Richard: »Der einzig wahre Gott ist die Kokosnuss« [zu C. Kracht: *Imperium*]. In: *Welt online*, 13. 02. 2012. http://www.welt.de/kultur/literarischewelt/article13861894/Der-einzig-wahre-Gott-ist-die-Kokosnuss.html (zuletzt abgerufen am 23. 03. 2015).
Kant, Immanuel: *Kritik der reinen Vernunft*. Hamburg 1990.
Karasek, Tom: *Generation Golf: Die Diagnose als Symptom. Produktionsprinzipien und Plausibilitäten in der Popliteratur*. Bielefeld 2008.
Kaulen, Heinrich: »Der Autor als Medienstar und Entertainer. Überlegungen zur neuen deutschen Popliteratur«. In: Hans-Heino Ewers (Hg.): *Lesen zwischen Neuen Medien und Pop-Kultur. Kinder- und Jugendliteratur im Zeitalter multimedialen Entertainments*. Weinheim/München, 209–228.
Kerenski, Boris: »Stimmen aus dem Untergrund. Social Beat & Slam Poetry«. In: Marvin Chlada/Gerd Dembowski/Deniz Unlü (Hg.): *Alles Pop? Kapitalismus und Subversion*. Aschaffenburg 2003, 134–155.
Kiefer, Bernd/Stiglegger, Marcus (Hg.): *Pop & Kino: Von Elvis bis Eminem*. Mainz 2004.
Kimmich, Dorothee: »Diskursanalyse und New Historicism. Einleitung«. In: Dies./Rolf Günther Renner/Bernd Stiegler (Hg.): *Texte zur Literaturtheorie der Gegenwart*. Stuttgart 1996, 225–232.
Klein, Gabriele: *electronic vibration. Pop Kultur Theorie*. Hamburg 1999.

Kleiner, Marcus S.: »Das große Erleben. Pop im Kopfkino von Rainald Goetz«. In: Marvin Chlada/Gerd Dembowski/Deniz Ünlü (Hg.): *Alles Pop? Kapitalismus & Subversion*. Aschaffenburg 2003, 156–170.

Kleiner, Marcus S.: »Semiotischer Widerstand. Zur Gesellschafts- und Medienkritik der Kommunikationsguerilla«. In: Gerd Hallenberger/Jörg-Uwe Nieland (Hg.): *Medienkritik heute: Werkanalyse, Nutzerservice, Sales Promotion oder Kulturkritik*. Köln 2005, 316–368.

Kleiner, Marcus S.: »Pop fight Pop. Leben und Theorie im Widerstreit«. In: Dirk Matejovski/Marcus S. Kleiner/Enno Stahl (Hg.): *Pop in R(h)einkultur. Oberflächenästhetik und Alltagskultur in der Region*. Essen 2008, 11–42.

Kleiner, Marcus S.: »Mit Pop ist keine Revolution zu machen. Zur Dysfunktionalität der Popularisierung von Widerstandskulturen«. In: Marcus S. Kleiner/Holger Schulze (Hg.): *Sabotage! Pop als dysfunktionale Internationale*. Bielefeld 2013, 43–87.

Kleiner, Marcus S./Rappe, Michael (Hg.): *Methoden der Populärkulturforschung. Interdisziplinäre Perspektiven auf Film, Fernsehen, Musik, Internet und Computerspiele*. Münster 2012.

Kleiner, Marcus S./Schulze, Holger (Hg.): *Sabotage! Pop als dysfunktionale Internationale*. Bielefeld 2013a.

Kleiner, Marcus S./Schulze, Holger: »Widerstand und Geschlecht. The Rebel Girl: I got This Fucking Thorn in my Side«. In: Dies.: *Sabotage! Pop als dysfunktionale Internationale*. Bielefeld 2013b, 229–247

Kleiner, Marcus S./Szepanski, Achim (Hg.): *Soundcultures. Über elektronische und digitale Musik*. Frankfurt a. M. 2003.

Kleiner, Marcus S./Wilke, Thomas (Hg.): *Performativität und Medialität Populärer Kulturen. Theorien, Ästhetiken, Praktiken*. Wiesbaden 2012.

Köhnen, Ralph: »Definitely maybe. Selbstbeschreibungen jugendkultureller Lebensästhetik: Benjamin Leberts ›Crazy‹ und Benjamin v. Stuckrad-Barres ›Soloalbum‹«. In: *Deutschunterricht* 52/5 (1999), 337–347.

Kramer, Andreas: »Von Beat bis ›Acid‹. Zur Rezeption amerikanischer und britischer Literatur in den sechziger Jahren«. In: Heinz Ludwig Arnold/Jörgen Schäfer (Hg.): *Pop-Literatur* (= Text + Kritik, Sonderband X). München 2003, 26–40.

Kramer, Hilton: [Vortrag auf dem Pop Art-Symposium des Museum of Modern Art, 13. 12. 1962]. In: Steven Henry Madoff (Hg.): *Pop Art. A Critical History*. Berkeley u. a. 1997, 67–69.

Krause, Anett: *Die Geburt der Popliteratur aus dem Geiste ihrer Debatte. Elemente einer Epochenkonstruktion im Normalisierungsdiskurs nach 1989*. St. Ingbert 2015.

Krekeler, Elmar: »Christian Kracht bringt Krieg in die Schweiz«. In: *Welt online*, 22. 09. 2008. http://www.welt.de/kultur/article2476705/Christian-Kracht-bringt-Krieg-in-die-Schweiz.html (zuletzt abgerufen am 23. 03. 2015).

Kreknin, Innokentij: »Das Licht und das Ich. Identität, Fiktionalität und Referentialität in den Internet-Schriften von Rainald Goetz«. In: Olaf Grabienski/Till Huber/Jan-Noël Thon (Hg.): *Poetik der Oberfläche. Die deutschsprachige Popliteratur der 1990er Jahre*. Berlin/Boston 2011, 143–164.

Kreknin, Innokentij: *Poetiken des Selbst. Identität, Autorschaft und Autofiktion am Beispiel von Rainald Goetz, Joachim Lottmann und Alban Nikolai Herbst*. Berlin u. a. 2014.

Kunitz, Stanley: [Vortrag auf dem Pop Art-Symposium des Museum of Modern Art, 13. 12. 1962]. In: Steven Henry Madoff (Hg.): *Pop Art. A Critical History*. Berkeley u. a. 1997, 73–76.

Kurz, Paul Konrad: *Über moderne Literatur* III. Frankfurt a. M. 1971.

Lenz, Daniel/Pütz, Eric: »Interview mit Thomas Meinecke. Über Pop, Literaturbetrieb und Feminismus«. In: *literaturkritik.de* Nr. 3 (März 2000). http://www.literaturkritik.de/public/rezension.php?rez_id=894 (zuletzt abgerufen am 23. 03. 2015) [in ähnlicher Form zuvor auch als Printversion erschienen u. d. T. »›Ich bin so ein Pop- Sommer-1982-Typ‹. Ein Gespräch mit Thomas Meinecke«. In: *Neue Zürcher Zeitung*, 23. 08. 1999].

Levine, Lawrence W.: »The Folklore of Industrial Society: Popular Culture and Its Audiences«. In: *American Historical Review* 97 (1992), 1369–1399.

Lichtenberg, Georg Christoph: *Sudelbücher II. Schriften und Briefe*. Bd. 2. Hg. von Georg Promies. München 1971.

Liebl, Franz/Düllo, Thomas/Kiel, Martin: »Before and After Situationism – Before and After Cultural Studies: The Secret History of Cultural Hacking«. In: Thomas Düllo/Franz Liebl (Hg.): *Cultural Hacking. Kunst des Strategischen Handelns*. Wien/New York 2005, 13–46.

Lindner, Rolf: *Punk Rock oder: Der vermarktete Aufruhr*. Frankfurt a. M. 1978.

Lorenz, Matthias N. (Hg.): *Christian Kracht: Werkverzeichnis und kommentierte Bibliografie der Forschung*. Bielefeld 2014a.

Lorenz, Matthias N.: »›Schreiben ist dubioser als Schädel auskochen‹. Eine Berner Bibliografie zum

Werk Christian Krachts«. In: Ders. (Hg.): *Christian Kracht: Werkverzeichnis und kommentierte Bibliografie der Forschung*. Bielefeld 2014 b, 7–18.
Macdonald, Dwight: »Parajournalism, or Tom Wolfe and His Magic Writing Machine« [in: *New York Review of Books*, 26. 08. 1965]. In: Gerald Howard (Hg.): *The Sixties. The Art, Attitudes, Politics, and Media of Our Most Explosive Decade*. New York 1982, 459–471.
Mahmoodi, Oranus: »›Mein Gewissen ist rein vor mir selber‹« [Interview mit Rocko Schamoni]. In: *tageszeitung*, 07. 01. 2011.
Maidt-Zinke, Kristina: »Sehnsucht nach dem Guten«. In: *Die Zeit*, 37/2009. http://www.zeit.de/2009/37/L-B-Berg (zuletzt aufgerufen am 03. 05. 2015).
Malchow, Helge: »Nachwort«. In: Joachim Lottmann: *Mai, Juni, Juli*. Köln 2003, 250–256.
Marcus, Greil: *Lipstick Traces. Von Dada bis Punk. Eine geheime Kulturgeschichte des 20. Jahrhunderts*. Reinbek bei Hamburg 1996.
März, Ursula: »Gerade als Besucher bei sich selbst. Benjamin von Stuckrad-Barre ist ein Infizierter, ein Medienerkrankter: Ehrenrettung des Literaten hinter dem Phänomen«. In: *Frankfurter Rundschau*, 04. 06. 2004.
Masomi, Sulaiman: *Poetry Slam. Eine orale Kultur zwischen Tradition und Moderne*. Paderborn 2012.
Matthaei, Renate: »Vorwort«. In: Dies. (Hg.): *Grenzverschiebung. Neue Tendenzen in der deutschen Literatur*. Köln 1970, 13–42.
Maus, Stephan: »Aus der Raucherecke. Benjamin von Stuckrad-Barres Textsammlung *Blackbox*«. In: *Neue Zürcher Zeitung*, 02. 09. 2000.
Mauthner, Fritz: *Die Philosophie der Gegenwart in Selbstdarstellungen*. Leipzig 1922.
Maynard, John Arthur: *Venice West. The Beat Generation in Southern California*. New Brunswick/London 1991.
Mazenauer, Beat: »Auf der Suche nach dem Queer-Potenzial: Amerika und das Pop-Konzept in den Romanen von Thomas Meinecke«. In: Jochen Vogt/Alexander Stephan (Hg.): *Das Amerika der Autoren: von Kafka bis 09/11*. Paderborn/München 2006, 381–392.
McLuhan, Marshall/Fiore, Quentin: *The Medium Is the Massage. An Inventory of Effects* [1967]. San Francisco 1996.
McNeil, Legs/McCain, Gillian: *Please Kill Me. Die unzensierte Geschichte des Punk*. Höfen 2011.
Meinecke, Thomas/Stuckrad-Barre, Benjamin von/Schumacher, Eckhard/Gleba, Kerstin: »Pop hat eine harte Tür. Protokoll eines Gesprächs. Geführt am 15. Oktober 2006 in München«. In: Kerstin Gleba/Eckhard Schumacher (Hg.): *Pop seit 1964*. Köln 2007, 365–399.
Meinert, Philipp/Seeliger, Martin (Hg.): *Punk in Deutschland: Sozial- und kulturwissenschaftliche Aspekte*. Bielefeld 2013.
Menke, André: *Die Popliteratur nach ihrem Ende. Zur Prosa Meineckes, Schamonis, Krachts in den 2000er Jahren*. Bochum 2010.
Menke, André: *Pop, Literatur und Autorschaft. Literarische Strategien und Inszenierungen bei Wolfgang Welt, Rocko Schamoni und Rafael Horzon*. Diss. Universität Göteborg 2014 (Ms.).
Mennemeier, Franz Norbert: »Drei poetische Transzendentalisten«. In: *Neues Rheinland*, August/September 1968, 37.
Mertens, Mathias: »Robbery, assault, and battery. Christian Kracht, Benjamin v. Stuckrad Barre und ihre mutmaßlichen Vorbilder Bret Easton Ellis und Nick Hornby«. In: Heinz Ludwig Arnold/Jörgen Schäfer (Hg.): *Pop-Literatur* (= *Text + Kritik*, Sonderband X). München 2003, 201–217.
Metelmann, Jörg/Cigale, Aleksander (Hg.): *Porno-Pop*. Bd. 2: *Im Erregungsdispositiv*. Würzburg 2010.
Meyhöfer, Annette: »Sibylle Berg«. In: *KulturSPIEGEL* 4 (1997), 38.
Morley, Paul: »Bristol Bop! Glasgow Pop! It's as Easy as ABC!«. In: *New Musical Express*, 20. 01. 1980, 26–28.
Muggleton, David/Weinzierl, Rupert (Hg.): *The Post-Subcultures Reader*. Oxford/New York 2003.
Myrsiades, Kostas (Hg.): *The Beat Generation. Critical Essays*. New York 2002.
Narváez, Peter/Laba, Martin: »The Folklore-Popular Culture Continuum«. In: Harold E. Hinds Jr./Marylin F. Motz/Angela M. S. Nelson (Hg.): *Popular Culture Theory and Methodology. A Basic Introduction*. Madison 2006, 311–312.
Neidel, Heinz: »Paralleldenker und Piloten«. In: *du* 29 (1969), 391–392.
Niefanger, Dirk: »Provokative Posen. Zur Autorinszenierung in der deutschen Popliteratur«. In: Johannes G. Pankau (Hg.): *Pop, Pop, Populär: Popliteratur und Jugendkultur*. Bremen 2004, 85–101.
Nieland, Jörg-Uwe: *Pop und Politik. Politische ›Popkultur‹ und Kulturpolitik in der Mediengesellschaft*. Köln 2009.
O'Hara, Craig: *The Philosophy of Punk: Die Geschichte einer Kulturrevolution*. Mainz 2001.
Paulokat, Ute: *Benjamin von Stuckrad-Barre. Literatur und Medien in der Popmoderne*. Frankfurt a. M. 2006.

Philippi, Anne/Schmidt, Rainer: »Wir tragen Größe 46« [Interview mit C. Kracht und B. v. Stuckrad-Barre]. In: *Die Zeit* Nr. 37, 09. 09. 1999. Zit. nach http://pdf.zeit.de/1999/37/199937.reden_stuckrad_k.xml.pdf (zuletzt abgerufen am 23. 03. 2015).

Picandet, Katharina: »Der Autor als Disk(urs)-Jockey. Zitat-Pop am Beispiel von Thomas Meineckes Roman *Hellblau*«. In: Olaf Grabienski/Till Huber/Jan-Noël Thon (Hg.): *Poetik der Oberfläche. Die deutschsprachige Popliteratur der 1990er Jahre*. Berlin u. a. 2011 a, 125–141.

Picandet, Katharina: *Zitatromane der Gegenwart: Georg Schmid ›Roman trouvé‹ – Marcel Beyer ›Das Menschenfleisch‹ – Thomas Meinecke ›Hellblau‹*. Frankfurt a. M. 2011 b.

Piontek, Heinz: »Analytische Schnappschüsse«. In: *Zeitwende* 40 (1969), 418–419.

Pordzik, Ralph: »Wenn die Ironie wild wird, oder: lesen lernen. Strukturen parasitärer Ironie in Christian Krachts ›Imperium‹«. In: *Zeitschrift für Germanistik* NF XXIII/3 (2013), 574–591.

Pörksen, Bernhard: »Die Tempojahre. Merkmale des deutschsprachigen New Journalism am Beispiel der Zeitschrift Tempo«. In: Joan Kristin Bleicher/Bernhard Pörksen (Hg.): *Grenzgänger. Formen des New Journalism*. Wiesbaden 2004, 307–336.

Pörksen, Bernhard: »Apologie eines Fälschers. Die Memoiren des Borderline-Journalisten Tom Kummer«. In: *Publizistik* 52/3 (2007), 405–408.

Porombka, Stephan: »Das Sentimentalische unter den Bedingungen des Naiven. Modelle der Naivität im Kulturjournalismus«. In: Stefan Krankenhagen/Hans-Otto Hügel (Hg.): *Figuren des Dazwischen. Naivität als Strategie in Kunst, Pop und Populärkultur*. Kopenhagen/München 2010, 231–248.

Poschardt, Ulf: »Money, Money, Money«. In: Jochen Bonz (Hg.): *Sound Signatures. Pop-Splitter*. Frankfurt a. M. 2001, 40–54.

Poschardt, Ulf: »Es gibt keine Vorbilder mehr« [Interview mit C. Kracht]. In: *Die Welt*, 18. 07. 2009.

Preckwitz, Boris: *Spoken Word & Poetry Slam. Kleine Schriften zur Interaktionsästhetik*. Wien 2005.

Rauen, Christoph: [Stichwort] »Lottmann, Joachim«. In: *Killy Literaturlexikon. Autoren und Werke des deutschsprachigen Kulturraumes*. 2., vollst. überarb. Ausg. Bd. 7. Hg. von Wilhelm Kühlmann. Berlin u. a. 2010 a, 525–526.

Rauen, Christoph: *Pop und Ironie. Popdiskurs und Popliteratur um 1980 und 2000*. Berlin u. a. 2010 b.

Red. [= Redaktion *Sounds*]: [Antwort auf einen Leserbrief]. In: *Sounds* 9 (1982), 4.

Reents, Edo/Weidermann, Volker: »›Ich möchte ein Bilderverbot haben‹« [Interview mit C. Kracht]. In: *Frankfurter Allgemeine Sonntagszeitung*, 30. 09. 2001.

Reichart, Wilfried: »Auf lyrischem Fluge mit Batman und Mao«. In: *Kölner Stadtanzeiger*, 19. 09. 1968.

Reich-Ranicki, Marcel: »Außerordentlich (und) obszön«. In: *Die Zeit*, 26. 04. 1968.

Riesman, David: »Flucht und Suche in den neuen Vorstädten« [1959]. In: Ders.: *Wohlstand wofür? Essays*. Frankfurt a. M. 1966, 186–201.

Rischbieter, Henning: »Theater und Publikum, neu definiert«. In: *Theater heute*, Juli 1966, 8–17.

Röhl, Klaus Rainer: »Lest lieber Simmel!«. In: *Konkret* 26 (1970), 53–54.

Roller, Franziska: »Trash Couture. Die Faszination des Trivialen als Modetrend«. In: Wolfgang Braungart (Hg.): *Kitsch. Faszination und Herausforderung des Banalen und Trivialen*. Tübingen 2002, 221–228.

Rosenblum, Robert: »Pop Art and Non-Pop Art« [in: *Art and Literature*, Sommer 1965]. In: Steven Henry Madoff (Hg.): *Pop Art. A Critical History*. Berkeley u. a. 1997, 131–134.

Rubin, Jerry: *Do it! Scenarios for the Revolution*. New York 1970.

Rüdenauer, Ulrich: »Essen Sie mit dem Kanzler, Herr Meinecke?«. In: *Der Tagesspiegel*, 21. 11. 2001 [eine ausführlichere Version des Gesprächs ist erschienen u. d. T. »Der Reiz des Rhizomatischen. Ein Gespräch mit Thomas Meinecke über Schreiben unter dem Vorzeichen von Techno, die Faszination für bestimmte Orte und hellblaues Frottee«. In: *Sprache im technischen Zeitalter* 40/161 (2002), 106–117].

Rudolph, Thorsten: *irre/wirr: Goetz. Vom ästhetischen Terror zur systemischen Utopie*. München 2008.

Ruf, Oliver: »Christian Krachts *New New Journalism*. Selbst-Poetik und ästhetizistische Schreibstruktur«. In: Johannes Birgfeld/Claude D. Conter (Hg.): *Christian Kracht. Zu Leben und Werk*. Köln 2009, 44–60.

Rüther, Tobias: »Der unsichere Kantonist« [zu C. Kracht: *Ich werde hier sein im Sonnenschein und im Schatten*]. In: *Frankfurter Allgemeine Zeitung*, 26. 08. 2008.

Sälzer, Christian: »Was Cultural Studies waren, sind und nicht mehr sein müssen«. In: Jan Deck/Sarah Dellmann/Daniel Loick/Johanna Müller (Hg.): *ich schau dir in die augen, gesellschaftlicher Verblendungszusammenhang! texte zur subjektposition und ideologieproduktion*. Mainz 2001, 66–79.

Salzinger, Helmut: »Pop mit Ra-ta-ta-ta«. In: *Der Tagesspiegel*, 23. 02. 1969.

Salzinger, Helmut: *Rock Power oder Wie musikalisch ist die Revolution?* Frankfurt a. M. 1972.

Salzinger, Helmut: *Swinging Benjamin*. Frankfurt a. M. 1973.

Sanders, Olaf: *Greatest Misses. Über Deleuze, Bildung, Film, Neue Medien etc.* Hamburg 2012 (unveröffentlichtes Manuskript).
Schäfer, Frank: »Bloß weg hier!«. In: *Jungle World* 5, 22. 01. 2003. www.jungle-world.com/seiten/2003/04/153php (abgerufen am 27. 01. 2015).
Schäfer, Jörgen: *Pop-Literatur. Rolf Dieter Brinkmann und das Verhältnis zur Populärkultur in der Literatur der sechziger Jahre.* Stuttgart 1998.
Schäfer, Jörgen: »›Neue Mitteilungen aus der Wirklichkeit‹. Zum Verhältnis von Pop und Literatur in Deutschland seit 1968«. In: Heinz Ludwig Arnold/Jörgen Schäfer (Hg.): *Pop-Literatur* (= Text + Kritik, Sonderband X). München 2003a, 7–25.
Schäfer, Jörgen: »›Mit dem Vorhandenen etwas anderes als das Intendierte machen‹. Rolf Dieter Brinkmanns poetologische Überlegungen zur Pop-Literatur«. In: Heinz Ludwig Arnold/Jörgen Schäfer (Hg.): *Pop-Literatur* (= Text + Kritik, Sonderband X). München 2003b, 69–80.
Schäfer, Jörgen: »The Making of Pop Literature. Rolf Dieter Brinkmann und sein Kölner Freundeskreis«. In: Dirk Matejovski/Marcus S. Kleiner/Enno Stahl (Hg.): *Pop in R(h)einkultur. Oberflächenästhetik und Alltagskultur in der Region.* Essen 2008, 103–124.
Schechter, Harold: »The Bosom Serpent«. In: Harold E. Hinds Jr./Marylin F. Motz/Angela M. S. Nelson (Hg.): *Popular Culture Theory and Methodology. A Basic Introduction.* Madison 2006, 313–317.
Schmid, Wolf: »Leser: Textadressat«. In: Thomas Anz (Hg.): *Handbuch Literaturwissenschaft.* Bd. 1: *Gegenstände und Grundbegriffe.* Stuttgart/Weimar 2007, 171–181.
Schumacher, Eckhard: »›Tristesse Royale‹: Sinnsuche als Kitsch«. In: Wolfgang Braungart (Hg.): *Kitsch. Faszination und Herausforderung des Banalen und Trivialen.* Tübingen 2002, 197–211.
Schumacher, Eckhard: *Gerade Eben Jetzt. Schreibweisen der Gegenwart.* Frankfurt a. M. 2003.
Schumacher, Eckhard: »Omnipräsentes Verschwinden. Christian Kracht im Netz«. In: Johannes Birgfeld/Claude D. Conter (Hg.): *Christian Kracht. Zu Leben und Werk.* Köln 2009, 187–203.
Schumacher, Eckhard: »Das Ende der Popliteratur. Eine Fortsetzungsgeschichte (Teil 2)«. In: Olaf Grabienski/Till Huber/Jan-Noël Thon (Hg.): *Poetik der Oberfläche. Die deutschsprachige Popliteratur der 1990er Jahre.* Berlin u. a. 2011, 53–67.
Schumacher, Eckhard: »Differenz und Wiederholung. Christian Krachts *Imperium*«. In: Hubert Winkels (Hg.): *Christian Kracht trifft Wilhelm Raabe. Die Diskussion um Imperium und der Wilhelm Raabe-Literaturpreis 2012.* Berlin 2013, 129–146.
Schütz, Erhard: »›Fliegen des Geistes‹. Vom Journalismus her: Reporter, Kolumnisten u. a.«. In: Walter Delabar/Erhard Schütz (Hg.): *Deutschsprachige Literatur der 70er und 80er Jahre. Autoren, Tendenzen, Gattungen.* Darmstadt 1997, 52–74.
Schwendter, Rolf: *Theorie der Subkultur.* Köln 1971.
Seiler, Sascha: »*Das einfache wahre Abschreiben der Welt*«. *Pop-Diskurse in der deutschen Literatur nach 1960.* Göttingen 2006.
Selz, Peter: »The Flaccid Art« [in: *Partisan Review*, Sommer 1963]. In: Steven Henry Madoff (Hg.): *Pop Art. A Critical History.* Berkeley u. a. 1997, 85–87.
Shaw, Arnold: *The Rock Revolution. What's Happening to Today's Music.* New York 1969.
Simon, Bill: »Indies' Surprise Survival: Small Labels' Ingenuity and Skill Pay off« [in: *Billboard*, 03. 12. 1949]. In: David Brackett (Hg.): *The Pop, Rock, and Soul Reader. Histories and Debates.* New York/Oxford 2005, 45–47.
Simon, Karl Günter: »Stern-Leser müßte man sein. Randbemerkungen eines Illustriertenlesers zur ›Experimenta‹«. In: *Theater heute*, Juli 1966, 12.
Sinclair, John: »The White Panther State/meant« [1968]. In: Ders.: *Guitar Army. Street Writings / Prison Writings.* New York 1972, 103–105.
Singh, Sikander: »Beat-Generation«. In: Dieter Burdorf/Christoph Fasbender/Burkhard Moennighoff (Hg.): *Metzler Lexikon Literatur.* Stuttgart/Weimar 2007, 73–74.
Solty, Ingar: »Ein Mensch brennt aus. Enno Stahls Roman ›Winkler, Werber‹«. In: *junge Welt*, 24. 06. 2013, 10–11.
Sontag, Susan: »Notes on ›Camp‹«. In: *Partisan Review* 31/4 (1964), 515–530.
Spiegel, Hubert: »Sind so kleine Köpfe. Nicht rezeptpflichtig: Sibylle Bergs Debüt«. In: *Frankfurter Allgemeine Zeitung*, 08. 10. 1997, 42.
Stadthaus, Steffen/Willems, Martin (Hg.): *»Über Alles oder Nichts«. Annäherungen an das Werk von Wolfgang Welt.* Bielefeld 2013.
Stahl, Enno: *Anti-Kunst und Abstraktion in der literarischen Moderne (1909–1933). Vom italienischen Futurismus bis zum französischen Surrealismus.* Frankfurt a. M. 1997.
Stahl, Enno: »Deutscher Trash«. In: Boris Kerenski/Sergiu Stefanescu (Hg.): *Kaltland Beat. Neue deutsche Szene.* Stuttgart 1999, 161–162.
Stahl, Enno: »Trash, Social Beat und Slam Poetry. Eine Begriffsverwirrung« In: Heinz Ludwig Arnold/Jörgen Schäfer (Hg.): *Pop-Literatur* (= Text + Kritik, Sonderband X). München 2003, 258–278.

Stahl, Enno (Hg.): *Popliteraturgeschichte(n) 1965–2007*. Düsseldorf 2007.
Stahl, Enno: *Diskurs-Pogo. Über Literatur und Gesellschaft*. Berlin 2013.
Stäheli, Urs: »Das Populäre zwischen Cultural Studies und Systemtheorie«. In: Udo Göttlich/Rainer Winter (Hg.): *Politik des Vergnügens. Zur Diskussion der Populärkultur in den Cultural Studies*. Köln 2000, 321–336.
Stäheli, Urs: »Das Populäre in der Systemtheorie«. In: Günter Burkart/Gunter Runkel (Hg.): *Luhmann und die Kulturtheorie*. Frankfurt a. M. 2004, 169–188.
Stanitzek, Georg: »Kriterien des literaturwissenschaftlichen Diskurses über Medien«. In: Ders./Wilhelm Voßkamp (Hg.): *Schnittstelle: Medien und Kulturwissenschaften*. Köln 2007, 51–76.
Steier, Christoph: »Ausgeplaudert? Feuilletonistische Funktionsbestimmungen von Literatur in der Popliteraturdebatte um 2000«. In: Daniel M. Feige/Tilmann Köppe/Gesa zur Nieden (Hg.): *Funktionen von Kunst*. Frankfurt a. M. 2009, 195–209.
Steinem, Gloria: »The Ins and Outs of Pop Culture«. In: *Life*, 20. 08. 1965, 72–89.
Storey, John: *Cultural Theory and Popular Culture. An Introduction*. New York 2009.
Strauß, Botho: »Erinnerung an ein Stück von heute. Wolfgang Bauers ›Magic Afternoon‹ in Berlin und Hamburg«. In: *Theater heute*, Februar 1970, 12–13.
Struck, Lothar: »Der Heimatdichter. Eine Begegnung mit dem Erzähler Wolfgang Welt«. In: *Glanz & Elend. Magazin für Literatur und Zeitkritik*, 25. 06. 2014. http://www.glanzundelend.de/Artikel/abc/u_v_w/wolfgang-welt-heimatdichter.htm (zuletzt abgerufen am 23. 03. 2015).
Swingewood, Alan: *The Myth of Mass Culture*. London/Basingstoke 1977.
Terkessidis, Mark: »Distanzierte Forscher und selbstreflexive Gegenstände. Zur Kritik der Cultural Studies in Deutschland«. In: Christoph Jacke/Eva Kimminich/Siegfried J. Schmidt (Hg.): *Kulturschutt. Über das Recycling von Theorien und Kulturen*. Bielefeld 2006, 148–162.
Tillmann, Markus/Forth, Jan: »Der Pop-Literat als ›Pappstar‹. Selbstbeschreibungen und Selbstinszenierungen bei Benjamin von Stuckrad-Barre«. In: Ralph Köhnen (Hg.): *Selbstpoetik 1800–2000: Ich-Identität als literarisches Zeichenrecycling*. Frankfurt a. M. 2001, 271–282.
Tittel, Cornelius: »Der Feldforscher« [zu J. Lottmann]. In: *tageszeitung*, 06. 10. 2004.
Tuchmann, Gaye: »Objectivity as Strategic Ritual: An Examination of Newsmen's Notions of Objectivity«. In: *American Journal of Sociology* 4 (1972), 660–679.
Ullmaier, Johannes: »Pop und Destruktion. Einleitende Bemerkungen zur Kategorie der Destruktion und zum Vitalismusproblem«. In: *Testcard. Beiträge zur Pop-Geschichte*. Nr. 1: Pop und Destruktion. Mainz 1995, 9–21.
Ullmaier, Johannes: *Von Acid nach Adlon und zurück. Eine Reise durch die deutschsprachige Popliteratur*. Mainz 2001.
Ullmaier, Johannes: »Cut-up. Über ein Gegenrinnsal unterhalb des Popstroms«. In: Heinz Ludwig Arnold/Jörgen Schäfer (Hg.): *Pop-Literatur* (= Text + Kritik, Sonderband X). München 2003, 133–148.
Varnedoe, Kirk/Gopnik, Adam: *High & Low. Moderne Kunst und Trivialkultur*. München 1990.
Veeser, H. Aram (Hg.): *The New Historicism*. New York 1994.
Venker, Thomas: *Ignoranz und Inszenierung. Schreiben über Pop*. Mainz 2003.
Vogel, Sabine: »Hitler war kein Hippie« [zu C. Kracht: *Imperium*]. In: *Frankfurter Rundschau*, 16. 02. 2012.
Volkmann, Maren: *Frauen und Popkultur. Feminismus, Cultural Studies, Gegenwartsliteratur*. Bochum 2011.
Wagner, Annette: *Postmoderne im Adoleszenzroman der Gegenwart. Studien zu Bret Easton Ellis, Douglas Coupland, Benjamin von Stuckrad-Barre und Alexa Hennig von Lange*. Frankfurt a. M. 2007.
Walter, Harry: »She said yes. I said Pop. Über Ja-Sagen, Erleuchtung und Herumhängen«. In: Walter Grasskamp/Michaela Krützen/Stephan Schmitt (Hg.): *Was ist Pop? Zehn Versuche*. Frankfurt a. M. 2004, 43–68.
Werber, Niels: »Exzentrische Blicke. Christian Krachts Trilogie *Faserland*, *1979*, *Ich werde hier sein im Sonnenschein und im Schatten*«. In: Yilmaz Dziewior (Hg.): *Wessen Geschichte. Vergangenheit in der Kunst der Gegenwart. Jahresring 56, Jahrbuch für moderne Kunst*. Köln 2009, 14–30.
Werber, Niels: »Formkrise und Kulturkritik. Karl Heinz Bohrer und Christian Kracht«. In: *Pop. Kultur und Kritik* 5 (2014), 140–161.
Werner, Ingrid: »Pop-Uwes Meinungsknopf«. In: *Twen*, H. 5 (1968), 51.
Westermayr, Stefanie: *Poetry Slam in Deutschland: Theorie und Praxis einer multimedialen Textform*. Marburg 2010.
Wicke, Peter: *Rock und Pop. Von Elvis Presley bis Lady Gaga*. München 2011.
Willis, Paul: *Spaß am Widerstand. Gegenkultur in der Arbeiterschule*. Frankfurt a. M. 1979.
Willis, Paul: *Profane Culture. Rocker, Hippies: Subversive Stile der Jugendkultur*. Frankfurt a. M. 1981.
Winkels, Hubert: »Lob der Kybernetik. Thomas Meineckes Popprogramme und Prosaminiaturen«. In: Ders.: *Einschnitte. Zur Literatur der 80er Jahre*. Köln 1988a, 201–220.

Winkels, Hubert: »Sozialistischer oder kapitalistischer Realismus? Thorsten Beckers und Joachim Lottmanns Kampf um das Erzählen«. In: Ders.: *Einschnitte. Zur Literatur der 80er Jahre*. Köln 1988 b, 115–145.
Winkels, Hubert: »Grenzgänger. Neue deutsche Pop-Literatur« [1999]. In: Ders.: *Gute Zeichen. Deutsche Literatur 1995–2005*. Köln 2005, 111–156.
Winkels, Hubert (Hg.): *Christian Kracht trifft Wilhelm Raabe. Die Diskussion um Imperium und der Wilhelm Raabe-Literaturpreis 2012*. Berlin 2013 a.
Winkels, Hubert: »Vorwort«. In: Ders. (Hg.): *Christian Kracht trifft Wilhelm Raabe. Die Diskussion um Imperium und der Wilhelm Raabe-Literaturpreis 2012*. Berlin 2013 b, 7–17.
Winter, Rainer: »Vom Widerstand zur kulturellen Reflexivität. Die Jugendstudien der British Cultural Studies«. In: Michael Charlton/Silvia Schneider (Hg.): *Rezeptionsforschung. Theorien und Untersuchungen zum Umgang mit Massenmedien*. Opladen 1997, 59–72.
Witte, Bernd: »Vechta. Ein Ort für Rolf Dieter Brinkmann«. In: *Text+Kritik*, Nr. 71, 1981, 7–23.
Wittgenstein, Ludwig: »Philosophische Untersuchungen«. In: Ders.: *Tractatus logico-philosophicus, Tagebücher 1914–1916, Philosophische Untersuchungen*. Frankfurt a. M. 1995, 225–580.
York, Peter: »The German Connection« [in: *Harpers & Queen*, Dezember 1977]. In: Ders.: *Style Wars* [1980]. London 1983, 163–177.
Zimmer, Jochen: *Popmusik. Zur Theorie und Sozialgeschichte*. Gießen/Lollar 1973.

7.2 | Personenregister

A
Abukabari II 104
Adorno, Theodor W. 58, 151, 155
Airen 187
Albrecht, Jörg 192
Anderson, Chester 18
Artmann, H.C. 6
Ayata, Imran 191

B
Baacke, Dieter 39
Baader Holst, Matthias 167
Bahners, Patrick 90
Balthasar, Hans Urs von 96
Banaski, Andreas 38
Bardacke, Frank 16
Bargeld, Blixa 160, 174
Barthelme, Donald 52
Barthes, Roland 75, 153
Baßler, Moritz 44
Bauer, Wolfgang 74
Behrens, Alfred 76
Behrens, Roger 39
Berger, Inge 79
Berg, Sibylle 149–159
Bernhard, Thomas 45, 130, 149, 150, 151, 154, 194
Bessing, Joachim 44, 183
Bhabha, Homi 96
Bielmeier, Franz 175
Biller, Maxim 28, 171
Bogislav, Ulrich 167
Bohrer, Karl Heinz 7, 8
Bollenbeck, Georg 35
Böll, Heinrich 171
Borries, Friedrich von 189
Borsig, Alexander von 160
Bowie, David 18
Brandner, Uwe 8
Brandt, Jan 171, 192
Brinkmann, Rolf Dieter 5, 6, 7, 8, 9, 11, 12, 18, 24, 25, 29, 43, 44, 45, 49, 50, 51, 52, 53, 54, 55, 56, 57, 58, 59, 60, 61, 62, 63, 65–72, 75, 77, 78, 80, 82, 91, 106, 116, 132, 149, 153, 160, 177, 193, 195
Brink, Tobias 174
Brock, Bazon 73
Broder, Henryk M. 90
Brussig, Thomas 192
Büchner, Georg 116
Bukowski, Charles 116
Bunz, Mercedes 39
Burroughs, William S. 52, 55, 67, 68, 72, 75, 78, 177
Büsser, Martin 39, 161, 162
Butler, Judith 96, 100
Büttner, Werner 80
Butzmann, Frieder 160
Byron, Robert 140

C
Cactus, Françoise 162, 186
Casati, Rebecca 142, 181
Chotjewitz, Peter O. 8, 83, 163
Claudel, Paul 106
Coupland, Douglas 116

D
Dahlmeyer, Jan André 163
Dath, Dietmar 171, 190
Davis, Jefferson 99
Dax, Max 38
Degens, Marc 192
Deleuze, Gilles 46, 47, 62, 63
Delgado, Gabi 174
Delius, F.C. 112
Dick, Philip K. 143
Diederichsen, Diedrich 28, 32, 38, 39, 79, 87, 97, 98, 109, 122, 174
Dietl, Helmut 131
Di Prima, Diane 10
Döblin, Alfred 194
Drechsler, Clara 38, 114, 186
Duchamp, Marcel 76, 188
Dückers, Tanja 171
Duve, Karen 171, 192
Dylan, Bob 16, 17, 21

E
Ehrensperger, Serge 74, 83
Eismann, Sonja 38, 186
Ellis, Bret Easton 115, 116
Engelhardt, August 145
Engler, Jürgen 174, 175

F
Fassbinder, Rainer Werner 152
Fauser, Jörg 77, 78, 80
F., Christiane 79
Fenstermacher, Frank 174
Fichte, Hubert 74, 106, 165, 193
Fiedler, Leslie 6, 8, 45, 52, 53, 54, 73

Fischer-Lichte, Erika 73
Fleming, Peter 136
Forster, E.M. 145
Friebe, Holm 119
Friebe, Jens 192
Frömberg, Wolfgang 192

G

Gantenbrink, Nora 192
Geldzahler, Henry 23
Gibson, William 190
Ginsberg, Allen 9, 10, 177
Glaser, Peter 80, 108, 160, 161, 174
Goethe, Johann Wolfgang von 6, 79, 110, 116
Goetz, Rainald 5, 6, 20, 24, 25, 80, 86–96, 102, 109, 111, 112, 120, 142, 162, 165, 171, 181, 182, 185, 195
Goffman, Erving 130
Goldt, Max 28
Grass, Günter 115
Grasskamp, Walter 40
Grether, Kerstin 185, 186
Grünbein, Durs 112
Guattari, Félix 46, 47, 62
Gut, Gudrun 160

H

Hacks, Peter 170
Hahn, Friedemann 74
Hall, Stuart 31
Hamilton, Richard 22, 32
Hamsun, Knut 111
Handke, Peter 73, 74, 76, 77
Hanekamp, Tino 192
Hassan, Ihab 45
Hecken, Thomas 36, 42
Hegel, Georg Wilhelm Friedrich 51
Hegemann, Helene 187, 188
Hein, Peter 174, 175
Hennig von Lange, Alexa 181, 182
Henri, Adrian 74
Hermann, Judith 171
Herrndorf, Wolfgang 192
Hiller, Holger 174
Holert, Tom 38
Holland-Moritz, Detlev 176–178
Hollis, Lee 165
Holzer, Jane 81
Horzon, Rafael 188, 189
Houellebecq, Michel 149
Hübsch, Paul-Gerhard (Hadayatullah Hübsch) 6, 74, 163
Hügel, Hans-Otto 34

I

Illies, Florian 86, 181, 184

J

Jacke, Christoph 33
Jandl, Ernst 51
Jelinek, Elfriede 5, 6, 75, 195
John, David 160
Johnson, Uwe 89
Johnston, Jill 24

K

Kafka, Franz 46, 47, 194
Kaiser, Claudia 186
Kamerun, Schorsch 191
Kaminer, Wladimir 192
Kant, Immanuel 55
Kemper, Peter 39
Kempowski, Walter 132
Kerenski, Alexander Fjordorowitsch 163
Kerner, Johannes B. 127
Kerouac, Jack 9, 177
Kessler, Katja 127
Kimmich, Dorothee 50
King, Stephen 190
Kippenberger, Martin 80
Kleeberg, Michael 192
Kleiner, Marcus S. 38
Knoebel, Carmen 174
Koether, Jutta 38
Kohl, Helmut 84, 85
Konecny, Jaromir 167
Korte, Ralf B. 176
Kowalski, Laabs 167
Kracht, Christian 5, 13, 20, 21, 29, 44, 80, 86, 90, 114, 120, 121, 133–149, 162, 164, 167, 181, 183, 193, 195
Kristeva, Julia 103
Kuhligk, Björn 171
Kummer, Tom 29
Kusz, Ferdinand 74

L

Lacan, Jacques 100
Lafleur, Stan 167
Lager, Sven 181
Le Gall, Frank 146
Leary, Timothy 83
Lebert, Benjamin 192
Lichtenberg, Georg Christoph 193
Lichtenstein, Roy 23, 81
Lorenz, Lorenz 80
Lottmann, Joachim 80, 107–120, 160, 185
Luhmann, Niklas 88

M

Macdonald, Dwight 27
Maidt-Zinke, Kristina 156
Maillart, Ella 136
Malchow, Helge 109
Marcuse, Herbert 177
Marx, Karl 75
Marx, Olaf Dante 38
Matthaei, Renate 49, 130
Mauthner, Fritz 51
McCain, Gillian 174
McGough, Roger 74
McLuhan, Marshall 18, 82
McNeil, Legs 174
Meinecke, Thomas 20, 21, 24, 25, 43, 80, 86, 89, 95–107, 109, 110, 139, 174, 182, 195
Mennemeier, Franz Norbert 8
Merkel, Angela 131
Meyhöfer, Annette 149, 151
Miehe, Ulf 17, 77
Morley, Paul 19
Morrison, Jim 11, 82, 177
Morshäuser, Bodo 160
Müller, Wolfgang 160, 161
Müller-Schwefe, Hans-Ulrich 185
Munz, Eva 148

N

Naters, Elke 142, 181
Neidel, Heinz 8
Nettelbeck, Petra 88
Nettelbeck, Uwe 88
Neumeister, Andreas 21, 89, 95, 102, 181, 182, 183
Nickel, Eckhart 44, 148, 183
Niemann, Norbert 171
Niermann, Ingo 142, 148
Nieswandt, Hans 175
Nikol, Lukas 148
Nöske, Thomas 163

O

Oehlen, Albert 80
Oehlen, Markus 174
Off, Jan 167, 179, 180
O'Hara, Frank 66
Oswald, Georg M. 171

P

Padgett, Ron 67
Palminger, Jacques 191
Patten, Brian 74
Piontek, Heinz 8
Pirinçci, Akif 79

Plesch, Tine 38, 186
Ploog, Jürgen 75, 77, 163
Pollesch, René 191
Poschardt, Ulf 32

R

Randt, Leif 192
Rauschenberg, Robert 23
Regener, Sven 192
Reichart, Wilfried 7
Reich-Ranicki, Marcel 7
Riesman, David 10
Rinck, Monika 171
Roche, Charlotte 186, 187
Röggla, Kathrin 171, 182, 183
Rohleder, Jörg Harlan 192
Rosenblum, Robert 24
Rosenquist, James 23
Rösinger, Christiane 192
Roszak, Theodore 177
Roth, Christopher 80
Rubinowitz, Tex 192
Rullmann, Ralf 160
Rygulla, Ralf-Rainer 11, 45, 46, 47, 49, 83, 160

S

Salzinger, Helmut 8, 17, 38, 39
Sanders, Ed 12, 46
Sanders, Olaf 32, 38
Schäfer, Jörgen 44
Schamoni, Rocko 179, 190, 191
Schiemann, Philipp 167
Schiller, Friedrich 36
Schirrmacher, Frank 92
Schmidt, Arno 89, 194
Schmidt, Harald 123, 127
Schmidt, Sarah 191
Schönburg, Alexander von 44, 142, 183
Schröder, Jörg 44
Schulze, Ingo 171, 192
Schumacher, Eckhard 38, 90
Schwarzenbach, Annemarie 136
Schwebel, Thomas 174
Schwendter, Beat 39
Schwendter, Rolf 39, 177
Serner, Walter 177
Shakespeare, William 100
Simon, Karl Günter 73
Sontag, Susan 141
Speyr, Adrienne von 96
Spiegel, Hubert 156
Stahl, Enno 162, 165, 166, 167, 169–174
Steinem, Gloria 81

Stingl, Kiev Jaguar 160, 162
Stolterfoht, Ulf 171
Strauß, Botho 74, 116
Stricker, Tiny 74
Strunk, Heinz 191
Stuckrad-Barre, Benjamin von 5, 13, 25, 44, 80, 86, 120, 121–133, 142, 162, 164, 165, 167, 182, 183, 193, 195
Swingewood, Allan 33
Szymanski, Silvia 186

T
Tarantino, Quentin 2, 20, 89
Teipel, Jürgen 174–176
Terkessidis, Mark 39
Thesiger, Wilfried 136
Tolkien, J.R.R. 140
Tsakiridis, Vagelis 17, 74, 160

U
Ullmaier, Johannes 39, 160, 162
Uschmann, Oliver 192
Uslar, Moritz von 142, 181

V
Väth, Sven 93
Veitch, Tom 67
Volkmann, Linus 192

W
Wagner, David 192
Warhol, Andy 2, 11, 23, 24, 66, 76, 82, 87, 88
Warnke, Uwe 176
Waugh, Evelyn 136
Wawerzinek, Peter 167
Wegener, Klaus 164
Weissner, Carl 75, 160, 163
Welt, Wolfgang 80, 111, 185
Wesselmann, Tom 23, 24
Wicke, Peter 32, 36, 38
Wittgenstein, Ludwig 31
Wolfe, Tom 25, 26, 27, 28
Wondratschek, Wolf 76, 77, 78
Woodard, David 147

X
Xtravaganza, Venus 100

Z
Zabel, Sebastian 90
Zadek, Peter 73, 116
Zaimoğlu, Feridun 192
Zeh, Juli 171
Zelter, Joachim 171
Zimmer, Jochen 39
Zylka, Jenni 186

Dieter Burdorf
Einführung in die Gedichtanalyse
3., aktualisierte und erweiterte Auflage 2015,
X, 297 Seiten, € 19,95
ISBN 978-3-476-02227-1

Dieser Band bietet eine Einführung in alle Aspekte der Gedichtanalyse und -interpretation. Der Autor beschreibt die sprachlichen Besonderheiten von Lyrik und stellt die metrischen Grundformen sowie verschiedene Gedichtformen vor, die anhand von zahlreichen Beispielen aus der deutschsprachigen Lyrik vom 16. bis zum 21. Jahrhundert illustriert werden. Weitere Kapitel untersuchen die Bildlichkeit und den Wirklichkeitsbezug von Gedichten. Die 3. Auflage wurde vollständig neu bearbeitet, aktualisiert und erheblich erweitert.

info@metzlerverlag.de
www.metzlerverlag.de
J.B. METZLER

Benedikt Jeßing / Ralph Köhnen
Einführung in die Neuere deutsche Literaturwissenschaft
3., aktualisierte und überarbeitete Auflage 2012
XI, 420 Seiten, € 19,95
ISBN 978-3-476-02387-2

Die bewährte Einführung bietet einen Überblick über alle Teilbereiche der Neueren deutschen Literaturwissenschaft:

- Literaturgeschichte vom 16. bis zum 20. Jahrhundert

- Literarische Gattungen: Lyrik, Drama und Erzählende Prosa

- Rhetorik, Stilistik und Poetik

- Literatur und andere Künste / Intermedialität

- Methoden und Theorien

- Literaturwissenschaftliche Praxis und Berufsfelder

Der Band vermittelt Grundwissen und eröffnet weiterführende Fragestellungen. Mit Abbildungen, Zeittafeln und Übungsaufgaben.

info@metzlerverlag.de
www.metzlerverlag.de

J.B. METZLER

► In wenigen Schritten zum wissenschaftlichen Schreiben

► Mit Checklisten, Tipps, Übungen und Beispielen, Infokästen und Grafiken

► Neu: Was muss bei der Schreibgattung „Portfolio" beachtet werden?

Andrea Frank/Stefanie Haacke
Swantje Lahm
Schlüsselkompetenzen: Schreiben in Studium und Beruf
2., aktualisierte und erweiterte Auflage 2013
XI, 218 S., Abb. und Grafiken, € 12,95
ISBN 978-3-476-02477-0

Textwerkstatt für Schule, Studium und Beruf. Ob Referat, Klausur, Mitschrift, Protokoll, Praktikumsbericht, Thesenpapier, Hausarbeit oder Bachelor-, Master- und Doktorarbeit: Worauf kommt es beim Verfassen des Textes an? Wie bleibt man im Zeitplan? Wie wird der Inhalt geplant? Wie wird aus einer Gedankenreihe ein roter Faden? Schreiben kann gelernt werden – der Ratgeber hilft, sich systematisch den eigenen Text zu erarbeiten und die Herausforderungen des wissenschaftlichen Schreibens zu meistern.

Aus dem Inhalt:
Phasen im Schreibprozess • Schreibprojekte managen – Allein und mit anderen • Flexibel umgehen mit Textarten und Darstellungsformen • Textarten und Darstellungsformen

info@metzlerverlag.de
www.metzlerverlag.de

▶ Tipps und Tricks für effizientes Recherchieren und fehlerfreies Zitieren

▶ Mit praktischen Recherchebeispielen, Checklisten, Infokästen, Abbildungen und Grafiken

▶ Neu: Nutzung von Zitationsdatenbanken, Discovery Services, Peer Review, Open Access und Creative Commons

Fabian Franke/Hannah Kempe/Annette Klein/Louise Rumpf/André Schüller-Zwierlein
Schlüsselkompetenzen: Literatur recherchieren in Bibliotheken und Internet
2., aktualisierte und erweiterte Auflage 2014. VI, 161 S., 17 s/w Abb., 11 farb. Abb., € 14,95
ISBN 978-3-476-02520-3

Gewusst wie! Von der Auswahl der Datenbanken und Suchmaschinen über den Einsatz der geeigneten Suchbegriffe und die Auswertung der Ergebnisse, bis hin zum korrekten Zitieren und dem Erstellen eigener Literaturlisten – der Ratgeber demonstriert Schritt für Schritt, wie man die passende Literatur findet und verarbeitet. Berücksichtigt werden neben gedruckten Quellen, wie Büchern, Zeitschriften und Zeitungen, auch frei verfügbare oder lizenzpflichtige Internet-Ressourcen. Für die 2. Auflage wurde der Band umfassend überarbeitet, aktualisiert und um Kapitel zur Nutzung von Zitationsdatenbanken, Discovery Services und den Umgang mit Open-Access-Publikationen erweitert. Im zweifarbigen Layout mit Checklisten, Infokästen, Übungen und Recherchebeispielen.

Aus dem Inhalt:
Informationsbedarf feststellen – Recherche vorbereiten • Recherche durchführen • Literatur beschaffen • Informationen bewerten • Informationen weiterverarbeiten • Beispielrecherchen • Epilog: Was in der Praxis dennoch schiefgeht • Materialien • Glossar • Wenn Ihnen das alles noch nicht geholfen hat ...

info@metzlerverlag.de
www.metzlerverlag.de

KINDLER SCHLÄGT WIKIPEDIA! DIE WELT

- Alle wichtigen Autoren und Werke der deutschen Literatur in einem Band
- Ausgewählt von Hermann Korte
- Ein kompaktes Werkzeug für Literaturwissenschaftler und ein großer Fundus für anspruchsvolle Literaturinteressierte

KINDLER KLASSIKER
DEUTSCHE LITERATUR
Aus neun Jahrhunderten
700 Seiten, geb. € 49,95
ISBN 978-3-476-04030-5

info@metzlerverlag.de
www.metzlerverlag.de

MIX
Papier aus verantwortungsvollen Quellen
Paper from responsible sources
FSC® C105338

If you have any concerns about our products,
you can contact us on
ProductSafety@springernature.com

In case Publisher is established outside the EU,
the EU authorized representative is:
**Springer Nature Customer Service Center GmbH
Europaplatz 3, 69115 Heidelberg, Germany**

Printed by Libri Plureos GmbH
in Hamburg, Germany